SIDNEY TUNDA

Elias Awad

SIDNEY TUNDA
Sorte, peito e jeito!

O engraxate da cidade de Pindorama que venceu em São Paulo e fundou a Poloar e a STR, tornando-se um dos maiores revendedores especializados em ar-condicionado da América Latina

São Paulo, 2021

Sidney Tunda: sorte, peito e jeito!

Copyright © 2021 by Elias Awad
Copyright © 2021 by Novo Século Editora Ltda.

EDITOR: Luiz Vasconcelos
COORDENAÇÃO EDITORIAL: João Paulo Putini
PREPARAÇÃO: Cínthia Zagatto
REVISÃO: Daniela Georgeto • Flavia Araújo • Equipe NS
DIAGRAMAÇÃO E CAPA: João Paulo Putini
TRANSCRIÇÃO: Marcelo Romano
FOTO DE CAPA: Eduardo Viana

Texto de acordo com as normas do Novo Acordo Ortográfico da Língua Portuguesa (1990), em vigor desde 1º de janeiro de 2009.

Dados Internacionais de Catalogação na Publicação (CIP)

Awad, Elias
Sidney Tunda : sorte, peito e jeito!
Elias Awad.
Barueri, SP: Novo Século Editora, 2021.
464 p.; il.

1. Empresários - Brasil - Biografia 2. Tunda, Sidney – Biografia 3. Empreendedorismo I. Título

21-2241   CDD-923.3

Índice para catálogo sistemático:
1. Tunda, Sidney – Biografia

Alameda Araguaia, 2190 – Bloco A – 11º andar – Conjunto 1111
CEP 06455-000 – Alphaville Industrial, Barueri – SP – Brasil
Tel.: (11) 3699-7107 | Fax: (11) 3699-7323
www.gruponovoseculo.com.br | atendimento@gruponovoseculo.com.br

Sorte, peito e jeito!
– Sorte para ser feliz,
– Peito para ser aguerrido e determinado,
– Jeito para fazer tudo com qualidade e perfeição.

Caros amigos,

"Tudo posso naquele que me fortalece" – Filipenses 4:13.

Eu não poderia iniciar esta mensagem de outra forma a não ser citando uma passagem bíblica, para agradecer Àquele que me protege, fortalece, engrandece, e que me permitiu alcançar muito mais do que sonhei; em especial, constituir uma família abençoada.

Espero que você tenha e construa com solidez sua família e carreira, e que sua trajetória seja igualmente abençoada!

Deixo aqui meu carinhoso abraço e os votos de muita proteção divina e sucesso.

SIDNEY TUNDA

SUMÁRIO

MENSAGENS DOS FILHOS	11
PREFÁCIO	15
ABERTURA – Sidney Tunda	17
ABERTURA – Elias Awad	19
PRÓLOGO	21
CAPÍTULO 1 – A família Tunda, de Pindorama	25
CAPÍTULO 2 – A cidade grande	57
CAPÍTULO 3 – A carreira solo	91
CAPÍTULO 4 – Consolidação no mercado	133
CAPÍTULO 5 – Nova fase da empresa	167
CAPÍTULO 6 – Marcos na trajetória de Sidney Tunda	225
CAPÍTULO 7 – Um ciclo de quarenta anos	277
CAPÍTULO 8 – Viver, gerar riqueza e ser feliz	333
MENSAGEM FINAL	381
ASSIM NASCEU A IDEIA DA BIOGRAFIA DE SIDNEY TUNDA	389
"O CONTADOR DE ESTÓRIAS"	400
ENTREVISTADOS	413

MENSAGENS DOS FILHOS

Os livros sempre foram uma paixão para mim; lembro-me como se fosse hoje do primeiro livro que eu li: *A montanha encantada* (Maria José Dupré). Dali em diante foram muitos livros de ficção, romance, aventura, biografias...

Acredito que todos os livros, sem restrições de gênero, precisam de uma condição para fazer sucesso: a de ter uma boa história para contar, além de permitir que você, leitor, possa se identificar de alguma forma com a narrativa.

Mas o que isso tem a ver com a biografia do senhor Sidney Tunda? Por que eu estou falando tudo isso? Porque ter a oportunidade de eternizar sua história num livro é um privilégio que poucas pessoas poderão ter. Participar ativamente da biografia do senhor Sidney, meu pai, significa a realização de um sonho não só meu, mas dele e da minha mãe, que, infelizmente, não está mais aqui presente para participar dessa homenagem...

Falamos muitas vezes, eu e minha mãe, sobre este livro. Inclusive, ela começou a escrever um livro sobre meu pai muito antes deste projeto; achamos os rascunhos depois que ela se foi, em 2018... Acredito que ela deva estar muito orgulhosa de nós!!!

Além disso, este livro tem o ingrediente principal para ser um sucesso: tem história para contar! E bota história nisso...

Meu pai sempre foi um exímio "contador de histórias", e de boas histórias, reais ou fictícias, não importa, sempre trazendo um ensinamento por trás daquele enredo narrado de forma tão particular e que só ele sabe fazer.

Muitas vezes, quando ouvíamos as histórias do meu pai, ficávamos em dúvida se eram reais ou não, pois ele as contava e recontava com muitos detalhes; cada personagem tinha uma voz diferente. Ficávamos hipnotizados do início ao fim... e quando acabava, queríamos a continuação, e ele contava mais um capítulo, e depois outro, e outro...

Algumas vezes questionávamos minha mãe sobre a veracidade das narrativas. Ela então se voltava para o meu pai com um olhar de cumplicidade e falava: "Tico, as crianças querem saber se a história é de verdade...", e ele respondia: "Claro que é, Tó...", e assim nos dávamos por satisfeitos com a resposta.

Então convido todos vocês a mergulharem e se emocionarem com essa história de vida, de sucesso, de algumas perdas e muitos ganhos, em especial, de aprendizados, resiliência, superação, amizades eternas, parcerias sólidas, fé e muito amor a Deus, à família, ao trabalho, aos colaboradores, aos amigos e a todos aqueles que, de uma forma ou de outra, fizeram e fazem parte dessa história linda, cujos protagonistas são o Tico e a Toninha, pais queridos, avós muito amados, pessoas simples de almas gigantes, que contam agora um pouquinho de tudo isso a vocês...

Boa leitura!!!

ANA CAROLINA TRIDA TUNDA SOARES

Para mim, é uma grande alegria e honra escrever algumas palavras sobre a história de vida do meu pai, que vem sempre inspirando a todos nós.

Esta obra pode influenciá-lo(a) positivamente, motivando-o(a) e mostrando que, com muito trabalho, dedicação e coragem, é possível seguir em busca da criação e realização dos seus sonhos!

Assim vem sendo construída a história de vida do pai, avô, marido, filho, amigo e empresário de grande sucesso Sidney Tunda, fundador da maior empresa revendedora de ar-condicionado do Brasil e da América Latina.

Uma história composta de muitos desafios, perseverança, dedicação, amor, trabalho... e muito sucesso!

O livro registra a trajetória de um genuíno brasileiro! Um homem de passado simples e humilde, que saiu do interior paulista com destino à capital do estado, São Paulo, em busca de uma oportunidade de trabalho e de vencer na vida. E, com isso, Sidney Tunda conseguiu cumprir sua promessa de buscar na terra natal, Pindorama, seu grande amor, "Toninha", que se tornou sua esposa e dedicou a vida à família e a apoiá-lo em todos os momentos.

Um líder que, com sua generosidade, se preocupa com o bem-estar das pessoas, tanto na empresa quanto na família.

Sidney Tunda... Um homem a quem registro meu amor e tenho o privilégio de ter como pai!

LUIZ TUNDA

É com o coração cheio de felicidade e amor que vejo esta linda obra ser realizada! Não simplesmente por relatar a trajetória de vida do meu pai, e sim porque finalmente esta história de amor, coragem, luta e sucesso estará acessível a todos.

Meu pai (ou "Pá", como o chamávamos quando crianças) é literalmente um realizador de sonhos! Não só realizou seus próprios sonhos (numa busca incessante e muito improvável de acontecer) como também ajudou centenas de pessoas a buscarem os seus, seja dando conselhos, oportunidades, motivações ou exemplos.

Sua busca por se tornar um empresário bem-sucedido e, consequentemente, oferecer conforto para toda a família, se tornou sua principal meta de vida, e seu foco e empenho em alcançar esse objetivo só aumentavam conforme cada dificuldade era superada.

Os ensinamentos foram inúmeros, sempre cercados por valores de humildade, respeito e muito amor! Amor este que foi estendido a todos à sua volta, tornando-lhe, além de um empreendedor de sucesso, um pai querido, um esposo companheiro, um filho grato, um avô amoroso, um irmão dedicado, um tio parceiro, um amigo muito admirado! Um ser humano escolhido por Deus para disseminar ensinamentos e vencer! É privilégio de poucos ter um pai assim, tão especial.

Dedico este livro também à minha mãe Toninha; onde quer que ela esteja, deve estar muito orgulhosa da encantadora história que ela construiu junto do meu pai. Ela, que sempre idealizou escrever um livro com a história deles, teve grande participação, inspirando muitas pessoas que foram entrevistadas.

    Emocione-se com esta dramática história de vida, guiada por um romance que definiu a trajetória bem-sucedida da nossa família.

SIDNEY TUNDA JUNIOR

PREFÁCIO

Prezado(a) leitor(a),

Não sei como este livro chegou até você, se comprou, pegou emprestado ou ganhou, mas o importante é que a biografia de Sidney Tunda chegou em suas mãos.

Em primeiro lugar, vale ressaltar que é um livro muito bem escrito pelo "biógrafo dos brasileiros", o Elias Awad, autor de diversas biografias, como as de Mário Gazin, Mr. Fisk, Oscar Schmidt, Afonso Brandão Hennel, Samuel Klein, Celso Ricardo de Moraes, José Aroldo Gallassini, entre tantos outros empreendedores e personalidades. E, com a maestria de sempre, ele nos conta mais uma grande história de vida e de empreendedorismo.

Este livro, no qual tenho a honra de escrever as linhas iniciais, representa algo muito especial para mim, pois conta a história de um parceiro de negócios de muitos anos e com quem até hoje tenho a alegria de conviver, embora agora não mais na condição de parceiro comercial, e sim como amigo de longa data.

Deixa de ser apenas a história do homem de infância humilde que vai para a cidade grande, supera obstáculos, obtém sucesso nos negócios e na sua atividade profissional. Digo isso porque a obra mostra também a essência daquele que conseguiu manter valores trazidos de sua origem, expondo de forma sincera não apenas suas conquistas, acertos e momentos felizes, mas também suas dificuldades, tristezas e perdas. De alguns desses momentos, bons e ruins, fui testemunha.

Sempre o chamei de Sidão e, no convívio profissional de mais de vinte anos, pautado no respeito, na ética, numa relação de confiança, o combinado era definido no "fio do bigode", em que valia o que era dito ou até escrito num simples guardanapo...

O objetivo (de crescimento) era comum, mas preservando e respeitando os interesses individuais.

Uma das grandes lições que aprendi com o Sidão é a importância do talento e da experiência prática sobrepondo teorias e lições de gurus, igualmente importantes, como as de Peter Drucker, Philip Kotler e tantos outros. Acredito que, assim como muitos o fizeram, eu deveria tê-lo chamado também de Professor.

Nas páginas seguintes vocês conhecerão o empreendedor, empresário, filho, irmão, esposo, pai, tio, avô e amigo Sidney Tunda, o Tico ou simplesmente Sidão.

E, com "sorte, peito e jeito", Sidney Tunda escreveu um capítulo da história do ar-condicionado no Brasil!

Boa leitura!

TOSHIO MURAKAMI
Ex-executivo da Springer Carrier
Vice-presidente do Setorial de Ar-condicionado/Eletros
Investidor e consultor de empresas – Par Brasil

ABERTURA – SIDNEY TUNDA

Caro leitor,

De tanto ouvir as pessoas que conheço dizerem: "Sua história merece ser contada em livro", fui convencido pela minha filha, Ana Carolina Trida Tunda Soares, a aceitar que minha trajetória fosse narrada em uma biografia.

A iniciativa dela – que teve como "cúmplices" minha amada e saudosa esposa, Antonia Aparecida Trida Tunda, a Toninha, e meus filhos, Sidney Tunda Junior e Luiz Cardozo, que você saberá como se tornou Luiz Tunda – se transformou então nesta obra que está em suas mãos.

São mais de 75 anos convivendo com situações que envolvem dificuldades, superação, perseverança, resiliência, aprendizados, vitórias e conquistas, sendo que as principais delas são a maravilhosa família que constituí e a possibilidade de levar à risca a maior missão do empreendedorismo, gerando riqueza e oportunidades de crescimento social, cultural, pessoal e financeiro para nossos colaboradores e para tantas outras pessoas que, direta ou indiretamente, ajudaram e ajudam a escrever a minha história de vida. Registro ainda a alegria por poder realizar os sonhos dos nossos clientes!

Comentei que enfrentei dificuldades. Em alguns momentos da vida, elas foram maiores do que as oportunidades; tive uma infância e uma adolescência bastante duras. Em outros, surgiram situações inesperadas; ou alguém entre nós imaginou passar por uma pandemia como a da covid-19?

A pandemia nos roubou o que há de mais valioso: a vida de milhões de pessoas no mundo. Se de um lado mostrou que somos suscetíveis, de outro comprovou nossa garra, força, solidariedade e, entre outras capacitações, a sabedoria para redirecionar rumos e nos adaptar a mudanças.

Posso afirmar que aprendi com cada uma das passagens da minha vida, em especial com aquelas marcadas pelas adversidades. Seria como aprender a enfrentar e a vencer obstáculos que, muitas vezes, além de trazer lições, podem se tornar grandes oportunidades.

A falta de perspectivas profissionais na minha adolescência e início da fase adulta – pois minha família tinha sérias dificuldades financeiras –, associada ao meu amor pela Toninha e à necessidade de crescer na vida para conquistar o consentimento da família dela, me forçou a tomar uma atitude: a de vir morar e trabalhar em São Paulo. Um acúmulo de dificuldades que me levou a provocar mudanças comportamentais na minha trajetória.

Este é apenas um exemplo entre tantos outros que eu vivi e que o fará também refletir sobre o seu caminho; exemplos de momentos que reforçam a tese de que, como já disse, aprendemos com as dificuldades e nelas encontramos oportunidades!

Este é um dos pedaços da minha história que quero compartilhar com você neste livro. Cada passagem me dá orgulho da biografia que venho construindo.

Sempre tive habilidade de voltar a pegar a estrada mestre para chegar ao meu objetivo. Na minha empresa, onde muitos já passaram, temos em torno de quatrocentos funcionários. Cada um deles me ajudou muito a alcançar meus objetivos e acredito que, igualmente, eu os tenha ajudado a realizar seus sonhos.

Espero que você aprecie a leitura deste livro e que possa tirar dele boas lições e aprendizados. Errei e acertei. Acertei bem mais do que errei. Mas erros fazem parte de qualquer trajetória, da sua, da minha...

Bem, deixo agora você iniciar a leitura e ao final voltaremos a nos encontrar. Até lá!

ABERTURA – ELIAS AWAD

Se o Elias diz que é o mais bem preparado para escrever o meu livro, é ele que eu quero para registar a minha biografia!

Assim o empresário Sidney Tunda respondeu para a filha Ana Carolina Trida Tunda Soares, quando ela brincou com o pai, a quem eu conheci na nossa primeira reunião, dizendo que eu estava fazendo o meu marketing.

Claro, Ana Carolina gentilmente exagerou na forma como eu me apresentei, muito embora realmente tenha me especializado há mais de dezessete anos como biógrafo dos principais empresários brasileiros. Mas ali percebi algumas características do empresário, como as de ser focado, decidido e competitivo, de querer estar rodeado de um time firme, forte e vencedor.

Logo foram iniciadas as entrevistas para o livro, nas quais inúmeras pessoas convidadas contaram seus momentos com o protagonista; e, além disso, foram dezenas de horas em conversas com o senhor Sidney Tunda.

Quanto mais eu conversava com as pessoas, mais eu conhecia o lado profissional, estratégico, assertivo, gestor e vitorioso, assim como o pessoal, do esposo, pai, irmão, avô, amigo, homem bastante religioso, dentre outros papéis que ele representa na sociedade.

Um homem vencedor.

Um homem arrojado e vencedor.

Um homem generoso, arrojado e vencedor.

Um homem dedicado à família, aos amigos, generoso, arrojado e vencedor.

Entrevistei familiares, parentes, colaboradores, amigos, fornecedores... gente de convívio pessoal e profissional, do mercado.

Ouvi histórias incríveis do empresário, tido como "dono de uma bola de cristal", por antever situações do segmento de ar-condicionado. Um negociador voraz, cumpridor da palavra dada, independentemente do papel em que ela esteja escrita, como em guardanapos dos almoços de negócios. Um gestor que não mede esforços para estruturar a empresa, dar-lhe estabilidade e equilíbrio financeiro, e que tem por regra estar capitalizado. Do patrão generoso, que vibra com cada emprego gerado, que se preocupa com o bem-estar de quem veste a camisa da Poloar e da STR, empresas do Grupo Uniar.

Quanto ao Sidney Tunda da família, o Tico, as histórias são emocionantes. Ele busca cuidar bem da sua prole, muito embora toda ela tenha aprendido a andar com as próprias pernas e esteja engajada e dedicando esforços em multiplicar os resultados da empresa.

Infelizmente, em 2018 o senhor Sidney teve um ano de significativas perdas pessoais, como da mãe Sebastiana, da sogra Olga e da amada Antonia Aparecida Trida Tunda, a senhora Toninha, que deixou um vazio difícil de ser preenchido.

Mas um fato é certo: com todos que ouvi, descobri que Sidney Tunda carrega no peito um coração caridoso e generoso, tão grande quanto o tamanho do sucesso e da empresa que criou. O empresário assumiu a missão de vir a este mundo para gerar riqueza para tantas pessoas, pelas quais também guarda carinho em seu enorme coração.

Boa leitura!

PRÓLOGO

Toninha, se eu ficar em Pindorama, não terei muitas opções de crescer na vida, de prosperar... de arrumar um bom emprego. Os seus pais são contra o nosso namoro e a única forma de reverter isso é eu me mudar para São Paulo, trabalhar e prosperar, para poder dar uma vida mais digna para você e os nossos futuros filhos. Confie em mim! Eu te amo.

Estávamos em novembro de 1967. Pela dificuldade em manter contato com a amada, Antonia Aparecida Trida, a Toninha, o jovem Sidney Tunda, o Tico, na época com 21 anos, decidiu sair de Pindorama, no interior paulista, e percorrer os quase 380 quilômetros de trem até a capital do estado, onde moravam alguns irmãos de sua mãe, os tios Aparecido, Antonio e José, que lhe prometeram abrigo. A família de Sebastiana era grande; ela tinha ao todo sete irmãos, que trabalhavam nas mais distintas profissões: garçom, pedreiro, relojoeiro...

O irmão de Sidney, José Vicente, já havia se mudado meses antes para São Vicente, no litoral sul paulista, onde prestara concurso público e passara para trabalhar no Banco do Estado de São Paulo (Banespa).

Decidido Sidney estava! A passagem já tinha sido comprada. Mas era preciso comunicar aos pais dele, Sebastiana Dias de Moraes e Jorge Tunda, e às irmãs, Shirley e Maria Antonia.

O primeiro anúncio foi feito para a mãe, Sebastiana, em conversa reservada pela manhã, logo que eles acordaram. A mulher, zelosa e carinhosa, chorou bastante, mas entendeu os motivos apresentados pelo filho para ir em busca de uma vida melhor e mais próspera na capital. E Sidney concluiu:

– Viajo em dois dias.

A própria Sebastiana se encarregou de conversar com as filhas e o marido, mas preferiu fazê-lo na noite da viagem de Sidney. O motivo de agir assim? Para que restasse pouco tempo até a partida do filho, e assim algum possível embate entre ele e o pai pudesse ser evitado.

Jorge era um homem duro, que por vezes assumia um tom violento, de poucas palavras e nenhum ato de afeto. A relação dele com Sidney era fria, muito embora este buscasse sempre respeitar e aceitar o jeito de ser do pai.

O chefe da família Tunda criticava costumeiramente o filho, dizendo-lhe: "Você trabalha, mas não ajuda com um tostão em casa!". O homem não queria entender, por mais que Sidney explicasse, que o pouco dinheiro que ganhava, apesar de ele ser bastante econômico e seguro com os gastos, mal dava para pagar suas próprias despesas.

Poucas horas antes da viagem, logo que Jorge chegou em casa, Sebastiana reuniu o marido e as filhas e contou sobre a partida do filho.

Enquanto conversavam, Sidney estava no quarto, arrumando o que levaria dentro de uma sacola. Essa era a bagagem, além do lanche preparado pela mãe, que levaria consigo para o novo e inesperado mundo que o aguardava.

Assim que Jorge tomou conhecimento da novidade, fez cara de poucos amigos e se dirigiu ao cômodo em que estava o filho. Apreensiva, Sebastiana tentou demovê-lo, sem sucesso.

O homem entrou e, para surpresa de Sidney, abriu um sorriso. No entanto, logo, num tom debochado, contou o motivo da alegria:

– Ora... mas por que você não avisou antes que ia viajar? Se eu soubesse da novidade com mais tempo, teria comprado uma caixa de caramuru... uma caixa de rojões para soltar e festejar!

Aquilo foi como uma facada no peito do rapaz... como um duro golpe no queixo que o jogou ao chão. Mas, como acontece numa luta de boxe, mesmo que o árbitro tenha aberto a contagem, o golpe não foi suficiente para nocauteá-lo. O que o fez levantar e se recompor foi imaginar a namorada Toninha torcendo por ele e pedindo: *Força, Sidney, levanta e volte para a luta!* Era preciso mesmo ter muita força para seguir naquele combate, que estava ainda no período inicial do primeiro *round*.

Tudo o que ele precisava naquele momento era de palavras de estímulo, de força e de carinho. Claro, Sidney estava bastante fragilizado, imaginando como seria a nova vida e a tal capital, a tão sonhada São

Paulo, e receber aquela forma de tratamento do pai deixou-o ainda mais vulnerável.

Ele se manteve calmo. Olhou fixamente para Jorge e, num tom muito tranquilo, respondeu:

– Não se preocupe, pai. Amanhã, quando eu já estiver em São Paulo, o senhor vai até a loja, compra os rojões e comemora.

Nem mais uma troca de palavras entre os dois. Jorge virou as costas, saiu para ir jantar e ainda fez alguns sussurros que, mesmo em tom baixo, puderam ser ouvidos pelo filho:

– Bom mesmo... Aqui não fica vagabundo!

Mesmo bastante magoado com aquilo, Sidney não retrucou. Alguns minutos depois, foi sua vez de ir até a mesa, onde a família estava reunida, e se despedir calorosamente das irmãs. Com o pai, restou um simples aperto de mãos.

Faltava Sebastiana, com quem Sidney trocou uma última conversa, na qual ouviu ao final:

– Filho, cuide-se! Não faça nada de errado, ande na linha! Procure ajudar as pessoas. – E finalizou, repetindo a frase que sempre dizia aos filhos: – Uma das maiores dificuldades do ser humano é ser bom. E ser bom não é ter dinheiro. Vai com Deus e que Ele te projeta!

Depois do beijo e do abraço na mãe, Sidney pegou suas coisas e saiu. Do lado de fora da casa, estavam à espera dele alguns amigos, mais de uma dúzia, que o acompanhariam até a estação. Sidney ainda passou pelo centro e viu um grande clarão: era a Igreja Matriz de Pindorama, cuja nova iluminação estava sendo inaugurada.

Assim que chegaram à estação, um dos amigos perguntou:

– Mas, Tico, e se São Paulo não for aquilo que você imagina? E se as coisas não andarem bem por lá? O que você vai fazer? Voltará para Pindorama?

Dentro da ingenuidade de um jovem que minimizava os problemas e desconhecia o mundo, ele respondeu:

– De forma alguma! Se não der certo em São Paulo, eu me mudo para o Rio de Janeiro ou Belo Horizonte. – Talvez fosse mesmo melhor pensar assim!

Depois de se despedir dos amigos, Sidney entrou no trem e se acomodou no assento do vagão. Ali, sozinho, ele fez uma oração, pedindo a Deus que lhe desse proteção e abrisse seus caminhos.

Terminada a reza, estava fortalecido, numa sensação de liberdade e confiança extremas. Ele se lembrou até das palavras da avó paterna, Maria Vilela, a Mariquinha, que, durante os almoços que preparava em casa, dizia: "Sidney, você vai ter uma vida muito boa. Tudo que lhe pedem, você sabe fazer e resolver: consertar torneira, chuveiro, soldar, arrumar armário... Você nunca passará dificuldades. Sempre haverá uma oportunidade de emprego à sua espera".

Como estava sentado à janela, Sidney ficou a olhar para a estação. Ele respirou fundo, sentiu um tranco. O trem partiu e logo fez a primeira curva. Uma agonia bateu-lhe no peito! Mais alguns metros adiante e o trem fez a segunda curva.

Algumas imagens vieram-lhe à mente: da mãe e das irmãs chorando... da casa, do seu canto... dos amigos... da terra natal... e da amada Toninha, motivo principal que provocou tão brusca mudança de rumo na própria vida.

Com a imagem de Toninha em mente, o rapaz começou a se emocionar, a chorar e a soluçar, a sentir angústia no peito, a quase se arrepender.

A emoção tomou conta da razão! A cada nova curva, mais choroso e cansado ele ficava... até que adormeceu. Em Araraquara, Sidney fez baldeação de trem e caiu de novo no sono, sendo despertado pelo fiscal, já quase no ponto de desembarque.

Assim, em 30 de novembro de 1967, poucos dias antes de completar 22 anos, o que se daria em 12 de dezembro, Sidney Tunda desembarcava em São Paulo.

Começava ali um caminho de muito sofrimento, privações e solidão. Mas era um caminho esperançoso e que prometia trazer de volta tudo o que ele havia deixado em Pindorama. Em especial, a doce e amada Toninha.

CAPÍTULO 1
A FAMÍLIA TUNDA, DE PINDORAMA

A árdua rotina

"Cada vez que me alembro
Do amigo Chico Mineiro
Das viage que nóis fazia
Era ele meu companheiro"

Às 5h, o antigo rádio de Jorge Tunda já estava ligado. Jorge adorava as músicas da dupla sertaneja Tonico e Tinoco, em especial a da estrofe acima, "Chico Mineiro", lançada em 1945, que termina assim:

"Quando vi seu documento
Me cortou meu coração
Vim saber que o Chico Mineiro
Era meu legítimo irmão"

A jornada de trabalho de Jorge Tunda começava cedo e terminava só à noite, quando ele chegava para jantar, sempre econômico nas palavras e com cara de poucos amigos. Jorge era mesmo assim, de raramente conversar em casa.

Determinadas noites, depois do trabalho, reunia-se com os amigos carroceiros para beber. Às vezes ele exagerava, se excedia nas doses e chegava estatelado no dorso do cavalo, que sabia o caminho do bar até a casa. A filha menor, Shirley, ao ver o pai naquele estado, desabava a chorar, pois imaginava que o pai estivesse doente.

Sebastiana buscava contornar; de nada adiantaria tentar conversar com o marido naquele estado. Mas no outro dia, logo cedo, passava o sabão em Jorge, pedindo, mesmo em vão, que ele não voltasse a repetir tal feito.

O homem era carroceiro, antes foi pedreiro, e trabalhava com sua carroça puxada por dois cavalos, transportando mercadorias que chegavam pela estação de trem para os vários armazéns de Pindorama, que absorviam boa parte da mão de obra da cidade; depois de crescidos, os filhos de Jorge chegaram a trabalhar nesses armazéns. Antes de conseguir comprar a carroça, foi também saqueiro, responsável por carregar e abastecer os caminhões com sacas de sessenta quilos de café, além de descarregar os que chegavam com entregas de mercadorias para os lojistas locais.

Esses comércios, uns vinte ao todo, basicamente pertencentes às pessoas de origem italiana, forneciam mantimentos para os colonos das fazendas. As lojas ficavam distribuídas numas quatro ruas de Pindorama, uma espécie de zona cerealista. Pindorama está localizada no interior paulista, a 380 quilômetros da capital São Paulo, nas proximidades de Catanduva – a apenas dez quilômetros de distância –, e é vizinha de cidades como Ariranha e Itajobi, cada qual com vida independente.

Os empregados moravam nas propriedades rurais e tinham participação nas vendas do café que era produzido anualmente. O café era o grande produto da região e só depois de muitos anos foi substituído pela cana-de-açúcar, com suas grandes usinas. Tudo era pesado ou vendido em sacas: arroz, feijão, farinha, trigo, sal, açúcar... Quando chegava o fim do ano, os armazéns recebiam e comercializavam também bacalhau e sardinha.

Para evitar que o marido se descontrolasse, a pacífica Sebastiana Dias de Moraes apaziguava tudo. Quando ele perdia a paciência, batia nos filhos com rebenque, um tipo de chicote; Sebastiana intervinha, retirando os filhos do local. Nas refeições, a família se sentava ao redor do fogão à lenha. Sebastiana servia primeiro o marido e fazia uma divisão proporcional da comida, que sempre ficava na medida; era uma forma de manter uma justa partilha e de conseguir alimentar a todos.

A comida não faltava, mas nunca sobrava. Os Tunda tinham uma vida sacrificada. Depois do jantar, antes de lavar a louça e varrer a sala,

Sebastiana espetava milho verde e colocava na brasa no fogão, assim como cozinhava algumas batatas-doces.

Era a senha para avisar aos filhos que em breve teria início a parte mais saborosa do dia: as histórias contadas pela mãe, acompanhadas de milho e batata-doce!

Carinho materno
O pouco com Deus é muito!

Com esta frase, Sebastiana procurava encontrar forças para enfrentar as muitas dificuldades da família e levar conforto ao marido, Jorge Tunda, e aos filhos José Vicente, nascido em 27 de março de 1944, e Sidney, que veio ao mundo em 12 de dezembro de 1945 e na época tinha 5 anos. O apelido de Sidney era Tico ou Tiquinho, como chamava Sebastiana, e foi dado por José Vicente, pois, logo que ele nasceu, o menino estava tão feliz com a chegada do irmão que ficava na rua dizendo para quem ali passasse: "Venham ver meu irmão pitico..." – pequenino –, originando então o apelido de "Tico". Depois a família aumentou, com os nascimentos de Maria Antonia, em 25 de junho de 1948, e Shirley, em 21 de julho de 1954.

Na casa, havia os quartos do casal, das meninas e dos meninos, mas Shirley, que por ser a caçula era a mais paparicada, dormia num colchão colocado ao lado da cama dos pais. Havia ainda uma garagem no fundo, onde se faziam as reuniões escolares.

Quem tomava conta de Shirley era Sidney, que lhe dava tampinhas de garrafa para brincar. Pois certo dia, quando tinha pouco mais de dois anos, a menina colocou uma delas na boca e ficou asfixiada. Sidney começou a gritar pela mãe, mas conseguiu colocar Shirley de bruços no chão. Por sorte, quando Sebastiana chegou para socorrê-los, a filha já tinha expelido a tampinha.

A família Tunda é natural de Pindorama. Logo que saiu da barriga da mãe, Sidney foi recebido com as seguintes palavras: "Acaba de nascer em Pindorama a pessoa mais bonita do universo!".

Sebastiana era bastante religiosa e tinha pouco estudo, cursou apenas o primário. Era muito trabalhadeira, de grande força e poder de superação, e também uma boa contadora de histórias. Gostava de ter os filhos ao redor e de narrar os contos que entretinham a criançada. Mal ela encerrava a narrativa e a garotada pedia: "Conta mais uma, mamãe!".

Uma das histórias preferidas dos filhos era "João e Maria", que retrata as condições financeiras difíceis de uma família e que, de certa forma, se assemelhava à realidade dos Tunda. Sebastiana sabia também interpretar a narrativa, oscilando o tom de voz para cada personagem, como os irmãos protagonistas, o pai deles e a maldosa madrasta:

"Às margens de uma floresta existia, há muito tempo, uma cabana pobre feita de troncos de árvores, onde moravam um lenhador, sua segunda esposa e seus dois filhinhos, nascidos do primeiro casamento. O garoto chamava-se João, e a menina, Maria.

Na casa do lenhador, a vida sempre fora difícil, mas, naquela época, as coisas pioraram: não havia pão para todos.

– Mulher, o que será de nós? Acabaremos morrendo de fome. E as crianças serão as primeiras.

– Há uma solução – disse a madrasta, que era muito malvada –, amanhã daremos a João e Maria um pedaço de pão, depois os levaremos à mata e lá os abandonaremos."

A criançada fazia cara de espanto nessa hora! Abandonar os filhinhos na floresta? Que crueldade... Os pequenos nem piscavam, e Sebastiana seguia com a narrativa e a encenação, cheia de passagens tristes e outras alegres e emocionantes, até o feliz encerramento:

"Finalmente, avistaram a cabana de seu pai. Começaram a correr naquela direção, escancararam a porta e caíram nos braços do lenhador, que, assustado, não sabia se ria ou chorava.

Quantos remorsos o tinham atormentado desde que abandonara os filhos na mata! Quantos sonhos horríveis tinham perturbado suas noites! Cada porção de pão que comia ficava atravessada na garganta. Única sorte, a madrasta ruim, que o obrigara a livrar-se dos filhos, já tinha morrido.

João esvaziou os bolsos, retirando as pérolas que havia guardado. Maria desamarrou o aventalzinho e deixou cair ao chão a chuva de pedras preciosas. Agora, já não precisariam temer nem miséria nem carestia."

Nessa hora, todos comemoravam o triunfo de João e Maria! Para Sebastiana, havia ainda um presente, uma recompensa por tanta dedicação aos filhos: o abraço coletivo e o beijo dos pequenos.

Enquanto a família comemorava, Sidney ficava a olhar para a mãe, admirando aquela mulher tão doce e de tanta garra. No coração e na mente do pequeno, ele sentia e idealizava que, de alguma forma, assumiria no futuro o papel dos irmãos daquela história, encontrando o tal tesouro que salvaria e daria uma vida confortável para a família Tunda, como se encerra a linda história infantil:

"*E assim, desde aquele dia, o lenhador e seus filhos viveram na fartura, sem mais nenhuma preocupação*".

Com sorte...

Pode-se dizer que o pequeno Sidney Tunda era cercado e protegido por Deus e pela sorte.

Quando o menino tinha um ano e meio, a mãe Sebastiana se dividia entre o trabalho de dona de casa e o de ser "catadeira", como eram chamadas as mulheres que tiravam as impurezas dos grãos de café cultivados nas fazendas e beneficiados nas máquinas.

Em casa, a mulher cuidava de tudo: costurava, lavava, passava, limpava e cozinhava – preparava pães, rapadura, farinha de mandioca, polvilho... e os deliciosos doces de abóbora, banana, goiaba e leite. Tudo feito em fogão a lenha, assim como a comida, preparada com carne e gordura de porco, conservadas em latas. Sebastiana comprava doze litros de mel por ano, para consumo da família; as crianças adoravam passá-lo no pão, e ela preparava gemada para curar os resfriados e fortalecer os filhos.

Entre outros serviços que rendiam um dinheiro a mais para ajudar no sustento do lar, Sebastiana lavava e passava roupas para fora. Como não havia creche, ela levava os filhos menores consigo para o trabalho, improvisando para eles uma espécie de cama.

Certa ocasião, ela e os filhos estavam na chácara em que moravam os pais de Jorge, Maria Vilela, a Mariquinha, e Vicente Tunda. Ali havia uma área com tanques, onde Sebastiana lavava, alvejava e colocava as roupas para secar.

Ao lado, ficava um quintal onde se plantavam frutas, legumes e verduras; parte era consumida pela família e parte, vendida.

Essa área, justamente pelas plantações, era o local preferido das formigas, que por ali se aglomeravam e se alimentavam com a riqueza do solo. Mas também as ações desses insetos prejudicavam o plantio e a produção.

Para evitar ou minimizar o prejuízo, Vicente jogava sobre a terra e os formigueiros um tipo de veneno em pó chamado formicida. Como comprava o produto em embalagens grandes, Vicente procurava guardar quantidades menores para uso diário em outros recipientes, como em uma lata de fermento químico em pó Royal, bastante utilizado na produção de pães, tortas e bolos caseiros. Ele fez a divisão, mas esqueceu de avisar aos que ali frequentavam.

Comumente, Sidney acompanhava a mãe nas atividades de lavadeira e costumava ficar perto dela, mas brincando na terra.

Pois certo dia a tal lata de pó Royal caiu no chão e, com o impacto, a tampa se abriu. Alguns pequenos pedaços empedrados de formicida ficaram espalhados pelo chão. O garoto Sidney, que estava por ali e assustou-se com o barulho, pegou alguns deles. Sebastiana viu a cena, mas não se preocupou, afinal, devia ser um pedaço mais endurecido de fermento.

Com a pedrinha na mão, ele quase a levou até a boca... mas desistiu. Atirou-a de volta ao chão. Pois o avô de Sidney também criava alguns frangos. Dois deles se empolgaram, comeram as pedrinhas e... morreram na hora.

O pai de Jorge acabara de chegar e, ao ver a cena, deu um grito e correu para tirar o neto do local. Todos ali ficaram assustados com a situação.

Depois, Sebastiana, mais calma, contou ao sogro que chegou a ver Sidney com a pedrinha na mão:

– Ele quase colocou a pedra na boca. O anjo da guarda veio na hora e o fez jogar no chão!

E finalizou:

– Quem tem proteção divina jamais será penalizado. Ele teve muita sorte!

Sorte... Essa é uma palavra que muitos anos depois se tornaria um *slogan* do ainda pequeno Sidney ao ganhar a companhia de outras duas: *"Sorte, peito e jeito!"*.

Vida difícil, mas feliz
O dinheiro é bom, mas demais atrapalha a vida da gente.

Esta é uma das frases que Sebastiana repetia quando falava das dificuldades familiares. Era mesmo uma vida simples a dos Tunda, mas que os filhos do casal procuravam levar com alegria. Em especial, Sidney, que, quando a idade permitiu, passou a estudar na escola pública da cidade.

Ele adorava a professora Nilda, mulher doce, simpática. Mas, no segundo ano primário, nem com todo seu bom coração Nilda conseguiu dar boas notas para Sidney, que repetiu de ano.

Além de estudar e de ajudar nos afazeres da casa, Sidney arrumava um jeito de se divertir bastante com os amiguinhos. Eram aqueles passatempos que entretinham a criançada: brincadeiras simples e baratas, como jogo de pião, bolinha de gude, queimada, futebol com bola de meia ou tampinhas de garrafas... e, na hora da bola, Sidney sempre incorporava um dos ídolos de seu time do coração, o Corinthians.

Mais à noite, a garotada se reunia na rua, em frente às casas, onde contava histórias de terror e seres imaginários. Claro, a turma se divertia, mas depois, na hora de voltar para casa e dormir, morria de medo.

A mãe de Sidney ficava orgulhosa pelo fato de o menino estar na escola. Infelizmente, Sebastiana não tivera oportunidade de estudar, mas venceu o analfabetismo e aprendeu, mesmo que o fizesse com dificuldade, a ler e a escrever sozinha.

Como Sebastiana costurava todas as roupas da família, que iam passando dos mais velhos para os mais novos à medida que cresciam, ela confeccionou um tipo de sacola da cor cáqui para Sidney. Um modelo de mala escolar que o garoto adorava e se sentia orgulhoso de usar para guardar o caderno, a caneta e o lápis, e ir para a escola. Aliás, era com a agulha da mesma máquina de costura, da marca Necchi, que Sebastiana, quando encontrava piolhos na cabeça dos filhos, liquidava os insetos com sua pontaria certeira; na verdade, ela dizia isso só para impressionar a garotada, mas matava os piolhos esmagando-os com os próprios dedos.

Jorge Tunda chegou a comprar um pedaço do terreno do pai e a construir uma casa, mas teve que vendê-la por desavenças familiares com os irmãos – tempos depois, conseguiria recomprá-la.

No entanto, até recuperar o imóvel, Jorge se mudou com Sebastiana e os quatro filhos para uma casa de pau a pique que era do pai dele; a moradia ficava no mesmo terreno onde os avós de Sidney residiam, numa casa melhor e de tijolos. Ali havia muitas aranhas. Sebastiana tentava contemporizar e dizia: "Aranhas não fazem mal a ninguém". Apesar do medo e da aversão que tinham os filhos, ela tocava os bichos de casa sem matá-los.

Isso perdurou até que Jorge Tunda contratou uma empresa dedetizadora, que fez o serviço e tirou dali várias aranhas mortas.

Mariquinha adorava os netos e tinha grande afinidade com Sidney. Na área em que moravam, havia uma vaca leiteira. Pois Sidney sempre ia cedo até a casa da avó; era a senha para que eles fossem tirar leite da vaca. Mariquinha então preparava dois copos: um com açúcar e café ou chocolate em pó, para o neto, e outro com um pouco de conhaque, para ela. Depois, eles iam até o curral, amarravam a perna do animal e aproximavam o bezerro da mãe, para que ele começasse a mamar e instigasse a descida do leite pelas mamas. Enquanto a avó mungia, Sidney ficava ao lado, acariciando e entretendo o filhote. Assim que ela conseguia uma quantidade suficiente para eles, o bezerro voltava a mamar e os dois iam degustar suas bebidas na cozinha, sempre acompanhadas por uma fatia de pão ou bolo caseiro.

Tanto Sidney quanto o irmão José Vicente gostavam de almoçar na casa da avó, onde o cardápio era mais farto do que na casa deles. Mariquinha tinha grande alegria em fazer as refeições com os netos, mas avisava: "Só posso receber um por dia". Ela ainda tinha outros netos, primos dos dois. Eles, então, faziam o próprio rodízio! O cardápio era sempre delicioso e acompanhado pelo quiabo ensopado e o arroz preparado com banha de porco, além de feijão e torresmo.

Outro atrativo da casa da avó era o cachorro, Biriba, com quem os netos adoravam brincar.

A área externa do terreno era um local bastante utilizado por todos. Não havia água encanada, e ali Sebastiana lavava roupas com água de poço e tinha sempre os filhos por perto. Para os dois, Jorge Tunda determinava suas tarefas: dar milho para os cavalos, moer o café, que era colhido e torrado em casa, e encher as vasilhas de água no poço e levar para a mãe. Depois de lavadas e passadas as roupas, os irmãos se dividiam nas entregas das peças na vizinhança.

Outra atividade dos pequenos era varrer e juntar as folhas, depois enterrá-las no quintal. Havia plantações de legumes, verduras e frutas, como goiaba, pêssego, cajamanga, entre outras. Como parte da produção era comercializada, a própria Sebastiana as vendia para as crianças do colégio.

Os netos também ajudavam o avô Vicente Tunda a fazer cercas para a propriedade da família e o curral, onde ficavam os porcos; as cercas eram produzidas com bambu e arame. Mas esta era uma tarefa que Sidney detestava, pois o avô colocava os bambus encostados aos pés de laranja, para secá-los. Ali eles ficavam por dias e juntavam muitas aranhas. Era Sidney que transportava os bambus nas costas, depois de secos, até o local em que seriam usados, pois o avô tinha idade avançada. Mas, enquanto os carregava, as aranhas começavam a se movimentar e a circular pelo corpo dele. O avô ia atrás, tirando os bichos que estavam no neto, que ficava com um terrível mal-estar!

Como não havia geladeira, sempre que um porco era abatido, a carne era dividida entre Mariquinha e Sebastiana, e guardada em latas de banha. Desta forma, durava por semanas, e ambas cozinhavam um pedaço em cada uma das refeições.

Também era dada a Sidney a tarefa de alimentar os porcos. Pois, certo dia, o menino estava com a mãe no curral e subiu no chiqueiro. Ele calçava chinelo e, ao se distrair, um dos porcos mordeu seu pé e quase arrancou os dedos do garoto. Sebastiana socorreu o filho e logo fez curativo. Por sorte, não aconteceu nada de mais grave e o ferimento foi tratado com açúcar e pó de café. Nem ao médico ele precisou ser levado, mas ficou com uma cicatriz.

Momentos de lazer

A família Tunda juntava dinheiro o ano todo e, sempre que dezembro se aproximava, Sebastiana comprava as passagens de trem para ela, o marido e os filhos passarem o Natal e o Ano-Novo na casa de sua mãe, Antonia Francisca de Menezes, residente em Pirituba, na Zona Norte de São Paulo. O pai de Sebastiana, Lázaro Dias de Moraes, já tinha falecido e os netos pouco conviveram com ele.

O garoto Sidney e os irmãos contavam os dias até chegar o momento de acordarem de madrugada e às 4h partirem de trem de Pindorama rumo à capital paulista. Eles se divertiam com as fagulhas que entravam nos vagões. Quando chegavam em Araraquara e os passageiros faziam baldeação, era uma alegria; no novo trem tinha água gelada nos corredores, para diversão da criançada. Na casa dos Tunda não havia geladeira.

Logo que chegavam à Estação da Luz, na área central da capital, um dos irmãos de Sebastiana esperava a família, para dali pegarem o subúrbio, trem que os levaria até a Estação Pirituba, de onde seguiam a pé com as malas até a casa da mãe dela, situada próxima do local.

Durante o período em que ficavam hospedados em São Paulo, também eram programados passeios para o litoral paulista. Eles seguiam até o Terminal Rodoviário da Luz e pegavam o ônibus sentido Praia Grande, no litoral sul, aonde chegavam por volta das 10h.

Ali eles passavam todo o dia e se esbaldavam no mar e debaixo do sol. No final da tarde, faziam o trajeto inverso, até a casa da mãe de Sebastiana. Todos voltavam cansados e ardendo pelo banho de sol, mas felizes e realizados. E Sidney não via a hora de voltar para Pindorama e contar os detalhes da aventura para os amigos que nunca haviam tido a oportunidade de conhecer a praia.

Outro passeio certo eram as viagens até Aparecida, no Vale do Paraíba, onde faziam suas orações para a Padroeira do Brasil, Nossa Senhora da Conceição Aparecida.

Ainda entre os momentos de lazer estavam as festas locais em que os moradores compareciam e interagiam. Em Pindorama havia várias famílias bem-sucedidas, mas não existia diferenciação social. Também em dezembro, antes de os Tunda viajarem para São Paulo, aconteciam as comemorações da Noite do Papai Noel. Sidney e os irmãos recebiam sempre um mesmo presente: aos meninos era dado um suspensório de couro, para ser usado nas missas e em festas, e um par de sapatos que, como eles estavam em fase de crescimento, era sempre um número maior do que usavam, para durar por mais tempo.

Força de trabalho

O patrono da família era um tipo calabrês enérgico, rígido e bravo. Jorge Tunda batia nos filhos, que logo começaram a trabalhar, e pouco conversava. Quando abria a boca para falar, o fazia durante as refeições, dizendo: "Comer é bom, mas ajudar em casa é ainda melhor!", numa forma de criticar diretamente Sidney, que até perdia a fome com o comentário importuno sobre seus baixos salários ou ganhos.

Isso quando Jorge não soltava: "Se não estiver contente, pode pegar suas coisas e sair de casa".

Mas aquilo não tinha sentido, pois os filhos eram ainda muito novos. Mesmo assim, o mais velho, José Vicente, começou a trabalhar de ajudante numa barbearia e depois veio a ser barbeiro; já as meninas, Maria Antonia e Shirley, só estudavam. Cresceram ao lado da mãe, vendo-a trabalhar, e logo que chegavam da escola a encontravam na lavoura. Shirley lhe pedia para ir para casa, para ficar com ela e Maria Antonia. Sebastiana dizia que ia trabalhar mais um pouquinho e depois voltava ao lar, mas só parava mesmo depois de encerrar as atividades.

As duas adoravam estar com a mãe, e uma forma de fazer companhia era justamente ajudá-la no trato da terra e com as plantações e colheitas – como de amendoim e da araruta, raiz parecida com a mandioquinha e bastante valorizada e apreciada na região. À noite, depois do jantar, quando a família estava sempre reunida, Sebastiana, Shirley e Maria Antonia se sentavam no chão e ralavam araruta na peneira, dentro de uma bacia. Depois, a família se deliciava com amendoim assado.

Sebastiana supria as necessidades afetivas da garotada. Mas, vez por outra, quando Jorge pegava um dos filhos no colo, quem era escolhido ficava feliz, radiante, pois ele era econômico nos gestos de carinho.

Mesmo amando o pai, o sentimento dos filhos por Sebastiana era diferente. Ela representava o fator principal para que os Tunda fossem uma família feliz. Marcava pelo equilíbrio e era a segurança da família; antes de se deitar, dizia: "Agora vou rezar para Deus proteger a todos nós".

A mulher plantava e criava porcos e galinhas na chácara dos sogros, o que garantia o alimento de todos. E cozinhava muito bem, fazendo pratos, pães e biscoitos de polvilho deliciosos; a canja de galinha dela era um santo remédio para quem ficava doente. O pouco que se comprava no armazém ficava restrito a arroz, feijão, trigo e açúcar.

Quanto a Sidney, começou a estudar no curso de admissão (ou ginasial, que depois veio a ser compatível com os quatro últimos anos do ensino fundamental), mas repetiu dois anos seguidos; diferentemente do irmão, não gostava de estudar. O pai então determinou: "Se não vai estudar, terá que trabalhar!".

Com 10 anos, Jorge arrumou-lhe um emprego com um amigo; Sidney iniciou na sapataria de José Antignane, onde, além dele, trabalhavam o filho do dono, Vicente, e outro funcionário. Eram tempos em que as pessoas tinham por hábito consertar os sapatos em vez de comprar novos pares. Principalmente as moças, que precisavam trocar o salto graças às danças nos bailes.

Tempos depois, Vicente começou a trabalhar em uma farmácia de Catanduva e coube a Sidney a responsabilidade de levar-lhe as marmitas de jantar que Maninha, esposa de José Antignane, preparava para o filho. A recompensa era o convite diário para uma refeição na casa do patrão, antes de fazer a entrega; Maninha era exímia cozinheira e logo que Sidney chegava já dizia: "Entra, Tico, vem jantar com a gente".

Além da comida saborosa e da mesa farta, era um privilégio para o jovem jantar com os patrões e o filho menor deles, amigo de futebol de Sidney, jogo em que sempre quem ditava as regras era o dono da bola.

Uma passagem divertida nesses tempos envolveu o menino. João Luis era terrível e danado, não parava de aprontar. Um dia, atirou o alicate de conserto de calçados e o acertou na cabeça de José Vicente, que havia passado na sapataria para falar com o irmão Sidney.

Pois José Antignane, que era muito obeso, pesava uns 160 quilos, meteu a mão no bolso e de lá sacou um bolo de dinheiro, de onde tirou um valor e o entregou a José Vicente, pedindo a ele que fosse até a farmácia e comprasse mercúrio, para o curativo. Nessa, caiu uma boa nota no chão e o homem não percebeu. José Vicente viu e colocou o pé em cima. Por meio de sinais, conseguiu alertar Sidney, que com jeitinho tirou a nota do solado do irmão.

Minutos depois, os garotos estavam reunidos. Sidney então puxou a nota e entregou-a ao irmão, já fazendo o cálculo de quanto ficaria para cada sócio na ação. Mas foi pego de surpresa quando José Vicente lhe contou as regras:

– Como assim? Eu que levei a pancada na cabeça e você ainda quer metade do dinheiro? Nem pensar...

Outro passatempo da garotada era pescar peixe-espada com peneira; Sidney e os amigos até construíram um tanque no terreno da casa dele, que chamavam de "aquário". Também montaram um viveiro por ali, para acomodar os sabiás que capturavam e alimentavam com frutas. Mas quando Jorge Tunda ficava bravo, ia até o quintal e soltava todos os pássaros.

Apesar dos contratempos, Sidney trabalhava e se divertia bastante. Outra gentileza que fazia, mas não apreciava muito, era comprar garrafas de pinga para o pai de José Antignane. Seu chefe o vigiava para que o homem, que já tinha certa idade, não bebesse nada alcoólico. Sendo assim, tudo acontecia de forma sigilosa, escondida.

O convívio intenso com a família Antignane durou uns três anos, até que Sidney construiu uma caixa de engraxate e começou a trabalhar em um bar, onde as especialidades eram pastel e sorvete; pode-se dizer que ali nascia a primeira iniciativa empreendedora dele.

Durante a semana, Sidney passava nas casas dos gerentes de banco, comerciantes e outras pessoas de melhor posse, e pegava os pares de sapato para engraxar no bar, onde também poderia aparecer um cliente ou outro. Aos fins de semana, o rapaz ficava só por lá; o movimento era bom, principalmente aos domingos, pois o pessoal que ia à missa sempre passava ali depois, para um aperitivo.

Mas o negócio de Sidney foi interrompido em função do convite feito pelo dono do bar: "Deixe de engraxar sapatos e venha trabalhar fixo comigo!". Esta foi a boa notícia, pois ele ganharia mais, fato que o motivou a aceitar a proposta.

A má notícia foi que, de tanto ver as pessoas fumando ali, ele seguiu o mesmo caminho. Seu pai descobriu e não gostou nada daquilo;

Sidney, então, para não o desagradar, comprava o maço de cigarros da marca Urca e, para não levar consigo e muito menos fumar em casa, escondia nas pilhas de tijolos. Só às vezes dava certo, porque em outras, quando chovia, os cigarros molhavam e ficavam inutilizados.

Se por um lado o salário no bar era melhor, por outro, a carga de trabalho era muito maior, porque o movimento começava cedo e ia até tarde, principalmente nas datas festivas. Jorge entendia que, independentemente da idade, trabalho era obrigação. E sempre conversava com os patrões de Sidney para saber se tudo andava bem.

Contudo, nas conversas com um dos clientes, Sidney demonstrou estar insatisfeito com o trabalho, que ele computava como sem perspectivas. E foi o próprio cliente quem o indicou para um novo emprego: trabalhar nas fazendas de café, principal atividade da região. Ali ele e outros colegas esparramavam os grãos para secar. Depois, o café era beneficiado nas máquinas e guardado num salão, chamado "tulha".

A experiência não durou muito. Tempos depois, nova mudança de atividade: Sidney começou a trabalhar numa oficina de charretes e carroças. Foi uma grande escola da vida para o rapaz, que de ajudante aprendeu a soldar, a fazer rodas de ferro e muitas outras atividades, e logo se tornou mecânico.

A faca sumiu...
Alguém viu a minha faca com cabo de osso?
Eu adoro essa faca, mas ela sumiu.

Um grande mistério! Apesar dos apelos, a faca de que Sebastiana tanto gostava e usava na cozinha sumira. Ela e as filhas procuraram em todos os lugares da casa, sem sucesso. Chegaram até a perguntar para as vizinhas, na possibilidade de alguma delas ter levado por engano, e nada de o objeto aparecer.

Mas o tal mistério tinha suas ainda sigilosas explicações.

Certo dia, Sidney pegou a faca para fazer um carrinho de carretel. Durante o uso, resolveu bater na faca com o martelo, para facilitar o trabalho. Mas o cabo não resistiu e quebrou em vários pedaços.

Contar para a mãe a deixaria chateada, além da bronca que sobraria para ele. O garoto então pensou: *Vou dar um sumiço na faca!*

Sidney recolheu a parte cortante e o cabo estraçalhado e jogou onde não poderiam ser achados: dentro do poço de água.

Ufa... ele havia escapado dessa. Mas a mentira, ou mesmo o encobrimento da verdade, tem pernas curtas... Tempos depois, após a limpeza do poço, Jorge Tunda trouxe os "restos mortais" da faca.

A família estava reunida na sala, e Sebastiana, se divertindo com a situação, mirou o olhar em Sidney e disparou:

– Pode contar, Tico! Fala logo que foi você que quebrou a faca e jogou ela no poço para não levar bronca... – Aí, além de Sebastiana, todos caíram na risada, inclusive Sidney.

Entender de tudo um pouco

Quando José Vicente e Sidney não estavam no trabalho, Jorge os colocava para fazer o serviço pesado da casa, como debulhar milho para os cavalos, cortar cana e limpar o quintal. Depois de morarem por algum tempo num pequeno sítio, ainda quando Sidney era criança, os Tunda se mudaram para a cidade.

Além de todos os afazeres já citados, Sebastiana também fazia capinagem em cafezais. Ela era sempre a que mais se destacava na produção e a mais requisitada, fosse no trabalho agrícola, fosse para lavar e passar roupas. Não havia nada que ela não soubesse fazer; até portão enferrujado ela lixava, pintava e reformava.

Mesmo ainda muito jovem, Sidney herdara a multiplicidade de funções e as qualidades produtivas da mãe e dava seu toque de criatividade naquilo que produzia. Sabia fazer de tudo um pouco. Tempos depois, por trabalhar numa oficina de carroças, ganhou também conhecimento em marcenaria.

Com aquilo que aprendeu e um toque de inventor, desenvolveu uma máquina para ralar mandioca e facilitar a vida da mãe no preparo de farinha e polvilho. Sidney utilizou uma prancha em madeira e cortou uma roda de cabreúva, árvore de espessura de uns sessenta ou oitenta centímetros que chega a atingir trinta metros de altura. A chapa tinha uns quinze centímetros e nela Sidney fez centenas de furos com prego e martelo, para que a mandioca pudesse ser ralada.

A máquina ficou tão boa que as vizinhas pediam: "Sebastiana, dê os parabéns ao Tico! Será que ele não faz uma para mim?".

Sebastiana também passou a utilizar o maquinário para ralar araruta, tanto para ela quanto para a sogra, que produzia uma deliciosa farinha.

As invenções de Sidney não pararam por aí. O coador que Sebastiana utilizava no preparo do café da manhã da família apodreceu. Pois o garoto cortou uma chapa em triângulos e criou outro coador.

A mãe, orgulhosa, dizia: "Meu filho, você dá jeito pra tudo!".

Quanto à avó, sempre que havia algum restauro a fazer na casa dela, convocava Sidney para resolver. Ele sabia consertar torneira, chuveiro e entendia bastante de reparos, e Mariquinha era outra que ressaltava suas habilidades.

• • •

Bem, é preciso reconhecer que José Vicente, que tinha um emprego melhor e conseguia ajudar nas contas com o salário que ganhava, tinha certas regalias em casa.

Como diariamente Sebastiana cozinhava um caldeirão de feijão no almoço, a sobra virava sopa no jantar. Mas este era um cardápio que o filho mais velho não apreciava. A mãe, então, guardava um bom prato como o do almoço para ele saborear no jantar.

Nenhum dos outros ousava requerer condições de igualdade com o irmão, até porque Jorge Tunda reforçava: "Por ajudar com dinheiro em casa, o José Vicente merece ter esse privilégio". Assim, Sidney e as irmãs concluíam que precisavam trabalhar para conquistar algumas regalias.

Entre os filhos, cada qual tinha seu jeito de se relacionar com os pais. No convívio com Jorge Tunda, Shirley e José Vicente eram menos questionadores, evitavam bater de frente; já com Maria Antonia e Sidney, de estilos contestadores, o clima às vezes esquentava, sendo necessária a intervenção de Sebastiana. Com ela, os filhos viviam uma relação de muito carinho, procurando sempre fazer de tudo para deixá-la feliz.

Sonho inalcançável
Eu adoraria ter uma bicicleta...

Esse era o desejo de Sidney desde a infância, mas a tal bicicleta continuava a ser apenas um sonho. O pai, Jorge Tunda, jamais fez menção de comprá-la, mesmo que fosse para dividir entre os filhos.

A cada salário que ganhava, Sidney até guardava um pouco, pois imaginava conseguir juntar o valor necessário para adquirir a bicicleta. Mas, antes do final do mês, já havia gastado tudo, inclusive a pequena reserva.

O sonho virou meta... que, infelizmente, não conseguia ser batida.

Os bailes

Estávamos em 1959! E Sidney caminhava para completar 14 anos em 12 de dezembro.

Era a fase da adolescência e das festas às sextas-feiras e aos sábados, dos muitos bailes de sanfoneiros nas colônias. No ritual desses encontros, o sanfoneiro tocava e cantava no meio do terreiro, enquanto os jovens giravam e cantarolavam ao redor dele. As festas mais concorridas aconteciam num sítio afastado, da família Fornazzari.

Nas mesas ficavam as jarras de pinga com água e limão. Ali todos bebiam e se divertiam até as três da manhã.

Fumar era uma prova de masculinidade. Então, os garotos o faziam, uns pelo modismo, como José Vicente, e outros porque já tinham se acostumado com o hábito, como o próprio Sidney. José Vicente comprava um maço de cigarros aos sábados à noite, para ir ao baile, e depois dava o pacote com o que sobrava para o irmão.

Tirar uma moça bonita para dançar não era fácil; a fila para conseguir tal feito sempre tinha de quatro a cinco garotos. Os jovens mais requisitados pelas meninas eram os filhos de fazendeiros. Na época, os pais queriam para suas filhas pretendentes de famílias com posses e que cursassem faculdade.

Quanto a Sidney, era mecânico e estava bem atrasado nos estudos... mas, de qualquer forma, ele se saía bem, pois era exímio dançarino. Entre as parceiras de dança preferidas estava Alba Salvador.

A cada pedido recebido para dançar, as moças respondiam "sim" ou "não". Aqueles que levavam uma resposta negativa tinham que aguentar as brincadeiras dos amigos: "tomou tábua", "levou bolo", diziam eles. Apesar da descontração, os garotos eram unidos e nenhum deles voltava a convidar a menina que negava uma dança.

O jovem Sidney Tunda pegou gosto por dançar e se destacava na pista. A irmã Maria Antonia até ouvia as amigas dizerem: "Seu irmão é um excelente dançarino". Quando estava com 16 anos, ele e os amigos começaram a participar dos bailes de formatura. Os eventos aconteciam no Pindorama Clube e o traje era clássico: terno e gravata. O pessoal parava para ver Sidney dançar, geralmente com a companheira Alba.

No Pindorama Clube, onde a família Tunda era sócia, havia também os Bailes do Suéter. Nas horas vagas, Sidney e os amigos frequentavam o clube, onde jogavam tênis de mesa, futebol, sinuca e assistiam aos filmes. Sidney ainda divertia a todos, imitando o ator e humorista Mazzaropi, um dos mais admirados da época.

Ele era muito criativo e pregava suas peças no pessoal, como quando contou para uma das moças que a mãe cultivava antúrio preto. Aquilo era uma grande novidade, pois havia plantas como aquela em vermelho, branco, rosa, amarelo e marrom... mas em preto? Essa ninguém conhecia. Claro, porque não existia! O que Sidney fez foi pegar uma lata de tinta preta e pintar a flor, que era em formato de coração e tinha um tipo de espiga no meio.

Também no Pindorama Clube, no meio do ano, havia o tão aguardado Baile de São João. Como Jorge Tunda trabalhava com carroça, ele era convocado para circular pela cidade e chegar à festa com a noiva da quadrilha, já que o noivo ia numa outra carroça; Jorge era do tipo festeiro, gostava de reunir amigos. O esquenta, com som de banda, acontecia na casa dele, onde Sebastiana preparava jarras de quentão e bacias de pipoca. Ali se encontravam os filhos com os amigos, vestidos a caráter, e a noiva.

Depois disso, Jorge e a noiva saíam de casa com a charrete e eram seguidos pela banda e pela turma a pé até o clube, que ficava a um quilômetro da casa dele. O som se dividia entre o dos instrumentos musicais e o dos rojões.

Bem à porta do clube, havia um tablado para se posicionarem os noivos, o juiz e o padre; claro, todos fantasiados. Ali era celebrado o casamento caipira. Depois do "sim" da noiva, começava a quadrilha. E, como toda quadrilha que se preza, havia um locutor: Sidney Tunda!

O baile acontecia até a meia-noite, quando todos se dirigiam à parte do fundo do clube. Ali o som e a dança continuavam, e o pessoal começava a saltar a fogueira; os mais corajosos pisavam descalços nas cinzas e brasas e não queimavam a sola dos pés.

O povo de Pindorama demonstrava união, era mesmo uma grande família.

• • •

A notícia triste para os Tunda, que marcou o ano de 1961, foi o falecimento do patriarca Vicente, aos 80 anos.

O homem tinha bom coração e era muito ligado ao neto Sidney, que sempre se lembrava de suas recomendações, ressaltando a importância de agir dentro da ética e daquilo que as palavras e os mandamentos de Deus determinam.

Vida de certa forma ajustada

Mesmo com emprego garantido, o salário de mecânico na oficina de carroças era baixo. Mal dava para as despesas, e ele ainda tinha que pagar as viagens para Catanduva, onde estudava.

Apesar disso, Sidney passava pelo constrangimento de, durante as refeições, continuar ouvindo as indiretas do pai. O rapaz ficava numa situação bastante desconfortável, pois não era que se negasse a colaborar em casa, mas não lhe sobrava um tostão no final do mês. Além disso, o irmão, José Vicente, estava melhor de vida, pois abrira um pequeno escritório de contabilidade e fizera curso técnico, já que pensava em prestar concurso público.

A semana era de trabalho pesado. Mesmo sem recursos, Sidney e os amigos reservavam os fins de semana para programar seus passeios. Ele trabalhava até o final da tarde, mas antes disso Zequinha já passava em sua casa para pegar roupas limpas. Assim que terminava a jornada de trabalho, o amigo, que tinha carro, ia buscá-lo na oficina e de lá seguiam para a casa dele. Tomavam banho, se arrumavam, comiam algo e partiam para os bailes.

Geralmente aos sábados, Sidney, que trabalhava até as 14h na oficina, ia com os amigos até Santa Adélia, que ficava a uns dez quilômetros de Pindorama. Era uma turma grande, composta por Zequinha, Luzita, Nego Moraes (Dorival Moraes), Luis Dorival, Raul, Bastião Rebarba (Sebastião), Branquinho e Pedrinho. O objetivo? Encontrar outro pessoal que lá morava e arrumar namoradas!

Como não havia ônibus, eles iam de trem, que saía às 17h30 e voltava às 21h. Da estação até o centro de Santa Adélia era preciso andar uns três quilômetros e, se não ficassem atentos ao horário, corriam o risco de perder o trem de volta; o próximo só saía às 2h.

O dinheiro era contado apenas para a passagem e mais nada! Quando um deles fazia aniversário, o grupo juntava dinheiro com dificuldade para comprar duas ou três garrafas de cerveja, no máximo, e cada um recebia um copo para brindar.

Era uma turma unida e que sempre aprontava das suas... Certa vez, combinaram de viajar apenas Sidney, Raul e Bastião Rebarba, que também trabalhava na oficina. Bastião perdeu as passagens que havia comprado para Santa Adélia, e como viviam com dinheiro contado e Sidney e Raul não tinham nenhum tostão extra para comprar novas passagens para o amigo, os três precisaram fazer malabarismo para enganar o cobrador do trem, que passava recolhendo os tíquetes.

Assim que o homem surgiu gritando "Santa Adélia" pelos corredores, os três correram e se trancaram no banheiro. Mas o funcionário, que percebeu a manobra, foi bater com força na porta. Sem opção, os três jovens saíram e explicaram a situação do amigo. Com jeitinho, conseguiram convencer o cobrador a deixá-los descer em Santa Adélia sem maiores consequências.

Mas se deu tudo certo na ida, tinha ainda que ser desenvolvida a estratégia para a volta. Apesar do risco, deu também tudo certo: os três conseguiram retornar e, claro, gargalhavam e vibravam com o sucesso da empreitada.

Numa das idas de Sidney e dos amigos para Santa Adélia, de lá ele voltou compromissado: pediu uma moça em namoro, de nome Aparecida Costa, que aceitou. Sidney estava com 16 anos, e a moça, com 14.

Daí em diante, ir para Santa Adélia representava namorar e estreitar o compromisso com Aparecida.

Depois de um ano, já faziam planos de oficializar o compromisso: ficariam noivos. Sidney confidenciou o desejo dele e da namorada para a mãe. Como havia muitos ciganos na região, que diziam vender peças em ouro, mas que na verdade eram de latão, Sebastiana comprou um par de alianças e deu ao filho.

Em poder dos anéis, Sidney conversou com Aparecida e marcaram uma data para que ele conhecesse a família da moça. Tudo correu bem no encontro e, a partir dali, o rapaz passou a ir para Santa Adélia aos domingos pela manhã, às 10h, para almoçar e passar parte do dia na casa da noiva, retornando à tarde para Pindorama.

Poucos meses depois, começaram as indiretas sobre casamento. Incomodado e assustado com a pressão, Sidney pediu a aliança para Aparecida, com o pretexto de gravar os nomes. No domingo seguinte, ele não apareceu... nem no outro... e em mais domingo nenhum.

Os amigos lhe contavam que Aparecida perguntava desesperadamente sobre o paradeiro dele, que pedia com jeito acanhado: "Digam a ela que eu decidi ir trabalhar e estudar em São Paulo", algo que ainda nem passava pela mente de Sidney.

Agora descompromissado, as idas para Santa Adélia nos fins de semana tiveram fim. Ele e os amigos ficavam então em Pindorama e frequentavam os bailes do clube. Justamente numa dessas oportunidades, conheceu Marli Cássia Tondatti e começaram a namorar.

A família Tunda gostava da moça, que logo passou a frequentar sua casa; a situação financeira dos pais dela era bem melhor que a dos Tunda.

Eles namoraram por mais de dois anos, quando tiveram uma discussão até certo ponto boba, mas que levou ao fim do relacionamento: ambos combinaram de não se presentearem no Dia dos Namorados, mas Marli quebrou a promessa e comprou uma boa lembrança para Sidney. Chateado com a situação por não poder retribuir o presente, ele discutiu com a garota e decidiram interromper o relacionamento por ali. Tempos depois, ela se mudou com a família para Piracicaba e os dois perderam contato.

Graças aos dotes de dançarino, Sidney conquistou uma nova namorada: era Elizabete Secreto, mais velha do que ele – devia ter uns 25 anos. Bastante simpática, era dançarina profissional e dava aulas de dança.

Sempre havia uma boa oportunidade para que o casal fizesse suas demonstrações: nas matinês e bailes noturnos do clube e também nas várias quermesses, organizadas para arrecadar dinheiro e ajudar a igreja de Pindorama.

As quermesses eram bastante divertidas e havia vendas de quentão e churrasco no espetinho, mas Sidney não tinha dinheiro para comprar as guloseimas para ele e a namorada. No último dia, era realizado o leilão de gado, no qual entre dez e quinze bezerros doados recebiam lances dos fazendeiros da região.

Quanto ao casal Sidney e Elizabete, eles continuaram dançando, mas apenas como bons amigos. O relacionamento não durou muito.

Em casa, a confidente era Maria Antonia. Sidney costumava ser o defensor dela quando estudavam na mesma escola. Depois do jantar, a irmã adorava se sentar com ele para ouvir como havia sido o seu dia de trabalho e sobre os namoricos que arrumava.

A moça também se esforçava. Ela queria estudar, mas como tinha que trabalhar, e o serviço que tinha era o de fazer limpeza nas casas dos vizinhos, vira e mexe saía da escola. Até que Sebastiana deu o xeque-mate: "Ou trabalha ou vai para a escola!". E ela seguiu o coração, envolvendo-se de corpo e alma nos estudos.

Essa é para casar

Como sempre, tudo começa com uma troca de olhares profundos... depois, os interessados querem saber mais sobre a pessoa que acabou de lhes despertar encanto e perguntam dela para os amigos em comum... e o próximo passo é o da aproximação.

Os jovens Antonia Trida e Sidney Tunda já se conheciam, até haviam frequentado os mesmos locais e turma. Além disso, Toninha era sua vizinha, tinha amizade com Maria Antonia e estava sempre na casa dos Tunda. Quando Sidney a encontrava em casa, depois que saía do trabalho, os dois ficavam a conversar descontraidamente.

Mas, digamos, o "marco zero" do relacionamento foi quando um olhou para o outro e sentiu o coração disparar. Geralmente, Toninha acompanhava Sidney até o ponto de ônibus, para que ele fosse até o colégio em que voltara a estudar em Catanduva. Num desses dias, estavam ali de conversa, quando Sidney lançou a deixa:

– Toninha, a gente se gosta tanto... somos tão confidentes... que poderíamos namorar...

O doce sorriso que Toninha abriu já dizia tudo. Num tom de voz bem suave, ela disse:

– Eu quero, sim...

As palavras foram interrompidas pelo primeiro beijo.

Estávamos em 1964. Tempos em que o Brasil passou pela transição de governo civil para militar, com o Golpe de Estado, em 1º de março, movimento também conhecido como "Contrarrevolução".

Os desconfortos na política brasileira se iniciaram em agosto de 1961, com a renúncia do presidente eleito Jânio Quadros. Desta forma, seu vice, o gaúcho João Goulart, o Jango, assumiu o país, mas foi instaurado um regime parlamentarista, com o objetivo de limitar os poderes políticos do presidente – o país seguiu assim até 1963, quando o parlamentarismo foi substituído pelo presidencialismo, sistema de governo definido em plebiscito pelo povo brasileiro.

Mas as acusações de ideais de esquerda e de ideologia comunista contra Jango levaram os militares ao ato de intercederem na política do Brasil. O advogado e jornalista Ranieri Mazzilli assumiu provisoriamente a presidência e, em 9 de abril de 1964, foi emitido o "Ato Institucional nº 1"; na sequência, o general Humberto de Alencar Castello Branco foi indicado ao posto de presidente do país.

As mudanças na política, apesar de significativas, pouco respingaram em Pindorama ou no jovem casal. Namoro firmado, quando um foi buscar informações sobre o outro, recebeu as melhores referências. A moça era admirada por sua simplicidade e bondade; Toninha começou a trabalhar na escola infantil e sempre levava as crianças carentes para casa, para alimentá-las e cuidar delas; algumas, inclusive, tinham até piolhos. E o salário, ela distribuía pelas famílias dos alunos, para que pudessem comprar materiais e mantimentos. Os que sabiam da sua bondade diziam: "Se deixar, a Toninha doa a roupa do corpo".

A jovem era a mais velha entre os filhos na casa dos Trida; além dela, eram mais três mulheres – por ordem de nascimento, Maria de Lourdes, Rosa Terezinha e Maria Clara – e um homem, Benedito Aparecido, o Benê, caçula da casa.

Sobre Sidney, diziam ser "uma pessoa do bem", honesto, incansável trabalhador, de boa família, divertido e de agradável convívio.

Os dois assumiram o compromisso de nada falar aos seus pais sobre o namoro. Ele também guardou outro segredo consigo: o de que, assim que bateu o olhar em Toninha, pensou e sentiu: *Essa é para casar!*

Adversários do namoro

Ambos, Toninha e Sidney, tinham seus pretendentes, mas nada que despertasse um sentimento pelo qual valesse a pena abrir o coração. A relação entre eles foi se estreitando cada vez mais.

Estava claro que Toninha e Sidney se amavam. O relacionamento deles era sério, menos sob avaliação de Olga e Hélio Trida, os pais da moça, de família tradicional da cidade. Quando soube que a filha e Sidney estavam juntos, o casal desaprovou.

Às vezes, eles se encontravam no quintal da moradia dos avós de Sidney, que ficava ao lado da casa da moça; os quintais se interligavam.

Como Pindorama era uma cidade pequena, onde as famílias se conheciam, Hélio, respeitado gerente do Banco do Estado de São Paulo, que depois se tornou o Banespa, recebia de amigos e clientes comentários que o deixavam furioso: "A Toninha começou a namorar um carroceiro"; "O rapaz que namora a Toninha gosta de jogar bilhar e ficar no bar"; "Hélio, a Toninha começou a namorar um rapaz que não serve para ela".

Incomodado com a situação e os alertas, Hélio, que sonhava que a Toninha namorasse um rapaz que estivesse na faculdade e com uma profissão definida, questionava a filha: "O rapaz é mecânico! Que futuro você terá ao lado dele? Como seu pai, digo que você merece um namorado que lhe projete um futuro melhor. É o que eu lhe desejo".

Certa daquilo que sentia por Sidney, um amor sem medidas e que era correspondido, Toninha apenas ouvia as críticas do pai sem nada dizer. Em seu íntimo, sabia que, diferentemente daquilo que dizia Hélio Trida, o futuro dela seria feliz, pois estaria ao lado do seu amado, com quem idealizava constituir uma linda família.

Quando conseguiam estar juntos, sempre acobertados por primas ou amigos, eles faziam planos ambiciosos. Mesmo sem nada contar para Toninha, Sidney começava a pensar numa possibilidade concreta: a de se mudar para São Paulo, arrumar um trabalho que o fizesse prosperar e, como queria o pai de Toninha, oferecer a ela um futuro seguro.

Um dos amigos de Sidney, de nome Marcos, estudava no mesmo colégio que Toninha. Marcos então era o elo que fazia os bilhetes de Sidney chegarem até Toninha e vice-versa; o rapaz deixava as mensagens na caixa de luz da casa dele.

O certo era que os dois viviam sob constante tensão. A situação agravou-se quando, por infeliz coincidência, Toninha e Sidney foram passear de trem e deram de cara com o pai dela. Hélio falou poucas e boas e puxou a filha para ficar com ele. Foi constrangedor.

Depois do ocorrido, Sidney foi para casa arrasado. Sebastiana percebeu que algo de errado havia acontecido e conversou com o filho. Ao saber da situação, ela disse:

– Tico... será que vale sofrer por amor? Se a família dela é contra, por que você quer tanto namorar com essa moça?

O rapaz contou em tom de desabafo:

– Mãe... quem consegue comandar o coração? Eu gosto da Toninha e vou lutar por ela.

Sebastiana pegou na mão dele e disse:

– Vá em frente então, meu filho. Lute por ela! Conte com o meu apoio.

Nada mais a perder

Sidney, infelizmente os negócios aqui na oficina não andam nada bem. Terei que demiti-lo. Fico triste, porque você é um excelente funcionário. Mas vou falar com seu irmão, o José Vicente, para que ele empregue você no escritório de contabilidade dele.

Essas foram as palavras de Almir Salvador, dono da oficina na qual o rapaz trabalhava e que passava por dificuldades financeiras. Embora

Almir tivesse grande apreço por Sidney, não havia mais como pagar--lhe o salário.

Se estando empregado a situação financeira de Sidney já era difícil, imagine, agora, com a demissão. Se a situação do namoro entre Toninha e Sidney estava ameaçada, imagine, agora, com a demissão.

Digamos que Sidney não foi totalmente pego de surpresa, pois já havia alguns meses Almir Salvador vinha enfrentando dificuldades financeiras, inclusive para pagar o salário integral dos funcionários. Na rescisão, havia ainda um bom saldo a ser quitado e, para liquidar a dívida, o homem deu duas carroças a Sidney, que logo conseguiu vender uma delas por duzentos cruzeiros, a moeda da época.

Era um dinheiro razoável e que lhe garantia certo sossego para manter as despesas nos dois meses seguintes. Os amigos que trabalhavam com ele, Raul e Sebastião, também foram demitidos.

Apesar de Almir Salvador sugerir que Sidney trabalhasse no escritório de José Vicente, o rapaz rejeitou a proposta. Como bons irmãos, eles sempre se enroscavam em briguinhas domésticas. Em especial, quando Sidney pegava alguma roupa "emprestada" e o mais velho descobria.

Operação Namoro

Manter um namoro proibido, ainda mais em Pindorama, não era fácil. Por isso, para que conseguissem trocar bilhetes, cartas de amor e marcar encontros, havia um verdadeiro exército de voluntários que conspirava em prol do jovem casal.

Na linha de frente estavam as irmãs e o irmão de Toninha; no entanto, Benê, por ser mais novo, pouco participava. Havia também as primas Angela Rosa Trida Lopes da Silva, Rosa Maria Martins, Maria José Martins e Célia Maria Martins Rodrigues. Todos torciam por Toninha e Sidney e o qualificavam como um rapaz muito bacana, de boa índole.

As irmãs recebiam as cartas e os bilhetes e os entregavam a Toninha; já as primas organizavam os encontros, muitas vezes em suas próprias casas. O casal era escondido em algum canto e as meninas ficavam espalhadas pelas esquinas, para ver se o carro de Hélio Trida não passava por ali: uma se postava no jardim da igreja e as outras ficavam nos quarteirões.

A mãe de Rosa Maria, Alzira Trida, que era irmã de Hélio, ajudava a sobrinha a namorar escondido; por sua vez, o pai de Rosa, Américo Martins, era parente da mãe de Toninha, Olga Ferreira Duarte Trida.

Muitas vezes, o plano era montado por Alzira: Sidney passava no final da tarde, depois do trabalho, em frente à casa dela, pois eram vizinhos, e as famílias de ambos, amigas. Ali já estava Toninha, à espera dele, e os dois ficavam um tempo a conversar – muitos anos depois, Rosa Maria Martins se casou e adicionou Vitral ao sobrenome.

A prima Maria José, irmã de Rosa Maria, também ajudava nas estratégias. Certa vez, desconfiada das armações e de que elas facilitavam o namoro proibido, Olga chegou de supetão na casa da cunhada e causou um alvoroço, pois Sidney e Toninha realmente estavam lá. Mas Rosa e Maria José agiram rápido e esconderam o rapaz num dos quartos.

Outro reforço no time dos cupidos era Célia Maria, prima de segundo grau de Toninha, tanto de pai quanto de mãe; Hélio era irmão da avó materna, e Olga, irmã do avô paterno de Célia.

A moça morava ao lado da oficina de Almir Salvador, na qual Sidney trabalhara, e era também muito amiga da irmã dele, Maria Antonia.

Ao lado de Toninha, Célia formava uma turma grande também de amigas, como Maria de Lourdes e Elisa, entre outras. Mas ficava a cargo dela a missão de pegar os bilhetes trocados entre Toninha e Sidney, deixados num esconderijo que havia ao lado do portão da casa de Manoel Guardia, dono da farmácia do bairro.

Célia era também companheira certa de Toninha nas idas ao cinema do Hugo Gallo, como era conhecido o local. Elas chegavam e entravam juntas, mas lá dentro Sidney já estava no aguardo da namorada.

Nos fins de semana, a turma se encontrava no clube de Pindorama, onde ouvia músicas, dançava e namorava. Além de Toninha, suas irmãs, primas e amigas também namoravam e, desta forma, todas se ajudavam e se protegiam mutuamente.

Mas, às vezes, o casal era pego de surpresa. Como quando Toninha estava na casa de Sidney. A informação chegou aos ouvidos da mãe dela, que com a cara amarrada foi até a casa dos Tunda e tirou a filha de lá.

Reta final em Pindorama

Como tinha facilidade em aprender e desejava vencer o desemprego, Sidney foi trabalhar como ajudante de um amigo mestre de obras, de nome Renato de Abreu, conhecido como "Duque", que fechava os serviços de pintura das casas das fazendas e também da cidade; Sidney recebia diária por jornada de serviço.

Às 4h, Sidney estava de pé, se banhava e ia até a cozinha. A mãe, Sebastiana, deixava o café e a marmita que ele levaria prontos. O cardápio era sempre o mesmo: arroz, feijão, ovo frito e, às vezes, um pedaço de carne de porco ou frango.

Às 5h, Sidney encontrava Duque e eles seguiam até o local de trabalho, em cima da caçamba da caminhonete do dono da fazenda. Assim que chegavam, já pegavam no pesado. A primeira parada era às 9h, para o almoço; nos dias quentes, eles deixavam as marmitas debaixo do sol, para mantê-las aquecidas. Os dois comiam metade de suas respectivas marmitas, guardando o restante para a segunda parada, às 14h. Sobremesa? Não havia. Era substituída por uma garrafa de café bem doce.

Perto das 16h, o expediente era encerrado e eles pegavam carona de volta para a cidade. Mas Sidney descia sempre um pouco antes do centro e cortava caminho até a casa dele. O motivo? Voltava com a mesma roupa utilizada para trabalhar, manchada de tinta. Além disso, por mexer com graxa, ficava com as unhas sujas e, para tentar limpá-las, passava mamão verde com leite.

Envergonhado, ele evitava o centro, onde fatalmente encontraria gente conhecida e também próxima de Toninha e dos pais dela. Na verdade, era por Toninha que se poupava de tal constrangimento.

No armário de Sidney havia mais espaço vazio do que roupa. Uma ou outra peça. E um único terno para sair aos fins de semana, praticamente um uniforme: paletó e calça bege, camisa branca e gravata amarela.

Ele até chegou a perguntar para a mãe:

– Como a senhora sabe cuidar tão bem das roupas, será que não dá para tingir meu terno?

Aquilo cortou o coração da mulher. Ela olhou para o filho, ameaçou um tímido sorriso e o abraçou. Um tímido sorriso por fora, mas o coração apertado e choroso por dentro.

Certa vez, o serviço que arrumaram foi o de pintar uma casa em Pindorama. Para deixar Sidney ainda mais desconfortável, a cliente, Mariana Magueta, era vizinha da casa de Toninha. Ou seja, era possível que a namorada e a família dela presenciassem Sidney em meio ao trabalho pesado.

Apesar disso, não se importou e dedicou-se com afinco. Certo dia, sem que ele percebesse, Hélio Trida passou por ali e o viu empenhado no trabalho, lixando as paredes que depois iria pintar.

Assim que chegou em casa, Hélio conversou com a esposa, que estava com a filha Maria Clara. Mesmo assunto de adultos, a moça prestou atenção no diálogo iniciado pelo pai:

– Olga, esse moço que quer namorar a Toninha tem valor. Eu o vi trabalhando com pintura na casa da Mariana. Eu me identifiquei com ele... comecei como contínuo no banco, lavei banheiro e cheguei a gerente. O Sidney é um rapaz de caráter, trabalhador, de responsabilidade.

A partir daquele dia, Olga e Hélio, que era amigo de José Vicente, irmão de Sidney, que lhe prestava serviços com seu escritório de contabilidade, passaram a ver o pretendente da filha Toninha com outros olhos.

• • •

Quando Sidney repetiu de ano outra vez, cursando o ginásio, Jorge Tunda o fez sair da escola. Ele então, em sociedade com um primo, Antonio Tunda, passou a trabalhar como oveiro, comprando ovos e frangos nas colônias dos sítios para vender na cidade. Em contrapartida, por ali eles adquiriam perfumes, esmaltes, produtos de cabelo, entre outros, para permutar com os moradores das fazendas. Ou seja: levavam produtos da roça para a cidade e vice-versa.

A ideia surgiu porque Sidney ainda tinha uma das carroças que recebera como parte de pagamento na rescisão de trabalho na oficina, e o primo, um cavalo.

O negócio caminhava relativamente bem; eles tinham trânsito livre nas colônias. Mas, depois de um ano, Sidney e o primo discutiram feio. Já era final da tarde, quase escurecendo, e eles retornavam das fazendas. O tom da conversa esquentou e o primo dissolveu ali mesmo a sociedade:

– Não tem mais negócio! Vamos dividir o estoque e fim de papo! – Dito isso, o rapaz desceu da carroça, soltou o cavalo, que era dele, montou no animal e seguiu para Pindorama, deixando o primo com a carroça ali mesmo, em situação desconfortável.

Sidney ficou desolado, mas, passados alguns minutos, depois de repensar no que havia feito, Antonio retornou e, arrependido, disse ao primo:

– Sidney, não é justo abandoná-lo aqui, sem condições de locomoção. Vamos arrear o cavalo novamente e fazer a separação em casa.

Naquele período, Jorge Tunda havia abandonado o trabalho de carroceiro para trabalhar na prefeitura como fiscal de obras. A indicação partira do prefeito eleito da cidade.

Aquilo, de imediato, provocou uma melhora financeira da família. Jorge era dedicado ao trabalho, exigente e cumpridor das regras.

Esta foi a profissão que ele teve até se aposentar.

Notícias do irmão

Escreva uma carta para seu irmão. Queremos ter notícias do José Vicente.

A caçula, Shirley, grande companheira da mãe, era oficialmente a escolhida para escrever as cartas ao irmão mais velho, José Vicente, que havia se tornado gerente do Banco do Estado de São Paulo (Banespa) em São Vicente, no litoral paulista.

A missão de Shirley tinha uma explicação: Sebastiana frequentara pouco a escola e Jorge Tunda havia estudado só até a quarta série.

Mas, se faltou estudo, sobrava gestão da renda da família. Tanto Sebastiana quanto Jorge não eram de meter os pés pelas mãos, de desperdiçar dinheiro. No armazém, os Tunda não abriam conta; tudo que se precisava em casa era comprado no dinheiro. Sebastiana tinha uma lata onde guardava as notas e moedas e, se fosse preciso comprar algo, dizia: "Pega dinheiro na latinha".

Este aprendizado, o de não comprar fiado ou mesmo evitar fazer aquisições financiadas e a prazo, os filhos levaram consigo e aplicaram em suas vidas.

Outro ponto que reforçava a segurança com que os Tunda comandavam o orçamento era o caso da filha Maria Antonia, que foi estudar em Araraquara, e Jorge precisava pagar-lhe a moradia num pensionato.

Maria Antonia, que havia conseguido bolsa de estudos no cursinho, logo prestou vestibular e entrou na Universidade de São Paulo (USP) para cursar Matemática, incentivada por um professor do terceiro colegial.

Pois, assim que chegava o final do mês, o dinheiro para pagar as despesas da filha estava reservado.

Novo projeto de vida

Eu já fiz de tudo em Pindorama: vendi aquilo que plantávamos e colhíamos em casa, fui sapateiro, soldador, pintor, vendi ovos... e não tenho uma profissão definida! Acredito que preciso mudar de rumo, seguir para a cidade grande. Experimentarei em São Paulo, onde estão os irmãos da minha mãe.

Nada como uma boa reflexão para avaliar como anda a vida. E, se as coisas não vão lá muito bem, nada como uma boa reflexão para tomar decisões importantes! E a análise seguiu:

Eu preciso encontrar um caminho para ter um desempenho mais gratificante. Em Pindorama, não há nenhuma esperança de conquista, de encontrar um rumo que me dê alguma importância profissional. Sou desacreditado até pelo meu pai...

A pedido de Sidney, Sebastiana consultou seus irmãos para saber se eles poderiam dar guarida ao filho, caso ele decidisse se mudar para a capital paulista. Deles recebeu uma resposta positiva.

A mulher passou a posição para o filho, que gostou do que ouviu, mas não deu nenhum indício de que se mudaria para São Paulo. Contudo, na verdade, a decisão já estava tomada: Sidney escreveu para o tio Aparecido Dias de Moraes e confirmou que iria comprar a passagem de trem e que logo chegaria de mala e cuia na casa dele.

Além de agradecer a hospedagem, ele ainda fez um pedido: "Não conte nada ainda para a mãe. Se ela souber, vai sofrer desde já! Comprarei a passagem, prepararei tudo e direi a ela e ao restante da família apenas no dia da partida!".

CAPÍTULO 2
A CIDADE GRANDE

Vida nova

Dia primeiro de dezembro de 1967. Data que Sidney Tunda, aos 21 anos, jamais esqueceria, pois acabara de desembarcar na cidade de São Paulo. Teoricamente, ali seria sua nova, e se tudo corresse bem, eterna moradia! São Paulo, digamos, era o plano A, mas havia o plano B, o Rio de Janeiro, e o plano C, Belo Horizonte.

Da estação de trem, Sidney seguiu até a casa do tio Aparecido Dias de Moraes, irmão da mãe dele, a quem todos chamavam de Dias. Ali ele ficaria hospedado e instalado num quarto no fundo da residência; o rapaz ainda se lembrava do trajeto até Pirituba desde as oportunidades que havia tido de visitar a capital com a família.

O tio Dias era dono de uma pequena loja, a Dias Utilidades Domésticas Ltda., localizada no centro da cidade, na Galeria 24 de Maio.

Passada a euforia do primeiro dia da estada em São Paulo, na manhã seguinte Sidney saiu logo cedo, tomou café no bar – o acordo com o tio previa que ele fizesse todas as refeições fora – e saiu em busca de emprego. Já era noite quando retornou muito cansado, de tanto bater as pernas e às portas das empresas. Mas, infelizmente, nada conseguiu.

No outro dia, nova maratona em busca de emprego, mas, novamente, sem novidades. Sidney não desistiu... Dia após dia, lá estava ele, otimista.

Era 12 de dezembro. Logo cedo, como de costume, o rapaz fez uma oração assim que acordou, seguida de um pedido especial: "Meu Deus, hoje, como o Senhor sabe, é meu aniversário! O meu dinheiro vai acabar... Então, meu Deus, peço ao Senhor um presente especial: uma oportunidade de trabalho!".

O primeiro emprego

Deus realmente ouve as nossas preces, e com as de Sidney não foi diferente. Seu tio Antonio havia trabalhado no Lanifício Pirituba como chefe do setor elétrico e deu a sugestão: "Por que você não abre ficha lá?".

O rapaz seguiu o conselho. Saindo de casa, foi direto ao Lanifício Pirituba, que estava mesmo contratando. Era uma empresa de bom porte, com 1.200 funcionários só na fábrica. Depois de conversar com o responsável do setor e de preencher uma ficha, veio a resposta: "Você começa amanhã!".

Não poderia ser diferente: Sidney abriu um largo sorriso. Empregado, ele tinha duas certezas: não gastaria todas as suas reservas financeiras e começaria ali a trilhar o caminho que o levaria a, um dia, ter condições de pedir Toninha em casamento.

Quanto ele iria ganhar? Um salário mínimo. Na carteira de trabalho, Sidney seria registrado como mecânico de manutenção.

No dia seguinte, antes das 7h, já estava na fábrica. As primeiras atividades foram as de soldar peças, algo que ele sabia fazer com qualidade; o rapaz se virava bem com as ferramentas em geral. Mas depois o chefe do setor começou a prepará-lo para as manutenções de máquinas de lavagem de tecido, teares, urdideiras, tornos, dobradeiras...

O rapaz logo pegou o jeito e passou a ser o mais requisitado para os consertos. Tanto que foi promovido a encarregado do setor de manutenção, comandando uma equipe de quarenta profissionais.

Como Sidney era bastante interessado e queria aprender sobre tudo, começou a acompanhar os encanadores e eletricistas. Mas isso quase lhe custou a vida. A água utilizada na empresa era puxada por bombas dos poços artesianos que havia no amplo terreno do Lanifício. Certo dia, a bomba quebrou e Sidney começou a arrumá-la. Enquanto mexia nas peças e na fiação, ele não foi percebido pelo encanador, que religou a energia. Sidney tomou um enorme choque e caiu de longa altura dentro do poço, que não estava totalmente vazio, o que ajudou a amenizar o impacto.

Logo ele foi socorrido. O acidente chegou aos ouvidos dos donos, da família Zarzur, com quem o rapaz ganhou prestígio. O patrono, de nome Feiz Zarzur, gostava bastante de Sidney.

Passados trinta dias de trabalho, chegou o momento tão esperado por Sidney: o pagamento do salário. Ele recebeu o valor acordado diretamente do chefe. Em poder do envelope, que segurou com as duas mãos, ficou tão feliz que andou alguns metros até o fundo da fábrica, onde ficava a criação de carneiros do patrão. Ali havia uma cabine, na qual entrou, se ajoelhou, abriu o envelope, tirou o dinheiro e colocou-o espalhado pelo chão.

Olhando as notas, Sidney começou a rir de alegria, mas depois caiu num choro emocionado. Só naquele mês havia feito uma grande quantidade de horas extras. O salário veio reforçado, resultado do interesse dele por aprender não só sobre manutenção de máquinas, mas também sobre a parte elétrica e o encanamento.

O único lazer de Sidney era, na volta do Lanifício Pirituba e antes de ir para a casa do tio Dias, encontrar amigos que fez num bar perto de onde morava. Ali o pessoal jogava algumas partidas de bilhar e ele aproveitava para comer algo e jantar.

Sidney era controlado com o dinheiro e sabia dos seus limites. Assim que chegava ao bilhar, onde já estavam Duda, Roque e Pileca, ele dizia: "Vamos fazer duas partidas de cinco? Se eu perder, vou embora... e se eu ganhar, vou também!". A moeda da aposta eram cruzeiros novos.

Futebol era uma paixão de ambos, Sidney e o amigo Duda, mas aquele era corintiano e este palmeirense. Havia um time de futebol dos jovens do bairro e Sidney foi convidado para jogar numa das partidas amistosas em Piracaia, interior de São Paulo. Mas não agradou. O motivo? Marcou um gol, só que contra. E os convites para jogar futebol ficaram então restritos àquela única partida.

Duda até brincou: "Ô, Sidney, de futebol você não entende nada; nem time para torcer sabe escolher! Mas sinuca você joga muito...".

Sidney também não era de tomar bebida alcoólica. Por volta das 20h30 ou 21h, ia embora, mas a turma ainda tinha disposição para sair e se divertir noite adentro. Ele mal sabia andar em São Paulo; o máximo que fazia era ir até o centro da cidade. Mas sua principal diversão era conseguir ligar da casa de algum vizinho generoso para uma amiga ou prima que morava perto de Toninha, pedir para chamá-la e falar um pouco com a amada por telefone. Tinha que ser rápido, pois as ligações eram caras e, caso se estendessem, a fisionomia dos anfitriões começava a fechar.

Não demorou e, pela confiança que o patrão adquiriu nele, Sidney passou a ser requisitado para realizar os serviços nas residências de Feiz Zarzur e dos filhos Fauzi e Ivo, que só o chamavam pelo apelido "Catanduva" – município no qual Sidney nasceu e que fica a dez quilômetros de Pindorama.

A confiança dos Zarzur em Sidney era grande e ficou ainda maior quando, certa vez, o empresário estava circulando entre os carneiros e um deles, o mais bravo, avançou sobre ele. Sidney estava próximo e socorreu Zarzur na hora, levando-o para o ambulatório da empresa. Nada de mais grave aconteceu com o homem, mas a família ficou grata a Sidney por tê-lo ajudado.

O emprego estava cada vez mais garantido. Mas as saudades da família, de Toninha e dos amigos era grande. Depois de quatro meses em São Paulo, comprou uma passagem de trem e decidiu então ir visitá-los durante o final de semana; com Toninha, ele trocava cartas, intermediadas pelas primas da moça.

A notícia de que Sidney estaria em Pindorama no sábado chegou aos ouvidos do pai de Toninha, que determinou à filha: "Neste fim de semana você não sai de casa!". Os pais dela ainda mantinham certa resistência ao namoro.

E a moça não saiu mesmo. O máximo que conseguiram foi uma troca de bilhetes, que ficou a cargo de uma das irmãs, e olhares e acenos pela janela. Nem havia tempo para planos mais ambiciosos, pois no domingo Sidney estava no trem, retornando a São Paulo.

Logo que voltou, programou a mudança para junto de outro tio, de nome José, também irmão da mãe dele, e alugou um quarto no porão da casa, que ficava bem perto do Lanifício Pirituba.

Assim como era na casa do tio Dias, ao morar com José as refeições de Sidney continuaram a ser feitas fora. Ele não passava fome, mas era bastante econômico. Sidney tomava o café da manhã – café com leite e pão com manteiga – e almoçava no Bar do Turdin, onde pedia um prato feito. Turdin já sabia como Sidney queria que fosse preparado, então tirava o bife do prato com arroz, batata, feijão e ovo e dividia a carne ao meio, colocando metade em cada um dos dois pãezinhos franceses, que viravam o jantar dele.

Decisão equivocada

Os meses seguintes foram também de muito trabalho e igualmente de muitas saudades. Até que, em fevereiro de 1969, o Carnaval estava prestes a chegar e, com ele, um longo feriado. Sidney já tinha planos de retornar a Pindorama e até combinara de pegar carona com o irmão, que sairia de São Vicente e o encontraria num determinado ponto da Rodovia Anhanguera.

Mas o chefe dele, Ivo, dois dias antes da viagem, o chamou para uma conversa e determinou:

– Sidney, preciso que você monte uma estufa durante o Carnaval. É uma peça complicada e, por isso, estou lhe dando esta incumbência. Veja o que necessita de material e contrate o pessoal que precisar para fazer o serviço.

Na hora, o rapaz ficou apreensivo, mas nada disse, pois havia ainda dois dias de trabalho pela frente. Ele então comprou o material, reuniu os ajudantes e começou a montagem. Foram dois dias de intenso empenho, mas ainda havia chão para colocar a estufa em funcionamento.

Existia um grande dilema em sua mente: terminar o serviço, mesmo que durante o Carnaval, ou seguir viagem para Pindorama, na tentativa de rever Toninha?

Qualquer das decisões teria seus ganhos e perdas. Mas, na ideia de um jovem, o amor compensa qualquer sacrifício. E assim, no sábado, ele estava no local ajustado, à espera do irmão, para passar o feriado no interior. Aos ajudantes, ele confidenciou sobre a viagem, mas para o chefe não.

Cartão verde para o namoro

Perto das 14h, José Vicente estacionou o carro no acostamento e, no início da noite, ele e o irmão já estavam em casa. Foi o tempo de Sidney conversar um pouco com os pais e as irmãs, tomar banho e se arrumar para o baile de Carnaval, que aconteceria no Pindorama Clube.

A ansiedade de Sidney era enorme. Lá, certamente, estaria Toninha com seus pais, o irmão Benedito e as três irmãs com seus pretendentes: Maria de Lourdes namorava um engenheiro, Terezinha um fazendeiro e Maria Clara um estudante de Medicina. E Toninha namorava um mecânico de manutenção!

Assim que chegou ao salão do clube, Sidney avistou Toninha e toda a família numa mesa. Ainda percebeu que o pai dela, que já o tinha visto, comentou algo no ouvido da filha, que ele só veio a saber depois: "Toninha, esqueça esse rapaz. Se você se casar com ele, vai sofrer muito"; ao que Toninha respondeu: "Pai, eu não mando nos sentimentos do meu coração!".

Sidney nem se atreveu a ir até lá. Mas ficou à espreita e, quando Toninha saía para dar uma volta no salão, ele se aproximava e conversava um pouco com ela. Assim foi até a metade do baile, quando, em certo momento, ele sentou-se próximo à mesa dos Trida.

Ver a filha triste e aquela atitude do rapaz talvez tenha amolecido o coração de Hélio, assim como a certeza de que a filha amava Sidney. O homem pegou um copo, colocou gelo com uísque e disse para a filha Maria de Lourdes, a Dudô: "Vamos acabar com esse clima. Tome, ofereça uma dose ao rapaz".

Tal atitude pegou todos de surpresa. Os olhos de Toninha acompanharam atentamente cada passo da irmã. Sidney aceitou e, mesmo a distância, olhou para o pai de Toninha e levantou o copo, numa menção de dizer "saúde", ou "bandeira branca".

Talvez ali não fosse o melhor momento para que os dois tivessem uma conversa mais séria. Toninha e Sidney, no entanto, entenderam o recado. Também não abusaram, continuando a se encontrar numa ou noutra volta na pista de dança.

Dali em diante, o namoro foi aceito; os encontros entre Toninha e Sidney geralmente aconteciam na casa dela. Os irmãos, alguns parentes e as amigas de Toninha, que ajudaram na execução da Operação Namoro, estavam felizes com a permissão para o relacionamento.

No domingo e na segunda de Carnaval, o casal de namorados conseguiu se ver um pouco, e a moça contou que o pai parecia mesmo estar mais maleável. Na terça-feira, Sidney aproveitou novamente a carona do irmão e retornou para São Paulo.

De um lado, tirara um peso da consciência, o de até então estar impedido de namorar Toninha, mas, do outro, o peso continuava; afinal, ele abandonara a instalação da estufa no Lanifício Pirituba! Portanto, Sidney temia que consequências drásticas pudessem ser tomadas pela direção, como sua demissão.

Na manhã da Quarta-feira de Cinzas, bem cedo, ele já estava na empresa. Mas, logo que chegou ao setor, o que temia aconteceu. Sidney recebeu o seguinte recado: "Pediram para você ir diretamente para o departamento pessoal".

Como diz o ditado: "Para bom entendedor, meia palavra basta". E bastou mesmo. Assim que ele chegou ao departamento, recebeu o comunicado: "Você está demitido".

Depois de arrumar suas coisas, foi se despedir de Ivo, o chefe do setor, e dele ouviu: "Eu fiz o que precisava ser feito e não aquilo que eu queria fazer", justificando dessa forma a demissão.

Os próximos passos

Apesar de reconhecer que a opção feita, a de viajar para Pindorama, tinha sido equivocada, Sidney estava convicto de ter se dedicado ao máximo à empresa. Diariamente, às 7h ele já estava no trabalho, e de lá saía perto das 18h.

Agora, depois de um ano e três meses, voltava à mesma condição de quando chegara à capital: a de desempregado. Chateado ficou também pelos colegas que tinha na empresa, mas não deixou que aquilo o abatesse. Logo Sidney definiu que a demissão lhe traria novos horizontes e determinou: *De mecânico de manutenção, vou me tornar dono de algum negócio. Vou trabalhar e fazer o meu salário.*

Pelo menos, ele estava capitalizado, pois conseguira guardar boa parte do salário que ganhara; gastava apenas com moradia e alimentação e ainda tinha o valor da rescisão. Ele praticava a velha fórmula de não gastar mais do que se ganha. Boa parte do dinheiro que conseguia juntar mandava para o irmão José Vicente, para que ele guardasse no banco em que trabalhava.

Logo que soube da demissão, aproveitou uma nova carona do irmão e juntos voltaram a Pindorama. Sidney adorava ficar por um longo tempo conversando com a mãe; os dois se sentavam na cozinha e falavam um pouco de tudo. Sebastiana se preocupava com o namoro do filho com Toninha, pois ele lhe confidenciara sobre as dificuldades de aceitação do relacionamento por parte da família dela, que parecia ter dado uma trégua.

Mesmo com dor no coração, Sebastiana dizia a Sidney:

– Filho... arrume uma namorada mais pobre, uma moça de família mais humilde, mas que você goste.

Ele ria e rejeitava a sugestão:

– Mãe... não dá para enganar o coração. Eu e a Toninha nos amamos!

Quando Jorge Tunda passava e via Sebastiana e Sidney concentrados na conversa, ora sorrindo, ora trocando afagos, ele dizia: "Ô, mulher, está aí com seu queridinho...".

Num dos dias de estada com os pais, o rapaz observou que as chaves e o carro que o irmão havia comprado em sociedade com um amigo de Santos estavam em casa, mas que José Vicente havia saído com os amigos. Sidney ainda não tinha carta, mas sabia dirigir.

Ao ver a chave dando sopa, não se aguentou e a tentação falou mais alto: passou a mão na chave, entrou no carro, deu a partida e saiu dirigindo pelas ruas de Pindorama. O importante era voltar logo, antes de o irmão estar em casa, para que a aventura não fosse descoberta.

Pois Sidney pilotava numa subida e, de repente, resolveu entrar à direita. Bateu o carro numa guia alta. Agora não tinha jeito, ele precisaria mesmo contar o ocorrido a José Vicente. O irmão não ficou bravo, mas também não gostou de saber do acidente e muito menos de ver o estado em que ficou o veículo, com problema na roda e a direção desalinhada.

O automóvel foi levado para a oficina mecânica, para que fosse consertado a tempo de eles fazerem a viagem de volta.

E quando soube do valor do reparo, José Vicente disse ao irmão:

– O dinheiro que você tem guardado comigo usarei para pagar o conserto do carro! – E lá se foram as economias de Sidney...

De volta a São Paulo, ele começou a ser assediado por propostas de trabalho que nada tinham a ver com sua índole, como a de puxador de carros roubados para o Paraguai. Sidney nem abria negociação; rejeitava de imediato, até com rispidez. Na mesma hora em que lhe tentavam fazer a proposta vinha-lhe à mente a imagem da mãe dizendo: "Todos nós temos um anjo da guarda. E ele está sempre presente. Filho, cuide-se! Não faça nada de errado, ande na linha! Vai com Deus e que Ele te projeta!".

Mas a condição de desempregado não durou muito tempo. O tio Antonio, também irmão da mãe e casado com Carmen, o convidou para morar e trabalhar com ele, fazendo instalações elétricas em residências, mas as coisas não foram tão bem.

Com isso, Sidney recebeu uma nova proposta profissional, agora do tio Dias, que, antes de ter a loja, havia trabalhado por muitos anos na General Electric, a GE. Dias foi sondado sobre a possibilidade de vender também ar-condicionado e gostou da sugestão.

Sendo assim, em 1969, o tio fechou a Paissandu Eletrodomésticos Ltda., loja que tinha ao lado do Largo do Paissandu, no centro, e montou a A.Dias Ar Condicionado Ltda. Ele então sugeriu a Sidney que fizesse um curso de mecânico de refrigeração e ar-condicionado no Senai e fosse trabalhar com ele como instalador. Sidney topou na hora.

Surgiu até a possibilidade de ser mecânico de geladeiras e ar-condicionado na General Electric. No dia do teste, o responsável pela área técnica entregou a Sidney uma chave de fenda e um termostato, para que fizesse o reparo. Ele fez a troca com perfeição, deixou o aparelho funcionando, mas decidiu não aceitar o emprego e preferiu mesmo trabalhar com o tio.

Sobre a mudança de rumo, Sidney contou a Toninha por carta. Na resposta, ela fechou o texto com as seguintes palavras: "Eu confio em você! Te amo, Sidney, e quero viver ao teu lado!".

Cada carta que recebia ele guardava numa sacola. E assim continuou a fazer pelos tempos seguintes.

Terminado o curso, Sidney passou a estar diariamente na loja do tio. Ele até comprou uma mala de ferramentas para poder trabalhar. E logo começaram a surgir as primeiras instalações elétricas dos aparelhos de ar-condicionado.

Como as vendas iam bem, o volume de instalações acompanhava e começaram a surgir demandas de serviços de outras lojas, como a G. Aronson. Sidney e o tio Dias haviam até comprado uma Kombi para fazer as instalações; o preço cobrado era alto, dada a responsabilidade do serviço, pois ele tinha que quebrar a parede com cuidado para não pegar um cano, colocar o suporte, fazer a parte elétrica... Eram máquinas chamadas de "ar-condicionado de janela".

Isso representava bom volume de ganho para Sidney. Ele até se permitiu estar com mais frequência no bar que havia perto de casa, onde o grupo de amigos ainda costumava se reunir depois do expediente.

Um deles, Osvaldo Estrela de Souza, o palmeirense Duda, passou a acompanhar Sidney nas instalações dos aparelhos. Duda trabalhava como escriturário no Instituto Brasileiro do Café, o IBC; como dava expediente só na parte da manhã, até o meio-dia, ele almoçava e às 13h Sidney passava para pegá-lo e levá-lo como ajudante. Sidney fazia o serviço pesado, o de abrir, furar a parede e colocar o suporte, e Duda o ajudava a encaixar o aparelho.

Empolgado, Sidney até já pensava em montar no futuro a própria oficina; de tanto lhe perguntarem "você sabe arrumar máquina de lavar?", aprendeu a consertar esse tipo de eletrodoméstico também.

Mas uma passagem ficou marcada para ele. Às vezes, cometemos erros que nos mostram que não devemos seguir determinados caminhos. Certa manhã, Sidney foi atender uma cliente em Diadema, na grande São Paulo, que estava com a máquina de lavar quebrada.

Assim que chegou e soube do problema, foi mexer na máquina. Sidney percebeu que a causa era o chicote de ligação, que estava em contato com o gabinete, e logo isolou os fios. Feito isso, o serviço estava, teoricamente, pronto. E quanto cobrar por apenas isolar os fios?

Apesar da longa distância entre a casa da cliente e o escritório, o serviço representava um valor irrisório. Mas quando a cliente pediu a Sidney uma avaliação, ele respondeu:

– Minha senhora, o motor do agitador está em curto-circuito. Será preciso trocar o motor...

A mulher sorriu e disse:

– Sem problema! Pode fazer o serviço.

Sidney então embrulhou o motor num jornal e disse que faria a troca e retornaria depois de umas duas horas. Ele saiu da casa da mulher, andou algumas quadras, acomodou-se debaixo de uma árvore e começou a limpar o motor. Feito o serviço, ele aguardou mais um tempo e retornou à casa da cliente.

Entrada liberada, Sidney finalizou o isolamento do fio, reinstalou o motor e a máquina funcionou! "Milagre!" A mulher ficou extremamente grata; teceu muitos agradecimentos e elogios, e pagou a Sidney o valor pedido pelo serviço. Além disso, deu-lhe ainda o dinheiro das corridas de ida e volta de táxi, além de completar com uma gorda caixinha.

Encabulado, Sidney agradeceu. Para economizar, retornou de ônibus. No caminho de volta, ele se questionou se agira corretamente. Apesar de estar com um bom dinheiro no bolso, a consciência pesou:

Estou com dor no coração por ter agido errado com a cliente. Minha índole não é essa. Gosto das coisas certas. Sou honesto; este não é o caminho que quero trilhar. Nunca mais agirei desta forma.

Quando cometemos um erro, aquilo que fica de mais valioso é o aprendizado.

Visita ilustre

Sidney, na semana que vem eu vou com a Rosa Maria te visitar em São Paulo.

A novidade contada por Toninha deixou Sidney radiante. Ela, na companhia da prima, viria passar o fim de semana com o namorado. Olga e Hélio, pais de Toninha, consentiram com a viagem, mas desde que a filha fosse com a prima e que ficassem hospedadas na casa de um dos tios de Sidney; era também a confirmação de que o namoro deles estava sendo aceito pelo casal Trida.

Foram dias de ansiedade até que Sidney fosse encontrá-las no sábado na estação de trem. De lá, levou Toninha e Rosa Maria para almoçarem numa cantina, onde pediram lasanha verde. Depois do almoço, passeou com a namorada e Rosa Maria. Eles se sentiram livres, longe dos olhares familiares do povo de Pindorama.

No domingo, também fez passeios com as duas e ainda as levou ao cinema. Ele e Toninha aproveitaram aqueles dias para conversar bastante, em especial sobre o futuro... sobre noivado.

Na segunda-feira bem cedo, antes de começar a trabalhar, Sidney levou Toninha e Rosa Maria até a estação de trem.

Prosperar na profissão e noivado

Estávamos em 1971. O negócio de vender ar-condicionado na loja do tio começou a prosperar; a empresa dele, a A.Dias Ar Condicionado Ltda., passou a participar – e a ganhar – concorrências públicas para vender e instalar aparelhos. E quanto mais Dias vendia, mais Sidney instalava.

Tio e sobrinho se davam muito bem; Dias era bastante enérgico e apreciava a qualidade dos serviços de instalação e manutenção feitos por Sidney. O rapaz apresentava, entre outras qualidades, raciocínio rápido e capacidade de resolver problemas.

Fazia quatro anos que Sidney Tunda, então com 25 anos, desembarcara em São Paulo. Ele continuava a morar na casa do tio, mas já conseguia juntar algum dinheiro por mês; até comprou o consórcio de um Fusca, de uma empresa chamada Cacique, de Campinas, e teve a cota contemplada meses depois. Ele retirou da concessionária um Fusca verde.

No primeiro fim de semana em poder do veículo, que facilitou bastante a vida de Sidney no trabalho, ele não teve dúvida: viajou para Pindorama, estacionou em frente à casa de Toninha e buzinou três vezes. A própria moça foi a primeira a abrir a porta e dar de cara com o namorado dentro do carro. Depois de se cumprimentarem, ela foi chamar a família para contemplar a conquista de Sidney.

Ter carro já dava certo status e, a partir dali, Hélio Trida começou a baixar de vez a guarda. A cada dia que passava, Sidney e o pai de Toninha ficavam mais próximos; quinzenalmente, o rapaz viajava para passar o fim de semana em Pindorama. O relacionamento amistoso que se desenhava motivou os jovens a darem um passo adiante em 1972: o de ficarem noivos.

Sidney comprou um par de alianças num ourives de São Paulo, pagando cem cruzeiros em duas parcelas, sendo a primeira à vista e a outra para trinta dias. A própria Toninha comunicou inicialmente aos pais, que aceitaram o noivado, e marcou uma data para que Sidney oficializasse o pedido.

Mas, inexplicavelmente, o movimento das instalações de ar-condicionado teve brusca redução, o que deixou o rapaz preocupado; nem mesmo a segunda parcela das alianças ele conseguiu pagar em dia e atrasou também a prestação do consórcio.

Por sorte, um dos seus clientes, uma empresa de transporte de contêineres, consultou Sidney sobre a compra e instalação de seis aparelhos. Ele fez a cotação das peças, colocou um lucro e ainda fechou as instalações. O negócio rendeu-lhe um bom dinheiro, quase mil cruzeiros.

Capitalizado, Sidney acertou as contas em atraso, foi a uma loja, de lá saiu com uma bela roupa e mandou dinheiro para que Toninha fizesse o mesmo. Comprou ainda um presente para a futura noiva – uma estola de pele – e um relógio para o irmão dela. Gastou tudo! E seguiu então para Pindorama, onde aconteceria uma reunião reservada, para que ele pudesse oficializar o noivado junto aos pais de Toninha.

A comemoração, que aconteceu num sábado na casa dos Trida, foi bastante agradável e, em determinado momento, Sidney, Toninha e os pais dela se retiraram para uma sala reservada. Ali ele demonstrou todo o amor que tinha pela moça e prometeu cuidar dela como se fosse da própria vida. Os pais consentiram e Toninha, que chamava Sidney pelo apelido de Tico, disse "sim".

Na sequência, todos retornaram para a sala principal e Sidney então fez o pedido na presença dos convidados, o que foi sucedido pela colocação das alianças. A partir daí, a alegria tomou conta da casa dos Trida, e foi servido um lanche com aperitivo.

Terminadas a festa e a euforia, no domingo Sidney retornou para São Paulo. Ele esteve bastante pensativo no trajeto, pois estava desprovido de reservas financeiras. Depois de muito quebrar a cuca para encontrar uma forma de ganhar dinheiro, já quase chegando em casa Sidney fez uma fervorosa oração, pedindo a Deus que abençoasse a união dele e de Toninha, e que iluminasse seus caminhos!

Aquilo o tranquilizou. Era como se tivesse recebido uma resposta confortante de Deus. Logo chegou em casa, arrumou as coisas e dormiu. No dia seguinte, bem cedo, já estava na empresa. E o telefone não parou de tocar; eram clientes agendando instalações de aparelhos de ar-condicionado. Nos dias seguintes, a intensa rotina se repetiu. Daquela segunda-feira em diante, ele nunca mais ficou um dia sequer sem ter serviço.

Abrir a própria empresa

Duda, eu aluguei uma garagem em Pirituba e comprei uma máquina de soldar. Vou abrir, em sociedade com o meu tio Dias, minha empresa de instalação de aparelhos. Você quer vir trabalhar comigo?

Esperançoso em crescer profissionalmente, como já imaginava Sidney, a resposta de Osvaldo, o Duda, foi positiva. Isso ampliaria sua capacidade produtiva. Diariamente, bem cedo, ele passava na casa de Duda para buscá-lo; de lá, já deixava o amigo para fazer a instalação no primeiro cliente e seguia com as visitas, para fechar outros pedidos de serviços, ou mesmo fazer compras de materiais e cobranças.

Os dois eram muito próximos. Ambos namoravam a distância; Sidney com Toninha, em Pindorama, e Duda com uma moça de Pouso Alegre, em Minas Gerais. Sempre que um deles recebia carta da amada, dava para que o outro lesse e depois comentasse.

Os negócios começaram a florescer e logo Sidney contratou também outro colega do bilhar, Roque Riguete Crozariol, que não trabalhou com ele por muito tempo, pois resolveu montar seu próprio negócio e comprou um bar. Outros funcionários e ajudantes foram contratados, como Raimundo Cardozo e Lafaiette, que, inclusive, tinha uma Kombi e com ela retirava os aparelhos para conserto.

Por sugestão do tio Dias, Sidney comprou com ele uma empresa chamada Freelancer, na Rua Major Diogo, no bairro da Bela Vista, onde havia três galpões. Sidney entregou a garagem em Pirituba e fixou-se no mesmo endereço, para onde levou o maquinário e o pessoal contratado.

Ele próprio ficava na recepção, atendendo às ligações da clientela. A empresa recebia em torno de quinze contatos telefônicos diários, mas conseguia realizar dois ou três serviços. Sidney se incomodava com isso e falava com o tio da necessidade de investirem na qualificação do trabalho e da empresa, para poderem atender a boa demanda de instalações que se apresentava.

Um sonhador?

Duda... eu vou ser muito rico! Eu vou enriquecer e casar com a Toninha. Quero mostrar aos pais dela que eu sou o homem ideal para casar e cuidar da filha deles.

De acordo com o ângulo de avalição, a declaração de Sidney Tunda mais parecia uma piada de bom ou mau gosto. O amigo Duda respondia, em tom até debochado e com um sorriso sarcástico nos lábios:
– Vai, sim, Sidney... Uh... Você vai ser muito rico...

Friamente, as desconfianças dele tinham total fundamento! Como um rapaz humilde, sem estudos, especializado em serviços gerais, poderia se tornar rico? Isso era coisa para "doutor"...

Mas jamais se deve duvidar de alguém ou destruir os sonhos alheios. Ainda mais quando se projeta um sucesso futuro com tanta convicção, puxado não pela razão, mas do fundo do coração. Ainda mais quando o amor está em jogo. Sidney queria provar para a família de Toninha Trida que as diferenças de nível, seja social ou econômico, existentes entre eles não seriam empecilhos.

E dizia confiante a Duda:
– Eu acredito nisso! O tempo vai provar que estou certo...

Para alcançar esse sonho tão ambicioso, ele estava no caminho ideal. Trabalhava de doze a quatorze horas diárias, muitas vezes sem nem mesmo conseguir almoçar; às vezes, levava consigo um sanduíche de mortadela para comer durante as instalações. Naquele tempo, os aparelhos eram todos de janela e instalá-los representava um pesado serviço.

Como a A.Dias ia muito bem, o tio de Sidney alugou um espaço maior. Assim, ele transferiu a oficina para o mesmo local. Inicialmente, acordaram que a oficina seria só de Sidney, mas logo se associaram novamente, criando a A.Dias Comércio e Serviço de Ar Condicionado Ltda., para realizar as instalações das vendas da A.Dias Ar Condicionado Ltda., de cuja sociedade Sidney não participava.

Mesmo sendo a nova empresa constituída independentemente da do tio, era Dias quem emitia as notas, fazia os recebimentos e controlava o caixa. E as entregas também eram feitas pelo pessoal de serviços, pois já levavam o aparelho no dia da instalação. Do resultado alcançado,

Dias dava a Sidney um valor para que ele pudesse passar o mês e retinha o restante do lucro.

Tempos depois, uma empresa de instalação de aparelhos faliu e Dias propôs a Sidney que eles a comprassem. Sidney gostou da ideia e aceitou encarar o desafio, mas disse:

– Dias, do nosso lucro, você me dá uma pequena parte e retém o restante. Então, o capital para comprarmos esta empresa está nas suas mãos!

Além disso, Sidney questionava o tio por que alguns dos gastos da loja de vendas de ar-condicionado de Dias eram repassados para a empresa que eles tinham em sociedade.

Mas sempre havia uma justificativa, que ao menos Dias achava convincente.

• • •

Em 1972, Wilson Trida, tio de Toninha, já morava em São Paulo e estava desempregado. O sogro de Sidney, Hélio, pediu-lhe que arrumasse trabalho para o irmão.

Sidney então ajeitou tudo com Dias para que o homem trabalhasse como vendedor na A.Dias Ar Condicionado Ltda.

O tio de Sidney conversou com Wilson e gostou dele, tanto que o contratou para a área comercial. E, claro, cada ar-condicionado vendido por Wilson era instalado por Sidney e sua equipe.

Satisfazer o sonho da irmã

Nos fins de semana em que Sidney viajava para Pindorama, a irmã Shirley ficava duplamente feliz. Primeiro porque sua ligação com Sidney era forte e ele sempre contava as novidades da cidade grande. Além disso, o pai só a deixava ir aos bailes, sempre aos sábados e no clube da cidade, na companhia do irmão e de Toninha.

Quando Shirley completou 15 anos, houve um movimento da família para permitir que ela pudesse participar do baile de debutantes e da festa no clube. Foi um grande evento na cidade, pois o padrinho da turma seria o ator Tony Ramos.

A tia de Shirley, que morava em São Paulo, comprometeu-se a fazer o vestido da moça. Mas as despesas com o evento foram pagas com dificuldade. Inicialmente, Sebastiana disse que eles não teriam como comprar o álbum de fotos. Mas, ao final, ela arrumou o dinheiro, retirando-o da sua famosa e salvadora latinha de notas e moedas.

Foi a noite dos sonhos para Shirley e os Tunda. Como Jorge não era participativo nesse tipo de ocasião, foi Sidney quem dançou a valsa com Shirley.

A jovem carregava consigo a vocação da mãe, a de ajudar o próximo. Tanto que tempos depois passou a trabalhar no serviço público, num posto de saúde em Pindorama.

As idas para a praia

Nas férias, Hélio Trida alugava uma casa ou apartamento na praia e levava a família, as sobrinhas e as amigas das filhas. Como José Vicente, irmão de Sidney, morava em São Vicente, era ele que, a pedido de Hélio, alugava o imóvel no qual eles ficariam durante as férias no litoral.

Era comum que, durante o período de lazer, ao menos uma vez por semana Olga e Hélio fossem da praia até Pindorama, para que o homem pudesse acompanhar como andava o trabalho no banco.

Numa dessas viagens do casal, Regina, uma sobrinha de Olga que também viajara com eles, precisou ir a São Paulo. Pois Toninha acompanhou a prima e, claro, aproveitou para passar o dia com Sidney. A outra prima, Angela, ficou no apartamento, pois caso Olga ou Hélio ligasse, ela diria que Toninha tinha ido à praia ou até uma loja.

Quando elas retornaram para o litoral, já no fim da tarde, a moça contou como fora a aventura para as meninas, que queriam detalhes da viagem.

Uma triste passagem

O Andraus está pegando fogo!

O alerta pegou todos de surpresa. Sidney estava com Duda para a instalação de ar-condicionado no escritório de um cliente num prédio vizinho ao Andraus, localizado na Avenida São João com a Rua Pedro Américo, na região central de São Paulo.

Da janela da sala, eles viram o fogo tomar conta do edifício inaugurado em 1962. Sidney e Duda foram até a rua e presenciaram as cenas muito tristes e trágicas que ficariam marcadas na história do edifício.

A perícia indicou depois que a possível causa do incêndio teria sido uma sobrecarga elétrica, iniciada no segundo pavimento. O incêndio ocorreu em 24 de fevereiro de 1972 e deixou 16 mortos e 330 feridos.

Dois anos depois, em 1974, um funcionário da A.Dias chegou à empresa no final da tarde bastante chocado, pois presenciara o incêndio ocorrido em mais uma construção no centro de São Paulo, o Edifício Joelma.

Este outro, que teve início no 12º andar, destruiu 14 pavimentos e deixou 187 mortos e mais de 300 feridos.

Sem direito a despedida

Sidney... tenho uma triste notícia para lhe dar: a sua avó Mariquinha faleceu! Eu não quis lhe avisar quando aconteceu, para não o deixar triste. Afinal, você mora em São Paulo...

Assim que recebeu a notícia do falecimento da avó paterna, em 1972, Sidney ficou com o coração apertado. Ele tinha um enorme carinho por ela, sentimento que era correspondido.

O rapaz só soube muitos dias depois, quando foi para Pindorama passar o fim de semana com a família e a noiva, e rever os amigos.

Sidney ficou a relembrar os momentos agradáveis que tivera com a avó: dos almoços... de quando tiravam juntos o leite da vaca... e do futuro promissor que a avó lhe projetava: *"Sidney, você vai ter uma vida muito boa. Tudo que lhe pedem, você sabe fazer e resolver... Você nunca passará dificuldades. Sempre haverá uma oportunidade de emprego à sua espera".*

• • •

Entre as irmãs de Toninha, Maria Clara namorava Antonio Sergio Fernandes, um jovem estudante de Medicina. Toninha e Antonio Sergio viajavam juntos de segunda a sábado de Pindorama até Catanduva, onde ambos estudavam.

Seis anos mais novo que Sidney, Antonio Sergio tinha amigos em uma turma diferente em Pindorama, mas conhecia um pouco da história do rapaz na cidade, da família Tunda, das atividades que ele exercera em Pindorama e de sua ida para trabalhar e viver em São Paulo.

Como a cada quinze dias Sidney ia para Pindorama e a casa de Toninha era o ponto de encontro de namorados e amigos das filhas do casal Trida, ele e Antonio Sergio se aproximaram bastante. A convivência ficava mais estreita a cada dia.

"Sim, eu aceito"

Para quem já está noivo, o passo seguinte é o casamento. Assumir tão grande responsabilidade foi motivo de muitas e longas conversas entre Toninha Trida e Sidney Tunda.

Os momentos difíceis, da não aceitação do relacionamento por parte dos pais dela, já tinham ficado no passado. O namoro e depois o noivado haviam sido consentidos. Então, o mesmo aconteceria com a decisão de Toninha e Sidney, a de se casarem!

Com a data do casamento marcada, era hora de começar a montar e decorar a casa que Sidney já tinha alugado em Pirituba. Toninha assumiu esta missão e, como as lojas estavam em São Paulo, foi de Pindorama até a capital paulista de trem, para percorrer o comércio de móveis. A prima Célia Maria a acompanhou. Assim que chegaram, lá estava Sidney na estação, para recepcioná-las e levá-las às compras.

Eles visitaram algumas lojas e o jovem casal comprou tudo que precisava; quanto aos móveis, Toninha optou por compor a casa com peças brancas e Sidney adquiriu a mobília exatamente como a futura esposa determinara.

Medo do novo? Nenhum... Isso não passava pela mente de Toninha. Em conversas com as irmãs Maria de Lourdes (Dudô), Rosa Terezinha e Maria Clara (Lalá), e as primas Célia Maria, Rosa Maria e Angela Rosa, a noiva transmitia alegria e segurança em se casar com Sidney e constituir família.

Para Toninha, era a realização de seu maior sonho.

Lar, doce lar

Dia 20 de janeiro de 1973. Após a cerimônia ocorrida na Igreja Santo Antônio, em Pindorama, Toninha e Sidney receberam amigos e familiares para comemorar a união.

Na festa, organizada para mais de seiscentos convidados, foi oferecido um delicioso churrasco, costume habitual da época. Como tudo foi bancado por Hélio Trida, Sidney não se sentiu à vontade em convidar muita gente, até porque a maioria era de amigos comuns entre as duas famílias. Então, a lista do rapaz incluiu apenas alguns poucos parentes e amigos de São Paulo.

Depois da festa, Toninha e Sidney viajaram para o Rio de Janeiro, onde passaram a lua de mel. O passeio foi presente do tio Dias, que era também um dos padrinhos.

Durante a estada no Rio de Janeiro, o casal passeou e se divertiu bastante pelos pontos turísticos. Assim que chegaram a São Paulo, eles se dirigiram para a casa alugada. Mas, seis meses depois, Sidney comprou uma propriedade próxima dali, que pagou com dificuldade: seiscentos cruzeiros em noventa parcelas.

Como o imóvel adquirido era de chão batido e precisava passar por reforma, tanto o tio Dias quanto o sogro Hélio ajudaram e emprestaram dinheiro, que Sidney devolveu dentro das condições acordadas.

Era uma moradia pequena, mas própria e aconchegante. Havia dois quartos, uma despensa, cozinha, uma sala pequena, onde se destacava o sofá xadrez dentre a mobília toda branca, e a garagem. Era tudo que o casal precisava e onde eles iriam receber seus parentes e amigos.

O "QG" de Toninha e Sidney

Era só dizer que ia para São Paulo que do outro lado se ouvia: "Então, venha ficar em casa!".

A hospitalidade de Toninha e Sidney Tunda não tinha limites. Os pais, irmãos com as famílias, primas e amigas de Toninha, as irmãs de Sidney... todos ficavam hospedados na residência do casal em Pirituba.

Profissionalmente, nenhuma mudança nos planos. Sidney continuava sócio do tio na A.Dias Comércio e Serviço de Ar Condicionado Ltda. Mas Sidney ficava incomodado quando dizia ao tio que precisava de dinheiro, já que não tinha uma retirada fixa, e dele ouvia: "Não sobrou dinheiro neste mês".

Como assim? A empresa do tio tinha um bom estoque de aparelhos, uns 150, e eram muitos os pedidos de instalações, tanto que a empresa dos dois já tinha uns quinze funcionários...

Efetivamente, havia algo de estranho com a matemática.

Quanto a Toninha, formada em Pedagogia, logo retomou a profissão e começou a dar aulas numa escola estadual em Pirituba.

Uns trinta dias depois do casamento, quando Toninha ainda se adaptava à sua vida em São Paulo, houve um contratempo. Sidney começou a sentir dores abdominais e foi levado às pressas para um hospital. Ali veio o diagnóstico: apendicite supurada.

Sem ter outra saída para resolver o problema, ele foi operado pelo sistema público de saúde e ficou dois dias internado em uma enfermaria. Toninha não podia dormir por lá, mas passava o dia com o marido.

Assim que teve alta, Sidney retornou para casa, e antes mesmo da liberação médica já estava de volta ao trabalho.

O primeiro jogo a gente nunca esquece...

Sidney, meus pais virão passar o fim de semana conosco em São Paulo.

Com regularidade, tanto em Pindorama quanto na capital, Toninha e Sidney continuavam a se encontrar com os parentes. Claro, ele iria aproveitar a companhia durante a estada do casal Trida, mas ficou a pensar: qual seria um bom programa de lazer para levar o sogro?

A resposta encontrada certamente agradaria não só a Hélio, mas a ele também! Sidney então foi até as bilheterias do Estádio do Morumbi e pediu ao rapaz que o atendeu: "Quero dois ingressos para o jogo do Corinthians contra o Palmeiras, no domingo!".

A partida seria válida pelo Campeonato Paulista e, pela primeira vez, ele assistiria a um jogo de futebol no estádio. Estava ansioso para a chegada dos sogros e, em especial, do domingo, quando iria à partida com Hélio.

Contudo, sabia que seria preciso ser cauteloso nas comemorações, pois estaria acompanhado de um "inimigo". Diferentemente dele, Hélio Trida, que também apreciava futebol, era palmeirense.

Chegou o grande dia: 18 de novembro de 1973. Eles se atrasaram um pouco para chegar ao Estádio do Morumbi e, quando se acomodaram, o Palmeiras já vencia por um a zero, para alegria do sogro.

Como acontece em todos os confrontos entre arquirrivais, a partida estava tensa, muito disputada. Mas o Corinthians conseguiu achar o caminho do gol e chegou ao empate.

Em respeito a Hélio, Sidney comemorou discretamente. Desta forma, um empate parecia ser o resultado ideal, ao menos para manter o clima de bandeira branca entre eles. Mas, num jogo entre dois grandes clubes, tudo é possível! Até ganhar de virada, o que veio a acontecer.

Quando a partida parecia resolvida, o Corinthians reencontrou o caminho que achara minutos antes e virou o placar: 2 a 1.

E aí não houve *fair play* que segurasse o grito de gol e a comemoração de Sidney, que festejou sua vitoriosa estreia nos estádios.

A família cresce

Sidney, tenho sentido meu corpo transformado, além de enjoo.
Conversei com a minha mãe por telefone e com algumas vizinhas,
e a opinião delas é a de que estou grávida.

Grávida... Toninha estava grávida! E Sidney seria pai! Era um passo importante, um sonho! Durante os meses de gravidez, o casal curtiu a gestação da criança: comprou os móveis, montou o enxoval e o quartinho... e orou muito para que Deus desse uma boa hora para seu nascimento.

Os dois continuavam a viajar para Pindorama, mas definiram que seria melhor Toninha ter a criança em São Paulo. Até que, em 22 de março de 1974, nasceu Ana Carolina Trida Tunda, no Hospital e Maternidade São Camilo.

De tão feliz, assim que Sidney encontrou Duda, que foi visitá-lo no hospital, disse ao amigo:

– Eu sou pai, amigo Duda! Mais um presente de Deus!

A chegada de Ana Carolina também aproximou de vez Sidney dos pais de Toninha. A relação, que já estava boa, ficou ainda mais estreita com o nascimento da menina, primeira neta dos avós maternos e paternos. Tanto que, assim que soube que a filha iria para o hospital, para ter a criança, Hélio e a esposa Olga, com as filhas e o filho, pegaram o carro e se dirigiram a São Paulo para ver a neta, com quem desde ali criaram estreita relação.

A família ficou completa por seis meses. Mas, depois, teve início um surto de meningite em São Paulo, o que deixou Toninha e Sidney assustados e preocupados com a pequena Ana Carolina. Os principais sintomas dessa infecção viral são dor de cabeça, febre e rigidez no pescoço, e qualquer um desses sinais já deixava as pessoas em polvorosa. Além disso, Toninha trabalhava, era professora.

Desta forma, eles entenderam ser melhor que a menina ficasse com os avós maternos em Pindorama, para fugir de qualquer possibilidade de contrair a doença. O casal então deixou a filha na casa de Olga e Hélio, na companhia também dos tios, e retornou a São Paulo.

A saudade era grande e, a cada quinze dias, Toninha e Sidney viajavam para o interior, ou mesmo recebiam Ana Carolina, que era trazida para casa pelos avós.

Quando a menina completou um ano, a festa aconteceu em Pindorama. Toninha e Sidney viajaram para festejar com a filha e os parentes. Alguns amigos de São Paulo, entre eles Duda, também foram participar da comemoração.

• • •

Tempos depois, nasceu Fernanda, primeira filha de Maria de Lourdes, irmã de Toninha, e Warley Lopes da Silva. O casal pensava em convidar Hélio para ser padrinho, mas a ligação de Dudô e Warley com Toninha e Sidney sempre foi forte.

Eles então conversaram com o pai da moça sobre a possibilidade de os tios apadrinharem a menina. Hélio ficou feliz com a escolha e disse:

– Dudô, com a Toninha e o Sidney, minha neta terá os melhores padrinhos!

Com o sinal verde, Dudô e Warley fizeram o convite, prontamente aceito pelo casal Tunda. Além de Warley, Sidney era muito amigo do irmão dele, Wagner Lopes da Silva, com quem conversava bastante.

Wagner era casado com Angela Rosa, prima de Toninha. O matrimônio deles aconteceu em 1974, um ano depois do de Toninha e Sidney, e o casal também veio morar em São Paulo. Os quatro estavam costumeiramente juntos e, inclusive, com o nascimento dos filhos, passaram a fazer passeios para diversão das crianças.

Infelizmente, Wagner veio a falecer precocemente anos depois e, em 1997, Angela retornou para Pindorama. Toninha e Sidney sempre admiraram a garra e a força da mulher, que conseguiu formar os três filhos, Wagner Júnior, Igor e André, todos médicos.

Investir no conforto

Pensando em uma residência mais estruturada, para receber Ana Carolina e os filhos que poderiam chegar, em 1976 Sidney começou a procurar um novo lar.

O corretor que o atendia mostrou uma casa na Rua Senador César Lacerda Vergueiro, no bairro do Sumarezinho. O imóvel agradou tanto a Toninha quanto a Sidney, mas, infelizmente, ele não conseguiu concluir o negócio. O corretor então fez nova investida, dizendo a Sidney que a casa que ficava bem em frente à outra também estava à venda. O casal foi conhecer e se encantou com a residência.

Uma reunião com o proprietário foi agendada. Depois de amistosa conversa, o vendedor disse: "Sidney, preciso que você me passe suas informações cadastrais e também uma proposta, para que eu a analise".

Dois dias depois, num sábado, voltaram a se encontrar o dono e o vendedor intermediário, além de Toninha e Sidney, que fez sua oferta: "Preciso assumir o financiamento da Caixa Econômica Federal de um terço do valor da casa. Quanto aos outros dois terços, proponho pagar em 18 parcelas de 18 mil cruzeiros".

No jogo de números, Sidney sabia que assumir tantas parcelas mais o financiamento comprometeria seu orçamento. Mas também contava com a possibilidade de conseguir vender a moradia de Pirituba, o que aliviaria bastante no pagamento dos compromissos.

O proprietário ficou de analisar e responder em até dois dias. Saindo da reunião, Sidney foi com a esposa até a Vila Formosa, na Zona Leste de São Paulo, onde almoçaria na casa dos amigos Elisa e Garrido.

Durante a refeição, Sidney confidenciou a Garrido sobre a negociação, passando os detalhes e encerrando da seguinte forma: "Estou torcendo para o homem se arrepender e não aceitar a minha proposta. Sei que o valor que terei que assumir é muito alto para a minha atual condição".

Na segunda-feira logo cedo, Sidney recebeu a ligação do corretor: "Parabéns, Sidney! O proprietário aceitou a condição. Vamos correr com a papelada e oficializar o negócio!".

Se o destino quis assim, só restava enfrentar mais esse desafio. O contrato foi assinado e ficou acordado que Sidney daria um prazo de três meses para que o antigo proprietário se mudasse do imóvel.

Enquanto isso, a fim de agilizar a venda da casa de Pirituba, onde a família Tunda continuava a morar, Sidney colocou um plantonista para receber a clientela e acompanhá-la nas visitas ao imóvel. Foram muitos os interessados, fato que de alguma forma desagradou Toninha, pois toda hora chegava alguém para conhecer a propriedade.

Passado o prazo concedido, em janeiro de 1977, Toninha e Sidney se mudaram para a nova moradia. Sidney até pediu que o antigo proprietário deixasse as cortinas, e este concordou, dizendo: "São panos velhos. Deixo, sim...". Sidney também conversou com a esposa e alertou: "A primeira coisa que vamos descer do caminhão de mudanças é o fogão, para que você possa cozinhar. Afinal, não temos dinheiro para comer fora".

Os meses foram passando e, enquanto não vendia o imóvel de Pirituba, Sidney teve que se virar para conseguir cumprir com as parcelas somadas do financiamento e do parcelamento. Até o preço pedido ele baixou.

Finalmente, apareceu um interessado e comprou a casa. Ufa... Alívio financeiro. Algumas contas que estavam atrasadas, como duas parcelas do financiamento do banco, foram acertadas e a vida voltou à normalidade. Até o volume de instalações começou a aumentar substancialmente.

Em outubro de 1977, foi então feita a transferência do financiamento da Caixa Econômica Federal para o nome de Sidney Tunda.

Fatalidade na casa dos Trida

Em 1977, Ana Carolina estava com três anos e meio quando um triste acontecimento marcou os Trida. Hélio estava com a família em uma festa que acontecia na cidade de Pindorama, uma quermesse, quando um dos participantes provocou uma grande briga e confusão.

Começou a correria, e o patriarca, preocupado em salvar a família, postou-se à frente da esposa, filhos e netos, e os levou em segurança até a casa.

Assim que chegaram ao local, o homem começou a passar mal e a ter fortes dores no peito; estava tendo um enfarte. As dores e o incômodo aumentaram e, repentinamente, Hélio Trida veio a falecer com apenas 51 anos, no dia 13 de junho.

Quis o destino que a fatalidade ocorresse na mesma data do aniversário da filha Toninha! Por isso, em São Paulo, Sidney havia levado a esposa para jantar na Pizzaria do Bruno, localizada na Freguesia do Ó, da qual eles gostavam bastante.

Perto da meia-noite eles chegaram em casa e tocou o telefone. Sidney atendeu e recebeu a triste notícia transmitida pelo concunhado Warley. Um grande choque, pois Hélio era o esteio da família Trida e muito querido em Pindorama.

Como Toninha estava grávida do segundo filho, ele apenas disse para a esposa que o pai dela havia passado mal. Eles então viajaram madrugada adentro e, já pela manhã, quando estavam nas proximidades, Toninha sugeriu que eles fossem direto para o hospital, em Catanduva.

Sem ainda poder contar a verdade, Sidney convenceu Toninha que seria melhor passar na casa dos pais dela em Pindorama. Mas, assim que chegaram à porta, já avistaram uma porção de gente no local. Era o sinal de que algo grave ocorrera, tanto que Toninha disse: "Sidney, deve ter acontecido o pior".

Bastante abalado, o casal acompanhou o velório e o enterro e, antes de voltar para São Paulo, Sidney colocou-se à disposição para ajudar a família Trida no que fosse preciso após o falecimento de Hélio. Toninha se manteve em Pindorama, onde ficou por alguns meses, pois pretendia dar à luz em sua cidade natal e ficar por um tempo ao lado da filha Ana Carolina, da mãe e das irmãs.

Na época, o caçula Benê ainda não tinha completado 18 anos. Como queria fazer cursinho na capital, para futuramente estudar Engenharia, tempos depois Toninha o levou para morar com ela e Sidney, que custearam seus estudos; o rapaz já namorava com Maria do Rosário Godas, a "Ia". Benê prestou vestibular e ingressou em Engenharia na cidade de Ribeirão Preto, interior de São Paulo.

Hospedar a irmã

Em 1977, Maria Antonia Tunda, irmã de Sidney, também veio morar em São Paulo com o casal. Formada em Matemática, a moça queria seguir a carreira de professora. Depois de seis meses, ela se mudou para a casa do tio Aparecido Dias, a exemplo de Sidney, e na sequência para a casa de uma amiga, no bairro da Barra Funda, região oeste de São Paulo.

No início, dava aulas numa escola em Pirituba, como professora substituta. A moça vivia para o trabalho e quase não tinha tempo para a vida social. Ela saía de casa antes das 8h e retornava perto da meia-noite, lecionando sessenta aulas de matemática e desenho geométrico por semana em escolas públicas e privadas, para o ensino médio e fundamental.

O "Iluminadíssimo"

Certa tarde, Sidney Tunda, o tio Dias e o filho dele, Gérson, caminhavam pelo centro da cidade de São Paulo, nas proximidades da Praça da República, quando perceberam uma grande roda formada por pessoas. Aquilo era comum, pois sempre havia alguém apresentando seus truques ou habilidades para arrecadar dinheiro: tocavam instrumento e cantavam, faziam mágicas, contavam causos, vendiam ervas medicinais...

A curiosidade os fez parar e olhar aquilo que tanto chamava a atenção do povo. Eles se posicionaram em meio à multidão. Ali, no centro da roda, havia um homem sentado e de olhos vendados. Ao lado dele, estava sua ajudante, que o bombardeava de perguntas sobre o público presente e, para surpresa geral, o vidente acertava todas! Era mesmo uma performance impressionante.

A assistente observou a presença de Sidney e pediu-lhe a carteira de identidade. Na sequência, passou a indagar o vidente:

– Qual o nome dele? – A resposta foi "Sidney Tunda", e as perguntas seguiram: – Nome da mãe e do pai. – E o homem emendou com

"Sebastiana e Jorge Tunda" antes de outra questão. – Qual a data de nascimento? – Um novo acerto: "12 de dezembro de 1945". – Número do RG... Local de nascimento...

De olhos vendados, o protagonista não errou nenhuma. Como ele era tão assertivo? Em dado momento, o vidente chamou a assistente e disse algo para ela. Na sequência, a jovem se dirigiu até Sidney e disse: "Ele pediu para você ir a este endereço, na Rua 24 de Maio, para passar em consulta. Custa só cinco cruzeiros".

Bastante intrigado com tudo aquilo, Sidney convenceu Dias a acompanhá-lo. Apesar de ser católico praticante, sempre teve por princípio não discordar de certas crenças.

Assim que chegaram ao endereço indicado, foram atendidos pela recepcionista, contaram que lá estavam por indicação do vidente e logo foram atendidos. O primeiro a passar "em consulta" foi Dias, que, quinze minutos depois, retornou empolgado:

– O cara é bom! – afirmou.

Na sequência, Sidney foi convocado a entrar numa grande sala. O ambiente era escuro, com algumas velas acesas ao fundo. Ali havia um rapaz sentado numa cadeira, com um banquinho ao lado, onde Sidney foi convidado a se acomodar.

Feito isso, o vidente perguntou:

– Por que você está aqui? Do que você precisa?

Sidney foi sincero:

– Vim até aqui porque fiquei curioso, intrigado com o outro vidente que atende na rua.

Com isso, o jovem prometeu:

– Pois, então, eu vou dizer quem você realmente é!

E cumpriu a promessa: começou a narrar dados da trajetória de Sidney com precisão e veracidade impressionantes! Até que perguntou:

– Você é casado, mas... é feliz? Se você pretende se separar, eu posso ajudar.

Imagina... depois de tanta luta para casar com Toninha, o homem vir falar em separação? Sidney apressou-se em registrar seu amor pela esposa:

– Somos casados há quatro anos e muitos felizes! Nós nos amamos muito.

Dito isso, o vidente pediu a Sidney que escrevesse o nome de Toninha num bloco que havia ao lado, destacasse e lhe entregasse o papel, para que ele fizesse suas orações que tornariam o casal ainda mais feliz a partir daquele dia.

Sidney já se sentia tranquilo e aliviado em estar ali, e a consulta foi assim encerrada:

– Você é um ser iluminado e nunca lhe faltará nada na sua vida! Você é um ser escolhido por Deus! Você veio a este mundo muito mais para ajudar as pessoas do que para ser ajudado por elas.

E recomendou:

– Mas você tem um débito com o seu anjo da guarda, precisa se lembrar mais dele: acenda periodicamente uma vela para seu anjo da guarda, que ele irá lhe proteger pelo resto da vida. E nunca deixe de carregar este patuá com você. – Na sequência, o vidente entregou a Sidney um pequeno pedaço de couro costurado, em cujo interior, segundo ele, havia pedras esotéricas que trariam proteção e prosperidade.

Sidney saiu dali e nunca mais retornou àquele lugar, mas daquele dia em diante jamais abandonou seu amuleto, seu patuá, e nunca deixou de ter uma vela acesa no banheiro do quarto, para o seu anjo da guarda.

Um casal de filhos

A gravidez de Toninha prosseguiu tranquila e dentro da normalidade. Nos primeiros meses, eles continuavam a ir para Pindorama matar saudades da filha Ana Carolina.

Assim se sucederam os meses... até 5 de outubro de 1977, quando o choro agudo registrou o nascimento da criança que, como menino, já tinha seu nome definido: Sidney Tunda Junior.

Uma emoção forte bateu no peito de Sidney, que, ao ver Toninha com o filho no colo, desabou a chorar, dizendo: "Agora somos a Ana Carolina, você, o Junior e eu. Deus nos abençoou com uma linda família!".

Fora de campo tudo corria bem. Por que fora de campo? Porque, dentro dele, outro amor de Sidney, o Corinthians, lutava para quebrar um jejum de 23 anos sem títulos. O alvinegro chegara à final do Campeonato Paulista contra um gigante do interior, a Ponte Preta, de Campinas.

No mesmo dia em que Junior nasceu, o Corinthians bateu a Ponte Preta em casa por um a zero, com gol de Palhinha, e saiu na frente na melhor de três. Mas, quatro dias depois, a equipe campineira deu o troco em São Paulo e bateu o Corinthians por dois a um; Vaguinho fez o gol do alvinegro paulistano, enquanto Dicá e Rui Rei marcaram para o alvinegro campineiro.

Contudo, dentro de campo as boas notícias se confirmaram. Mais quatro dias se passaram até o decisivo jogo. Sidney assistiu da sala de casa, com a família, já tendo o pequeno Junior ao lado. O nervosismo tomou conta do espetáculo. A bola parecia teimar em não entrar... até que, depois de 81 minutos de jogo, o meio-campista Basílio marcou e arrancou dois gritos das gargantas dos corintianos: "Gol" e "Campeão"!

Gritos que Sidney Tunda Junior copiou, anos depois, quando passou a curtir futebol e escolheu, assim como o pai, o Corinthians como clube do coração.

• • •

Em 1977, Sidney e a família moravam na casa que ele havia comprado no bairro do Sumarezinho, na Zona Oeste de São Paulo. Era um lar onde a união prevalecia.

Empresarialmente, Sidney buscava alcançar um nível de segurança nos negócios; na vida pessoal, a situação era bem equilibrada.

Perto de onde residiam, havia uma escola infantil. E foi ali que, anos depois, o filho começou a estudar. No início ele era chamado de "Sidney" pelos professores e colegas, mas logo virou "Junior" ou "Juninho", formas como ficou conhecido dali em diante.

Incomodado...

O volume de serviços aumentava cada vez mais, mas Sidney achava estranho que a empresa do tio seguisse tão bem, enquanto aquela em que eles eram sócios, mesmo com bastante demanda de instalações, conseguisse apenas pagar as contas e deixar pouco dinheiro para eles no final do mês.

Nesse meio-tempo, Dias propôs a Sidney que comprassem um bom prédio na Avenida Francisco Matarazzo, número 151, na Zona Oeste de São Paulo. Na composição, a loja ficaria com 50% da propriedade, e a prestadora de serviços, com os outros 50%. Ou seja, caberia a Sidney 25%.
A proposta era mesmo interessante e a compra foi fechada.

Antes da mudança, que levou uns cinco meses, Sidney comandou a montagem da oficina, a reforma e a pintura de todo o prédio. Ele estava empolgado com as novas estruturas da empresa e acreditava que o volume de negócios poderia crescer ainda mais.

Sidney criou ali um sistema de oficina modelo de instalação e serviços. Ele trabalhava duro, das 7h às 22h, mas, na prática, nada mudou. Muito trabalho e pouco resultado financeiro no final do mês na empresa que lhe cabia.

Outra cartada empreendedora

Ainda na segunda metade dos anos 1970, em meio à sociedade na área de serviços, surgiu a possibilidade de Sidney adquirir em parceria com o tio Dias um sítio em Francisco Morato, município localizado na Região Metropolitana de São Paulo. O projeto idealizava comprar e lotear a propriedade.

Era, sim, um bom negócio e eles seguiram adiante: adquiriram a área, investiram e a dividiram em duzentos lotes com açude, parte elétrica, ruas...

Foi um sucesso, com a venda de quase todos os lotes disponibilizados. Os números alcançados eram altamente satisfatórios e garantiam elevado lucro. Sidney, fazendo as contas, pensou: "Vai sobrar muito dinheiro para o Dias e para mim! Estamos ricos!".

Mas houve um acidente de percurso. Os lotes foram financiados em noventa parcelas sem correção, mas logo a inflação disparou e o governo implantou a tablita, que determinava descontos aplicáveis às dívidas ou obrigações contraídas em períodos de inflação elevada. E, com ela, as prestações foram perdendo valor; algumas delas tiveram 80% de redução.

Ou seja, no final das contas, com o valor total recebido, Sidney e o tio praticamente recuperaram o dinheiro investido na compra do sítio.

• • •

Às vezes, Rosa Maria, prima de Toninha, vinha com o esposo para São Paulo, pois a sogra dela morava no bairro da Pompeia.

Era certo então que elas se encontrassem e, por algumas vezes, saíssem com os maridos para jantar, quando sempre relembravam as manobras do passado para que Toninha e Sidney pudessem namorar escondidos dos pais dela.

Os casais se davam muito bem e Toninha era bastante próxima da prima, com quem apreciava conversar.

Cuidar da irmã

Em 1978, uma notícia abalou bastante a família Tunda. Shirley, irmã mais nova de Sidney, que tinha se formado em Biologia, foi diagnosticada com câncer no ovário. Logo que soube, ele viajou para Catanduva, onde a irmã estava internada, e, assim que entrou no quarto do hospital, se deparou com ela e os pais aos prantos.

A moça estava com 24 anos e já namorava desde os 14 com José Luiz Rizzo, o Zelão, engenheiro que trabalhava em São Paulo. Sidney o conhecia do clube de Pindorama, onde ambos jogavam tênis de mesa. Tempos depois, Zelão fez alguns projetos de imóveis para Sidney.

Após Shirley passar por cirurgia em Catanduva, todo o tratamento e acompanhamento foi feito em São Paulo. Sidney cuidou de tudo; por um ano, a irmã morou com ele e Toninha.

Foram várias sessões de radioterapia, quarenta ao todo, além de cinco quimioterapias. Diariamente, bem cedo, ele levava Shirley ao hospital e ficava com ela até o fim das aplicações. Ali Sidney passava mensagens otimistas e de força para a irmã, que chegou a ficar bastante debilitada com o tratamento, e brincava com ela para descontrair. Mas a barra era pesada, pois os efeitos do tratamento se mostravam agressivos.

Shirley sempre dizia a ele: "Sidney, você faz com que esse peso do tratamento seja mais leve...".

Depois disso, ele deixava a irmã em casa e ia trabalhar.

Após o período de tratamento e recuperação, Shirley retornou para Pindorama e passou a trabalhar no posto de saúde local. Ali ela se realizou, atendendo e ajudando pessoas carentes.

CAPÍTULO 3
A CARREIRA SOLO

Fim da sociedade

Sidney, infelizmente não há mais como mantermos a empresa de serviços. Teremos que encerrar a nossa sociedade.

Num primeiro momento, aquilo que Sidney acabara de ouvir do tio Dias fora um choque. Foram quase dez anos trabalhando juntos; Sidney até se imaginava sócio do tio na empresa de vendas de aparelhos. Mas, aos poucos, ele começou a pensar e a avaliar melhor, isoladamente e com a esposa Toninha, sobre a possibilidade de seguir carreira solo. E a conclusão foi: "Será melhor para mim".

O tio Dias ainda havia sugerido a Sidney que montasse uma loja de peças de ar-condicionado e, inclusive, comprometeu-se a emprestar-lhe dinheiro. Precisaria de um bom capital para iniciar o negócio, mas Sidney recusou a ajuda.

O tio fez uma contraproposta:

– Por que então você não fica com a empresa de serviços? Você a assume, e a parte que tem do prédio entra como pagamento.

Seria um bom negócio? Seria um mau negócio? Era o preço da liberdade. Ou melhor, o valor da liberdade.

Desta forma, antes mesmo de refletir e pesar os prós e contras, Sidney se decidiu:

– Eu topo! Vamos colocar tudo no papel e fazer o acerto.

Para Sidney, havia dois fatores decisivos para que aceitasse trocar parte de uma propriedade por uma empresa de serviços: o conhecimento que ele tinha do trabalho e do mercado, e a vontade de vencer. Além disso, apostava no substancial crescimento do segmento; naquele tempo, ainda era restrito o número de empresas e de casas que possuíam ar-condicionado. Era uma antevisão dos fatos e dos tempos.

Durante a sociedade, dinheiro não sobrava, mas havia muito trabalho; eles chegaram a ter trinta funcionários na empresa de serviços. Com o fim da sociedade, havia ainda a garantia do tio de que, das vendas de ar-condicionado que ele fizesse, os serviços seriam repassados para a empresa que agora era só de Sidney. Então, não havia o que temer!

Mesmo com a decisão tomada, ele consultou Toninha e dela ouviu: "Eu confio em você! Se o seu coração está convicto de que é o caminho certo, vá em frente".

O que preocupava Sidney era que ele e a esposa haviam acabado de comprar um segundo imóvel na Vila Madalena, bairro da Zona Oeste de São Paulo. Pelos rendimentos do mês, sabia do sacrifício que seria pagar as parcelas junto ao banco financiador.

Decisão tomada, Sidney saiu em busca de uma sede para a empresa. O local escolhido foi o mesmo galpão que já tinha ocupado na Rua Major Diogo, no bairro da Bela Vista, em São Paulo. Ah, restava ainda a escolha do nome para a... Poloar.

Como surgiu? Esta foi uma das muitas opções criadas e sugeridas por um amigo de Sidney, de nome Nilton, dono de uma agência de propaganda: Clima Ar, Só Ar e Poloar, digamos, chegaram na final. Sidney se decidiu por Poloar, mas pediu que colocasse no logo a hélice que estava em outro dos nomes, assim como a imagem do gelo sobre as letras.

Verdadeiramente, a escolha do nome não o agradou por completo, mas aos poucos Poloar conquistou não só a Sidney, mas a clientela e o mercado em geral.

Promessa não cumprida

Em 13 de agosto de 1979, Sidney abriu as portas da Poloar. O primeiro funcionário registrado que ele teve? Só poderia ser Osvaldo Estrela de Souza, o amigo Duda. Além dele, o time de mecânicos que Sidney montara era formado por Raimundo Cardozo, Félix, Ângelo e Lafaiette.

Trabalho não faltava. Eram instalações e mais instalações. Até que, ao final do primeiro mês, Sidney fechou o faturamento. Para surpresa dele, diferentemente do que acontecia quando era sócio do tio, foi surpreendido: o faturamento passou dos 700 mil cruzeiros, ou seja, quase 20% a mais do que o valor que ele havia pagado anos antes na casa que comprara em Pirituba, onde fora morar com Toninha logo após o casamento. Representava, significativamente, um valor muito acima daquilo que recebia do tio, quando eram sócios.

Empolgado com o resultado, ele seguiu trabalhando firme. O dinheiro continuava a sobrar e assim se repetiu nos meses seguintes. Muito trabalho e muito dinheiro no caixa.

Pouco tempo depois de Sidney iniciar a carreira solo de empreendedor, Dias o convocou para uma conversa. Ele até ficou a imaginar a pauta do encontro e estava na empresa do tio no dia e hora marcados. Feitas as considerações iniciais, Dias foi ao ponto em questão:

– Sidney, tudo na vida tem um custo... Eu tenho lhe indicado todas as instalações dos aparelhos que tenho vendido, mas não podemos continuar mais assim. Desta forma, de cada indicação que eu lhe fizer daqui por diante, eu quero uma comissão de 30%.

Sem dúvida, Sidney foi pego de surpresa! Não pelo pedido de comissionamento, mas pelo percentual: 30%! Então, ele passou a ter a palavra:

– Dias... Por que isso? Enquanto estávamos juntos, você criou um império, tem mais de mil aparelhos estocados... Eu não tenho nada! Trabalho com instalação e esse serviço beneficia a sua empresa. Eu nem tenho margem para lhe repassar esse percentual! Eu pago aluguel, funcionários, impostos, compro materiais para utilizar nas instalações...

Houve uma troca de defesas de argumentos entre Sidney e Dias, cada qual puxando a corda para o próprio lado. Até que Sidney propôs a opção vencedora:

– Dias, vamos deixar então em 20%!

O martelo foi batido! Dali em diante, ao final de cada mês, Sidney mandava um cheque para Dias, cujo valor girava em torno de 400 mil cruzeiros. Com o valor repassado ao tio, ficava fácil saber que, só com as indicações dele, Sidney e a Poloar haviam faturado 2 milhões de cruzeiros. Era um montante alto; mesmo assim, às vezes Dias ligava e reclamava com Sidney: "Precisa faturar mais! Você não está sendo eficiente!".

Agora, nem sociedade, nem comissão

Em seu íntimo, aquela mudança de regra deixou Sidney intrigado. Mesmo recebendo as indicações das instalações dos aparelhos vendidos por Dias, ele imaginou que o tio poderia tentar nova alteração na relação entre eles no futuro.

A estratégia para evitar ser pego outra vez de surpresa foi abrir novos clientes, compradores diretos e empresas vendedoras de ar-condicionado que se dispusessem a contratar e indicar a Poloar.

A equipe de vendas montada por Sidney ganhou então alguns reforços, e os pedidos dos novos clientes começaram a entrar. As indicações feitas pela empresa de Dias já não tinham a mesma representatividade de antes no faturamento da Poloar.

Mais um tempo se passou e a filha de Dias se casou, sendo que Sidney e Toninha estiveram na cerimônia. Logo foi convocado pelo tio para nova reunião:

– Sidney, como você bem sabe, a minha filha se casou. Desta forma, conversei com meu genro, formado em Engenharia, e sugeri que iniciasse uma empresa de instalação de ar-condicionado. Ele gostou da ideia e, sendo assim, todo o movimento de negócios que destino a você irei agora encaminhar para ele. Não se preocupe, você é muito competente e encontrará outro caminho. Enquanto ele arruma tudo na empresa de serviços, continuo mandando clientes, mas depois...

Dito isso, eles ainda conversaram mais um pouco. Sim... Sidney já antevira que esse momento chegaria e, por isso, minimizara a participação das indicações da A.Dias no movimento de negócios da Poloar.

Mesmo assim, antes de se despedirem, ele foi firme:

– Dias, então, se você me mandar algum serviço, vou lhe pagar os mesmos 5% que você dá de comissão aos seus vendedores.

O homem amarrou a cara, então se levantou e disse em tom debochado:

– Parabéns, você é inteligente! Serviço não dá dinheiro, venda sim. Esse "pulo do gato" eu não te ensinei, mas você aprendeu sozinho...

Assim que saiu da conversa com o tio e chegou à Poloar, Sidney ficou em sua mesa pensando naquilo que acabara de ouvir, em especial a notícia de que a parceria estava desfeita. Mas também se fixou na fala: "Serviço não dá dinheiro, venda sim".

Bingo! Esse era o caminho a seguir!

Instalar, mas também vender

O foco da Poloar estava na instalação, mas, passados alguns dias da conversa com o tio, Sidney conheceu um vendedor da fábrica Springer Admiral, que lhe deu a dica:

– Por que você não vende aparelhos também?

Sidney gostou da ideia, algo em que ele já vinha pensando, mas confessou:

– Eu quero vender aparelhos, mas não tenho capital para fazer estoque.

O homem abriu um sorriso e deu a solução:

– Mas nem precisa! Eu vou lhe apresentar para um grande comerciante, o senhor Girz Aronson. Sempre que tiver a possibilidade de venda de aparelho, você cota, compra dele e fatura com lucro!

Sidney sorriu e já começou a pensar alto. O homem citado era fundador e dono da G. Aronson, uma das mais fortes redes de varejo do mercado. Já no dia seguinte, Sidney acompanhou o rapaz até o escritório de Girz, e os santos deles bateram. Houve empatia mútua.

O empresário mostrou-se solícito em ajudar Sidney:

– Pode contar comigo, menino! – Foi a forma carinhosa como o empresário passou a chamar Sidney. – E digo mais: sempre que nós vendemos um aparelho de ar-condicionado, precisamos indicar alguém para fazer a instalação! Colocarei a sua empresa, a Poloar, na relação daquelas que sugerimos aos nossos clientes!

De imediato, e com o padrinho Girz Aronson dando sinal verde, Sidney colocou a nova estratégia em prática. As vendas começaram a surgir e a fazer volume.

Tática arriscada

A notícia de que Sidney Tunda passou a vender ar-condicionado começou a se espalhar. Num final de expediente em sua sala, ele rabiscava um papel e fazia alguns cálculos, quando recebeu a ligação de um dos vendedores que trabalhavam para o tio Dias. O rapaz disse que ele e mais dois colegas estavam dispostos a também efetuar vendas pela Poloar.

Enquanto o ouvia, Sidney relembrou que havia sido importante na formação de toda a equipe de vendas de ar-condicionado da empresa do tio e mantinha excelente relacionamento com o pessoal.

Eis a solução! A empresa do tio não iria mais lhe passar os serviços de instalação, mas alguns vendedores dela poderiam representar a Poloar.

Já quase no final da conversa, o vendedor ainda fez uma exigência:

– Só peço que nos pague as comissões à vista!

Com a estratégia de "vendeu, dinheiro na mão", começou a chover pedidos. Tudo ia muito bem, mas durou pouco tempo, em torno de noventa dias, até que Dias descobriu que alguns dos seus vendedores destinavam serviços para a Poloar. Ele tinha até as gravações das conversas dos funcionários com Sidney.

Sem nada adiantar, o tio ligou, dizendo:

– Preciso que venha até a minha empresa. Há um sujeito que quer comprar o que nos restou do loteamento de Francisco Morato.

No dia seguinte, cedo, lá estava ele. Assim que entrou na sala do tio, onde também estava o filho dele, apareceram dois seguranças com cara de poucos amigos.

Havia um gravador em cima da mesa. Dias apertou o play e as constatações das conversas começaram a ser apresentadas. Ali estavam registradas as tratativas entre Sidney e alguns vendedores da A.Dias.

– Traidor! Ingrato! – começou a gritar o tio.

Sidney deu um murro na mesa. O gravador pulou e caiu no colo de Dias. Os seguranças se levantaram, mas ele não se intimidou e começou a falar no mesmo tom:

– Nada disso! Eu não sou bandido! Ajudei você a ficar rico com o meu trabalho. Você administrava os nossos negócios e nunca sobrava dinheiro na empresa de instalações. Depois que montei a Poloar, passou a sobrar dinheiro todo mês!

Todos passaram a olhar a forte reação de Sidney, que continuou com convicção:

– Eu estou lutando pela minha sobrevivência. – E continuou quando Dias desligou o gravador: – Pode fazer fila desses jagunços que você trouxe para me bater! Eu não tenho medo!

Dias olhou fixamente para Sidney e disse de forma raivosa:

– Eu nunca mais quero ver você na minha frente!

Dito isso, Sidney virou as costas, saiu e foi até o estacionamento, onde estava seu carro. Os quatro homens o seguiram, com olhares intimidadores. Sidney entrou no carro, deu a partida e viu que todos estavam posicionados em frente ao veículo. Pois ele acelerou e saiu em disparada, cantando pneu, enquanto os outros pulavam para não serem atingidos.

No mesmo dia, todos os vendedores que destinavam serviços para a Poloar foram demitidos da empresa do tio. Melhor ainda para Sidney, pois passaram a procurá-lo para pedir emprego: "Queremos ficar ao seu lado", diziam eles.

Sidney contratou boa parte da antiga equipe da agora concorrente e então montou seu time comercial com Afonso, Luiz, Carlos, Vitorino, Celso e Chapelen. No final da tarde, todos se reuniam na Poloar para tomar aperitivo, apresentar os pedidos e resultados do dia e trocar ideias sobre as futuras ações do mercado.

Mas o rancor do tio para com Sidney ainda durou um bom tempo. Às vezes, também no final do dia, Dias ligava e, sem cumprimentos, dizia ao desafeto sobrinho: "Se a água já estiver chegando na sua bunda, suba num banquinho", numa alusão de que, caso Sidney estivesse passando por dificuldades, que buscasse sair delas sozinho.

Certa vez, quando esteve em Pindorama, ele também endereçou uma fita das conversas de Sidney com os vendedores para Toninha.

Além disso, a Poloar começava a ganhar espaço com a clientela, inclusive da empresa do tio. Incomodado com a concorrência, Dias soltou um comunicado para o mercado, dizendo aos clientes: "Como medida de saneamento da nossa empresa, dispensamos vários funcionários da parte comercial e da área técnica, entre eles, Sidney Tunda".

Quem conhecia Sidney e sabia da sua idoneidade ligava para ele, contando sobre o ocorrido. Sidney então explicava o entrevero com o tio e pedia que a situação pessoal entre eles fosse deixada de lado, assim como para que prevalecesse a fiel relação comercial travada entre a Poloar e a clientela.

Em busca de aconselhamento, num dos encontros com o empresário Girz Aronson, a quem era muito grato, Sidney chegou a comentar sobre o que vinha enfrentando. O comerciante sugeriu: "Não perca seu tempo com isso. Foque o trabalho e o desenvolvimento da Poloar".

Foi exatamente o que Sidney fez: focou o trabalho e um mercado que se expandia para sua empresa. Disposto sempre a investir no próprio negócio, Sidney procurava levar uma boa vida com a família, mas os excessos financeiros não faziam parte da sua forma de ser e de agir.

Tudo que ele ganhava era reinvestido na própria Poloar. Naquela altura, ela tinha em torno de cinquenta aparelhos estocados, adquiridos da G. Aronson e de uma ou outra oportunidade de compra que aparecia no mercado.

Fazer sempre o bem

Semanalmente, às quartas e sábados, quando ocorriam os sorteios da Loteria Federal, era certo que um já conhecido rapaz aparecesse na Poloar com o estoque de bilhetes não vendidos.

Assim que chegava, todo sorridente, ele dizia:

– Senhor Sidney, guardei os premiados para você!

Era divertido ver a estratégia dele... Os premiados eram, na verdade, os encalhados, aqueles que ninguém quisera comprar.

De qualquer forma, os números seriam sorteados; sendo assim, qualquer um dos bilhetes estava no páreo. Sidney, então, retribuía a gentileza:

– Já que você se lembrou de mim, deixa todos que você tem aí na minha mesa. Fico com tudo!

O vendedor entregava então um bolo de bilhetes e recebia o total da venda em dinheiro. O moço era bastante educado e costumeiramente agradecia muito a generosidade de Sidney. Mas houve um dia em que foi além dos agradecimentos e disse frases que marcaram:

– Saiba que o sol nasceu para todos, mas a sombra nasceu para poucos. É para quem merece! E o senhor é um deles.

Foi a vez de Sidney, sensibilizado, agradecer. Assim que ele foi embora, relembrou a mensagem embutida nas últimas palavras da mãe antes de ele sair de Pindorama para se aventurar em São Paulo: "Uma das maiores dificuldades do ser humano é ser bom".

Receber a filha de braços abertos

Em 1981, quando Ana Carolina estava com 7 para 8 anos, Toninha viveu durante um ano em Pindorama, até que ela e Sidney trouxeram a filha de volta para morar com eles em São Paulo. Antes do início do ano letivo, em 1982, elas retornaram para que a menina já iniciasse na escola próxima da casa deles, no Sumarezinho.

A casa não era grande, mas era confortável, e Ana Carolina levou um tempo até se adaptar ao novo lar e estilo de vida; diferentemente dali, a casa da avó, em Pindorama, estava sempre repleta de gente, com as tias que lá moravam, parentes, vizinhos... o aconchego do interior.

A menina sentia saudades da avó Olga, das tias Maria de Lourdes, Rosa Terezinha e Maria Clara, que, quando Ana Carolina nasceu, tinha 17 anos e cuidava bastante dela, fazendo tranças em seu cabelo e levando-a, quando ela ficou um pouco maior, com 5 anos, para a escola em Catanduva.

Na época, como é comum entre as crianças, ela havia estranhado o ambiente e relutado em ficar no colégio. Então, diariamente, Maria Clara a levava e ficava com ela na escola; a rotina perdurou por alguns dias, até que a sobrinha se acostumasse e se ambientasse. Depois, tudo voltou ao normal: Clara levava Ana Carolina até a escola, retornava para Pindorama e, horas depois, ia buscá-la.

A adaptação escolar da pequena ia bem, mas, certo dia, quando Clara estava na metade do caminho entre Pindorama e Catanduva, o pneu do carro dela furou. Até que conseguisse ajuda, que alguém se dispusesse a trocar o pneu e que ela chegasse à escola, houve um atraso de mais de duas horas após o término das aulas. Tempos em que não havia telefone celular...

Assim que Clara chegou, o clima estava carregado: Ana Carolina chorava muito e estava acompanhada de duas funcionárias da escola, bastante preocupadas com o estado emocional da garota. Tudo foi esclarecido. Clara abraçou a sobrinha e a tranquilizou.

Mesmo assim, Ana Carolina voltou a relutar em ir para o colégio nos dias seguintes e só retomou os estudos na primeira série do então primário, na escola de Pindorama.

No interior também havia mais segurança; as crianças perambulavam pelas ruas e nas casas dos vizinhos. Uma situação bem diferente em relação a São Paulo, onde Ana Carolina ia para a escola, quase não saía de casa e tinha poucos amigos. O máximo que fazia era comprar um ou outro produto na padaria, localizada ao lado da moradia da família, e voltar correndo.

Como a casa dos Tunda, na capital, acolhia quem vinha de Pindorama, a maior alegria da menina era receber os parentes que lá ficavam hospedados por dois dias, três ou até mais tempo.

Como as famílias vizinhas eram muito amigas, aos poucos Ana Carolina foi se ambientado com as outras crianças e fez vários amigos nas casas ao lado. A turma era bastante unida, uma grande família. Tanto que aos fins de semana a casa dos Tunda, quando eles não estavam no interior, entrava no revezamento dos churrascos.

Aos sábados e domingos, cada moradia virava a sede oficial do festivo encontro dos vizinhos. Ali estavam, além dos Tunda, os casais Márcia e Antônio Pompeu de Toledo – o Toninho –, e Velda e Rubens Oriola, todos com seus filhos e um ou outro convidado. Uma família oferecia a casa, e as despesas com as carnes e bebidas eram divididas, assim como a produção dos pratos salgados e doces.

Durante o tempo em que lá moraram, em torno de dez anos, Toninha, Sidney e os filhos foram muito felizes. Toninha ainda combinava e se alternava com as amigas para levar e buscar as crianças no colégio Sagrado Coração de Jesus; quando almoçava em casa, Sidney aproveitava para deixar a filha na escola.

Era comum Ana Carolina ouvir as melhores referências sobre a mãe e suas atitudes generosas e assistenciais. Ou mesmo estar com ela em algum lugar e serem abordadas pelas pessoas, que registravam seus agradecimentos por alguma atitude humanística tomada por ela, sempre em busca de aliviar a dor e levar alegria ao próximo.

Comprar direto da fábrica

"Negócio próspero!" Era essa a avaliação que se podia fazer sobre a Poloar em 1981. A atividade de instalação crescia com frequência e ainda era possível fazer projetos completos, que incluíam a venda de aparelhos de ar-condicionado casada com os serviços. Sidney tinha estoque de aparelhos para oferecer a pronta-entrega.

Certo dia, assim que chegou à Poloar, retornando do almoço, havia um vendedor à espera dele; o rapaz apresentou-se como Rodolfo, da Springer Admiral, *joint venture* entre a brasileira Springer e a norte-americana Admiral. Durante a conversa, o homem propôs-lhe comprar aparelhos de ar-condicionado diretamente da fábrica.

A ideia era excelente! Comprar da fabricante representaria elevar a margem de lucro sobre o produto e, por que não, poder vender e negociar em maior escala. Mas a euforia foi travada por uma dúvida:

– Como eu conseguirei crédito para a compra? Meu capital de giro é baixo, não consigo pagar à vista. Vocês me darão crédito? – perguntou Sidney a Rodolfo.

Esta era uma dúvida que só a área responsável poderia esclarecer:

– Façamos assim: daqui a dois dias eu volto com o gerente financeiro, o Pedro Shimizo. Certamente ele nos dará uma solução.

Na data combinada, lá estavam os três reunidos. Feitas as apresentações e a tradicional troca de conversas, Pedro sugeriu o caminho que poderia ser percorrido:

– Sidney, se dependermos apenas da sua ficha cadastral, não há como liberar vendas faturadas. Mas você tem algum imóvel próprio?

Mesmo estranhando a pergunta, Sidney respondeu:

– Sim, a casa em que eu moro com a minha família.

E Pedro prosseguiu:

– Sugiro, então, que façamos uma hipoteca da casa. Você deixa a propriedade como garantia de crédito e assim liberamos as vendas faturadas. Se você acredita no seu negócio, Sidney, não há outra coisa a fazer...

Aquilo mexeu com os brios do empresário:

– Pedro e Rodolfo, acredito no meu negócio muito além do que vocês possam imaginar. Se não fosse assim, eu não pularia cedo da cama todos os dias e só voltaria à noite para casa, depois de doze, quatorze horas de trabalho. Não vejo problema nenhum em dar a minha casa como garantia, mas, em respeito à minha esposa, à minha família, preciso ter o aval dela. Peço que aguardem dois dias para terem a confirmação!

Naquela mesma noite, depois do jantar, Sidney puxou Toninha para uma conversa reservada, na qual relatou detalhes daquilo que tratara com o pessoal da Springer Admiral. Toninha ouviu atentamente e, ao final, Sidney expôs a real situação:

– Se conseguirmos comprar os aparelhos diretamente da fábrica, daremos um grande salto no negócio. Mas eu não tenho como pagar à vista. Eles só venderão faturado, só liberarão crédito, se aceitarmos dar a nossa casa como garantia, se fizermos a hipoteca.

E mostrou com clareza os prós e os contras, além do risco envolvido na operação:

– Se tudo correr bem, ótimo! A empresa cresce! Mas, se der errado e não conseguirmos pagar, ficaremos endividados e perderemos o imóvel! É aqui que você, eu e os nossos filhos moramos.

Sem demonstrar receio e insegurança, ou se estender, Toninha disse:
– Se você acredita, pode fazer!

Aval dado, na manhã seguinte, logo que chegou à Poloar, Sidney ligou para a sede do fornecedor e pediu para falar com Pedro Shimizo, dando sinal verde:

– Pode preparar a documentação. Aceitamos fazer a hipoteca.

Assim que tudo foi oficializado, a área financeira da Springer Admiral liberou um valor de compra proporcional a 30% do preço do bem dado como garantia. O crédito definido permitiu a aquisição de cerca de 150 aparelhos, que não poderiam ser guardados na sede da Poloar por falta de espaço. E Sidney ainda continuava comprando da G. Aronson.

Sem medo de investir e estruturar a empresa, alugou um galpão na Rua Adoniran Barbosa, onde colocaria o estoque de aparelhos, e desmembrou a empresa em duas: Poloar Ar Condicionado Ltda. e Poloar Comércio e Serviços Ltda.

Era um grande começo para quem passaria a comprar em quantidades significativas, sem nunca atrasar as faturas um dia sequer. Resultado: a relação comercial ficou tão forte que, passados apenas oito meses, a hipoteca da casa foi devolvida e o crédito liberado conforme a performance da Poloar perante a Springer Admiral.

O desempenho realmente superou as expectativas de tal forma que Sidney alugou outro imóvel, na Rua Jaceguai, na Bela Vista; na Rua Major Diogo foi mantida a oficina.

As instalações não eram grandes, mas a empresa estava muito bem organizada, inclusive na composição contábil.

Os bons resultados alcançados deixavam em Sidney uma certeza: "Estou no segmento certo! É isso que eu amo fazer na vida!".

Novos investimentos para a sede da Poloar

Estruturar a Poloar era um ato constante na estratégia de gestão de Sidney Tunda. Prova disso é que, assim que teve a hipoteca da casa encerrada, ele comprou um terreno na Rua Conselheiro Ramalho, também na Bela Vista, onde iniciou a construção de um prédio para centralizar o escritório, a área de estoque e a oficina da empresa. Na sequência, e sem que o dinheiro utilizado para o pagamento do imóvel enfraquecesse seu capital de giro, Sidney comprou um sítio em Pindorama, onde, inclusive, passaram a ser comemorados os Natais e Réveillons da família.

As aquisições para estruturar ainda mais a Poloar continuaram, todas no mesmo bairro: Sidney adquiriu um imóvel na Rua Adoniran Barbosa e depois outro na Major Diogo, onde iria fazer uma garagem subterrânea. Mas, à medida que iniciava a obra, ocorreram danos na casa do vizinho; a solução foi comprar mais aquela propriedade. Desta forma, a área da Major Diogo superou os mil metros quadrados, o que fez com que ele construísse ali o prédio que centralizaria todo o complexo da Poloar.

Enquanto tocava a obra, passou a ser procurado por outras fábricas de ar-condicionado. Uma delas foi a Consul, com quem chegou a negociar. Sidney estranhou que as exigências financeiras no processo de aquisição de aparelhos não fossem grandes. Depois, descobriu quem estava por trás de tanta facilidade: o padrinho Girz Aronson, que endossou a compra da Poloar com um velho chavão, que era mais potente do que um contrato assinado na época.

O empresário disse ao representante da Consul: "Pode vender para a Poloar! Se o Sidney não pagar, eu pago". Tal frase, vinda de um dos leões do mercado, como Girz Aronson, era para se respeitar e não para se questionar!

Foram dois anos até que o prédio estivesse concluído e a nova sede pudesse ser inaugurada. Em 1985, ela já estava pronta e Sidney fez a mudança, levando consigo seus colaboradores, um estoque que já superava os oitocentos aparelhos e a certeza de que, em alguns anos, olharia para aquele lugar, que então parecia enorme, e diria: "Preciso de um espaço maior para acomodar a Poloar".

Filho que a cegonha não trouxe

Sidney, você pode ir comigo até a minha casa?

O pedido, em tom de súplica, partiu de Raimundo Cardozo, seu funcionário. Ele era um bom trabalhador, mas tinha problemas na vida pessoal. A esposa o abandonara e ele cuidava do filho pequeno.

Pois Sidney acompanhou o homem até uma pensão. Logo que chegaram e Sidney presenciou as condições precárias em que Raimundo vivia, ficou sensibilizado. Ali estava o pequeno Luiz, nascido em 2 de fevereiro de 1973, com 7 para 8 anos, trancado em casa enquanto o pai trabalhava. O quarto tinha fogão, geladeira e um beliche; o menino dormia na cama de cima e o pai embaixo; o banheiro comunitário ficava no corredor.

No dia a dia, Raimundo saía cedo e deixava o café pronto. Perto do meio-dia, ele voltava e dava almoço para o filho. Depois, retornava para a Poloar e só chegava de novo em casa à noite, às vezes alcoolizado.

Mas por que Raimundo pedira a Sidney para acompanhá-lo? Havia um forte motivo, algo que já vinha ensaiando havia tempos: fazer com que Sidney conhecesse seu filho. O patrão conversou e brincou um pouco com a criança, depois se despediu de Luiz e de seu pai, que se demonstrava de certa forma agitado pelos planos secretos que tinha em mente.

No dia seguinte pela manhã, uma sexta-feira, Sidney conversou com Raimundo e perguntou se ele deixaria Luiz passar o sábado na casa dele, onde brincaria com os filhos, Junior e Ana Carolina. Raimundo disse que agradecia pelo convite e que conversaria com Luiz; quando voltou do almoço, confirmou que ele aceitara e ficara feliz com o convite.

Sábado de manhã, Sidney foi buscar Luiz, que voltou para casa apenas no domingo à noite.

No dia seguinte, segunda-feira, no meio da tarde, Raimundo pediu para sair; ele alegou que precisava resolver um problema, mas que voltaria. Sidney consentiu. Umas duas horas depois, perto das 18h, o homem entrou na sala do patrão segurando uma sacola, acompanhado do filho.

Por um momento, Sidney, que recebeu o garoto com animação, nada entendeu. Mas Raimundo foi direto ao ponto:

– Sidney, eu pensei muito até tomar esta decisão. Eu não tenho condições de cuidar do meu filho. Você aceita ficar com o Luiz, criar ele?

Claro, Sidney ficou sem ação. Dizer "sim" traria uma série de responsabilidades e de consequências. Ele já tinha dois filhos: Ana Carolina era um ano mais nova que Luiz, e Junior tinha 4 anos. Era preciso ainda conversar com Toninha...

Mas o pequeno Luiz, como se usa no dito popular, "quebrou-lhe as pernas", dizendo:

– Senhor Sidney, o meu pai falou que se eu for morar na sua casa, irei virar doutor. É o meu sonho!

Pronto! Mesmo sem dizer uma palavra sequer, a decisão estava tomada: Sidney sinalizou em afirmação com a cabeça. Raimundo olhou fixamente para o patrão, demonstrando gratidão. Depois, deixou a sacola no chão, deu um abraço de despedida no menino e foi embora.

Passava das 19h quando Sidney chegou em casa, acompanhado de Luiz e da sacola. Dos três que lá estavam, ao menos dois comemoraram: Ana Carolina e Junior, que ganhavam alguém com quem brincar. A terceira, Toninha, ficou sem nada entender.

Sidney deixou os filhos e Luiz na sala e foi com a esposa para a cozinha, onde explicou o que provocara a chegada dele com o menino. Até exagerou, alegando que Raimundo era doente e que ele se comovera com toda a situação.

Pega de surpresa, Toninha sentenciou:

– Hoje vamos alimentar e cuidar do menino. Mas amanhã cedo, Tico, você o leva de volta e o entrega ao pai dele.

Sidney nada respondeu. Achou melhor fazer uma oração, pedindo ajuda e orientação a Deus, e deixar que o tempo ajudasse na melhor solução.

Quando Toninha e Sidney voltaram para a sala, Ana Carolina, Junior e Luiz estavam sentados no chão, lado a lado, brincando. Toninha olhou com carinho para a cena. Deus já começara a agir!

Eles jantaram e Sidney ainda foi ler algumas histórias em quadrinhos para os três. Na hora de dormir, Luiz foi acomodado num canto no quarto das crianças. Já deitados, Sidney e Toninha voltaram a conversar e, embora a esposa já não estivesse tão reticente, ela ainda sustentava a ideia de que Sidney deixasse o menino com o pai.

O homem pensou rápido e encontrou uma saída, para ganhar tempo:

– Amanhã cedo vou direto para um cliente. Durante o dia, então, eu venho buscá-lo.

Era uma desculpa. Sidney iria cedo para a Poloar, mas deixar Luiz na casa por mais algumas horas ajudaria a prorrogar a tomada de decisão.

O dia passou... a noite veio e nada de Sidney. Lá pelas 20h, ele chegou em casa. Os dois filhos e Luiz estavam de banho tomado e pijama, e havia cinco pratos na mesa; durante o dia, Toninha havia comprado algumas peças de roupa para o menino. Sidney se agachou e abraçou os três. Eles gargalharam quando Ana Carolina disse:

– O Luiz não consegue falar o nome das cores.

Dali mesmo, sorrindo, Sidney olhou para Toninha. A esposa também estava sorridente. De seu rosto escorreu uma lágrima e, assim como acontecera com Sidney diante de Raimundo, ela nada disse; apenas sinalizou positivamente com a cabeça. Era a presença de Deus, que agira decididamente.

Daquele dia em diante, o quarto das crianças ganhou mais uma cama. A festa da família para comemorar a chegada de Sidney em casa para jantar ganhou um reforço. E a mesa de refeições continuou a ter cinco pratos.

Feliz Dia dos Pais

Logo que Luiz passou a fazer parte da família Tunda, rodeado de carinho, atenção e cuidado, assim como Ana Carolina e Junior, o primeiro passo foi matriculá-lo na escola. Claro, havia uma defasagem de ensino, pois ele não estudava até então.

O começo foi difícil; Luiz não conhecia, além das cores, os números. A vida em comunidade também o assustava, mas pouco a pouco tudo foi se ajustando e ele passou a viver como toda criança deveria, com amiguinhos, brincadeiras, lições de casa; pegou sarampo, catapora...

Mas os dias especiais e marcados emocionalmente no primeiro ano de convívio ficaram por conta das comemorações de Dia das Mães e Dia dos Pais na escola. O coraçãozinho do menino batia forte e se enchia de alegria quando, durante as atividades, olhava para o grupo de pessoas que lá estava e via Toninha, a mãe, e Sidney, o pai, além dos irmãos.

A explosão da emoção se dava quando a professora convocava cada mãe e cada pai para que fossem ao palco montado abraçar o filho. Aquela distância que eles percorriam das cadeiras até onde Luiz estava parecia interminável, mas era selada com um carinhoso abraço e um beijo materno e paterno.

Quando, no aniversário, Natal ou Dia das Crianças, perguntavam a Luiz "qual o presente que você ganhou?", ele respondia: "O melhor presente do mundo: uma mãe, um pai, uma irmã e um irmão! Uma família!". A fala emocionava a todos.

Presentes de Deus

A rotina na casa dos Tunda era igual a de outras famílias em que havia filhos pequenos, com brincadeiras e rusguinhas entre eles, que logo esqueciam e retomavam a diversão.

O pequeno Luiz já havia conquistado a todos e, ao lado de Ana Carolina e Junior, iluminava e levava alegria para a residência. Era comum Toninha e Sidney dizerem às crianças: "Vocês são presentes que Deus nos deu".

No dia a dia, logo cedo, Sidney saía para trabalhar; Toninha cuidava da casa e dos filhos. Depois das 20h, Sidney voltava para o lar e, assim que apontava com o carro no portão e buzinava, Carolina, Junior e Luiz saíam em disparada, gritando: "O papai chegou! O papai chegou!".

Por ser mais velho, Luiz assumia a responsabilidade de abrir e fechar o portão. Logo que Sidney saía do carro, os três pequenos pulavam em cima dele e era aquela festa! Toninha ficava a distância, sorrindo e se deliciando com a doce imagem.

Quando terminava a comemoração com tom de farra, Sidney ia tomar banho e, logo que chegava na sala, todos já estavam famintos e prontos para o jantar. Durante a refeição, eles conversavam, se divertiam e, em certos momentos, Sidney contava passagens do dia de trabalho para Toninha e, se necessário, pedia a opinião da esposa. As crianças entendiam quando a conversa virava coisa de adultos, respeitavam e ficavam quietas, ouvindo o diálogo.

Terminado o jantar, todos se dirigiam para a sala, onde pretendiam assistir à televisão. Toninha e os filhos conseguiam, mas Sidney, logo que se ajeitava no sofá, de tão cansado, pegava no sono!

Eram tempos seguros, mas começaram a acontecer furtos e roubos de casas. E a residência dos Tunda foi uma das escolhidas. Quando o filho Junior completou 5 anos, eles comemoraram com uma bela festa. Era um sábado e os festejos invadiram a madrugada.

No domingo, Sidney foi o primeiro a acordar. Após fazer a higiene pessoal e se trocar, foi em direção à cozinha. Mas logo que saiu do quarto, observou que havia algo de estranho no ambiente: viu os objetos fora do lugar e deu falta de alguns; entre eles, o televisor da sala! A porta principal, com acesso para a rua, também estava destrancada.

Constatado: a casa havia sido furtada! Surpreendentemente, eles agiram sem que ninguém percebesse. Apesar do susto provocado pela situação, o casal caiu na risada quando Junior, o aniversariante, soube da entrada dos ladrões e saiu em disparada em direção ao ponto da sala em que havia guardado os presentes. Quando viu que estavam todos lá, respirou aliviado e gritou: "Graças a Deus! Não levaram meus brinquedos!".

Depois daquele episódio, a família ficou assustada. Os filhos passaram a brincar ainda menos na rua e mais em casa com os amigos; Junior tornou-se craque em videogame e, além disso, não perdia um jogo do Corinthians. Mais do que nunca, aos fins de semana Toninha, Sidney e os filhos viajavam para Pindorama; ali o casal ficava tranquilo quando as crianças saíam para encontrar os amigos.

Nas férias, a cidade do interior era também o destino certo; Ana Carolina e Luiz tinham praticamente os mesmos amiguinhos, e Junior, por ser mais novo, curtia a turma dele. Mas eram todos conhecidos, oriundos de famílias de amigos. Ali era possível jogar bola na rua, brincar no Carnaval, curtir o clube... Toninha e as crianças chegaram, inclusive, a morar em Pindorama por dois anos.

Também a partir do episódio do furto, Toninha e Sidney começaram a planejar a mudança para um apartamento. Ainda assim, viveram naquela casa por mais alguns anos, até 1992, quando foram morar em um prédio no Alto de Pinheiros, na zona oeste da capital paulista. Sidney deu a casa como parte do pagamento.

Ali eles também permaneceram por dez anos, até que se mudaram para outro prédio, no mesmo bairro.

Curtir Toninha e os filhos

Aos sábados pela manhã, Sidney ainda trabalhava na Poloar, até porque sempre havia algo a ajustar ou resolver. Mas, depois do meio-dia, o tempo dele era reservado para a família.

Em algumas oportunidades, como fins de semana e feriados prolongados, eles iam para Pindorama. Durante o trajeto de carro, Sidney divertia a garotada, ora assobiando, ora cantando e querendo que todos o acompanhassem: *120 quilômetros, 120 quilômetros, para um pouquinho, descansa um pouquinho, 119 quilômetros...*

Ainda tinha as divertidas fitas cassete de piadas de salão que Sidney colocava no rádio toca-fitas, como as dos humoristas Ary Toledo e Barnabé. Era preciso ter muita criatividade para entreter os filhos durante as cinco horas de viagem, com a deliciosa parada no Posto Barreirense, onde saboreavam o tradicional sanduíche de Bauru.

Quando estavam em São Paulo, era certo irem almoçar na Churrascaria Eduardo's, na Rodovia Raposo Tavares; ali havia um lago com pedalinho e a casa maluca, onde tudo era invertido. Outra diversão era passar o fim de semana, ou fazer bate-volta, em Campos do Jordão ou Águas de São Pedro.

Ainda em São Paulo, os Tunda variavam: nos sábados e domingos iam ao Simba Safari, Zoológico, Playcenter, Cidade das Crianças ou parques de diversões, onde Sidney era imbatível no brinquedo de atirar com o revólver d'água na boca do palhaço e ser o primeiro a estourar a bexiga, o que lhe dava direito a ganhar uma grande bola de plástico. Era certo que ele conseguia três bolas, uma para cada filho, isso quando alguém não lhe pedia: "Você é muito bom! Pode, por favor, conseguir uma para a minha filha?" – ou filho, neta, neto...

Em alguns fins de semana, Sidney fazia churrasco e à tarde tinha o futebol na TV, e todos se acomodavam na sala para torcer pelo time do coração.

Claro, com a paixão corintiana, era certo que, em determinados domingos, Sidney levasse Junior e Luiz, às vezes com amigos e os filhos, para ver os jogos do alvinegro no Estádio do Pacaembu.

Além disso, em 1982, Sidney comprou um apartamento em construção no Guarujá, para ter ainda mais uma opção de lazer com a família. Em alguns domingos, eles saíam cedo e iam até o prédio para ver a evolução das obras, depois almoçavam num dos bons restaurantes da cidade litorânea e retornavam na sequência para São Paulo.

Em boca fechada não entra mosca

Sidney, se eu sair da empresa em que trabalho,
você monta um negócio comigo?

A pergunta, feita por um amigo de longa data do setor de ar-condicionado, teve resposta positiva de Sidney Tunda. Ele prometeu ajudá-lo, caso realmente viesse a pedir demissão.

A proposta coincidiu com uma oportunidade de mercado: uma companhia chamada Cremac estava em dificuldades financeiras e Sidney disse para o amigo que eles poderiam comprá-la em sociedade. Os dois se reuniram para discutir os detalhes.

Nessa mesma conversa, Sidney confidenciou ao possível futuro sócio que a Poloar comprava aparelhos de um determinado fornecedor mais barato do que a empresa na qual ele trabalhava. Pois, sem explicação, o rapaz contou ao ainda patrão o fato que Sidney havia lhe confidenciado.

Obviamente, o empresário foi questionar o fornecedor, em função da informação recebida pelo funcionário, e dele ouviu:

– O senhor precisa entender que a condição especial do Sidney se deve aos altos volumes de compras que ele faz, além de efetuar os pagamentos à vista ou mesmo em curtos prazos.

Claro, aquilo já explicava as condições diferenciadas e eliminava o desconforto criado entre o concorrente e o fornecedor, que levou o fato ao conhecimento de Sidney.

Mas quem realmente ficou numa situação delicada foi o rapaz que pretendia se associar a Sidney, que perdeu a confiança nele, dizendo-lhe:

– Isso abalou a possibilidade de iniciarmos uma relação comercial. Prefiro então não seguir adiante com a ideia de comprar a Cremac. Vamos deixar esse negócio de sociedade para lá. Continuemos apenas como bons amigos!

O "Fada do Dente"

Bastava uma das crianças da família estar com o dente de leite amolecido que Sidney Tunda, o tio Ticão, prontificava-se a resolver a situação. Foi assim com os filhos dele... foi assim com os sobrinhos... e é assim com os netos...

Tudo começava com uma piada, como a do cachorro, para descontrair... depois a mágica e, quando a criança percebia, o dente já estava na mão dele.

Os sobrinhos, filhos das irmãs e do irmão de Toninha, estavam basicamente em Pindorama ou Catanduva. Para a criançada, como Aurélia Trida Lopes da Silva, bastava ouvir falar de São Paulo, ou mesmo do Guarujá, onde eles tinham apartamento, que diziam: "É a cidade da tia Toninha e do tio Ticão!".

Aliás, sempre que iam para o Guarujá, Toninha e Sidney convidavam os parentes. O apartamento ficava lotado, inclusive de crianças. Ana Carolina, Junior e Luiz se divertiam com os primos e faziam aquela bagunça, para alegria de Sidney e desespero de Toninha.

A turma viajava bastante, inclusive para outros estados. A criançada aprontava muito. Tanto que, certa vez, na Pousada do Rio Quente, em Goiás, Aurélia puxou a orelha de um dos frequentadores e foi aquele bafafá...

Quando iam para Pindorama, Junior e Luiz adoravam ficar na casa da tia Dudô e do tio Warley, onde estavam as primas Aurélia, Marcela e Fernanda. Isso porque, enquanto os tios dormiam, a garotada virava a madrugada na conversa... e mesmo anos depois, quando ficaram adolescentes, a turma ia para as festas, mas a noitada terminava na casa dos tios, para comer algo e dar ainda boas risadas.

Casar e cuidar da irmã

Em 1982, em função do problema de saúde ocorrido anos antes, a irmã de Sidney, Shirley, precisou fazer uma nova cirurgia para constatar sua cura. Da mesma forma, Toninha e Sidney a recepcionaram na casa deles, onde ela ficou por algum tempo.

Passados alguns meses, Shirley e Zelão decidiram se casar e morar em São Paulo. Sidney deu total apoio para que eles se estabelecessem na capital e colocou-se à disposição para o que precisassem. Inclusive, incentivou-os a comprar um apartamento. Toninha ajudou Shirley na busca pelo imóvel ideal nas proximidades da casa deles.

Mas Shirley e Zelão ficaram temerosos, pois, além de vender um imóvel que ele possuía no interior para dar de entrada, precisariam financiar o restante. Sidney motivou-os e afirmou que os ajudaria em qualquer dificuldade que tivessem; inclusive, pagou as primeiras parcelas do financiamento, que eram as mais altas.

Além disso, Sidney deixou com a irmã um dos carros que tinha, para que ela pudesse se locomover entre a casa e o trabalho.

Tudo ajustado e definido, Shirley conseguiu transferência para trabalhar num posto de saúde na cidade. Ela morou por mais alguns meses com o irmão e, em outubro de 1986, casou-se com Zelão.

A convivência era diária; Zelão até prestou serviço em algumas obras de Sidney e da Poloar no período. Assim que saía do trabalho, Shirley passava para ver os sobrinhos; em épocas de provas, ela os levava para a casa dela, onde Zelão os ajudava, ensinando as matérias.

Nos fins de semana eles também estavam sempre juntos, em almoços de família ou passeios. Quando chegava a vez de Shirley fazer o almoço, ela preparava o cardápio preferido de Sidney: leitoa assada e doces caseiros de sobremesa, como doce de leite, doce de abóbora, paçoquinha...

Ao longo do tempo, Shirley e Zelão acompanharam Toninha e Sidney em muitas viagens, indo à praia e até para fora do Brasil, como Portugal e Espanha. E quando o casal completou 25 anos de casamento, ganhou de presente a viagem para a Terra Santa, Jerusalém.

Sidney (agachado, segundo da esq. para a dir.) com os amiguinhos da infância

Jorge Tunda, ao centro, nos tempos em que era carroceiro em Pindorama

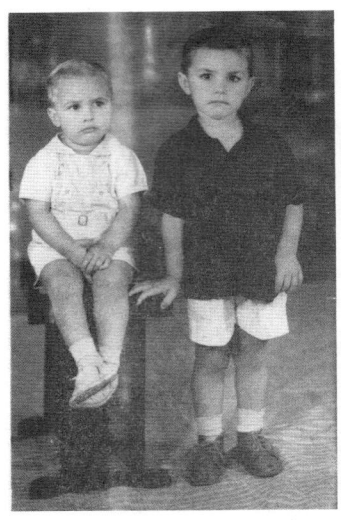

Os irmãos Sidney (esq.) e José Tunda, durante a infância na década de 1940

Quando criança, Sidney costumava ir à praia com os pais, parentes e amigos

Máquina que a mãe de Sidney, Sebastiana, utilizava para costurar as roupas da família

Sidney Tunda com os amigos na escola

Sidney (esq.), na adolescência, com os amigos de Pindorama

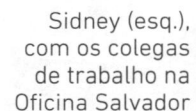

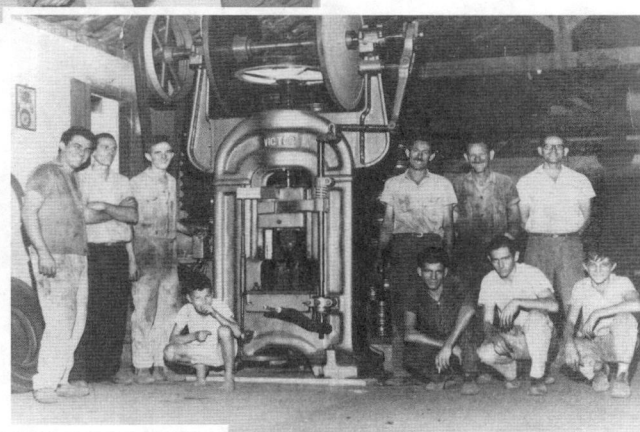

Sidney (esq.), com os colegas de trabalho na Oficina Salvador

Estação de trem de Pindorama, de onde Sidney Tunda partiu com o sonho de constituir carreira profissional em São Paulo

Registro da partida de Sidney, em busca de novas oportunidades profissionais

30 de novembro de 1967.

Estou embarcando nesse trem em busca de um sonho.

Sidney Tunda

O casal Toninha e Sidney (esq.), nos tempos de namoro com os amigos do Bloco de Carnaval

Toninha e Sidney (embaixo da placa) no Baile de Carnaval do Clube de Pindorama

Sidney (terceiro, em pé, da esq. para a dir.) com colegas de trabalho do Lanifício Pirituba, em momento de lazer

Toninha, Sidney e o cunhado Benê, em um baile no Clube de Pindorama

Sidney (dir.), com os pais, os irmãos e o primeiro carro, um Fusca, adquirido em consórcio

Local em que foi montada por Sidney Tunda sua primeira empresa de instalação de aparelhos, na Rua Pompeu Sobrinho, em Pirituba

Casamento de Toninha e Sidney, em 20 de janeiro de 1973

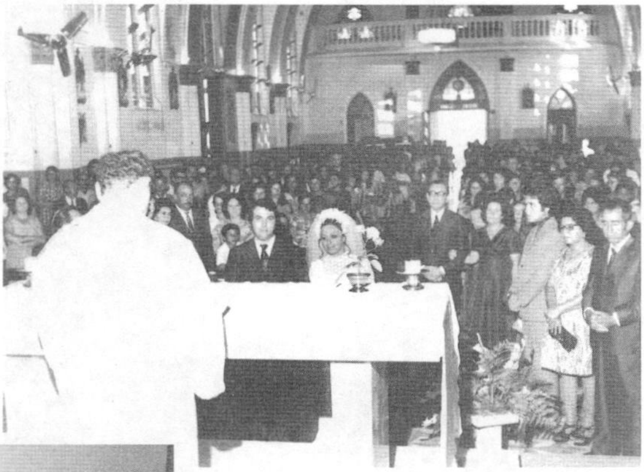

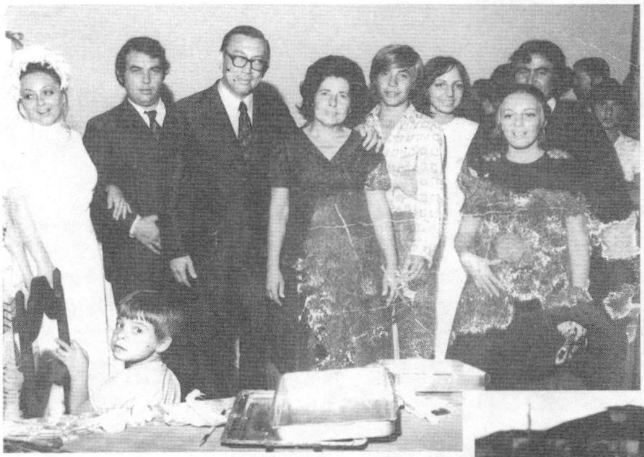

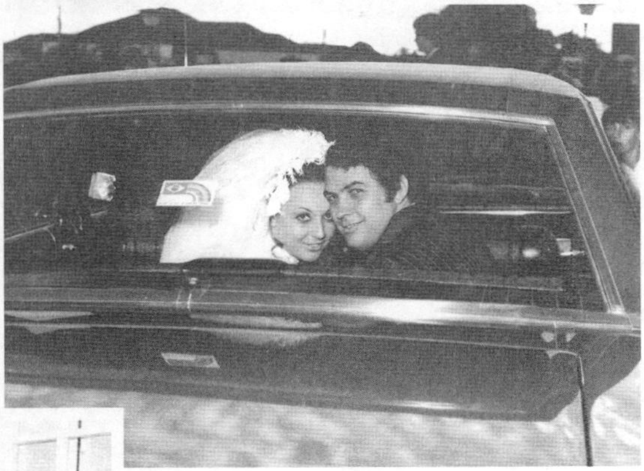

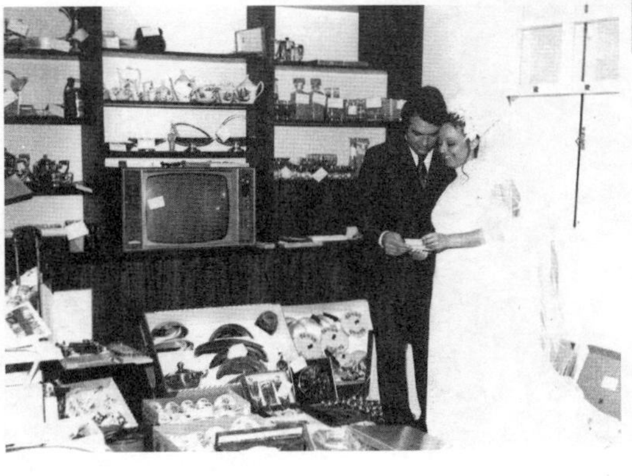

Toninha e Sidney durante a lua de mel no Rio de Janeiro

22/01/1973

Toninha e Sidney, no início da vida matrimonial em São Paulo

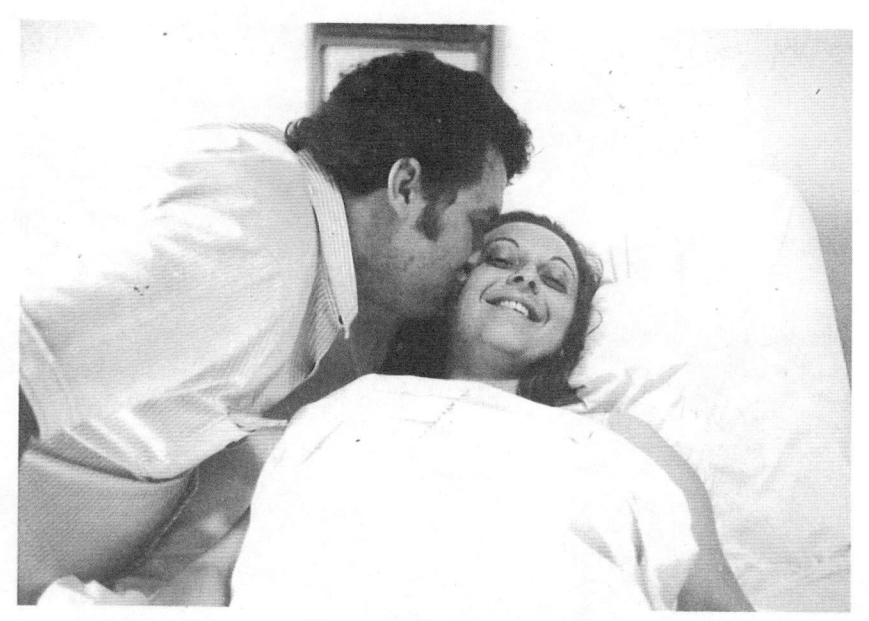

Momento de carinho entre Toninha e Sidney na maternidade

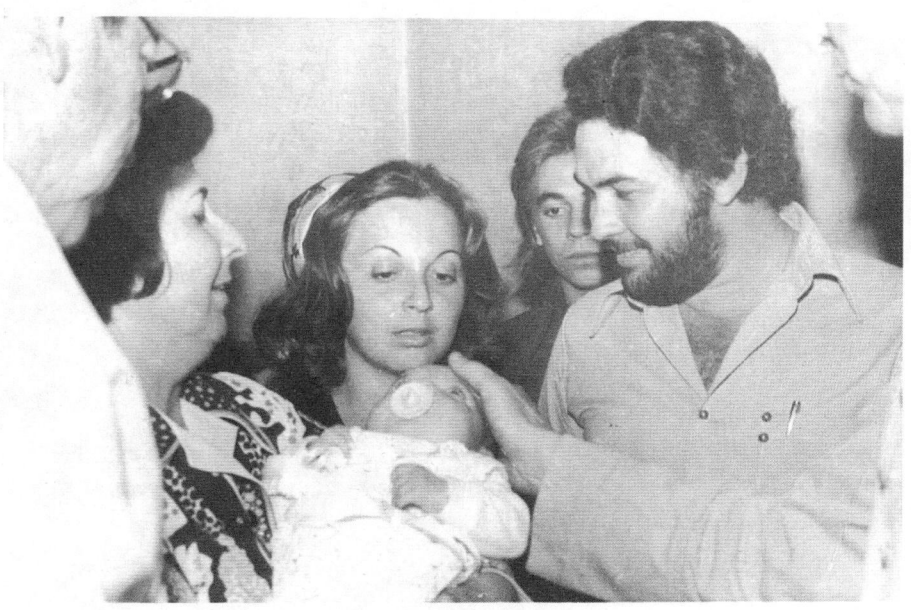

Batizado de Ana Carolina Trida Tunda, primeira filha do casal

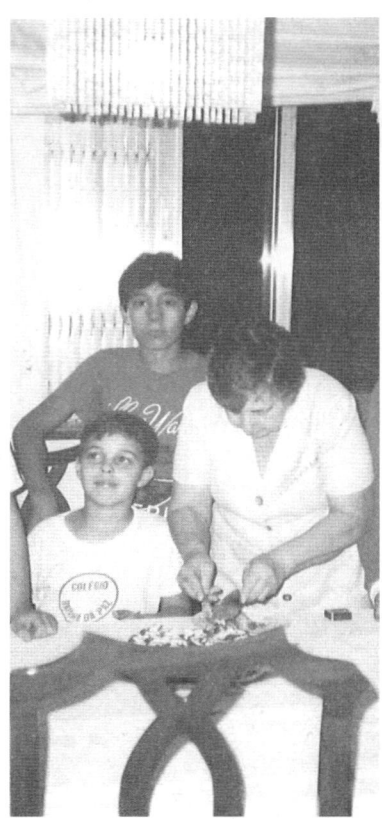

Comemoração do primeiro aniversário de Ana Carolina

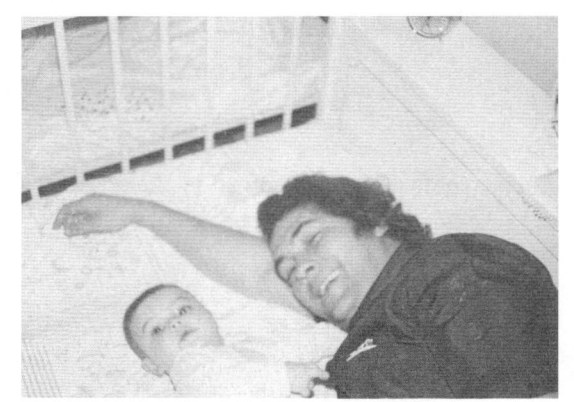

Sidney com o segundo filho, Junior, nascido em 1977

Os pequenos Sidney Junior e Luiz com a avó materna Olga Trida

Os pequenos Ana Carolina e o aniversariante Sidney Junior

Sidney Tunda sempre curtiu os filhos

Primeiro imóvel próprio do casal Toninha e Sidney, na Rua Carlos Afrânio da Cunha Mattos, em Pirituba

Casa alugada em que Toninha e Sidney moraram logo após o casamento, em 1973

Residência dos Tunda no bairro do Sumarezinho, em São Paulo, e que foi dada em hipoteca para a compra de aparelhos

Sidney sempre programou viagens e momentos de lazer com a família

A família em visita ao Pão de Açúcar, no Rio de Janeiro

Batizado de Alicia Trida Tunda Soares, primeira neta de Toninha e Sidney, e filha de Ana Carolina e Giovani

Sidney e Toninha
com familiares
do empresário
em Pindorama

Capela de Santa Luzia, construída por iniciativa
de Toninha na Chácara São Pedro, em Pindorama

Toninha e Sidney sempre fizeram da união a marca registrada do casal

Sidney Tunda em momento familiar na sua terra natal, Pindorama

Nasce a Poloserv

Em 1984, Benedito Aparecido Trida formou-se em Engenharia Civil. O mercado estava restrito para os profissionais do segmento. Preocupado com o cunhado, Sidney lhe propôs que trabalhasse com ele, criando a Poloserv, empresa de vendas e serviços de ar-condicionado. Na equipe havia ainda outro engenheiro, de nome Edgar, que também participava da sociedade.

O convite foi aceito e Sidney ofereceu a Benê sociedade na área de serviços. Quanto às vendas, eram feitas utilizando o estoque da Poloar.

Nos primeiros dias de atividade, Benê estava em visita a um cliente e recebeu a ligação da secretária de Sidney, dizendo que o patrão não estava bem de saúde. Na mesma hora, ele retornou ao escritório da Poloar, na Bela Vista, para socorrer o cunhado. Sidney sentia dores estomacais e foi levado por ele ao hospital.

Enquanto aguardavam o atendimento médico, debilitado e preocupado, Sidney disse a Benê:

– Se algo de pior acontecer comigo, cuide da Toninha! Não deixe que nada de mal aconteça a ela e aos meus filhos, que nada lhes falte.

Benê ficou emocionado e sensibilizado com a preocupação de Sidney que, mesmo fragilizado fisicamente, ainda encontrava forças para se preocupar com a esposa e os filhos, com a família.

Logo eles foram atendidos e, depois de alguns exames, veio o diagnóstico médico:

– Sidney, seu problema está na vesícula. Você tem pedras na vesícula. Precisamos operá-lo.

Todos os procedimentos foram cumpridos, e a cirurgia, realizada com sucesso. Logo Sidney se restabeleceu e retomou as atividades.

Mas, apesar da oportunidade profissional, Benê imaginava poder voltar a morar em Pindorama. Ele e a esposa, Maria do Rosário, a Ia, tinham um casal de filhos e, enquanto Benê trabalhava na Poloserv, sua família ficava com Toninha na casa dela.

O empresário Girz Aronson continuava repassando os serviços de instalação para Sidney, que também comprava algumas peças do varejista. Periodicamente, eles se encontravam para fazer o acerto das contas e conversavam um pouco sobre o mercado. Sidney gostava de se consultar com ele.

As conversas entre os dois aconteciam sempre no final do expediente, na loja do varejista, localizada à Rua Conselheiro Crispiniano. Eles negociavam os produtos e Sidney preenchia e entregava ao comerciante os cheques pré-datados. E o desfecho acontecia sempre com um festivo aperto de mãos.

Em algumas dessas visitas a Girz Aronson, Sidney levava junto o cunhado Benê. Já de noite, assim que saíam do encontro, eles iam até um restaurante que havia na Avenida São João e que lançara uma deliciosa novidade: pizza em pedaços!

Ali eles saboreavam algumas fatias e, assim que chegava em casa, Sidney recebia uma bela bronca de Toninha. Afinal, o apetite para jantar não era o mesmo dos dias anteriores...

Os filhos, que já sabiam da história da pizza, se divertiam e também se deliciavam com os pedaços que Sidney levava para eles e a esposa.

• • •

No mesmo ano, Jorge Tunda teve um mal súbito e foi atendido por Antonio Sergio Fernandes, o Tatau, concunhado de Sidney. Assim que fez o diagnóstico, o médico ligou para lhe explicar sobre o caso e internou Jorge, pois ele precisaria passar por cirurgia.

Imediatamente, Sidney seguiu até São José do Rio Preto, para onde o pai fora transferido a fim de lhe colocarem três pontes de safena. Ele acompanhou todo o processo e assumiu as despesas.

Sidney ficou ainda por alguns dias como acompanhante, até que Jorge Tunda estivesse bem e recebesse alta médica.

Orgulho da própria história

Nos encontros familiares, Sidney continuava a compartilhar o difícil início da trajetória, que incluía a infância, a adolescência e os primeiros anos da vinda para São Paulo. Primeiro, o alvo eram os filhos, para que jamais se esquecessem de como tudo começara; depois, passou a ser também os netos.

Nas conversas, Sidney contava que ele havia trabalhado como sapateiro, atendente de bar, mecânico em oficina de carroças, com reformas e pinturas de casas, instalador de ar-condicionado... até abrir a Poloar, em 1979, e assim mudar o rumo da vida.

E deixava um alerta: "Eu sempre trabalhei muito, mas, depois que abri a Poloar, passei a trabalhar ainda mais!".

Entre tantas, uma das passagens mais emocionantes era a de quando o pai de Sidney, Jorge Tunda, chegou em casa com apenas um bombom Sonho de Valsa – o que o dinheiro dele conseguiu comprar – e o dividiu em quatro partes, para dar um pequeno pedaço a cada um dos filhos.

Mesmo conhecendo as histórias, ouvi-las voltava a tocar o coração da família. Dava para ter a real noção do sofrimento dos Tunda no passado.

Como eles viajavam para Pindorama quase todos os fins de semana, Ana Carolina, Junior e Luiz constantemente estavam em contato com o passado narrado pelo pai. Geralmente, eles ficavam mais com a família de Toninha, onde estavam os primos; os irmãos de Sidney não tiveram filhos.

Mas era certo o almoço aos sábados na casa da avó Sebastiana Tunda, onde o cardápio era sempre o mesmo: frango caipira com arroz, feijão, pirão e macarrão – que o caçula Junior adorava, assim como brincar e teclar seus textos na antiga máquina de escrever que lá havia – e, claro, o pudim de leite de sobremesa. O frango, que a própria Sebastiana abatia e limpava, era criado no terreno da casa da família. Durante e depois do almoço, Sebastiana trazia ainda mais detalhes sobre as histórias contadas por Sidney.

Havia também fins de semana em que Sidney e a família ficavam em São Paulo. Nessas ocasiões, ele ia para a Poloar e levava os meninos, Junior e Luiz. Enquanto trabalhava, os dois arrumavam um jeito de se distrair: escondiam-se entre as caixas de aparelhos de ar-condicionado, carimbavam as folhas, brincavam nas máquinas de escrever... usavam da criatividade.

Sidney adorava ver os filhos se sentirem literalmente em casa na empresa e não ralhava com eles nem mesmo quando uma ou outra caixa ficava amassada com as brincadeiras.

Ele então dizia aos meninos, com orgulho:

– Logo vocês trabalharão com o pai aqui na firma!

Na época, Sidney já era dono das empresas Poloar e Poloserv – na qual tinha sócios –, além da Pindorama, criada também como "braço" da Poloar.

Quando os filhos estavam juntos, eles projetavam como seria o futuro:
– Eu vou trabalhar na Pindorama! – dizia Ana Carolina.
– Eu vou ficar com a Poloar! – imaginava Junior.
– Já eu quero a Poloserv! – projetava Luiz.

E Toninha e Sidney se divertiam com as premonições dos três.

Dificuldades no governo Sarney

Não há como negar que a segunda metade da década de 1980 representou, para muitos, o mais traumático momento da economia brasileira. Tempos em que o Brasil foi governado por José Sarney.

Na primeira metade dos anos 1980, após o governo do presidente João Baptista Figueiredo, chegou ao fim o período de 21 anos de governo militar, numa transição que já havia se iniciado ainda na década de 1970 e que levaria a recolocar um civil na presidência do país.

Como o Congresso não aprovou a Emenda Dante de Oliveira, ou "Movimento das Diretas Já", o processo se deu por eleição indireta, na qual, em votação do Colégio Eleitoral, Tancredo Neves, do PMDB, venceu Paulo Salim Maluf, da Arena.

Mas logo que foi eleito, Tancredo Neves adoeceu e veio a falecer, o que levou seu vice, José Sarney, a assumir a presidência em 22 de abril de 1985.

No ano seguinte, em 28 de fevereiro de 1986, foi oficializado o Plano Cruzado, que impunha, entre outras medidas, o congelamento de preços no mercado. A medida se sustentou por alguns meses, mas se mostrou trágica para a economia, assim como os Planos Bresser, de 1987, e Verão, de 1989, que a sucederam e elevaram a inflação ao daninho patamar de 1.764% ao ano.

Como registro, durante o governo Sarney, entrou em vigor a Constituição de 1988, em substituição à de 1967, que já previa, entre as medidas, independência dos três poderes, restrição à atuação das Forças Armadas e eleições diretas para presidente, governadores e prefeitos.

O governo Sarney perdurou até 15 de março de 1990, com a posse do novo presidente, conforme veremos adiante.

Para o empresariado, em geral, foram tempos duros... Para muitos, o mais trágico período econômico pelo qual passou o Brasil.

Na gestão da empresa, Sidney buscava um meio-termo entre vender e ter rentabilidade. Parcelar era um risco, pois a inflação engolia o lucro. Muitos preferiam aplicar o capital no mercado financeiro a investi-lo no próprio negócio.

Como Sidney sempre focou seus esforços na empresa, ele continuou a comprar e a vender ar-condicionado, buscando minimizar perdas e investir e reinvestir seus ganhos, principalmente em estrutura e estoque de peças.

Os múltiplos papéis de Toninha

Dona de enorme bondade, Toninha se preocupava com todos e era tida como a protetora e mãezona da família pelos sobrinhos e, em especial, pelos irmãos. Inclusive, ajudava e acomodava tudo para que a própria mãe, Olga, tivesse uma vida confortável.

Toninha zelava pelos filhos: cobrava e ajudava nas lições, levava ao médico e dentista, fazia os pratos de que gostavam... dava toda a atenção, sendo uma mãezona sempre pronta e atenta. Quando eles queriam pedir algo ao pai, ela era a porta-voz. E quando algum fazia uma travessura, corria para contar para a mãe, que também penalizava.

Se Sidney chegasse em casa e encontrasse um dos filhos de castigo, ele não intercedia e sustentava a decisão da esposa, com quem mantinha um relacionamento sólido, parceiro e amoroso.

• • •

Alemão, preciso de você para fazer a parte elétrica de uma propriedade que comprei em Pindorama.

"Alemão" era o apelido do amigo e eletricista Lucírio Videschi, natural de Novo Horizonte, mas que chegara em Pindorama em 1980. Eles se conheceram profissionalmente e passaram a ter um convívio mais próximo; Sidney o contratava para fazer instalações elétricas em imóveis residenciais e comerciais.

A confiança sempre foi tão grande que, em muitos serviços para os quais Alemão foi contratado, Sidney nunca perguntou o preço. Apenas dizia o que queria e o eletricista se encarregava das compras e fazia as instalações. Depois, passava os valores para serem pagos pelo escritório central da Poloar e a conta de depósito bancário; Sidney nunca chegou a questionar um valor apresentado por Alemão, que passou a atender toda a família.

O próprio Sidney contou sua história de luta e perseverança para Alemão, que procurava tirar boas lições empreendedoras dessas conversas. Quando Sidney estava em Pindorama, era certo que se reunissem com outros amigos no final da tarde, para bater papo, se divertir, saborear petiscos e bebericar algo.

Bandeira branca

Sidney, o seu tio Dias quer encontrar você para conversar e acabar com as rusgas do passado.

Era o ano de 1986. O "recado" foi transmitido por um amigo em comum, João Marques. Tinham-se passado quatro anos desde que haviam rompido. Reconhecidamente sendo uma pessoa do bem, Sidney aceitou encontrar o tio.

A data, a hora e o local foram definidos. No restaurante em que fora marcado o encontro, os dois compareceram pontualmente. Um aperto de mãos registrou o primeiro contato ainda na entrada, e logo se dirigiram para a mesa. Ali, sim, o gelo foi quebrado.

Ambos evitaram acusações. Dias foi direto ao ponto:

– Sidney, você é meu sobrinho, filho da minha irmã. Trabalhamos juntos por um longo tempo e fizemos uma boa parceria. Eu não acho justo morrer estando nós dois estremecidos. Vamos esquecer o passado, colocar uma pedra em cima e recomeçar nosso convívio.

Em respeito ao tio, Sidney o ouviu atentamente. Quando ele concluiu, então disse:

– Sem problemas! Não vamos falar do passado. A vida vai nos tornando mais experientes, mais pacientes, menos rancorosos... Ambos estamos bem estabelecidos. Vamos então celebrar o nosso reencontro e os caminhos vitoriosos que temos trilhado.

O tio ainda agradeceu pelo recado que Sidney havia mandado a ele pela cunhada Carmen Rodrigues de Moraes, a quem Sidney chamava carinhosamente de "tia Carmen". A mulher estava doente e Sidney fora visitá-la. Durante a conversa, havia comentado que ele e Dias não estavam se falando.

Carmen dissera que não sabia do fato. Sidney, então, confidenciara ter escutado que Dias pretendia vender a empresa, A.Dias, e pedira-lhe que passasse ao tio um alerta:

– Diga ao Dias para ele não vender a firma. Ele trabalha bem, conhece o mercado. Se estiver vivendo alguma dificuldade passageira, logo tudo se resolverá!

De certa forma, a partir daquele almoço, o convívio e as ligações entre eles voltaram a acontecer. E tanto a Poloar quanto a A.Dias seguiram firmes e fortes no mercado.

Com o passar do tempo e com o sucesso alcançado pelo sobrinho, Dias passou a chamá-lo carinhosamente de "professor", enquanto Sidney devolvia: "O meu professor foi você, Dias".

"Tiro no pé"

Numa das conversas com o tio Dias, Sidney foi convencido a trocar de carro: "Quero comprar um Adamo. Vamos comigo na concessionária? Quem sabe você também compra um... Dê um presente a si mesmo, Sidney! Você trabalha bastante e merece!".

Um Adamo. O carro esportivo, produzido nos modelos cupê e conversível, era um sonho de consumo da época! Fabricado por uma empresa brasileira, encantava o mercado nas décadas de 1970 e 1980. Mas, em 1990, quando o Brasil abriu as portas para a importação, a empresa encerrou suas atividades.

Sidney imaginava apenas acompanhar o tio, mas, quando viu o carro na loja, mesmo não sendo refém do consumo, fraquejou. Começou a perguntar quanto custava, como poderia pagar e, assim como o tio Dias, fechou negócio!

De lá, ele voltou para a Poloar e não via a hora de contar para Toninha e a garotada. Chegou em casa, jantou com a esposa e os filhos e, na hora da sobremesa, disse que tinha uma surpresa:

– Eu troquei o carro! Comprei um Adamo! – E contou que tinha ido mais cedo com o tio na loja.

Dos cinco que estavam ali, apenas quatro vibraram; faltou a comemoração de Toninha. Ela nada disse na hora. A família terminou de jantar, a mulher colocou os filhos na cama e depois foi conversar com o marido:

– Sidney, por que você quer esse carro? – Chamá-lo pelo nome e não pelo apelido, Tico, já demonstrava a seriedade da conversa.

– Fui pego pelo ímpeto. Eu sempre quis ter um bom carro e pensei que tinha chegado a hora. Você sabe que eu sofri bastante para chegar até aqui – confessou Sidney.

Toninha rebateu:

– Meu amor, você é um homem inteligente. Cuide da firma antes de tudo. Você terá muito tempo na sua vida para comprar carros iguais a esse ou ainda melhores. Guarde esse dinheiro para investir na Poloar.

Sidney ouvia aquelas palavras e valorizava ainda mais a mulher que escolhera para casar e por quem tanto lutara. E fez uma promessa a ela:

– Obrigado por me trazer para a realidade, minha querida. Amanhã resolverei a situação.

No dia seguinte, bem cedo, ele saiu de casa e foi direto para a loja, onde se reuniu com o vendedor e o dono, explicou a situação e conseguiu cancelar a compra. E se lembrou das palavras de Toninha: "Cuide da firma antes de tudo".

Assim, antes de retornar para a Poloar, ele cuidou da empresa, que precisava de carros para efetuar serviços e fazer entregas. Sidney parou na primeira concessionária que encontrou:

– Quero comprar duas Kombis novas – disse ao vendedor.

O negócio foi fechado. De lá ele seguiu para a empresa, trabalhou, foi para casa e, durante o jantar com a família, repetiu o suspense da noite anterior:

– Pessoal, tenho duas novidades: a primeira é que desfiz a compra do Adamo... – E as crianças fizeram "ah...", lamentando a notícia. – Vamos então para a segunda: comprei duas Kombis para a Poloar.

Diferentemente da noite anterior, agora, além dos filhos, Toninha também comemorou. E ela era a mais entusiasmada, aplaudindo Sidney, a quem parabenizou em conversa reservada, depois que colocou os filhos para dormir.

Curto-circuito na relação profissional

Duda, amanhã cedo temos que instalar dois aparelhos de ar-condicionado em uma empresa. Você encontra o eletricista no cliente. Bom trabalho!

Era uma sexta-feira, já quase no final do expediente. Logo que Sidney fez o aviso, o homem se dirigiu até o escritório para anotar os dados do cliente. Como o próprio Duda abria diariamente a Poloar, no sábado pela manhã ele chegou, separou o material que iria utilizar e seguiu para o endereço informado.

Lá chegando, Duda fez as instalações, mas o eletricista não apareceu! Como o próprio profissional levaria o material específico para realizar sua parte do trabalho, os equipamentos não puderam ser ligados. Duda se desculpou com o cliente e até sugeriu que o rapaz comprasse a fiação para ele próprio deixar tudo ligado, mas o cliente rejeitou a sugestão.

Na segunda-feira cedo, assim que Duda chegou à Poloar, Sidney, que já sabia do ocorrido, o aguardava com ar de irritação. Questionado sobre o motivo de os aparelhos não estarem ligados, Duda tentou explicar: "O eletricista não apareceu. O rapaz...", mas Sidney não deixou que ele terminasse a fala e deu-lhe um sermão.

Era a primeira vez, desde o início da amizade em 1968, que o tom da conversa se elevava. Sidney nunca admitiu falhar com a clientela e estava bastante irritado pelo fato de o amigo não ter solucionado o impasse – fosse comprando o material ou ligando para que ele o levasse.

Duda ficou incomodado, porque entendia ter cumprido sua obrigação, já que a falha havia sido do eletricista. Então, decidiu pedir as contas:

– Estou indo embora e nunca mais colocarei os meus pés aqui! – E como morava com a esposa em uma casa que era de Sidney, estando isento de pagar o aluguel, Duda ainda disse: – Entregarei também a casa em que moro.

Como tinha amizade com um dos engenheiros da Petrobras, que admirava o trabalho dele e sempre o convidara para trabalhar na empresa,

Duda foi procurá-lo. E de lá saiu com a possibilidade de abrir uma empresa e prestar serviços para a Petrobras.

Mas o estremecimento entre Sidney e Duda não durou muito tempo. Semanas depois, Sidney pediu a um amigo em comum – e que veio a se tornar sócio de Duda –, João Carlos Martins, para convidá-lo a ir até a Poloar. Duda aceitou e, na companhia de João Carlos, foi ao encontro de Sidney.

Assim que se viram, nenhuma palavra foi dita sobre o lamentável ocorrido. Nem seria preciso. O abraço emocionado explicava tudo. O mal-entendido ficou no passado e Sidney cravou:

– Duda, as portas da Poloar estarão sempre abertas para você. Aqui é a sua casa! Volte quando quiser.

Eles conversaram bastante e Duda contou sobre a possibilidade de abrir um negócio com João Carlos. Além de ficar feliz com a notícia, Sidney ajudou Duda, para que ele pudesse concretizar o negócio. E prometeu: "Monte a empresa que te passo os contratos de todas as instalações".

Levaria algum tempo, mas Duda voltaria a vestir a camisa da empresa. Antes mesmo dele, João Carlos, ao terminar a sociedade entre os dois, passaria a trabalhar como vendedor na Poloar.

Domingo com casa cheia

Aos domingos, o almoço na casa de Toninha e Sidney era certo. Além do casal e dos filhos, vinham os sobrinhos, cunhadas, concunhados e amigos... Era uma grande farra, para alegria da garotada.

Às 11h, o pessoal começava a chegar. Enquanto preparavam o almoço, o aperitivo era servido. Já os filhos de Sidney e os primos se divertiam, brincavam de gato mia e discutiam... até que Toninha dizia a frase mágica: "O almoço está servido!".

Era a hora mais saborosa do domingo... Toninha sempre fora excelente cozinheira e se preocupava em preparar pratos que agradassem a todos.

Depois do almoço, o pessoal ficava ali conversando, jogando baralho, geralmente buraco – e com partidas levadas a sério –, uns tiravam um cochilo... até que, lá pelas 19h, a garotada pedia: "Mãe, frita bife...", "Tia Toninha, frita bife...", e lá ia Toninha novamente para a cozinha preparar um lanche para os adultos e batatas fritas com bifes que a turma adorava.

O domingo festivo ia até às 23h, quando o pessoal se despedia e voltava para suas casas.

Em alguns fins de semana, eles iam em caravana para a praia. Juntava uma turma grande, o agito era o mesmo... e a bagunça também. Toninha era rígida com baderna e passava o pito na turma.

Para ficar na memória
O tio Ticão comprou ingressos para o show dos Menudos no Estádio do Morumbi!

A notícia correu a família. Além dos filhos, as sobrinhas Fábia e Marina acompanharam Sidney; a cunhada Rosa Terezinha e os concunhados também foram ao evento para ajudar a tomar conta da garotada.

Eles saíram da casa de Sidney, no bairro do Sumarezinho, e se dirigiram para o Estádio do Morumbi na Kombi da Poloar, que partiu lotada. Era a mesma Kombi que Sidney usava para brincar com a garotada, pois, sempre que havia uma descida acentuada, ele dizia: "Olha o frio na barriga", e eles gargalhavam, porque a aerodinâmica do carro não ajudava muito nessas situações.

Naquele dia tão marcante para a garotada, caía uma chuva torrencial e os homens levaram as crianças menores nos ombros.

Claro, a tensão vivida antes do show foi embora assim que o grupo foi anunciado e começou a cantar. Depois do show, no caminho de volta e com enorme trânsito, a garotada ouvia as músicas no carro e cantava os sucessos dos Menudos.

Canta, dança, sem parar,
Sobe, desce, como quiser,
Sonha, vive, como eu,
Pula, grita, ô ô ô ô ô...

E mais adiante vinha o refrão:

Não se reprima,
Não se reprima,
Não se reprima...

• • •

Zé Vicente, você ainda é muito novo. Está com 44 anos e já se aposentou no banco... Eu preciso de você na Poloar. Venha trabalhar comigo!

Realmente, depois de décadas no Banco Banespa, morando e trabalhando em São Vicente, José Vicente Tunda até levou em consideração o convite de Sidney, mas declinou a oferta do irmão.

Estávamos em 1988 e José Vicente sabia que Sidney buscava expandir a empresa. Ele até levou em consideração o convite, pensou e refletiu bastante, mas refugou. Os irmãos nem mesmo chegaram a pensar sobre o cargo ou a área em que José Vicente poderia trabalhar.

Aquela foi a única oportunidade em que Sidney e José Vicente falaram sobre trabalhar juntos. Daí em diante, o assunto não veio mais à tona e os encontros ficaram restritos às reuniões familiares ou mesmo a festas de fim de ano na Poloar.

A família na empresa

Em 1989, quando estava com 15 anos, o filho Luiz começou a trabalhar naquela que Sidney considera a melhor preparação escolar para o mundo dos negócios: uma empresa verdadeira; no caso, a Poloar.

Como procedem geralmente os empresários que buscam fazer com que os filhos entendam a essência do negócio, Luiz iniciou na função de *office boy*.

Na noite que antecedeu o primeiro dia de trabalho, Sidney teve uma longa conversa com o filho, mostrando a ele a importância de agir dentro dos preceitos éticos e morais:

– Luiz, o fato de ser filho do dono não lhe trará nenhuma vantagem, moleza ou privilégios em relação aos outros funcionários. Como donos, nós temos que dar o exemplo de dedicação e comprometimento com a empresa.

O salário era o de mercado. Havia hora certa para entrar e para cumprir no expediente comercial da empresa. Se houvesse atraso, a consequência seria o desconto no salário. Assim que saía da Poloar, Luiz comia um lanche e seguia para a escola, que ficava perto da casa dos Tunda. Só depois das 23h o rapaz voltava para casa.

Logo nos primeiros dias, Luiz já percebeu o tamanho da responsabilidade. Ao fazer recebimento num cliente, no bairro de Piraporinha, na Zona Sul de São Paulo, bem distante da sede da Poloar, Luiz se perdeu. E teve a infeliz ideia de ligar para Sidney, pedindo ajuda, uma explicação da melhor forma de retornar para o escritório.

O pai ouviu tudo e disse:

– Tem um ditado que diz: "Quem tem boca vai a Roma!". Você tem boca e a Poloar está bem mais perto do que Roma... Então, se vira! Pergunte para as pessoas que condução pegar. Espero você na Poloar.

Graças à "orientação", Luiz entendeu que na vida nada vem fácil, mas com proatividade tudo é possível de se realizar. Com esse espírito desbravador, ele conseguiu construir seu caminho na Poloar.

De tão empolgado com a vida profissional, e sem contar com o apoio dos pais, Luiz parou de estudar para se dedicar à empresa. Foi depois transferido para as áreas de faturamento, vendas, logística e compras, um dos pilares da companhia; outro deles é a área de vendas, na qual Sidney Junior passaria a trabalhar alguns anos depois.

Diariamente, Sidney almoçava em casa, mas Luiz ficava na Poloar e se alimentava ali por perto mesmo.

Na área de compras, a primeira importante missão que ele recebeu de Sidney foi o fechamento da divulgação da Poloar no Guia Páginas Amarelas, que destacava produtos de publicidade e marketing da época e tinha custo elevado. Luiz conversou com o representante da empresa e acertou as bases do contrato, negociando com afinco.

Ao final, antes de assinar, levou para que Sidney avalizasse. O empresário parabenizou o filho, mas disse: "Aperte um pouco mais no prazo de pagamento que conseguiremos uma condição ainda melhor do que a já alcançada".

• • •

Periodicamente, Luiz marcava de encontrar o pai biológico, Raimundo Cardozo, num bar. Eles conversavam um pouco e depois Luiz voltava para o convívio da sua real família. Até que um dia Luiz recebeu a notícia de que Raimundo tinha viajado para a Bahia, mas falecera num acidente. Quanto à mãe biológica, Luiz nunca conheceu.

Negócios atraem amigos

Sidney Tunda, meu nome é Toshio Murakami, sou vendedor da Springer e atuo em Curitiba. Tomei a liberdade de ligar para você, pois ganhamos com um revendedor local uma concorrência pública na Caixa Econômica Federal de trinta aparelhos grandes. Estamos produzindo, mas as peças só ficarão prontas depois do final do prazo de entrega da mercadoria. Avaliando as suas últimas compras, gostaria de saber se você tem essa quantidade de equipamentos no seu estoque e se pode nos ceder, para cumprirmos o contrato. Logo que as peças estiverem produzidas, faremos a reposição.

Tem uma frase popular que diz: "O 'não' nós já temos". Então, por que não perguntar ao dono da Poloar se ele poderia ajudar na hora do aperto?

Mesmo tendo sido o primeiro contato entre eles, Sidney foi muito receptivo e acolheu o pedido:

– Não tem problema, Toshio! Disponibilizo para vocês atenderem o cliente, sim. E, quando tiverem produzido as peças, vocês me devolvem.

Mas, na verdade, o primeiro contato entre Sidney e Toshio – que, antes de ter sido promovido a vendedor, havia iniciado na Springer em 1985 como promotor de vendas – representou um voto de confiança; a conversa, além de agradável, solucionou um problema importante.

Assim se iniciou a relação comercial e uma amizade de décadas, que foi estreitada a partir do momento em que Toshio foi transferido para São Paulo. Ele assumiu como coordenador de marketing, cargo no qual treinou por várias vezes as equipes da Poloar quando a empresa ainda estava na Bela Vista. Sidney, que sempre priorizou a qualificação da equipe, participava de todos os treinamentos, permanecendo ao lado de Toshio nas aberturas dos eventos.

O executivo apreciava a atuação de Sidney no negócio. Sempre que Toshio passava na Poloar, Sidney estava na empresa, comandando, liderando e com os números de vendas gravados na mente – uma característica que ele nunca perdeu com o tempo, independentemente do volume que a companhia passasse a movimentar.

Em 1992, Toshio recebeu uma nova promoção e assumiu a gerência comercial de São Paulo, passando então a ter um convívio ainda mais constante com Sidney Tunda.

No dia 15 de julho de 1995, Toshio e outros executivos do mercado foram convidados para o casamento de Ana Carolina e Giovani Soares. Ali, Toshio conheceu o genro de Sidney, ao lado de quem passaria a fazer negócios dois anos depois com a STR.

Em junho de 1996, a Springer Carrier, *joint venture* firmada entre as duas companhias desde 1983, promoveu a primeira viagem de incentivo para seus clientes, levando um grupo para a Itália. A duração foi de quase três semanas.

Coincidentemente, durante a viagem, no dia 13 de junho, data do aniversário de Toninha, o grupo estava em Roma. Toshio então preparou uma festa surpresa para a esposa de Sidney, a quem já havia se acostumado a chamar de Sidão. Aquilo encantou a todos, em especial ao casal, que fez um agradecimento especial a Toshio, retribuído com as seguintes palavras:

– Sidão, gosto muito de uma frase do arcebispo emérito de Olinda e Recife, Dom Hélder Câmara: "Existem pessoas como a cana, que, mesmo postas na moenda, só sabem dar doçura". É assim que eu vejo a dona Toninha, sempre preocupada com todos.

Outra passagem marcante se deu alguns anos depois, em 2002, no aniversário de um ano da filha mais nova de Toshio. Ele convidou Sidney e a família para a festa.

Pois lá estavam os Murakami recebendo os convidados, quando entraram no salão Sidney e Toninha, que carregavam consigo uma caixa, um presente para a menina. Apesar do convite, Toshio não imaginava vê-los na comemoração.

Ele apressou-se em ir com a esposa recepcionar os amigos e, das mãos de Toninha, recebeu o presente, os votos de parabéns e felicidades e um lindo cartão com mensagens escritas por ela.

Um *slogan*: sorte, peito e jeito
Eu tenho um patrão que precisa de três coisas: sorte, peito e jeito!

A frase foi dita por um dos cunhados de Sidney, José Luiz Rizzo, o Zelão, durante um almoço de família; Zelão a tinha ouvido de um amigo.

Sorte, peito e jeito... Sidney gostou e adotou a expressão. Ele passou a estampar a frase pela empresa, em painéis, quadros, placas... e ela virou seu lema de vida.

Mais do que transformar a frase em seu *slogan*, Sidney encontrou uma definição para ela:

– Deus tem o mesmo amor por toda pessoa que vem ao mundo. Ele não faz diferença e reserva uma parcela de sorte a todos os seus filhos. O Pai permite ainda que cada um de nós possa iniciar a própria caminhada. Para caminhar, é preciso ter peito, ser uma pessoa determinada, aguerrida, que confia em si mesma. E é também necessário ter jeito, para saber conduzir tudo aquilo que imaginamos que nos fará bem. Esta frase me representa, expressa a minha trajetória!

• • •

Em 1988, Benê colocou em prática o desejo de voltar a viver em Pindorama, onde surgiu, na avaliação dele, uma boa oportunidade profissional. Ele então vendeu sua parte na Poloserv para Ruberval Pereira Romão, que era contador.

Mas os festejos e a relação estreita entre as famílias continuaram, tanto na casa de Sidney, em São Paulo, quanto na do cunhado, agora em Pindorama.

Assim que retornaram para o interior, Ia, esposa de Benê, engravidou, dando à luz Hélio Trida Neto, que nasceu em 1988 e teve Toninha e Sidney como padrinhos.

O namoro da filha

Carnaval de 1989. Ana Carolina estava com 15 anos. Foi quando, num bloco de Carnaval de Pindorama, ela conheceu um jovem da cidade, Giovani Bernardo Soares, na época com 19 anos.

O rapaz vinha de família humilde e trabalhava em uma empresa local, a Colombo Implementos Agrícolas. Eles conversaram, se divertiram e se tornaram amigos. A relação permaneceu assim por uns seis meses, até que começaram a namorar.

A primeira da família a saber da novidade foi a tia Maria Clara, que, assim como fizera com Toninha e Sidney, ajudava a sobrinha nos encontros com o namorado.

Já quando contou aos pais sobre o namoro, Ana Carolina ouviu exatamente o que esperava de Sidney:

– Filha, você, melhor do que ninguém, conhece a minha origem, a minha história e como sua mãe e eu tivemos que enfrentar os pais dela para consolidar o nosso amor, o nosso relacionamento. Você e o Giovani repetem a mesma trajetória que eu e a sua mãe, mas com uma grande diferença: vocês têm o nosso apoio. O rapaz é trabalhador, vem de boa família, tem caráter e nós vamos ajudá-lo a encontrar um norte. Acredito nele! Vocês vão vencer e serão muitos felizes!

A conversa foi selada com um emocionado abraço e Sidney ainda brincou:

– Já gostei dele de cara! Afinal, também é sagitariano e, assim como eu, nasceu no dia 12 de dezembro.

Mesmo tendo alguns amigos em São Paulo, a maior parte do convívio social e da turma de Ana Carolina era de Pindorama, onde ela e a família estavam de duas a três vezes por mês, nas comemorações, férias e feriados.

Tanto que a festa de debutante de Ana Carolina, quando completou 15 anos, foi realizada numa chácara da cidade. Estiveram presentes familiares e amigos, inclusive alguns de São Paulo.

O irmão Luiz também tinha mais amigos em Pindorama do que na capital e era da mesma turma que Ana Carolina. Quase ao mesmo tempo, ele também conheceu Mariana Mascaro, uma moça de Catanduva, que veio a ser sua primeira namorada.

Apenas o caçula Junior, por estar com 11 anos, cultivava outros amigos, cuja maioria estava em São Paulo; ele se interessava por música, tocava baixo e com o tempo formou uma banda em companhia do grupo de amigos.

O consórcio do bem

Havia um grupo de onze empresários do setor de ar-condicionado que era bastante unido e que se reunia mensalmente para discutir o mercado e confraternizar.

Além de Sidney, que coordenava o pessoal, participavam os donos e fundadores da A.Dias, Clima Frio, Lume, Sófrio, HBL, Peckelmann, Maxfrio, entre outras.

Todos eram bem-sucedidos e geralmente se reuniam num restaurante chamado Mexilhão, tradicional em peixes e frutos do mar, no bairro da Bela Vista. Cada qual chegava com seu carro imponente, alguns importados; Sidney se mantinha com um bom carro, mas que nem de longe se equiparava aos dos companheiros do grupo.

Em contrapartida, ele era um dos poucos que já tinham um bom patrimônio imobiliário e sede própria.

Durante os encontros, surgiu uma ideia entre eles: a de criar um consórcio financeiro, para o qual cada empresário contribuía com cinco mil dólares mensalmente, sendo que era possível adquirir mais de uma cota.

Mês a mês, era feito o sorteio, para ver quem levaria o montante – que chegava a atingir entre sessenta e setenta mil dólares – a ser resgatado pela cota contemplada. Era uma forma de permitir capitalização extra aos integrantes.

Quem fosse sorteado e não quisesse resgatar o valor, poderia repassar a algum outro empresário do grupo, mediante o pagamento de uma comissão de cinco mil dólares.

A regra também determinava que o sortudo que levasse a bolada pagasse a conta do jantar. Era uma forma de fortalecer a amizade, definir estratégias conjuntas e criar uma corrente do bem, que poderia ajudar aqueles empresários de forma revezada, para que pudessem injetar capital extra no próprio negócio.

Plano Collor e o desempenho da Poloar

Em 1989, o Brasil caminhava para eleger pelo voto popular seu primeiro presidente civil, algo que não acontecia desde que os militares assumiram o poder, em 1964. No segundo turno das eleições, Fernando Collor de Mello derrotou Luiz Inácio Lula da Silva.

Uma das bandeiras de Collor era a de acabar com o uso indiscriminado do dinheiro público, apresentando-se como "Caçador de Marajás". Apesar do discurso inflamado e convincente, ao assumir o país em 15 de março de 1990, aos quarenta anos, o presidente eleito não cumpriu o prometido. Ao contrário, seu curto governo foi marcado por sérias denúncias de corrupção.

Além disso, as medidas e os planos econômicos implantados, como o inicial Brasil Novo, que ficou conhecido como Plano Collor, apresentaram complicações econômicas ao país. Ao todo, foram 27 medidas, como o congelamento de preços e salários por 45 dias, a criação de um imposto sobre operações financeiras, a troca da moeda (de cruzado novo para cruzeiro, sem corte de zeros), entre outras. Mas a medida mais traumatizante foi o bloqueio de ativos, também conhecido popularmente de "sequestro" ou "confisco", pelo prazo de 18 meses, dos recursos considerados "poderes liberatórios" que fossem superiores a 50 mil cruzados novos: poupança, dinheiro em conta-corrente e investimentos como CDBs e títulos *overnight*.

Com a sequência de graves denúncias e tentativas frustradas de equilibrar a economia, Fernando Collor de Mello acabou por ser afastado da presidência pelo processo de *impeachment*. Collor tentou escapar do processo e preservar os direitos políticos ao renunciar à presidência, mas o Congresso já havia votado e definido pela sua deposição, em 29 de dezembro de 1992.

Com o impedimento de Fernando Collor de Mello, seu vice, Itamar Franco, assumiu a presidência do país.

Em relação ao desempenho da Poloar, passado o período inicial de estudos sobre as medidas do Plano Collor, a empresa, respeitando as regras governamentais estabelecidas, conseguiu utilizar o dinheiro confiscado no pagamento de títulos e as vendas começaram a acontecer com intensidade, mas a dificuldade maior encontrada estava na reposição do estoque.

CAPÍTULO 4
CONSOLIDAÇÃO NO MERCADO

Receber o genro

A filha Ana Carolina contou aos pais: "O Giovani vem para São Paulo. Ele arrumou emprego na Transbrasil".

Giovani era um rapaz de grande valor. Seus pais, Octávio e Divina, e sua irmã, Gissela, formavam uma família simples, mas muito unida. A alegria, o carinho, o cultivo do amor e os ensinamentos de retidão foram a grande herança deixada, e representava a haste que sustentava a união familiar.

Aos 11 anos, ele já trabalhava na sorveteria do tio, onde aprendeu a negociar tão bem que montou uma equipe de vendedores de sorvete com doze amigos, que saíam pelas ruas de Pindorama com caixas de isopor cheias de delícias geladinhas. Depois de um tempo, ele foi procurando novas oportunidades e passou por outras empresas, como uma serralheria, uma fábrica de chinelos, a Associação de Fornecedores de Cana, onde media o teor de sacarose das canas nas usinas de açúcar e álcool, uma metalúrgica de máquinas agrícolas, entre outras atividades. Até voltou a trabalhar com o tio por mais um período, mas saiu, e, por estar sem emprego, arrumou vaga numa obra como servente de pedreiro.

Como ainda estava na 8ª série do então ginasial, Giovani decidiu melhorar seu grau de instrução; matriculou-se no curso noturno e formou-se como técnico em Contabilidade – tempos depois, já em São Paulo, ingressou em duas faculdades, para cursar Administração de Empresas e Direito.

Muitas vezes, nos momentos mais difíceis da vida, tomamos decisões importantes, corajosas. Com Giovani não foi diferente, tanto que, durante o trabalho na obra, ele definiu: "Não é isso que eu quero para a minha vida. Pindorama não pode me apresentar perspectivas de um futuro promissor! Quero poder oferecer uma condição de vida sólida e próspera para os meus pais, a Ana Carolina e os filhos que teremos. Vou para São Paulo".

Sim, a história de Giovani em muito lembra a de Sidney Tunda. Ambos tiveram vários empregos em Pindorama, nasceram na mesma data e escolheram a capital do estado como lugar para construir um futuro promissor.

Sidney já tinha cumprido bem a missão e buscava ampliar sua empresa, a Poloar. Giovani iniciava agora sua saga, também com muitos sonhos, vontade de vencer e pouca bagagem. Era setembro de 1990.

Em São Paulo, o rapaz tinha um primo, filho do tio que era dono da sorveteria, o qual estava bem posicionado na Transbrasil. Ele então apresentou Giovani para a área de recursos humanos da empresa, onde preencheu ficha e foi admitido.

O profissional que atendeu Giovani definiu que ele iniciasse na segunda-feira; como tinha completado o curso técnico em Contabilidade, trabalharia no escritório.

Na data estabelecida, bem cedo, Giovani estava na porta da Transbrasil. Qual não foi sua surpresa ao acompanhar um grande tumulto no local, formado pelo sindicato do setor. A situação levou a empresa a cancelar todas as admissões.

Desolado, não lhe restou outra opção a não ser retornar a contragosto para Pindorama.

Assim como contara a boa-nova sobre a sua vinda para São Paulo, quando encontrou com Ana Carolina novamente o rapaz narrou sobre o desfecho inesperado, inclusive na presença da futura sogra. Foi quando Toninha disse:

– Tico, arruma um trabalho para o Giovani. Assim ele pode mudar de vida e ficar perto da Ana Carolina e da gente.

Sidney então convidou o rapaz para arregaçar as mangas ao seu lado; Giovani aceitou e, em janeiro de 1991, mudou-se de Pindorama para São Paulo, para trabalhar na área contábil da Poloar.

Inicialmente, Giovani ficou hospedado por um período na casa da família Tunda. Tornou-se muito próximo de Luiz, que já trabalhava com Sidney. Eles conversavam bastante, iam e voltavam juntos para o trabalho e almoçavam ao lado da Poloar; tempos depois, chegaram a morar e a dividir um imóvel ao lado da sede da empresa. Uma relação que só se estreitou com o passar dos anos, assim como a de Giovani com Junior, também irmão de Ana Carolina.

Passados alguns meses, houve um problema na empresa de instalação de Sidney. O gerente despertava algumas desconfianças. Sidney estão pediu a Giovani que fosse trabalhar na Poloserv, para colocar a casa em ordem. O que veio mesmo a acontecer, sendo que a primeira medida foi a demissão do gerente.

O homem da portaria

Em 1990, iniciou na Poloar um rapaz de nome João Moura Matos. O tio dele trabalhava como porteiro em uma companhia que ficava bem em frente à Poloar, na Bela Vista, e foi quem o indicou a um conhecido. João ficou feliz com a oportunidade, pois, na época, trabalhava na área de limpeza de um banco.

O rapaz teve o primeiro contato com o contador da Poloar, que fez a entrevista e depois lhe deu a boa notícia: "João, você ficará com a vaga de ajudante geral, já que o nosso foi demitido junto com o motorista".

Na posição, João trabalhava em serviço externo, fazendo entregas e carregando e descarregando caminhões. Ele saía diariamente com o motorista na Kombi da empresa para fazerem em torno de dez entregas.

Logo nos primeiros dias, o novo funcionário conheceu o dono da empresa. Sidney estacionara seu carro na parte dos fundos da Poloar, onde João descarregava mercadoria, e teve uma rápida conversa com ele:

– Bom dia! Você começou há pouco tempo na Poloar. Está feliz em trabalhar conosco?

João gostou da postura do patrão e respondeu que sim, e Sidney concluiu:

– Eu te desejo boa sorte!

E realmente João teve muita sorte na nova casa. A Poloar efetivamente transformou-se em sua casa. A cada dia ele se aproximava mais de Sidney e da esposa Toninha, que o tratavam com carinho e respeito, estilo característico do casal.

Depois de uns dois anos, o porteiro da Poloar estava para ser desligado. O próprio Sidney então perguntou a João se ele gostaria de ficar com a vaga, que ainda lhe elevaria o salário. O rapaz nem pediu tempo para pensar:

– Eu aceito, sim! – respondeu.

E João ainda foi surpreendido com outra proposta. Como ele morava longe da empresa, Sidney sugeriu:

– Se você quiser, pode morar naquele quarto que temos no depósito. Faremos uma reforma e o adaptaremos para você.

Preocupado, João perguntou quanto teria que pagar pelo aluguel. Sidney sorriu e o tranquilizou:

– Ora, isso não vai lhe custar nada! É um benefício que a Poloar está lhe oferecendo.

João não acreditou no que acabara de ouvir. Sua vida ficaria bem mais fácil e tranquila, ganhando mais e passando a morar dentro da empresa. E Toninha ainda comprou e mandou lhe entregar uma espécie de enxoval, com roupas de cama e toalhas. Toninha e Sidney também sempre presenteavam o rapaz com algumas roupas.

E quando Sidney saía para almoçar, jantar ou fazer *happy hour* com algum amigo, cliente ou fornecedor, passava de volta na empresa e entregava uma quentinha para João. Aquilo deixava o rapaz emocionado, pois o patrão nunca se esquecia dele.

Nessa época, João viajou pela primeira vez até Pindorama, para levar algumas encomendas e deixá-las na casa de Sidney no município.

O rapaz construiu uma longa trajetória na empresa e sempre contou com a ajuda pessoal de Sidney Tunda e Toninha, como na construção da própria casa ou quando a esposa teve dois AVCs e passou por tratamento e cirurgia.

Nasce a STR

Vamos então criar a STR, iniciais de Sidney Tunda e Ruberval!

A conversa entre Sidney Tunda e Ruberval Pereira Romão, ocorrida em 1991, resultou em uma nova empresa, a STR Comercial Ltda., que depois de um tempo de atividades administrativas, e com a chegada de Giovani Soares, passou a instalar aparelhos de ar-condicionado.

Como a STR se posicionou bem no mercado, logo eles passaram a comprar e a vender aparelhos, que eram adquiridos pelos mesmos preços que a Poloar pagava, tendo Sidney Tunda como avalista.

A empresa foi inicialmente instalada na Conselheiro Ramalho, no prédio que era de Sidney.

Moradia nova

Em 1992, Sidney e a família consolidaram um plano que já havia sido traçado desde o início dos anos 1980: morar em apartamento em vez de casa.

Os filhos já estavam todos grandes: Ana Carolina tinha 18 anos, Junior, 15, e Luiz, 19. Era um condomínio grande, com boa área comum de lazer, e logo Junior enturmou-se e participou do grupo de futebol.

Em 1993, o garoto passou a ir com bastante frequência para Pindorama. Aos 16 anos, os jovens querem descobrir o mundo, ficam suscetíveis ao novo e, muitas vezes, tornam-se vítimas dessas descobertas.

Pois Junior começou a envolver-se com substâncias proibidas no interior. Toninha e Sidney passaram a observar o relaxamento do filho nos estudos – o rapaz cursava o terceiro colegial (ensino médio) –, além de certa mudança em seu comportamento. Mas o alerta maior aconteceu com um dos amigos dele, que entrou em crise por overdose.

A intervenção dos pais na vida de Junior foi imediata: a turma de amigos foi desfeita; Junior foi proibido de viajar para Pindorama; o jovem começou a fazer terapia com o doutor Içami Tiba, respeitado médico psiquiatra com vasta atuação junto às famílias e aos jovens; e como estava com notas abaixo da média em nove das onze matérias, o garoto submeteu-se a um período imerso nos estudos, com aulas particulares.

O processo todo levou quase dois anos e coincidiu com o noivado e depois os preparativos para o casamento de Ana Carolina e Giovani, que aconteceu em 1995.

Para tranquilidade e alegria de todos, em especial de Junior e dos pais, todas as ações foram efetivas: a caminho de completar 18 anos, o jovem recuperou-se, elevou as notas, passou de ano e retomou as boas amizades.

• • •

Depois de tudo ajustado, passar o fim de semana em Pindorama era quase uma regra para os Tunda. Sexta-feira à noite, assim que eles chegavam na cidade, sua casa se enchia de parentes e amigos, e as sobrinhas pediam: "Tio Ticão, conta a história da Poronga?", ou "Conta primeiro a do macaco", ou ainda "Tio Ticão, faz mágicas?".

Uma das que se encantavam com a versatilidade do tio Ticão era Haide Trida Fernandes, filha da irmã de Toninha, Maria Clara, e Antonio Sergio, o Tatau. Para Haide, Sidney era o "tio da sabedoria": morava na gigante São Paulo, vencera na vida, sabia contar histórias, fazer mágicas e sempre trazia novidades da capital, como brinquedos e jogos, que eles montavam e com os quais se divertiam por horas, além dos deliciosos chocolates, como Kinder Ovo.

Haide percebia na fisionomia do tio Ticão a satisfação e alegria em servir e presentear as pessoas, muito maior do que a reação que ele tinha quando era presenteado. Isso ficava ainda mais evidente nos Natais e festas em família.

Depois, a criançada seguia para a casa da mãe de Toninha, Olga, onde dormia e não via a hora de acordar, para voltar a brincar com o tio Ticão.

O irmão de Haide, Hélio Trida Fernandes, adorava quando os tios iam para Pindorama, pois podia brincar com os primos mais velhos, que destinavam um tempo para nadar, brincar e jogar bola com o garoto. Claro, além de estar com a querida tia Toninha e de ouvir as histórias do tio Ticão.

Patrão paterno
Você não quer trabalhar comigo na Poloar?

O convite para Sandra Camargo Dourado partiu do próprio Sidney; a moça, que iniciara como recepcionista, trabalhava na área de vendas de uma empresa concorrente, com ar-condicionado e outros produtos de refrigeração, e morava com uma tia em São Paulo, já que os pais dela viviam em Sertãozinho, interior do estado.

Empolgada com a possibilidade de crescimento, Sandra foi até a Poloar para saber das condições profissionais. Além do salário, as perspectivas para a carreira eram maiores.

Sendo assim, em 1993, ela iniciou na nova empresa e teve grande sucesso, tanto que poucos meses depois já comprou seu primeiro carro. Além disso, estudava e ainda fazia vários cursos de aperfeiçoamento.

Quando estava na sede da empresa, Sandra acompanhava a chegada dos representantes das companhias fornecedoras, geralmente multinacionais, e sonhava em um dia trabalhar numa delas. Até compartilhava seu desejo com Sidney:

– Eu vejo esses vendedores elegantes da Carrier, todos na maior estica, e fico motivada para um dia poder trabalhar nessa empresa! Mas a equipe só tem homens, não tem vendedoras...

Sidney a incentivava:

– Calma, sua hora vai chegar! Um dia você ainda irá trabalhar lá.

Em 1995, Sandra se casou. Sidney quis presentear o casal e perguntou:

– Sandra, você prefere a festa ou a viagem de lua de mel?

A moça preferiu a viagem, para realizar o desejo que tinha de andar de avião, e Sidney concordou:

– Então este será o presente da Toninha e meu para você e seu marido!

O casal curtiu bastante o passeio. Logo depois do retorno à Poloar, Sandra recebeu a ligação de Augusto Milan, que assumira a direção da ICP, empresa norte-americana, convidando-a para trabalhar na companhia.

O momento de realizar o sonho de trabalhar numa multinacional chegara. Mas numa ocasião delicada de aceitar. Ela havia acabado de se casar, estava bem posicionada na Poloar e voltara da viagem de núpcias que fora um carinhoso e valioso presente dado pelo patrão.

Mas era a grande oportunidade de atuar numa multinacional! Aquilo mexeu com os sentimentos de Sandra, que, antes de responder ao convite, foi conversar com Sidney:

– Recebi uma proposta para trabalhar na ICP! Já registrei que pretendo um dia estar em uma multinacional, mas... não tomarei nenhuma decisão sem ouvir antes o seu aconselhamento.

O que Sidney faria? Tentaria segurar a funcionária? Se irritaria com o convite recebido por uma de suas melhores vendedoras? A posição dele surpreendeu Sandra:

– Você já me disse que quer viver a experiência de trabalhar em uma empresa multinacional. Então, realize seu sonho! Vá conversar com eles e, se a proposta for boa, aceite o convite. Mas saiba que, se algo de errado acontecer, se você não se adaptar à empresa, o seu lugar estará reservado aqui na Poloar.

Claro que Sandra já tinha Sidney no mais alto conceito, mas elevou-o ainda mais com a postura do empresário; as palavras de Sidney superaram todas as suas expectativas. Ele lhe oferecera uma importante proposta de trabalho quatro anos antes, a qual lhe permitira ter um bom nível de vida, presenteara a ela e ao marido com uma bela viagem e ainda a estimulara a trocar de emprego.

Sandra agradeceu pelo apoio e orientação. Ela foi para a entrevista na empresa e acertou seu ingresso na companhia. Ali a moça vislumbrou um plano de carreira, além de ter recebido muitos benefícios.

Mesmo de casa nova, constantemente Sandra e Sidney conversavam e trocavam informações sobre o mercado.

Mas ela queria mesmo era um dia vestir a camisa da Carrier. E não foi que, três anos depois, em 2000, a Carrier adquiriu a ICP? A negociação aconteceu junto à matriz, nos Estados Unidos. Mesmo assim, havia um impasse: alguns colaboradores seriam demitidos com a junção das operações no Brasil.

Foi quando o chefe de Sandra a chamou para uma conversa reservada e disse:

– Nós dois fomos convidados a migrar para a Carrier.

Alívio? Que nada... alegria mesmo! Era com isso que Sandra sonhava havia anos. Ela, claro, aceitou a proposta, fez faculdade e vários outros cursos custeados pela empresa e assumiu uma carteira de clientes com menor poder de compras na área comercial.

Para o sonho ficar completo, Sandra idealizava: "Só me falta agora assumir uma pasta de grandes clientes e, dentre eles, passar a atender o senhor Sidney, da Poloar".

E como duvidar de uma sonhadora e realizadora de sonhos em potencial?

Novo presidente e novas medidas no país

Depois de assumir como ministro da Fazenda no governo de Itamar Franco, implantar o Plano Real e provocar substanciais ações que apresentaram resultados favoráveis na economia brasileira, Fernando Henrique Cardoso, o FHC, foi eleito em 1994, e quatro anos mais tarde reeleito presidente do Brasil.

Entre os efeitos positivos dos dois mandatos de FHC estiveram: as criações de programas sociais, o controle da hiperinflação que recaiu sobre o país nos governos anteriores, a continuidade do Plano Real e a criação do Proer (Programa de Estímulo à Reestruturação e ao Fortalecimento do Sistema Financeiro Nacional).

Mas nos oito anos em que esteve na presidência, o governo FHC enfrentou algumas crises mundiais, como a do México (1995), a Asiática (1997 e 1998), a da Rússia (1998 e 1999) e a da Argentina (2001). Além disso, em seu penúltimo ano de governo, ocorreram os atentados terroristas de 11 de setembro de 2001, no World Trade Center, nos Estados Unidos.

Foi ainda durante o governo de FHC que, entre o fim de 2000 e 2002, o Brasil sofreu a crise do apagão, que afetou o fornecimento e a distribuição de energia elétrica no país.

Em 1º de janeiro de 2003, FHC entregou a presidência ao seu sucessor, Luiz Inácio Lula da Silva, que, assim como ele, foi reeleito para o posto.

Uma onda de oportunidades surgiu para as empresas e a classe empresarial. Sidney e a Poloar estavam prontos e preparados para aproveitar os muitos caminhos produtivos com o momento político e econômico do país.

Como sempre acontece em períodos de aquecimento econômico, sai-se bem quem tem solidez, dinheiro em caixa, estrutura, crédito e estoque. A Poloar preenchia perfeitamente todos esses e ainda outros requisitos.

Não se pode dizer que a empresa havia se desenvolvido até aquele momento pautada, como se costuma dizer, por algum "pulo do gato". Mas se o momento poderia ser comparado a uma onda de mares havaianos para a economia brasileira, a Poloar surfou maravilhosamente bem por ela, colhendo os melhores resultados da conquista.

O primeiro casamento entre os filhos

Dia 15 de julho de 1995. Ana Carolina Trida Tunda estava prestes a acrescentar Soares ao sobrenome. Aos 21 anos, cursando a faculdade de Fonoaudiologia, que ela viria a concluir dois anos depois, a jovem se casaria com Giovani Soares, com quem já namorava havia seis anos.

Sabedor do importante passo que a filha e também o genro estavam prestes a dar, Sidney convocou os dois para uma conversa, na qual deixou claro seu recado:

– Vocês estão prestes a dar o passo mais importante das suas vidas, o de se casar, de constituir família numa união abençoada por Deus! A responsabilidade que o casamento traz é enorme e vocês precisam ser fortes e estar unidos para assumi-la. E tenham a certeza de que, independentemente da situação, estarei sempre à disposição de vocês e pronto para ajudá-los! Eu e a Toninha pedimos a Deus para que vocês tenham uma linda família e sejam muito felizes.

A mensagem de Sidney foi de extrema importância para os jovens. Agora, era refletir sobre aquelas palavras, aplicar tudo aquilo na vida a dois, dizer o "sim" perante Deus, receber os amigos e festejar!

A grandiosa festa foi organizada para quinhentos convidados, e na história de Pindorama não houve casamento mais glamoroso, marcante e comentado. De lá, o jovem casal seguiu para a lua de mel em Aruba, no Caribe, também conhecida como "Ilha Feliz".

Aos 21 anos, Ana Carolina já estava casada e assumia os papéis de esposa e dona de casa, além de ainda estudar para concluir o curso de Fonoaudiologia.

O sentimento da jovem foi o de libertação, porque passava a constituir a própria família e projetava uma vida promissora ao lado do marido e dos filhos: trabalhar, cuidar da própria casa, tomar as decisões sobre sua vida e a da família ao lado de Giovani.

O primeiro imóvel em que o casal morou ficava no Bairro da Vila Madalena, a uns quinze minutos da casa dos pais dela. Os dias de Ana Carolina e Giovani eram bastante intensos. Desta forma, Toninha procurava ajudar como podia, fazendo compras para a casa da filha e do genro.

Assim que concluiu a faculdade, Ana Carolina passou a trabalhar num consultório, com sessões de fonoaudiologia.

Plano do mal desvendado

Em fins de 1995, Sidney sofreu um duro baque! Desde que iniciara a empresa, em 1979, ele empregara duas moças, que já estavam com ele havia praticamente quinze anos e tinham se tornado suas secretárias.

Devido ao tempo de convívio e desempenho delas, Sidney adquirira total confiança nas colaboradoras. Tanto que transferira a elas a responsabilidade de efetuar os pagamentos. Assim, ambas passaram a ter total acesso às contas bancárias, movimentações e até cheques assinados.

O ano anterior, de 1994, ficara marcado pela entrada do Plano Real, que aqueceu a economia. A Poloar vendia tudo que tinha em estoque, e o faturamento aumentou substancialmente.

De forma oportuna, as duas secretárias começaram a agir inescrupulosamente. Elas utilizavam uma máquina para emitir os cheques e efetuar os pagamentos, que eram validados por Sidney. Mas a própria máquina que emitia os valores também os apagava. Assim, com os cheques assinados, elas preenchiam novos valores neles, desviando parte do dinheiro.

Além disso, as aplicações financeiras geravam rendimentos substanciais, como na época do *overnight* (ou *over*), que são as movimentações financeiras realizadas na madrugada. O *overnight* corresponde a operações feitas pelos bancos como forma de custear suas posições em títulos públicos; estes são repassados aos investidores, que devem recomprá-los diariamente.

Cabia às duas secretárias cuidar das operações e aplicações nos bancos. Elas apresentavam as movimentações e investimentos diários, mas eram posições adulteradas.

Como Sidney descobriu essas manobras? Por meio da ligação do gerente de um dos bancos com os quais a Poloar trabalhava, que o questionou:

– Senhor Sidney, por que não aplica o seu dinheiro com o nosso banco? Podemos negociar boas taxas para o senhor!

Pois o banco do gerente era justamente um daqueles que as duas apresentavam entre as instituições onde o dinheiro era investido. Ou seja, elas fraudavam papéis e informações.

Iniciou-se então, por parte de Sidney, uma aprofundada investigação até que todas as manobras das secretárias, que desviaram um significativo montante em dinheiro, fossem descobertas. Elas destruíram, inclusive, alguns documentos. Até imóvel na praia as duas compraram.

Assim que tudo foi esclarecido, Sidney ordenou as dispensas e que fossem feitos os acertos trabalhistas delas. Mas não quis levar o caso para as estâncias jurídicas e apenas disse:

– Que sigam a vida delas longe da Poloar. O que elas me levaram, Deus me ajudará a ir buscar em dobro!

E foi realmente assim que tudo aconteceu, pois Sidney nunca mais as viu e continuou a prosperar com a empresa.

Garimpar talento na família

Depois do trauma da saída das duas secretárias que lhe deram desfalque financeiro, Sidney ainda buscava encontrar alguém em quem pudesse confiar e deliberar ações nas áreas administrativa e financeira.

Nas festas e encontros familiares, em especial em Pindorama, gostava de conversar com Gissela Bernardo Soares Godas, irmã do genro Giovani. Havia ainda um laço familiar entre o esposo de Gissela, Aristides Godas Júnior, e a família de Toninha.

Como Gissela e o marido moravam no interior e buscavam melhores horizontes profissionais, Giovani fez uma proposta de trabalho para o cunhado, sugerindo que viesse trabalhar com ele na STR e se mudasse com Gissela para São Paulo. Júnior, como ele é conhecido, aceitou o convite e veio na frente. Como Gissela estava para concluir a faculdade de Matemática em Catanduva, ela se mudou logo após se formar.

Paralelamente a isso, Sidney conversou com Giovani e soube da vinda de Gissela e do marido. Era dezembro de 1995. Ali foi discutida a possibilidade de Gissela trabalhar na Poloar; a moça se encaixava perfeitamente no perfil que Sidney buscava, pois, além da confiança, ela havia trabalhado num banco em Pindorama.

Dessa forma, em janeiro de 1996, ela iniciou na empresa. Claro, houve um período de adaptação, mas Gissela logo se enquadrou no estilo de trabalho que o chefe buscava.

O primeiro desafio foi participar da transformação do sistema, que passaria de manual para computadorizado; Gissela recebeu sinal verde de Sidney para informatizar a empresa e implantar a parte de arquivos e processos. Até então, trabalhava-se com lançamentos diários em livro: vendas, recebimentos, faturamento... e o *office boy* da empresa passava nos bancos para buscar os extratos e confirmar quem havia pagado os boletos; a cobrança era feita por borderô.

Havia ainda a necessidade de reconstruir algumas áreas do departamento, pois parte das documentações foi destruída pelas antecessoras de Gissela. A rotina fez com que a moça se desenvolvesse profissionalmente e atuasse dentro do modelo exigente e assertivo de trabalho aplicado por Sidney na empresa.

Dentro dessa rotina, logo que o chefe chegava à Poloar, Gissela se reunia com ele, transmitia as informações pertinentes e alinhava a programação dos pagamentos e de outras ações importantes nas áreas administrativa e financeira.

Tudo feito de forma clara e objetiva, Gissela tinha liberdade de expor suas ideias e opiniões, mesmo que divergissem das de Sidney, que sempre deteve o poder da palavra final.

Entre os dois criou-se uma relação mútua de segurança e confiança, que pautou a relação profissional e pessoal de ambos pelos muitos anos seguintes.

Mais um filho na Poloar

Pai, eu vou prestar a faculdade de Direito. Até pensei em cursar Administração, mas nessa área eu já tenho um excelente professor, que é o senhor!

Em 1995, quando concluiu o terceiro ano do ensino médio, Sidney Tunda Junior teve uma conversa com o pai; ali o rapaz fez duas definições:

começar a trabalhar na Poloar e prestar vestibular, no qual foi bem-sucedido, ingressando na faculdade de Direito no ano seguinte.

As duas novas atividades na vida de Junior foram enriquecedoras. Cursar Direito, mesmo sabendo que não seguiria a profissão, agregou-lhe o senso de justiça, com o qual Junior procurou pautar sua vida e seus atos.

Já no primeiro dia de trabalho, Junior foi com o irmão Luiz para a empresa; eles tomaram café da manhã e seguiram conversando sobre os afazeres. Na Poloar, Junior passou a entender o funcionamento dos setores de uma organização: conheceu sobre logística, compras, departamento financeiro, instalação e, enfim, vendas, área que o encantou e que passaria a gerenciar dois anos depois. Até entregas com o caminhão ele fez.

Ali passou também a conviver com certos conceitos corporativos, como foco, comprometimento e hierarquia. Com o decorrer dos dias, Sidney acompanhava o desempenho de Junior, que se interessava em aprender sobre todos os departamentos.

Trabalhar com alegria e melodia

Ora ela cantava músicas de Roberto Carlos...

Eu tenho tanto pra lhe falar
Mas com palavras não sei dizer
Como é grande o meu amor por você
E não há nada pra comparar
Para poder lhe explicar
Como é grande o meu amor por você...

Ora eram músicas de Amado Batista...

Foi um golpe fatal
Foi mais forte que nós
Seu olhar me cegou e o desejo de um beijo
Calou nossa voz
Algo além da paixão
Um amor surreal

Me manchou de batom, era tudo de bom
Nunca vi nada igual...

Chegar à Poloar e ver aquela moça cantarolando e trabalhando com tanta alegria enchia Sidney de felicidade. Às vezes, ele vinha de mansinho, só para ter aquela imagem de Ana Alves de Sousa, que trabalhava na limpeza.

Sidney admirava a garra daquela mulher, que lhe contara como havia começado a trabalhar na companhia:

– É coisa de Deus. Eu vivia no Ceará e me deu uma luz para vir morar e trabalhar em São Paulo, onde meu marido já estava. Eu precisava de emprego e o sapateiro que havia do lado da casa da minha irmã, onde eu vim morar, comentou que o vendedor da Poloar, que era cliente dele, disse que na empresa havia vaga de faxineira. Pois eu abri ficha e fui contratada! Viu como é coisa de Deus... – reforçara a funcionária.

Para descontrair, às vezes, era Sidney quem puxava o coro, com músicas de Chitãozinho e Xororó, Fagner e Tonico e Tinoco, como a preferida dele, "Cabocla Tereza". Sidney adora música, presença certa nas festas que ele realiza na Poloar.

Mas a vida de Ana estava difícil. O dinheiro era todo colocado para pagar as despesas da casa. Certo dia, a secretária de Sidney estava saindo para o almoço e viu Ana sentada próxima ao portão de entrada da empresa. A moça então a convidou para ir junto:

– Ana, vou almoçar. Você não quer ir comigo?

Ana segurou o choro e disse:

– Obrigada pelo convite, mas eu não posso ir. Eu saí cedo de casa e deixei minhas crianças sem nada... então, eu não posso comer sabendo que meus filhos estão passando fome... – E desabou a chorar.

A moça a consolou e, depois de tudo acalmado, saiu para almoçar. Na volta, confidenciou ao patrão o que havia acontecido. Sidney então pediu a ela que providenciasse uma refeição para Ana e uma substantiva compra de alimentos para entregar na casa dela, situação que se repetiu mensal e ininterruptamente por uns três anos. Além disso, toda sexta-feira Sidney entregava à moça um dinheiro para algumas compras de fim de semana.

E como Ana gosta de dizer:

– A partir daquele dia, eu e minha família nunca mais passamos fome!

Tempos depois, a empresa contratou uma cozinheira para fazer as refeições de Sidney, da família e de alguns convidados que apareciam para almoçar. Ana tornou-se sua assistente, vindo depois a assumir a função de cozinheira, e também ficou com a missão de servir os que compunham a mesa de almoço.

Às vezes, Sidney almoçava sozinho, e Ana, além de servi-lo, gostava de ouvir suas histórias do passado. Ana também retratava detalhes da vida e contou que o salário que ganhava pagava o aluguel da casa em que morava com o marido e os filhos.

Aquilo tocou Sidney, que disse à moça:

– Procure uma casa para você comprar. Nem que seja de madeira. Ache o imóvel que eu lhe empresto o dinheiro.

Foi como receber um presente há muito tempo esperado; ela poderia realizar o sonho da casa própria! E isso realmente aconteceu: Ana comprou uma pequena casa, e o valor dado por Sidney foi dividido em parcelas sem juros descontadas do salário.

Além de Sidney e dos funcionários, Toninha também tinha apreço por Ana, a quem ajudava com peças de roupas e enxovais; até geladeira a moça ganhou.

Entre tantos ensinamentos que teve com Sidney, um deles é: "A gente começa de baixo, mas, trabalhando com foco e vontade, vai crescendo na vida". E com esse pensamento Ana trocou a primeira casa por uma melhor, contando novamente com a ajuda do patrão.

Por isso, Ana sempre fala para Sidney:

– Toda vez que olho para a minha casa, eu penso: "Aqui tem um dedinho do senhor Sidney". Além de mim, o senhor ajuda muita gente a ter casa própria, viajar, dar estudos para os filhos...

É a pura verdade. Anos depois, além de Ana, o marido e a filha vieram igualmente trabalhar na Poloar.

• • •

Ano de 1996. Uma amiga de Luiz apresentou o irmão Junior a Paula Quintal. Ali nasceu uma amizade, que se transformou em namoro.

Paula, que cursava Psicologia, foi então apresentada aos pais de Juninho, forma como ela se referia ao namorado.

O entendimento foi dos melhores e a moça passou a chamá-los carinhosamente de "vó Toninha" e "vô Tico". Junior ainda cursava Direito e agora tocava a Pindorama, outra empresa de ar-condicionado aberta por Sidney.

Contabilizar de forma fácil

Em 1996, a Springer Carrier promoveu Marcos Manoel Torrado a gerente comercial em São Paulo. Torrado, como ficou conhecido, já visitava Sidney Tunda e Luiz desde 1991, mas, com a gerência, os contatos passaram a ser semanais.

Naquela altura, a Poloar estava ainda mais estruturada e, como de praxe, investia fortemente em ter produtos estocados das marcas com as quais trabalhava com exclusividade. Naqueles tempos, os modelos Splits ainda não tinham chegado ao mercado.

Mas algo marcou Torrado desde que conheceu Sidney Tunda: o fato de ele lançar manualmente e manter o controle de crédito e débito da empresa num caderno.

Na primeira vez que presenciou Sidney fazer suas anotações, Torrado lembrou-se do pai, comerciante que agia da mesma forma, marcando tudo que entrava e saía do caixa da empresa.

O braço direito de Toninha

Você quer mesmo ser motorista? Para mim também é uma experiência nova, pois eu nunca tive motorista.

Assim foi a conversa entre Toninha e Clodoaldo Folieni, jovem de 21 anos que era motoboy e foi contratado para a vaga de motorista, em 1996.

Após responder "sim", o rapaz começou a dar expediente já no dia seguinte. A namorada, que veio a ser esposa de Clodoaldo, foi quem o indicou e estava ligada à família, pois era secretária de Ana Carolina quando ela trabalhava como fonoaudióloga.

A afinidade com Toninha foi imediata, mas quando Clodoaldo foi apresentado ao patrão, ficou temeroso; Sidney usava barba na época e parecia ter um jeito mais reservado, tanto que o rapaz pensou até que ele pudesse ser delegado. Mas era só jeito mesmo. Bastou eles conversarem que o temor foi embora.

Mesmo assim, Sidney sempre foi exigente com as responsabilidades profissionais. Certa vez, Clodoaldo bateu o carro dos Tunda e, quando Sidney soube, repreendeu-lhe e disse:

– Ainda bem que o pagamento do décimo terceiro está chegando. Assim, desconto o valor do conserto!

O desconto ficou só na ameaça, mas valeu o alerta.

Nas andanças de carro no dia a dia, Sidney passou a contar a Clodoaldo sua história de vida, o que levou o motorista a admirar ainda mais as conquistas por ele alcançadas, assim como sua generosidade. O rapaz sempre dizia aos amigos: "Meu patrão veio do interior só com o dinheiro da passagem, enfrentou dificuldades, trabalhou bastante e venceu na vida".

Mãe é uma só!

Luiz, tem uma senhora na recepção pedindo para falar com você.
Ela diz que é a sua mãe...

Era perto das 11h. A sede da Poloar estava na Bela Vista, bairro no qual Luiz residia antes de ir morar com os Tunda dezesseis anos atrás. Claro, a moça que deu o recado aguardava a resposta de Luiz, na época com 24 anos. Afinal, alguém se dizendo ser mãe dele o aguardava.

Durante o pouco tempo entre receber a notícia, refletir e responder, passou um filme pela mente de Luiz. Nele, a família era composta pelos irmãos, Ana Carolina e Sidney Junior, pela mãe Toninha e pelo pai Sidney!

O filme, que chegava ao desfecho com final feliz, trouxe também a resposta de Luiz, que a funcionária aguardava:

– Deve haver algum engano. Não irei conversar com esta senhora porque eu só tenho uma mãe, e ela se chama Toninha Trida Tunda!

Mesmo sem deixar transparecer, aquilo mexeu internamente com Luiz. Não pelo fato de ele querer conhecer aquela mulher, pois sua resposta foi sincera, mas porque havia uma palavra que havia muitos anos estava entalada em sua garganta e que, naquele dia, Luiz decidiu que iria colocar da boca para fora.

O ocorrido chegou aos ouvidos de Sidney, mas ele optou por não conversar com Luiz de imediato, respeitando o impacto que lhe devia ter causado.

Para Luiz, aquele foi um longo dia de trabalho. Daqueles intermináveis. Quando ele se preparava para ir embora, perto das 19h, ainda teve que resolver algumas pendências que surgiram.

Passava das 21h quando ele chegou em casa, onde Toninha e Sidney conversavam na sala. Ele os cumprimentou e pediu:

– Dona Toninha – forma como Luiz se dirigia respeitosamente a ela –, a senhora pode ir até o meu quarto? Precisamos conversar...

Zelosa como sempre e percebendo certa angústia nas palavras de Luiz, na mesma hora ela o acompanhou até o quarto. Eles se sentaram na cama. Toninha, ao constatar o incômodo do rapaz, logo questionou:

– Luiz, meu filho. Você me parece tenso... O que está acontecendo? Como posso ajudá-lo?

Aquilo abrandou a fisionomia de Luiz, justamente por perceber que Toninha o conhecia muito bem e, com sua sensibilidade, captara algo no ar.

Foi quando Luiz disse algumas palavras que a surpreenderam:

– Hoje, na Poloar, eu recebi a notícia de que uma mulher estava na recepção, dizendo querer falar comigo e se apresentando como minha mãe...

Toninha ajeitou-se na cama. Agora, o incômodo era dela e, preocupada, quis saber de Luiz o que acontecera depois disso. Nesse momento, o rapaz segurou nas mãos dela, sorriu e olhou-a com carinho. E logo o incômodo de Toninha a fez derramar lágrimas de alegria:

– Eu não fui conhecê-la e mandei dizer que deveria haver algum equívoco, pois eu só tenho uma mãe e ela se chama Toninha Trida Tunda!

Agora, as lágrimas escorriam pelo rosto dela e também pelo de Luiz, que prosseguiu:

– Há muitos anos eu durmo com uma palavra engasgada. Isso tem me sufocado, mas hoje chegou o dia de resolver esta situação! A senhora sabe que eu a chamo de dona Toninha nesses anos todos, mas a partir de hoje isso vai mudar...

Já abraçando Toninha, Luiz enfim externou aquilo que guardava no peito e sentia vontade de dizer havia vários anos:

– Mãe... eu te amo!

O abraço que Toninha deu em Luiz era o de sempre, macio, gostoso, caloroso... mas aquele abraço ganhou um sabor especial para Luiz. Tinha gosto ainda mais materno.

De mãos dadas e rostos úmidos pelas lágrimas, eles voltaram para a sala, onde havia alguém que merecia ser agora o próximo a ouvir o que ele acabara de dizer minutos antes:

– Pai... quero dizer que eu amo muito o senhor e a mamãe!

Pois Sidney, ou "Sidão", ou "Sity", como Luiz se acostumara a chamá-lo, entrou na onda e também derramou algumas lágrimas, tornando aquele abraço materno, repleto de proteção e carinho, um abraço também com o calor paterno e familiar.

Um grande momento

Em 1997, a Poloar estava informatizada e pronta para uma arrancada no mercado. O faturamento da empresa estava na ordem de 800 mil reais por ano. Era preciso encontrar algo que, como se habitua dizer, permitisse dar um "pulo do gato" nos negócios.

Foi quando surgiu o *El Niño*, fenômeno atmosférico-oceânico responsável pelo aquecimento anômalo das águas do Oceano Pacífico tropical, promovendo alterações na distribuição da temperatura da superfície da água e, consequentemente, no clima de várias regiões do mundo.

O *El Niño* foi observado inicialmente por pescadores da costa oeste da América do Sul. Devido ao fato de o fenômeno ocorrer no final do ano, os pescadores o batizaram dessa forma em referência ao menino Jesus, principal figura do Natal.

Claro, com a elevação da temperatura, aparelhos de ar-condicionado tiveram impulsionamento nas vendas. Além disso, em 10 de junho de 1998, teria início a Copa do Mundo de futebol na França, à qual o Brasil chegou como tetracampeão, título conquistado na edição anterior, em 1994, nos Estados Unidos. Sendo assim, além de novos televisores, as pessoas estavam dispostas a investir em geladeiras, provavelmente para garantir os estoques de cervejas e carnes para os churrascos.

Pois justamente um lote de geladeiras com pequenos defeitos na lataria, da marca espanhola Fagor, foi oferecido a Sidney por um amigo, Eduardo de Oliveira Meirelles, que era vendedor da empresa. A Fagor havia importado uma grande remessa para abastecer o mercado brasileiro, mas a situação da empresa não era nada boa e a diretoria decidiu encerrar a operação no país.

Foi quando Eduardo fez a oferta da mercadoria:

– Sidney, temos um estoque grande... Você não quer ficar com umas cinquenta peças? Faça um pacote de venda com ar-condicionado.

Sidney se interessou, mas pensou grande:

– Quantas geladeiras vocês têm? – Quando Eduardo disse que eram 3 mil peças em dois modelos, menor e maior, Sidney nem pestanejou:
– Compro tudo!

Na pedida de Eduardo, a briga por preço começou em 300 reais para as menores e 450 para as maiores. Já era um bom preço, mas, claro, grande negociador que Sidney é, a contraoferta veio forte:

– Nesse preço não tem negócio. Pago noventa reais, tanto numa como noutra, à vista.

Eduardo gastou toda sua argumentação, mas o preço pouco subia. Decorrido um bom tempo de conversa, Sidney decretou:

– Pago cem reais à vista por cada geladeira! Compro as três mil peças.

Depois de consultar a direção da Fagor, veio a resposta de Eduardo:
– Sim, negócio fechado!

Estar com um prédio desalugado não se pode chamar de sorte, mas veio a calhar naquele momento! O imóvel que Sidney tinha na Rua Conselheiro Ramalho, de uns oitocentos metros quadrados, havia sido desocupado dias antes pelo inquilino, dono de uma loja de presentes. Pois era ali que ficaria o estoque.

O lote de três mil peças foi entregue em duas etapas, primeiro duas mil e depois as restantes. Como estratégia de vendas, Sidney Tunda contatou Luiz Galebe, fundador e apresentador do Shop Tour, programação televisiva focada em veicular anúncios de ofertas e oportunidades de produtos e serviços diversos – que fez enorme sucesso desde sua criação, em 1987, até seu encerramento, no ano de 2014.

Da conversa entre eles, o contrato de divulgação foi fechado. Os programetes no Shop Tour eram apresentados por um profissional da emissora e pelo próprio Sidney Tunda, que bancava a oferta: "Oportunidade que só tem na Poloar! O preço das geladeiras no mercado é de 900 a 1.000 reais! São importadas da Espanha! Mas vou fazer a geladeira maior, de 360 litros, por 450 reais, e a menor, de 275 litros, por 330 reais, com pagamentos em três parcelas. Ligue agora na Poloar! O telefone é...".

Na sede da empresa, todos ficavam atentos, assistindo pelo televisor que havia na sala de Sidney Junior. Assim que terminava a apresentação, a equipe de vendas do telemarketing corria para seus postos e os ramais do telefone não paravam de tocar: "Olá, é da Poloar? Eu quero comprar a geladeira que acabou de mostrar no anúncio do Shop Tour...".

Mesmo deixando excelente margem de lucro, os preços ainda estavam bem abaixo da média que se praticava com geladeiras no mercado. Na primeira semana foram vendidas seiscentas geladeiras; as entregas eram feitas de Kombi e em cada viagem cabiam até seis peças. Isso provocou atraso e algumas reclamações da clientela. O anúncio no Shop Tour foi alterado, mantendo o preço, mas para retirada na Rua Conselheiro Ramalho.

Depois o ritmo caiu um pouco, mas em alguns meses o pátio estava vazio! Uma ou outra peça deu defeito, mas a Poloar se responsabilizou e estas foram consertadas na própria oficina da empresa.

Assim, as três mil geladeiras sumiram do estoque. O resultado financeiro foi estrondoso: em torno de 1,2 milhão de reais, o que representava praticamente um ano e meio de faturamento da empresa, capitalizando-a ainda mais. Além disso, a ação comercial divulgou e projetou bastante o nome da Poloar.

Muitas lições ficaram do sucesso da aposta feita nos refrigeradores: a principal delas foi a de abrir espaço e desenvolver a área de marketing, passando a fazer campanhas em vários veículos de mídia impressa e eletrônica.

Acertar dois alvos numa única flechada

Toninha, realizamos nosso sonho. Assim, podemos reunir sempre nossa família e quem sabe, um dia, voltar a morar no nosso canto, em Pindorama.

Ano de 1997. A conversa entre Sidney e Toninha resgatava um desejo de ambos: o de ter um lar para o presente e futuro em Pindorama, onde pretendiam fixar moradia. Os filhos já trabalhavam e tocavam a Poloar e os negócios da família.

A casa em que eles iriam morar, iniciada dois anos antes, ficara pronta. Um belo imóvel, com sete suítes. Agora vinha a parte mais fácil: mantê-la sempre cheia com a família e os amigos.

O engenheiro responsável pela obra tinha sido o cunhado Benedito Aparecido Trida. Mas um fato mudou os planos. Terminada a obra, Benê confidenciou que precisava de nova oportunidade profissional, e Sidney prometeu ajudá-lo.

Paralelamente, um amigo de Sidney, José Luiz Machado, também empresário do segmento de ar-condicionado, havia lhe proposto sociedade – o que foi inicialmente descartado. A empresa dele, a Clima Frio, passava por algumas dificuldades financeiras.

No entanto, preocupado com o cunhado e o amigo, e também em ampliar os negócios, Sidney amarrou as pontas e juntou todas as possibilidades e necessidades numa mesma iniciativa.

Antes disso, comunicou a situação para a esposa:

– Toninha, o José Luiz me procurou oferecendo sociedade na Clima Frio. Isso vai demandar ainda mais trabalho. Precisamos reerguer a empresa.

Toninha questionou o marido:

– Mas, Sidney, não combinamos que iríamos voltar a morar em Pindorama?

Ele então contou a segunda parte da história:

– Acontece que o Benê me pediu ajuda, uma oportunidade de trabalho. Em Pindorama, depois que terminamos a casa, ele não conseguiu arrumar mais nada. – E narrou o que tinha em mente: – Penso então em firmar a sociedade com o José Luiz e levar o Benê para trabalhar comigo na Clima Frio.

Ciente agora de todos os detalhes que envolviam a decisão, Toninha apoiou:

– Se você acredita que pode ser uma boa empreitada e que o Benê irá participar do negócio, podendo com isso ajudar meu irmão, entendo que você deve seguir em frente.

Assim, os planos de Toninha e Sidney, de ter uma vida mais tranquila e de se mudarem para Pindorama, foram deixados de lado.

Tudo definido, a parceria foi então fechada. Sidney centralizou o gerenciamento do grupo de empresas, Poloar Ar Condicionado Ltda., Poloar Comércio e Serviços Ltda. e STR Comercial Ltda., além de operar com as marcas Pindorama Ar Condicionado e Clima Frio Ar Condicionado. Para a sociedade com José Luiz, a central comercial ficava no bairro do Tatuapé, na Zona Leste de São Paulo, e Sidney nomeou Benê como seu representante.

Desta forma, em fins de 1997, como fizera vinte anos antes, o cunhado voltou a morar com Toninha e Sidney, enquanto providenciava a mudança da família, concluída no início de 1998.

Com gestão organizada e comandada por Sidney, a Clima Frio prosperou bastante e chegou a vender até mais do que a Poloar. Várias lojas foram abertas. A empresa comercializava muito bem e utilizava o estoque da Poloar, que ficava com toda a parte fiscal e logística. Sidney ainda mantinha parceria com outras empresas que haviam passado por dificuldades, mas apenas no fornecimento de aparelhos e sem envolver sociedade.

Contudo, sete anos depois do início da sociedade, em 2004, José Luiz Machado se reuniu com Sidney e comunicou:

– A partir de agora, eu quero tocar a empresa sozinho.

Sidney concordou e a sociedade foi desfeita. José Luiz passou então a comprar aparelhos de outra empresa para atender seus pedidos de vendas.

Assim como acontecera no passado, a Clima Frio voltou a ter problemas financeiros. Sidney interrompeu o fornecimento de peças; José Luiz tentou, tempos depois, trabalhar com o estoque da STR, mas a parceria com Giovani também não progrediu. A empresa fechou quase todas as lojas e manteve apenas uma delas.

Sidney novamente socorreu o amigo, tornando-o representante comercial da Poloar, que voltava a ser responsável pela conclusão das vendas feitas pela Clima Frio.

Estimulado por Sidney, Benê abriu uma empresa de serviços de instalação de ar-condicionado. Ele manteve o negócio por algum tempo, até decidir encerrar a atividade e voltar a trabalhar em sua área, a de engenharia. Benê foi então contratado pela Dersa (Desenvolvimento Rodoviário S.A.).

Chegada da terceira geração

Todos estavam na sala de espera da maternidade quando veio a notícia: "A Alicia nasceu e a Ana Carolina está muito bem!". Era dia 2 de janeiro de 1998.

A partir do nascimento da filha, a vida do jovem casal ficou ainda mais apertada, e Toninha e Sidney, para ajudar, contrataram uma babá. Foi um reforço importante, tanto que Ana Carolina pôde reassumir o trabalho de fonoaudióloga com a médica Simone Pavie Simon, especialista em otorrinolaringologia.

Nos finais de semana, Toninha e Sidney levavam a neta para passear, geralmente no Parque da Água Branca; a babá os acompanhava.

Quando Alicia estava com nove meses, nova gravidez! E, nove meses depois, nasceu Sofia, no dia 11 de junho de 1999.

Agora, com duas meninas pequenas, Ana Carolina conversou com Giovani e decidiu dedicar-se à família e às filhas. Até passou os aparelhos de audiometria que utilizava para uma amiga.

O casal também definiu que constituir uma família com duas filhas estava de bom tamanho para aquele início da vida conjugal e acordou, por sugestão de Giovani, que quando Sofia estivesse com sete anos, eles adotariam um menino.

Abrir mão da STR

Giovani, façamos assim: vou adquirir a parte do Ruberval e transferir para o Luiz e o Junior. Assim, como você já tem 33% das ações, a STR fica de vocês três!

Era 1998. A STR estava localizada em um pequeno escritório; havia uma sala em que ficava uma secretária, que também se dividia entre a área de contas a pagar e receber, além de mais cinco funcionários, que faziam as avaliações técnicas e instalações.

A mudança societária se deu porque a relação comercial entre Sidney e Ruberval Pereira Romão, que queria seguir carreira solo, havia se complicado, tanto que Sidney comprou a participação dele na STR e Ruberval ficou com a Poloserv, que estava adormecida.

Com a saída de Ruberval, a STR migrou para uma das propriedades que Sidney Tunda havia comprado na Rua Barão de Campinas, no bairro dos Campos Elíseos.

Mas como Sidney Junior e Luiz faziam parte da composição acionária das duas empresas, isso passou a causar problemas em concorrências públicas, tanto para a Poloar quanto para a STR. Desta forma, os dois saíram da sociedade e oficialmente entrou Ana Carolina, que passou a ser sócia igualitária do marido Giovani, com 50% das ações para cada um deles.

Naquele momento, Giovani sentiu que poderia colocar em prática aquilo que vinha aprendendo com o sogro e também algumas ações que ele achava importantes, mas que não eram bem aceitas pelo antigo sócio.

Assim que tudo ficou definido, ele agradeceu pela oportunidade a Sidney, dizendo algumas palavras que o tocaram:

– Senhor Sidney, eu me espelho muito no senhor e na sua história de vida. Assim como eu, o senhor passou por muitas dificuldades e utilizou-as como forma de fincar raízes e formar bases sólidas. Da mesma forma que o senhor, quero também ser o melhor naquilo que faço. Para isso, seguirei o seu modelo pessoal e profissional, constituindo uma sólida família e criando uma empresa consistente e saudável financeiramente.

• • •

Quando Alicia tinha dois anos e Sofia um, Ana Carolina começou a reavaliar a possibilidade de retomar o trabalho, mas também já tinha definido que não voltaria a atuar como fonoaudióloga; pensou, inclusive, em cursar outra faculdade, ligada à área de comunicação, direito e até medicina, mas não levou a ideia adiante.

Como sempre fazia, conversou com Giovani, que estava à frente da STR, e combinou com o marido que, além da participação societária, ela passaria a trabalhar no setor administrativo da empresa. Além disso, dariam um importante passo acordado entre eles: não só instalar, mas também vender ar-condicionado.

Claro, estocar aparelhos demandaria um grande capital, algo de que eles ainda não poderiam dispor. Uma conversa com Sidney Tunda foi agendada e de lá o casal saiu com a solução dada pelo próprio empresário: "Vocês vendem e compram da Poloar, trabalhando com o nosso estoque".

Dessa forma, tudo começou. Giovani relacionava as peças que havia vendido e precisava entregar aos clientes. A lista era entregue a Luiz, que separava o material e lhe passava os valores, para que Giovani fizesse os cheques dos aparelhos comprados.

Tal situação perdurou até 2002, quando a STR já conseguia andar com as próprias pernas, operando bons volumes de mercadorias, e passou a comprar diretamente das fábricas, inicialmente da Carrier.

• • •

– Voltei a trabalhar com a família! Estou com a Ana Carolina e o Giovani na STR!

Com alegria e emoção, Osvaldo Estrela de Souza, o Duda, contou a novidade a Sidney, que recebeu a notícia da mesma forma. Eles eram amigos havia mais de trinta anos, desde 1968.

Naquele ano de 1999, Duda havia fechado sua empresa. O convite de Giovani, para que ele ajudasse num trabalho pontual, veio a calhar. O serviço foi bem feito, tanto que Giovani o contratou.

Mais um casamento na família
Pai, eu e a Paula vamos nos casar.

Era 1999. O namoro entre Sidney Tunda Junior e Paula Quintal já se estendia por três anos, e Toninha e Sidney tinham a certeza da solidez do relacionamento entre o filho e a futura nora. Ambos abençoaram o casal e começaram os preparativos para a cerimônia e a festa, marcadas para 4 de setembro.

Um fato curioso: algumas empresas de eventos foram acionadas, para organizar o salão e a festa de recepção aos convidados. Entre as selecionadas, aquela que mais agradou o casal Paula e Junior estava justamente em busca de reformar todo o sistema de climatização do ambiente. E do próprio dono da empresa partiu a sugestão: "Junior, você topa fazer uma permuta da festa com a troca dos equipamentos do buffet?".

Pois Junior nem pestanejou: "Eu topo!", respondeu de bate-pronto.

Foram feitos então os orçamentos de lado a lado e, ao final, restou um saldo a ser pago pelo noivo, num negócio que agradou a todos.

A lua de mel do casal foi feita em duas etapas: após o casamento, Paula e Junior ficaram hospedados por uma semana num resort em Ilhéus, na Bahia, e logo depois eles seguiram para Orlando, onde curtiram dias agradáveis na Disney; ambas as viagens foram organizadas pela agência de viagens da tia Lalá.

Para alegrar ainda mais a família, Paula, aos 23 anos, engravidou. Nasceu então Bárbara Quintal Tunda, em 11 de fevereiro de 2000. Junior estreou na paternidade aos 22 anos, trabalhando e cursando o quarto ano de Direito.

A vida de Sidney Junior ia muito bem, até que, em 2001, o rapaz foi diagnosticado com síndrome do pânico, quadro associado a crises de ansiedade. Junior passou a ter sensações de desmaio, medo, insegurança...

Preocupados, Toninha e Sidney deram total apoio ao filho, buscando um profissional, um médico especializado para ajudá-lo a se recuperar, o que veio a acontecer com o tratamento.

Mais um corintiano no time

Em 2000, Hélio Trida Fernandes, sobrinho e afilhado de crisma de Toninha e Sidney, filho de Maria Clara e Antonio Sergio, veio fazer cursinho em São Paulo e morar com os tios. Hélio pretendia cursar Medicina, seguindo a carreira do pai.

Como Junior já havia se casado, Hélio foi acomodado no quarto do primo e, como sempre acontecia com a família, recebido de braços abertos; até um carro Sidney colocou à disposição do sobrinho.

Na época do cursinho, a correria era grande: ir e voltar da escola e estudar bastante. Hélio só encontrava o tio à noite, no jantar. Aos finais de semana, vez por outra ele saía com o primo Luiz ou ia ver os pais em Catanduva.

Sidney não relaxava e pegava no pé do sobrinho: "Hélio, se quer mesmo entrar em Medicina, que é muito concorrido, você precisa suar a camisa". Mas também incentivava: "Você é um jovem capaz e inteligente. Corra atrás, que você conseguirá entrar na faculdade e se formar médico".

Aquilo lhe servia de estímulo e inspiração. Naquele ano, ele não conseguiu entrar na faculdade. Então foi fazer cursinho em Catanduva e, no ano seguinte, tornou-se universitário: passou em Marília, no interior paulista, já decidido a ser cardiologista.

As vindas de Hélio a São Paulo continuaram, desta vez por uma paixão em comum com o tio e os primos: o Corinthians. De tempos em tempos, ele se hospedava com os tios e ia com Sidney, Junior, Luiz e Giovani assistir às partidas do time do coração.

Depois de formado, Sidney passou a consultar o sobrinho em alguns casos de saúde, como na análise dos resultados de exames. E sempre que saía alguma novidade na mídia sobre medicina, Sidney ou mesmo Toninha consultavam o sobrinho.

Em 8 de julho de 2017, quando Hélio se casou em Ribeirão Preto, convidou os primos Luiz e Junior para serem seus padrinhos.

Crise do apagão

A partir da metade do segundo mandato do então presidente Fernando Henrique Cardoso, na transição de 2000 para 2001, o Brasil viveu a crise do apagão (*blackout* ou blecaute), que afetou o fornecimento e a distribuição de energia elétrica em todo o país, com exceção da região Sul.

A terminologia "apagão" nasceu em função dos cortes forçados de energia elétrica, ou blecautes, que foram demandados. A aplicação dos apagões pôde ser minimizada em função do racionamento voluntário da população brasileira. Como forma de incentivar o racionamento, benefícios e punições aos consumidores que atingissem ou não a meta de redução do consumo de energia foram implantados.

O que provocou a crise do apagão? Uma sequência de fatores, entre eles a falta de planejamento e a ausência de investimentos em geração e transmissão de energia, além da escassez de chuva no período, que reduziu bruscamente o nível de água dos reservatórios das hidrelétricas, exigindo que a população racionasse energia.

Além da participação colaborativa da população, as chuvas voltaram a aparecer em dezembro de 2001 e, em fevereiro de 2002, o racionamento foi suspenso.

As perdas econômicas foram significativas. Estudos apresentados em auditoria do Tribunal de Contas da União (TCU), divulgados anos depois, em julho de 2009, avaliaram que o apagão elétrico ocasionou prejuízos ao Tesouro na ordem de mais de 45 bilhões de reais.

A iniciativa preventiva de evitar ou amenizar novos apagões aconteceu a partir de julho de 2001, com um intenso projeto de investimentos em redes de usinas termoelétricas, movidas a gás, carvão e óleo combustível, que independem do ciclo das águas; desta forma, essas usinas seriam acionadas em épocas de secas, numa medida complementar ao sistema.

Até então, 90% da energia elétrica do Brasil era produzida por usinas hidrelétricas, que necessitam de chuva para manter o nível adequado de seus reservatórios para a geração de energia. Mesmo que sem a mesma intensidade do início dos anos 2000 e com focos centralizados, novos apagões continuaram a acontecer – em janeiro de 2005, em 7 de setembro de 2007, em 10 de novembro de 2009; entre janeiro de 2011 e 4 de fevereiro de 2014, foram registrados 181 blecautes no país, considerando-se todas as falhas de energia.

Em relação à Poloar e outras empresas do setor, houve uma brusca redução nas vendas e operações comerciais. Foi preciso impetrar um rígido modelo de gestão para enxugar a estrutura e sair ileso e iluminado em meio ao apagão.

Devido a ele, o povo brasileiro viu-se obrigado a modificar os hábitos de consumo de energia. Um dos pontos de economia foi a redução ou a não utilização de aparelhos de ar-condicionado.

De modo geral, esta foi a forma como o mercado avaliou o problema: redução nas vendas e queda de consumo com a não utilização dos aparelhos. Crise!

Já Sidney Tunda fez outra leitura do momento: CRI$E! No seu entender, pelo conhecimento e antevisão do mercado, o empresário concluiu que, em vez de parar de utilizar ar-condicionado, as pessoas iriam gradativamente trocar seus aparelhos por outros mais novos e com maior tecnologia e inovação, o que diminuiria o consumo de energia durante o uso. Então, independentemente da sazonalidade mercadológica, haveria um *boom* nas vendas.

No período, Sidney se reuniu com as principais companhias do mercado. Na conversa com Toshio Murakami, da então Springer Carrier, o executivo lhe contou a dificuldade que tivera para explicar aos norte-americanos da Carrier o que representava o apagão, algo avaliado por eles como inconcebível.

Foi quando Sidney passou a Toshio sua visão de mercado:

– Pode aumentar a produção! Haverá uma procura pelos aparelhos novos, tecnologicamente mais modernos e econômicos no consumo de energia.

Como duvidar da avaliação de um empresário como Sidney Tunda? Acelerar a produção ia contra tudo que se lia, via e ouvia. Era como seguir a cartilha do fracasso.

Os que não acreditaram perderam uma grande chance de ampliar as vendas e de fazer suas empresas crescerem. Sidney, naturalmente estocado, manteve ou aumentou seus pedidos, à espera de uma avalanche de vendas. O que veio a se confirmar.

Nas reuniões internas da Springer Carrier, Toshio defendeu a mesma visão, contando sua fonte: Sidney Tunda, da Poloar. Pois a política adotada foi a mesma: "Vamos ampliar a produção".

No final de 2001, a companhia fechou com resultado altamente expressivo. Tanto que, pela primeira vez, uma indústria de ar-condicionado, a Springer Carrier, ganhou o prêmio de Melhor Empresa do segmento de eletroeletrônicos da *Revista Exame, Maiores e Melhores*, que foi entregue no ano seguinte.

Cumprir a palavra

Estamos vivendo uma dura fase, a do apagão! Nossas vendas tiveram significativa queda e, infelizmente, temos que reduzir nosso quadro de colaboradores. Estou sendo transparente com vocês, da mesma forma que afirmo: assim que esta crise se for, assim que tudo estiver resolvido, vamos buscá-los de volta e recontratar vocês!

A difícil situação inicial do período do apagão obrigou Sidney Tunda a, de imediato, tomar uma das mais difíceis decisões para um empresário: demitir. O anúncio foi feito perante todos os colaboradores na área de estoque da empresa. O funcionário Rogério Quedas, que havia iniciado na Poloar como *office boy* em 1999 e, naquele momento, trabalhava na parte administrativa da empresa, assim como outros colegas, ficou apreensivo.

Nos dias seguintes, as dispensas começaram a acontecer, mas Rogério se manteve com o emprego garantido. Aqueles que continuaram se desdobraram em prol da companhia.

Toda crise tem momento para começar e terminar. Com a do apagão não foi diferente e, meses depois, no segundo semestre de 2001, houve relaxamento no apagão e o setor de ar-condicionado começou a reagir. Conforme Sidney prometera, a empresa retomou as contratações, e os primeiros a serem consultados para as vagas foram os colaboradores que haviam sido demitidos.

Tanto quem tinha ficado quanto os que foram recontratados valorizaram o esforço e o respeito de Sidney e sua equipe perante os funcionários. As demissões foram provocadas por um ato necessário de gestão, mas a recontratação, determinada pela valorização das pessoas. Foi uma lição de vida: a de que realmente o amanhã pode ser melhor.

O próprio Rogério Quedas viveu essa situação. Ele trabalhou na Poloar até 2004. Depois, quando terminou a parceria entre Sidney e o tio dele, José Luiz Machado, na Clima Frio, Rogério saiu para seguir profissionalmente com o parente.

A trajetória dele na outra empresa durou até 2011, quando a situação se complicou e Rogério pediu nova oportunidade na Poloar. Ele foi readmitido no ano seguinte e, tempos depois, assumiria a Gerência de Crédito para Pessoa Física (PF) e Pessoa Jurídica (PJ).

Justiça acima de tudo

Senhor Sidney, eu vim me despedir. Devido à queda de consumo, em função do blecaute, eu fui demitida. O senhor já havia nos avisado da possibilidade de cortes, mas entendo que fui vítima de injustiça. Trabalho com muita alegria e intensidade, e meus resultados me colocam como a melhor vendedora. Agradeço ao senhor pela oportunidade.

Sobrou coragem para Maria Auxiliadora Xavier, vendedora da Poloar para revendedores e consumidores finais, ao entrar na sala de Sidney e retratar a situação; ela havia sido demitida pelo gerente comercial da época.

Ao ouvir aquilo, Sidney nada disse ou prometeu; ele apenas agradeceu a moça pelo empenho. Assim que Maria saiu da sala, o empresário solicitou a checagem do desempenho da vendedora para constatar o que ela havia dito.

Com os números em mãos, Sidney averiguou e confirmou que Maria, funcionária da Poloar por mais de um ano, conforme ela mesma retratara, realmente se destacava nos números mensais de vendas e, por ser considerada uma colaboradora de boa índole e benquista na empresa, havia sido realmente injustiçada.

Pois ela já arrumava seus pertences quando recebeu uma ligação do gerente que a havia demitido, dizendo que houvera um equívoco e que ela desconsiderasse o mal-entendido.

A vendedora ficou extremamente contente e grata ao patrão pelo ato de justiça e foi cumprimentada pelos colegas, em função de sua coragem. Maria então voltou à sala de Sidney para agradecer-lhe, e dele ouviu: "Agi apenas pautado pela justiça".

A admiração pela história de vida de Sidney ganhou intensidade. Eles sempre se encontravam pelos corredores da empresa ou mesmo no departamento, já que Sidney tem por hábito passar nos setores para saber se está tudo bem e deixar uma mensagem de otimismo.

Alguns anos depois, Maria teve um problema de saúde, uma crise estomacal, e ficou afastada por dez dias. Pois, para sua agradável surpresa, ela recebeu uma ligação do gerente, dizendo:

– O senhor Sidney me pediu para ligar e ter notícias suas. Estamos na torcida para que você fique melhor e se recupere rápido!

Agradáveis lembranças

Você e o Junior não paravam de brigar nos tempos em que eram crianças... Quando estavam no Guarujá, ele não deixava você ficar no sofá... Um ficava falando mal da avó do outro... E, na sua casa, ele não te deixava entrar na piscina...

Assim Sidney Tunda se divertia com a sobrinha Marcela Trida Lopes da Silva, ao relembrar dos tempos em que ela e o filho Junior viviam aos arranca-rabos... As famílias estavam sempre juntas e os filhos brincavam bastante, em especial na Chácara São Pedro, de propriedade de Sidney.

A avó paterna de Marcela morava em São Paulo, mas ela e as irmãs queriam mesmo era ficar na casa da tia Toninha e do tio Ticão. Mas Marcela não conseguia dormir fora de casa e, sempre que arriscava, alguém tinha que levá-la depois para a casa da avó.

Também quando Toninha e Sidney iam para Pindorama, os filhos prefeririam ficar na casa dos pais de Marcela, os tios Dudô e Warley.

Quando Marcela cursou faculdade em São Paulo, a família já havia adquirido um apartamento, mas ela sempre estava na casa dos tios, próxima à dela. Inclusive, como ela não sabia andar na capital, o primo Luiz a levava até a faculdade, e Clodoaldo Folieni, motorista da família Tunda, ia buscá-la.

Logo que Marcela comprou um carro, Sidney pediu a Clodoaldo que circulasse com a sobrinha pela cidade, mostrando a ela os caminhos que a jovem iria percorrer de casa até a faculdade e alguns outros locais que ela frequentava.

Quanto a Marcela e Junior, as briguinhas ficaram mesmo na infância. Ambos se casaram e as famílias se tornaram muito próximas, além de eles curtirem a paixão pelo rock. Paula e Junior, Marcela e o marido João Gabriel apreciam as mesmas bandas e cantores; entre elas, a norte-americana Nirvana, fundada pelo vocalista e guitarrista Kurt Cobain, falecido em 1994.

CAPÍTULO 5
NOVA FASE DA EMPRESA

Poloar de casa nova

Nos anos 2000, tanto a Poloar quanto a STR caminhavam muito bem. A população passou a ter mais acesso à aquisição de ar-condicionado, o que elevou o volume de vendas de ambas as empresas, que apresentavam lojas próprias.

O entra e sai de caminhões na sede da Poloar, ou mesmo nos outros galpões que a empresa mantinha na Bela Vista, se mostrava improdutivo e atrapalhava o trânsito nas estreitas ruas do bairro. Alguns deles, pela altura, até arrancavam a fiação dos postes, causando problemas na energia ou telefonia local. Um vizinho, amigo de Sidney, dizia: "Você vai fazer falta, mas precisa mudar sua empresa de lugar".

A Bela Vista também iria fazer falta na vida de Sidney Tunda, pelos amigos que lá fizera e pela rotina no bairro. Como almoçar na Cantina Conchetta, na Rua Rui Barbosa, cujo proprietário era Walter Taberna. A mesa de Sidney ficava já reservada no salão. Inclusive, numa das eleições municipais, Walter o chamou para uma conversa reservada, dizendo:

– Sidney, quero lançá-lo vereador. Você sabe que sou presidente da Associação de Moradores do Bairro da Bela Vista, tenho força na região. Vou trabalhar por você.

Mesmo envaidecido com o convite, Sidney refugou:

– Ô, Walter, fico honrado, mas preciso cuidar da Poloar. Tem muita gente que depende de mim e da empresa.

Bem, mas era preciso encontrar um local de fácil acesso para todos os bairros e também com certa proximidade das vias marginais de São Paulo. Sidney e Luiz saíram de carro, em busca do imóvel ideal. Rodaram por algumas áreas, até que acharam um prédio que parecia perfeito para as necessidades da empresa, localizado na Água Branca, na Zona Oeste de São Paulo.

Eles marcaram de conhecer a disposição do local, que comportaria toda a estrutura da Poloar. Com o interesse confirmado de Sidney, a imobiliária deu andamento à papelada para locação. Tudo corria muito bem, mas, no dia da assinatura do contrato, Sidney recebeu do corretor um telefonema que foi um banho de água fria:

– Senhor Sidney, a notícia não é boa. O proprietário de uma gráfica também demonstrou grande interesse em alugar o imóvel e, infelizmente, o dono do prédio preferiu fechar com ele. Desta forma, só resta me desculpar com o senhor.

Bem, nada a lamentar. Ao contrário. Sidney e Luiz continuaram as buscas até encontrarem um novo local na Vila Anastácio. Ali havia um galpão vago. A placa dizia "Aluga-se", mas Sidney apresentou interesse na compra do imóvel. O proprietário se dispôs a conversar. Eles se reuniram e negociaram; Sidney propôs pagar o valor em 24 parcelas.

O proprietário colocou uma condição para aceitar a proposta:

– Preciso consultar meu advogado. E, caso eu aceite, você precisa apresentar um fiador.

Por instinto, Sidney perguntou:

– Como se chama o seu advogado?

O homem disse que era o doutor Antônio Pompeu de Toledo, ouvindo na sequência Sidney dizer, de forma eufórica:

– É o Toninho! Mas ele foi meu vizinho e é meu advogado também!

O clima, que já era bom, ficou mais amistoso e familiar, principalmente porque o homem ligou para o advogado, contando da coincidência, e dele ouviu:

– Pode aceitar a proposta do Sidney! É um homem sério, um empresário bem-sucedido. E, se precisar, eu serei o avalista.

Nada mais a dizer, e sim a fazer: preparar o contrato de venda. Uma importante conquista, um grande passo empresarial dado.

A estrutura da construção era excelente, mas passou por reformas para adaptar o imóvel às reais necessidades da Poloar, em especial a de estocagem; mais de mil aparelhos foram acomodados no galpão reservado.

Passado um ano, Sidney soube que estava à venda uma área vizinha à do seu imóvel, onde havia um terreno e um prédio. Como estava posicionada no fundo da sua propriedade, permitiria a criação de uma segunda entrada, pela rua detrás. Adquiri-la ampliaria bastante não só a capacidade para o presente, mas prepararia a sede para o desenvolvimento futuro.

Três anos depois, havia uma transportadora ao lado da Poloar, num terreno grande. Sidney jogou a isca: "Quer vender?", e o peixe mordeu: "Quero". Eles conversaram e o negócio foi fechado. Com a reforma e a adaptação de toda a área, o Centro de Distribuição (CD) passou a comportar mais de cinco mil aparelhos estocados.

Socorro ao amigo

Nego Moraes, eu vou pedir a um funcionário para ir buscá-lo em Pindorama e para levá-lo até a AACD.

O amigo de longa data, Dorival Moraes (Nego Moraes), ainda residente em Pindorama, passava por um momento de saúde complicado; a indicação médica era por amputação de uma parte da perna, da canela para baixo.

Sensibilizado, Sidney comprometeu-se a ajudá-lo, agendando uma consulta médica na Associação de Assistência à Criança Deficiente (AACD). Antes de partir para a cirurgia, foi produzido um sapato especial para tentar evitá-la, mas Nego Moraes não se adaptou ao uso do calçado.

A recomendação médica foi então partir para a cirurgia, sendo que, após o procedimento, seria produzida uma prótese. Apesar do diagnóstico passado pelo médico, a conversa decisiva aconteceu entre Sidney e o amigo, que se negou a passar pelo procedimento.

Uma nova consulta foi marcada e o médico então lhe indicou o uso de aparelho, um andador. Sidney bancou todo o processo, adquiriu os equipamentos necessários e ainda ajudou financeiramente o amigo todos os meses, para que ele comprasse mantimentos e remédios.

Nego Moraes tinha bronquite asmática, em função do consumo de cigarro; curiosamente, quando ele tinha crises de tosse, acendia um cigarro e parava na hora de tossir.

Quando estava em Pindorama, era certo que Sidney se encontrasse com ele e o grupo de amigos. Bastava chegar à cidade que Nego Moraes ia ao seu encontro.

Infelizmente, ele viria a falecer anos depois, em 2020, aos 93 anos.

Fornecedor que veio para ficar

Como a Clima Frio compra de vocês, vamos também começar a negociar com a Elgin!

A frase, dita por Sidney Tunda, deu início às operações comerciais entre ele e Mauro Gluz, entre a Poloar e a Elgin. Mauro, profissional da área comercial da fabricante de aparelhos de ar-condicionado, já estava na Elgin havia quase vinte anos.

O contato só foi iniciado em 2000, pelo fato de a Elgin não ter um portfólio de produtos que atendesse a Poloar, que comercializava maior volume de ar-condicionado de janela. A Elgin produzia em maior escala o ar-condicionado Split, composto por duas bases – a evaporadora, unidade interna, e a condensadora, a externa –, e negociava com maior foco nas lojas e redes de varejo; a Poloar entrava na categoria das empresas especializadas.

Depois de algum tempo, a parceria de Sidney com José Luiz Machado, da Clima Frio, foi desfeita, mas as negociações com a Elgin e Mauro Gluz continuaram e se fortaleceram, também porque a Poloar passou a comercializar com mais intensidade o modelo Split. Na época, esse modelo era três a quatro vezes mais caro que o de janela, mas o avanço da tecnologia o tornou acessível e possibilitou que dominasse o mercado.

Atento a isso, Sidney fez com que a Poloar acompanhasse o movimento do setor e crescesse na mesma medida do interesse da população em adquirir ar-condicionado residencial, nos escritórios, nas escolas e nas empresas, entre outros.

Contudo, a primeira negociação direta foi marcante para Mauro Gluz. Ele foi atendido por Luiz, filho de Sidney, que, depois de um tempo de conversa e com a negociação adiantada, sugeriu:

– Vamos até a sala do meu pai para finalizarmos as condições.

Ali os três conversaram e tudo foi definido. Na hora da oficialização, Sidney pegou um pedaço de papel, anotou as bases acordadas e entregou o "documento" para Mauro, dizendo:

– Negócio fechado! Vamos cumprir o que está anotado!

Mauro apreciou a postura dos Tunda e, dali em diante, a Poloar se tornou um grande cliente da Elgin. Ali nascia uma relação mútua de confiança, comprometimento, parceria e amizade entre as empresas e seus representantes.

• • •

Assim que a Poloar passou a ser cliente direta da Elgin, a fabricante de aparelhos colocou sua equipe técnica para dar cursos às centenas de instaladores que trabalhavam para a empresa de Sidney Tunda.

Nessas ocasiões, geralmente as aulas eram ministradas pelo gerente de assistência técnica, marketing e serviços, Alexandre Faraco de Souza. Sidney participava em algum momento do encontro, dizendo palavras de incentivo e motivação, trazendo um tema novo, um ensinamento.

A partir de 2012, Alexandre migrou da área técnica para a comercial, estreitando, assim, seu relacionamento com a Poloar, acompanhando o desenvolvimento e o crescimento da empresa no mercado. A maior convivência reforçou a imagem que Alexandre já tinha construído de Sidney: a de ser uma pessoa diferenciada e iluminada; algo fácil de perceber em pouco tempo de conversa.

Alexandre, tempos depois, assumiria a gerência comercial da Elgin: "Desde a primeira reunião em que participei com o senhor Sidney, ele pede aos participantes para que deem as mãos e rezem o pai-nosso, em agradecimento a Deus. O momento traz grande emoção aos encontros", conta ele.

Investir e ajudar

Tia Nena... a senhora sabe que eu montei esse restaurante ao lado da sua residência. Mas a parede do fundo da sua casa não está bonita e preciso dar um jeito nela. Então pensei bem... e decidi reconstruir a casa da senhora, que é antiga.

Com Sidney é assim: não tem meio-termo, jeitinho. Ele refez a casa da tia, por quem cultiva grande carinho e a quem sempre presenteia, e deixou tudo novo. Ainda que Nena, apelido de Rina Trida, seja tia mesmo de Toninha, pois é irmã do pai dela, Hélio. O marido de Nena também recebeu muita ajuda da sobrinha.

A filha do casal, Silvia Terezinha Antonio de Oliveira, sempre admirou os Tunda pela generosidade; tanto ela quanto o esposo, que chegou a trabalhar na filial da Poloar de São José do Rio Preto, foram socorridos algumas vezes pelos primos.

Quando criança, Silvia vivia colada com Toninha, e nos tempos em que ela namorava Sidney escondido, a prima, então com sete anos, por várias vezes presenciou o encontro deles na casa de outra tia e torcia pela felicidade dos dois.

Além da generosidade, a admiração de Silvia pelo primo contempla o fato de Sidney ser um vencedor, que construiu o próprio caminho e triunfou sem a ajuda de ninguém.

Certa vez, Silvia conseguiu externar o sentimento que cultiva por ele:

– Sidney, você acreditou e realizou os seus sonhos. A mensagem que tiro do seu exemplo de vida é a de que jamais podemos desistir. Você trabalhou muito, construiu uma trajetória honesta e venceu na vida. Parabéns!

Sidney, emocionado, agradeceu pelas lindas palavras da prima.

Acreditar nas pessoas

Gissela, o Sidney sempre foi meu melhor cliente nos bancos pelos quais passei. Mas o Banco Interior de São Paulo, aqui de Catanduva, onde sou gerente, vai quebrar. O Sidney tem um bom dinheiro aplicado comigo e não posso permitir que isso aconteça com ele. Faça um cheque do banco com o valor total que ele tem aplicado e deposite em outra instituição financeira onde ele possua conta. Talvez assim ainda dê tempo de salvar o capital. O Sidney não merece isso...

Estávamos em fevereiro de 2000. A perplexidade na conversa era de José Eduardo Trida, o Zeca, primo de Toninha e Sidney. O pai dele e de Angela Rosa, Aristides Trida, era irmão de Hélio e ambos faleceram precocemente.

A diferença de idade entre Sidney e Zeca é de dez anos. Quando criança, Zeca presenciava Sidney pintando casas em frente ao estabelecimento que o pai possuía em Pindorama e também as conversas deles no final do expediente.

Aos 17 anos, Zeca trabalhava num posto de gasolina e abastecia o carro de Sidney quando ele vinha de São Paulo ou retornava para a capital. Anos depois, em 1977, Zeca veio morar com a irmã Angela em São Paulo. Foi quando nasceu Sidney Tunda Junior. Ele trabalhou por dois anos no Banco Bandeirantes e conquistou a conta de Sidney.

Daí em diante, Zeca foi transferido para a agência de São José do Rio Preto, trabalhando depois em outros três bancos. Em todas as agências pelas quais passou, Sidney Tunda continuou a prestigiá-lo e a ser seu melhor cliente, com expressivas aplicações financeiras.

Até que Zeca foi contratado pelo Banco Interior de São Paulo e, dez anos depois, gerenciando a agência de Catanduva, foi pego de surpresa com a falência do banco. Do total da carteira de aplicações de Zeca, Sidney detinha 10% do montante. Por isso o desespero dele na tentativa de preservar o cliente do prejuízo. Mas os esforços foram em vão e Sidney não conseguiu recuperar o valor aplicado.

Alguns meses depois, o empresário ligou para Zeca e pediu para encontrá-lo em Pindorama. O que será que ele queria com o primo? Cobrar o dinheiro? Repreendê-lo pelo ocorrido? Cortar relações?

Nada disso. A generosidade e a confiança inabalável de Sidney pegaram-no de surpresa:

– Zeca, você está trabalhando? – Ele confirmou que não, e Sidney prosseguiu: – Pois estou abrindo uma loja Poloar em São José do Rio Preto, onde funcionava a Ar e Companhia, e quero que você seja o gerente.

Se é difícil para qualquer pessoa acreditar no convite, com Zeca não foi diferente. Naquele momento, estava desempregado, com 42 anos e numa situação complicada, acometido por crises de estresse e diabetes; havia casado pouco tempo antes com Sônia Maria Bernardo Soares Trida, e José Eduardo Trida Filho, o "Du", acabara de nascer.

Apesar de lhe oferecer uma oportunidade, Sidney não dava trégua e fazia fortes cobranças enquanto o primo ainda buscava adaptar-se ao comércio de ar-condicionado, depois de uma longa trajetória em instituições bancárias.

Logo tudo começou a se encaixar. Zeca firmou-se como um dos principais gerentes entre as lojas da rede e reequilibrou a vida. O filho Du, que na época era pequeno, muitos anos depois ingressaria na faculdade de Medicina.

A relação entre Sidney e Zeca ficou ainda mais forte depois que eles passaram a trabalhar juntos. Eles se falam diariamente e, quando Sidney está em Pindorama, assim que fecha a loja em Rio Preto, Zeca vai ao encontro do primo.

Nascem as lojas

Até 2002, a Poloar estava localizada no bairro da Bela Vista e não tinha filiais, embora atendesse toda a capital e a grande São Paulo, pois fazia vários anúncios em veículos importantes.

Naquele ano, para socorrer um amigo de São José do Rio Preto, no interior paulista, Sidney permitiu que ele colocasse o nome Poloar em sua loja de ar-condicionado e vendesse aparelhos que seriam faturados e entregues pela matriz, mediante pagamento de comissão ao representante. Foi justamente para essa loja que Sidney convidou o primo Zeca Trida para ser o gerente.

O modelo de negócio foi bem, tanto que logo depois a iniciativa foi repetida com outro amigo de Ribeirão Preto, também com sucesso.

Empolgado com as lojas, Sidney partiu para aberturas na capital. A primeira unidade foi no bairro do Itaim, na Zona Sul. Daí em diante, foi desenvolvida uma política de expansão.

Reforço no setor de contas a pagar

Meses antes de consolidar a mudança da sede da Poloar, em fevereiro de 2002, Márcia Cristina da Silva foi contratada, a convite da gerente Gissela, para atuar na área financeira, no faturamento. A moça trabalhava na Clima Frio, mas, com as dificuldades enfrentadas pela empresa, fora demitida.

Trabalhando em outra empresa do setor, Márcia já conhecia e se relacionava com a Poloar, porque, às vezes, era preciso recorrer à empresa de Sidney para repor algum produto que faltava na Clima Frio. A moça sabia do respeito e da admiração que Sidney Tunda desperta em quem trabalha no segmento de ar-condicionado.

Totalmente adaptada à Poloar, Márcia depois passou a ser encarregada de recursos humanos e, em 2004, voltou para a área financeira, no setor de contas a pagar, onde assumiu a supervisão.

• • •

Em 2002, a sobrinha Aurélia Trida Lopes da Silva estava na faculdade de Publicidade e pediu uma oportunidade profissional a Sidney Tunda, que lhe arrumou emprego na After Propaganda, *house* da Poloar, ou seja, agência da própria empresa.

A experiência foi bastante proveitosa para Aurélia, em função do aprendizado sobre propaganda e mercado publicitário. Passado um ano, a moça decidiu alçar outros voos, indo trabalhar num jornal de São Paulo. Sidney lhe manteve as portas abertas.

Mas a vida dela naquele momento ainda estava muito ligada a Pindorama, e Aurélia optou por retornar para a cidade natal e se casar.

Mesmo tendo sido uma rápida passagem, durante o período em que esteve na Poloar Aurélia relacionava-se não com o tio Ticão, mas com Sidney Tunda, presidente e fundador da empresa. No dia a dia de trabalho, Sidney se mostrava como um empresário focado, correto, íntegro, fácil de lidar e extremamente exigente.

Outro reforço para o time Poloar

Senhor Sidney, quero ser seu representante comercial. Um parceiro da Poloar. O senhor pode me receber em São Paulo?

Em fins de 2002, o pedido foi feito por Célio Montes Gallego Júnior, filho de um grande amigo de Sidney e, assim como o empresário, integrante do Clube dos 20, uma chácara em Pindorama onde uma turma de amigos de longa data se reunia para conversar, churrasquear, beber aperitivos e se divertir.

Prontamente, eles trocaram cartões de visitas e o rapaz ficou de entrar em contato. Célio, formado em Engenharia Mecânica, havia fechado meses antes uma distribuidora da Coca-Cola.

Tempos depois, já em 2003, o encontro foi marcado. Célio, na companhia do pai, dirigiu-se de Catanduva a São Paulo. A conversa foi excelente e sincera, pois Célio, apesar do grande interesse, confessou nada entender sobre ar-condicionado.

Interessado em fazer o rapaz conhecer a dinâmica de uma loja, Sidney o colocou para atuar como vendedor ao lado de Zeca Trida, em São José do Rio Preto, para pegar experiência antes de partir para a posição de parceiro da Poloar.

Passados oito meses, Sidney conversou com Célio e abriu-lhe caminho para que tivesse uma loja em Bauru no sistema de parceria, como representante comercial, assumindo os custos e sendo remunerado por comissionamento das vendas, dizendo:

– Eu lhe darei o *showroom*! Mas você pensa num espaço de qual tamanho?

Empolgado, Célio respondeu:

– Imagino, senhor Sidney, um *showroom* de cem metros quadrados!

Trabalhar com os pés no chão é a grande marca de Sidney Tunda, que alertou o rapaz:

– Célio, para iniciar seu negócio, dentro do que você faturava comercialmente em Rio Preto, o ideal é que comece com um *showroom* de 25 metros quadrados. Hoje, é isso que está dentro do seu potencial e da sua competência de pagamento para manter o negócio sadio. – E disse uma frase que ficou marcada para Célio: – Faturamento não quer dizer lucro!

Como duvidar de um empresário que entende tanto do próprio negócio e é considerado um grande case de sucesso? A mensagem era: você sabe vender muito bem, mas é preciso saber administrar o resultado das vendas, entendendo que lucro é o que sobra depois de pagar todas as despesas. Célio seguiu a recomendação de Sidney e inaugurou uma loja com *showroom* dentro do espaço sugerido.

Na hora de definir as bases do negócio e as garantias, Sidney o surpreendeu mais uma vez:

– Célio, se o seu pai está me apresentando você, então eu o considero um filho! – Palavras que aumentaram ainda mais a responsabilidade dele perante Sidney e a Poloar.

A loja de Bauru prosperou e, passados dois anos, Célio partiu para um ponto melhor e maior, com *showroom* de duzentos metros quadrados. Mais adiante, voltou a investir na estrutura, fazendo algumas reformas no local.

Superar metas e resultados é outro ensinamento que Célio tirou dos diálogos com Sidney e também com o filho dele, Luiz, tanto que sempre se posiciona muito bem no ranking entre as filiais da rede.

Em tantos anos de convívio, Célio participou de algumas viagens em que Sidney esteve presente, como para Manaus, na fábrica da LG, para o Rio Grande do Sul, onde visitaram a sede da ainda Springer Carrier, e também de navio, além de vários churrascos, congressos e treinamentos promovidos pela rede.

Sempre que se encontram, Célio cumprimenta Sidney com afeto e o respeito de um filho, dando-lhe um beijo na testa. Logo que Sidney fala seu *slogan*, "com sorte, peito e jeito!", Célio finaliza: "Sorte a minha de ter encontrado o senhor". E ambos riem.

Diversão na casa dos avós

A vó Toninha era, como diz o ditado, "mãe duas vezes". Gostava de animais, mas nunca apreciou tê-los em casa, pois ela e Sidney viajavam bastante. Os filhos de Ana Carolina adoram cachorros e na época tinham dois. Quando a filha viajava com o genro, deixava os netos e os dois animais na casa dos avós. E era aquela festa!

Na hora das lições, Toninha estava junto para ajudar os pequenos e, nas refeições, eles eram também mimados com as delícias que ela preparava: hambúrguer, batata frita, macarrão, bife, brigadeiro...

Mas a diversão maior, a cereja do bolo, ficava para a hora de dormir: os netos se esparramavam na cama com Toninha, enquanto ela e o vô Tico contavam histórias que entretinham a garotada.

Casa nova

Ano de 2002. Um passo arrojado e importante. Assim pode ser definida a mudança da Poloar da Bela Vista para a ampla sede da Vila Anastácio, apesar dos investimentos exigidos.

Todo o estoque foi acomodado numa pequena área do galpão adaptado para receber os aparelhos; na Bela Vista, a área estava abarrotada! Isso mostrou a Sidney e aos filhos o tamanho do espaço que havia para fazer crescer e desenvolver a empresa. Na Bela Vista, só era possível descarregar uma carreta por vez, além dos transtornos que isso causava na região. Agora, a estrutura permitia receber, carregar e descarregar vários caminhões e carros simultaneamente.

Mas aqueles espaços todos que haviam no estoque, e que se imaginava que levariam dez anos para serem ocupados, dois anos depois estavam significativamente reduzidos.

Pode-se dizer que a mudança da sede da Poloar provocou um salto na companhia, de empresa média para de grande porte. Além disso, ficava a certeza de que novas áreas seriam necessárias para suportar o crescente volume de negócios que se projetava.

Assim que ficou definida a mudança para o novo endereço, Sidney Tunda Junior teve uma conversa com o pai. Ele estava bastante envolvido com o trabalho na Pindorama, uma das empresas do grupo, e sugeriu mantê-la na Bela Vista, onde o próprio Junior comandaria e faria a gestão.

O empresário gostou do arrojo e consentiu que o filho colocasse seu plano em prática. Era hora então de Junior aplicar tudo que havia aprendido desde que começara a trabalhar com Sidney, percorrendo várias áreas. Mas agora a responsabilidade era maior, pois ele iria comandar a gestão da empresa.

Por seis anos a Pindorama se manteve ativa e crescente, atingindo excelentes números de vendas e rentabilidade; inclusive, em 2006, Junior mudou com a empresa da Bela Vista para a Lapa. Até que, em 2008, em uma conversa com Sidney, eles decidiram unificar as duas empresas, congelando a marca Pindorama e mantendo as atividades em nome da Poloar.

E-commerce

Por apostar no modelo de negócios, em outubro de 2003 a Poloar estreou nas vendas virtuais com a criação do canal de e-commerce no site da empresa. Tornou-se mais um reforço comercial junto às outras plataformas utilizadas, como as indicações dos instaladores, as vendas telefônicas, as revendas, os representantes comerciais e as lojas próprias.

As vendas externas atendem, em especial, aos clientes que buscam uma melhor orientação quanto ao aparelho de ar-condicionado ideal mediante as suas necessidades específicas. As próprias filiais atendem tanto clientes finais quanto as revendas.

Independentemente do modelo de venda, toda a finalização, operacionalização e logística são realizadas diretamente pela matriz.

Em relação aos representantes comerciais, no final do mês são feitos o fechamento do faturamento e o posterior pagamento das comissões. Os gestores assumem os custos de operação, como aluguel, salários, despesas fixas, entre outros, e recebem o comissionamento pelo volume total de vendas da unidade. Ainda no caso desse modelo de parceria, além do aparelho, a loja tem liberdade de negociar também a instalação; esta parte de serviço reforça o ganho da filial.

Homenagem em livro

Quero deixar neste simples livro minha homenagem, carinho e admiração pelo grande companheiro, pai, avô e amigo que você é para todas as horas.

Quanta saudade tenho de quando nossos filhos dormiam no nosso quarto e se aconchegavam a você para ouvir as muitas estórias que contava com tanta maestria.

Só você mesmo com esse seu jeito!

"Joãozinho e Mariquinha" foi escolhida por mim e pelos seus filhos para ser publicada, porque é a sua versão única e era contada a você pela vó Sebastiana.

Com muito orgulho eu concordei com eles e fiquei feliz porque, de alguma forma, você conseguiu transmitir muitas coisas lindas por meio desta estória; seja carinho, coragem, fé ou sempre acreditar que algo divino existe.

Agradeço a Deus pela linda família que temos, pela união solidificada, semeando somente as coisas boas. Hoje temos uma grande família e não sei o que eu seria sem Ana Carolina, Junior, Luiz, Giovani, Paula, Mariana, Júlia, Alicia, Sofia, Bárbara, Felipe, Gabriel, José Pedro e, mais importante ainda, você.

Com carinho e admiração, Toninha

Este é o prefácio do livro *O contador de estórias – Sidney Tunda*, homenagem prestada por Toninha ao marido, quando Sidney completou 60 anos de vida, em 12 de dezembro de 2005.

O conto de fadas *João e Maria*, que tanto encantava e tirava o fôlego de Sidney Tunda na infância e o qual ele adorava repetir, como fazia a mãe, Sebastiana, contando a história aos filhos e depois cercado dos netos pequenos, tornou-se um significativo presente para o empresário.

Em nome de Toninha, que escreveu o prefácio, e dos filhos Sidney Junior, Luiz e Ana Carolina, idealizadora do projeto, o livro foi produzido; na capa, além da imagem e do nome de Sidney, estão as fotos dos netos: Alicia, Sofia e José Pedro, filhos de Ana Carolina; Júlia, Felipe e Gabriel, filhos do Luiz; e Bárbara, filha de Junior.

O livro está dividido em três partes: além das homenagens e dedicatória. A primeira delas, *Joãozinho & Mariquinha*, começa assim:

"Era uma vez...

Às margens de uma floresta existia, há muito tempo, uma cabana pobre feita de troncos de árvores, onde moravam um lenhador, sua segunda esposa e seus dois filhinhos, nascidos do primeiro casamento. O garoto chamava-se João e a menina, Maria."

Assim como Sidney, todos da família foram marcados pelo clássico infantil e as crianças pediam para que ele contasse a história. Ele estava sempre pronto e disposto ao desafio.

A homenagem deixou Sidney Tunda bastante sensibilizado:

– Esta história me remete aos melhores dias da minha infância. E faz parte também da infância dos meus filhos e netos.

Confiança nos sobrinhos

Fernanda, tem uma filial em Ribeirão Preto que não está indo bem. Quero que você e o Anderson trabalhem nessa loja. Tenho um sócio lá, mas vocês terão uma participação.

Em 2004, assim que Sidney falou com a sobrinha, Fernanda Trida Lopes da Silva comunicou ao marido, Anderson Silva de Menezes, sobre a proposta do tio Ticão. Eles ficaram felizes e aceitaram o desafio.

Ambos já haviam trabalhado com a família. Em 2000, quando cursava Psicologia na Universidade Presbiteriana Mackenzie, Fernanda morou na casa de Toninha e Sidney, seus padrinhos de batismo. Depois se mudou para um apartamento que o pai havia comprado e se formou. Mas sempre estava com os tios e primos e, num desses encontros, perguntou a Sidney:

– Tio Ticão, eu não quero seguir a profissão de psicóloga. O senhor me consegue uma oportunidade de trabalho na Poloar?

Sidney ficou de pensar e deu a resposta:

– Fernanda, você e seus primos são bagunceiros... – disse o tio em tom de brincadeira. – Então, trabalhar com o Luiz e o Juninho não vai dar muito certo. Mas na STR, com Carolina e Giovani, vai dar liga!

Assim, Fernanda iniciou na STR, no financeiro, passando depois pela logística até ser gerente de vendas. Lá, a moça começou a namorar Anderson, gerente de serviços, que havia iniciado na empresa em 1996, e, depois de alguns anos, eles decidiram se casar.

Um ano após o matrimônio, em 2004, Fernanda foi desligada da STR e voltou a falar com o tio Ticão, pedindo-lhe uma nova oportunidade. Três dias depois, foi a vez de Sidney retornar à sobrinha, apresentando-lhe uma solução:

– Vou abrir uma filial da Poloar em Ribeirão Preto. Você aceita o desafio de ser nossa representante comercial?

Fernanda topou de imediato, mesmo que o marido ainda continuasse a trabalhar na STR, vindo a se desligar no ano seguinte.

A proposta de Sidney era a de que Fernanda e Anderson se associassem a Ricardo Desiderio e Marco Aurélio Rocha, que depois migrou para Curitiba. Com a experiência adquirida ao trabalhar com os primos, o casal se deu muito bem com a loja e comprou as partes dos sócios, ficando com 49% na composição, enquanto Sidney Tunda detinha 51%. Com o tempo e o bom desempenho da filial, Sidney presenteou os sobrinhos com sua parte no negócio.

Nesse meio-tempo, o empresário soube muito bem diferenciar os papéis de presidente da Poloar, sendo exigente com os resultados alcançados, e o de tio Ticão. Tanto que, quando Fernanda estava grávida, ficou um pouco apreensiva em função dos gastos excessivos com as compras e preparativos para receber o bebê. Pois Sidney, quando foi almoçar na casa dela, procurou acalmá-la, dizendo: "Fique tranquila... seu pai e eu estamos aqui para respaldá-la no que for preciso".

Anos depois, Fernanda e Anderson abriram nova loja em Uberlândia. Sidney tornou-se um conselheiro, tanto para assuntos referentes às lojas quanto para investimentos e aquisições imobiliárias.

E suas orientações são assertivas. Entre elas, conforme sempre diz Sidney: "Não existe fórmula mágica, a receita precisa ser maior do que a despesa", "Investir é importante, pois estrutura e impulsiona os negócios" e "Jamais descuidem do negócio de vocês e administrem com bastante atenção".

Braço direito e sobrinho

– Você precisa se casar! – disse Giovani Soares.
– Claro, mas antes eu preciso arrumar emprego – explicou Luis Paulo Fraulich Ferreira, o Lipa.
– Se o que falta é o emprego, então você começa na STR na segunda-feira! – determinou Giovani, sendo a proposta aceita por Lipa.

Também natural de Pindorama, Lipa era vizinho de Toninha e Sidney quando criança e brincava com Ana Carolina, Luiz e Sidney Junior. Lipa admirava a história que contavam dos pais dos amiguinhos, de que Sidney fora para São Paulo e vencera, tornando-se um importante empresário, mas mantendo a postura humilde.

Bem, mas o convite de Giovani surgiu porque Lipa namorava com Marina Trida Sanches Ferreira, sobrinha dos Tunda, a quem o rapaz tanto admira pela trajetória empresarial e de vida. Como forma de colaborar com os planos do casal, Giovani ofereceu-lhe um emprego.

Desta forma, em 2004, Lipa iniciou na STR na área de serviços e, no ano seguinte, quando Anderson, então gerente do setor, desligou-se da empresa, assumiu o posto dele.

Com a promoção, veio também a realização do sonho do casamento. E tanto Giovani, que viabilizou para que Marina e Lipa adquirissem um flat que era dele, quanto Sidney, que presenteou o casal com a reforma do imóvel, colaboraram muito nas realizações dos sonhos do casamento e da casa própria.

Já o vestido de noiva foi presente de Toninha, que acolheu a sobrinha em São Paulo, em especial quando ela teve a primeira filha, dando-lhe total suporte; inclusive, Sidney assumiu a responsabilidade de custear a escola e todo o material utilizado pela menina por alguns anos.

O casal Marina e Lipa morou com os filhos até 2015 em São Paulo, mudando-se depois para São José do Rio Preto, onde Lipa gerenciou a loja local, e depois para Pindorama, onde ele passou a ser representante comercial da filial da Poloar.

Reforço comercial no fornecedor

Todos os clientes são importantes, e entre aqueles que você irá atender está a Poloar, do senhor Sidney Tunda. Ele tem um modo peculiar de fazer negócios. Mesmo que o mercado pise no freio, ele acelera.

Assim foi a conversa entre o gestor da área de vendas da Springer Carrier e Francisco Liniglia Neto, que veio a se tornar gerente comercial no ano de 2005. Aquela era a segunda passagem de Francisco pela empresa.

A Springer Carrier selecionava os clientes em monomarcas e multimarcas, entre as quais estava a Poloar, e Francisco e o gerente da época passaram a visitar Sidney Tunda e o filho Luiz.

Logo depois do segundo encontro, o gerente saiu da empresa, e Francisco continuou a fazer as reuniões sem o reforço gerencial. Estar reunido com Sidney e Luiz era como passar por uma aula de negociação. Sidney se mostrava sempre audacioso nas compras, gostava de negociar altos volumes.

A relação de Francisco com Sidney e Luiz estreitou-se a cada dia, e o resultado das vendas sempre encontrava um meio-termo entre o que era bom para a Poloar e para a Springer Carrier.

Cumplicidade

Tico, eu confio em você! Siga em frente que vai dar tudo certo!

Essa era a frase que Sidney Tunda ouvia toda vez que confidenciava para a esposa Toninha sobre um problema na empresa, um investimento, uma compra arrojada, uma aquisição imobiliária, um arrependimento...

A sintonia do casal era grande. Eles se davam muito bem e, mesmo quando acontecia um ou outro desentendimento natural do dia a dia, tudo era resolvido com tranquilidade e muito diálogo. Toninha era a grande incentivadora de Sidney.

Filial na capital paranaense
Senhor Sidney, encontrei um bom imóvel aqui em Curitiba para abrirmos uma loja Poloar!

A informação telefônica foi passada por Marco Aurelio Rocha, representante comercial de São José do Rio Preto, que estava em Curitiba, para onde pensava em se mudar, e teve como resposta de Sidney Tunda um "Sim, pode alugar".

A loja de São José do Rio Preto tinha três gestores: um primo de Sidney, um empresário local e Marco Aurelio Rocha, que foi visitar os parentes da esposa no Sul e interessou-se em migrar para a capital paranaense.

Na conversa, Marco Aurelio explicou detalhes para Sidney, apresentando informações da economia local e do imóvel encontrado. Sempre pronto para os desafios, Sidney autorizou que ele seguisse em frente com o projeto de abertura da loja.

Os dois se conheceram em 1998, na Copa do Mundo na França. A Springer, uma das mais importantes fabricantes de ar-condicionado, fez uma promoção com seus clientes, levando os campeões de venda para o evento, e tanto a empresa de Sidney Tunda quanto a de Marco Aurelio, já dono de uma loja em São José do Rio Preto, alcançaram negociações volumosas que lhes garantiram passaporte carimbado para a Europa.

Durante os vinte dias em que estiveram na França, eles se aproximaram e nasceu uma boa amizade. Marco Aurelio qualificou Sidney como uma pessoa transparente, de boa índole e grande experiência no segmento; eles continuaram a se encontrar nos eventos organizados por outros fabricantes.

Em 2002, ambos definiram que a loja de Marco Aurelio passaria a ter bandeira Poloar. Com o envolvimento comercial, Marco Aurelio reafirmou sua primeira impressão sobre a personalidade de Sidney, reforçando algumas características, como sensatez, equilíbrio, senso de justiça e de antevisão dos fatos.

As qualidades de Sidney foram decisivas quando, em 2008, o Brasil sofreu com resquícios de uma crise mundial. Sidney foi importante não só para acalmar os parceiros, mas também na orientação sobre pontos importantes de gestão naquele momento. Sempre que as situações difíceis se repetiram, Sidney e a matriz da Poloar estiveram próximos dos parceiros e estenderam as mãos.

A parceria entre os dois alcançou uma rede de quatro lojas: São José do Rio Preto, Bauru, Ribeirão Preto e Curitiba, onde Marco Aurelio acabou realmente por se fixar, passando as lojas restantes a outros gestores.

Sempre que eles se falam ou se encontram, Sidney reitera os conceitos de empreender com cautela, ser honesto e tratar bem o cliente, e solta a motivadora frase: "Acreditar sempre, para superar e vencer".

Antiga namorada, futura esposa

O casamento de Aurélia Trida Lopes da Silva, sobrinha de Toninha e Sidney, ocorreu em 2006. A família estava presente. Logo que chegou ao local, Luiz reencontrou uma antiga amiga:

– Olá, Mariana... há quanto tempo!

Realmente, havia muito tempo que eles não se viam, desde que terminaram o namoro.

Mariana Mascaro é muito amiga de Fernanda, irmã de Aurélia; na época, elas estudavam na mesma escola. Mariana morava em Catanduva, e Fernanda e a família, em Pindorama. Certa vez, Fernanda convidou a amiga para passar o final de semana na casa dela. Mariana tinha 13 anos e aceitou o convite. Foi quando conheceu Luiz, na época com 17 anos.

Ali nasceu a paquera que virou namoro, mas durou um ano; os dois ficavam juntos quando Luiz viajava com os pais para Pindorama. Mariana morria de vergonha de Sidney, a quem chamava de tio Tico, e o pai dela não queria que a moça namorasse tão cedo. Por isso, o relacionamento não prosperou.

Cada qual seguiu sua vida até 2006, quando se reencontraram. Luiz estava separado e tinha dois filhos: Felipe e Gabriel. Na cerimônia, eles conversaram bastante e, internamente, estavam empolgados. O coração de ambos disparou.

Mariana contou a Luiz que havia se formado em Odontologia e Design de Interiores, e estava de viagem marcada para a Itália com uma amiga; eles então ficaram de conversar novamente após o retorno da moça. Logo que Mariana estava de volta ao Brasil, Luiz ligou e marcaram de se ver. Em outubro de 2006, começaram a namorar.

Agora, o pai dela apoiava, e ela ainda ganhou uma aliada: Toninha. A mãe de Luiz a acolheu muito bem e comentava bastante sobre a bonita história de vida do marido. Logo a hesitação que Mariana sentia perto de Sidney ficou no passado.

Toninha também contou para a moça que o marido era sincero e costumava falar o que pensava. O que realmente percebeu Mariana, que aos poucos foi conhecendo o generoso coração de Sidney: "O tio Tico estava conversando comigo e disse: 'Se você gosta do Luiz e quer conquistá-lo, tem que ser carinhosa'".

Com a convivência, Mariana observou a forte ligação de Luiz com os pais: o namorado os venerava, era companheiro e fazia de tudo para vê-los felizes. Um enorme sentimento de amor e gratidão.

Rapidamente, Mariana se sentiu integrada à família. Prova disso é que, em 12 de dezembro de 2006, quando nasceu José Pedro, filho de Ana Carolina e Giovani, o casal convidou Luiz como padrinho e Mariana como madrinha, o que a deixou muito feliz e sensibilizada.

Um ano depois, novo casamento na família: a agora Mariana Mascaro Cardozo e Luiz contraíram matrimônio.

O casamento era para acontecer em abril de 2008, mas Sidney fez uma sugestão: "Vocês se conhecem há tanto tempo, se amam! A Mariana acaba vindo para São Paulo em alguns finais de semana para te ver. Então, por que vocês não antecipam o casamento?". A sugestão foi acatada pelo casal, que optou por viajar de lua de mel mais adiante, em função do trabalho de Luiz na empresa.

Três anos depois, Mariana engravidou e, em 12 de março de 2010, nasceu Júlia Mascaro Tunda Cardozo.

No convívio familiar, Mariana registra os Natais, quando Toninha emocionava a todos. Ela pegava os sapatos de cada um dos netos, filhos, noras e genro e os colocava ao lado dos respectivos presentes, perto da árvore de Natal. Uma atitude linda, de mãe zelosa, avó carinhosa e sogra com toque materno.

Em relação a Sidney, ele estava sempre solícito a ajudar, orientar e compartilhar sua religiosidade. Nos encontros na empresa, Sidney registrava em seus discursos o amor e a importância da família.

Promessa é dívida!

Você se lembra do nosso combinado? Que quando a Sofia estivesse com sete anos nós iríamos adotar um menino? Pois a Sofia já vai completar sete anos, a Alicia nove e a hora chegou! Estou até pesquisando sobre o processo de adoção.

Assim foi a conversa entre Giovani Soares e a esposa Ana Carolina. Realmente, eles haviam feito o pacto e assumido o compromisso anos antes. Mas Ana Carolina já nem se lembrava daquele combinado. As meninas estavam grandes e na escola, e ela e o marido podiam se dedicar com afinco à STR.

Filhos biológicos eles não pretendiam mais ter; o objetivo era mesmo o de adotar. Mas, se Ana Carolina se esquecera daquela conversa, Giovani aguardava ansioso por aquele momento, o de partirem para a adoção.

O assunto voltou a ser debatido entre eles, até que leram a reportagem em uma revista semanal sobre a possibilidade de se escolher o sexo do bebê na gravidez por fertilização *in vitro*.

A ideia inicial, da adoção, foi deixada de lado. Foram três tentativas durante um ano, mas sem sucesso. Até que, na quarta delas, Ana Carolina engravidou.

Paralelamente aos negócios, mais uma alegria na família: em 12 de dezembro de 2006, nasceu José Pedro Tunda Soares.

A curiosidade ficou por conta da data em que José Pedro nasceu, a mesma de Giovani e do avô Sidney. Certamente, a coincidência explica a forte ligação que passou a haver entre Sidney e José Pedro e, claro, a que já existia entre Giovani e o sogro. Era uma alegria para os Tunda estar com os netos nas férias na casa de Pindorama, na praia ou mesmo em São Paulo, quando Ana Carolina e Giovani viajavam a trabalho ou lazer.

Com fé em Deus

Em 2007, José Pedro Tunda Soares, neto de Toninha e Sidney, foi batizado na Capela de Santa Luzia, construída no sítio da família. Mas por que Toninha e Sidney criaram este espaço religioso?

Aos presentes e convidados, antes e após a missa e cerimônia de batismo, Toninha, bastante emocionada, narrou o motivo que a tinha feito prometer a construção da capela, que a partir daquele dia passou a receber as missas e eventos religiosos envolvendo a família.

Certo dia, em Pindorama, Toninha acordou estranha; percebia que algo estava errado. Ela foi até o espelho e ficou desesperada com o que viu: o lado direito de sua face estava paralisado, e a boca, torta.

Logo Toninha foi levada ao médico e dele ouviu:

– Fique tranquila, senhora Toninha. O problema na boca e a paralisia serão resolvidos naturalmente.

Mesmo assim, ela fez uma bateria de exames, inclusive com ressonância magnética da cabeça, para averiguação neurológica.

Realmente, conforme indicação médica, a boca desentortou, mas simultaneamente o problema subiu para o olho e o afetou, provocando dificuldades na visão de Toninha. O desespero ficou maior.

O acompanhamento médico continuou, mas Toninha, bastante religiosa, fez uma promessa: "Meu Deus, assim que eu me curar, vou construir uma capela no nosso sítio em Pindorama. Será a Capela de Santa Luzia!".

A medicina tem explicações para quase tudo e, para o que ela não consegue esclarecer, a devoção traz as respostas. Pois a visão de Toninha voltou ao normal. O coágulo foi absorvido, mas para Toninha foi uma intervenção de Santa Luzia, com a bênção de Deus.

Amigo e representante comercial

Quando Sidney Tunda conversa com Celso Pellegrino, representante comercial da loja Poloar de Bertioga, boas e divertidas lembranças surgem.

Os dois se conheceram quando Sidney ainda trabalhava com o tio e fez a entrevista com Celso para a função de auxiliar de vendas. Celso foi aprovado, mas Sidney descontrai: "Me deve essa, hein... Se eu não validasse a sua ficha...". E ambos riem.

Mas os caminhos deles continuaram se cruzando em ações conjuntas. Quando Sidney abriu a Poloar, em 1979, Celso foi um dos que acreditaram na proposta e trabalhou com ele na área comercial. Em 1982, também decidiu empreender e abriu a própria empresa de serviços, depois de vendas de ar-condicionado, que manteve por dezessete anos, até se tornar parceiro e representante comercial da Poloar; ele chegou a ter três empresas com os sócios: Só Frio Ar Condicionado, na cidade litorânea, Lume e HBL Ar Condicionado.

Na época em que teve empresa com outros dois sócios, Celso também contou com a ajuda de Sidney, pois vendia aparelhos fornecidos pelo amigo, até que passasse a comprar direto das fábricas, ou mesmo conseguia peças emprestadas para serem repostas quando recebesse no estoque.

Durante esse período, eles também participaram juntos de viagens de incentivo organizadas pelas principais indústrias fornecedoras do mercado. Entre as que fizeram juntos, destaque para a ida à França, nos anos 1990, a convite da ainda Springer Carrier.

Antes de encerrar a sociedade, Celso consultou Sidney, pelo respeito e admiração que cultiva pelo empresário. Ele sempre diz: "O Sidney enxergou e anteviu um crescimento do mercado que poucos perceberam".

Nessa conversa, ocorrida em 2006, depois de saber dos detalhes e das dificuldades pelas quais as empresas e a sociedade passavam, Sidney propôs ao amigo: "Celso, o melhor a fazer é encerrar a parceria com seus sócios. Venha trabalhar comigo. Quero abrir uma filial da Poloar em Bertioga. Se você aceitar, assuma a loja e seja nosso representante comercial". E Celso topou, providenciando a mudança dele e da família de Arujá para Bertioga, ambas na Grande São Paulo, onde alugou um imóvel e deixou tudo pronto para abrir mais um ponto de vendas da Poloar.

A loja, que já passou por algumas reformas, atende a região litorânea, inclusive a concorrida Riviera de São Lourenço. As vendas efetuadas são operacionalizadas pela matriz da Poloar, mas Celso pode fazer as negociações dos serviços.

O homem admira a inteligência e a capacidade empreendedora de Sidney Tunda, dizendo: "Ele é equilibrado e transmite segurança, mas é muito arrojado. É o melhor gestor que existe".

E, quando conversam, Sidney costuma alertar o amigo:

– Cuidado com as contas, porque o dinheiro vai e vem. Administre-o!

Um anjo protetor

Não se preocupe! Faremos tudo que for preciso para cuidar do João Marcelo.

Tranquilizar. Este foi o objetivo principal das palavras que Sidney e a esposa Toninha disseram para os sobrinhos Fábia Trida Sanches e Marcelo Luis Airoldi, o Bambam – apelido de infância, dado por causa de um dos personagens do desenho animado *Flintstones*; Fábia é filha de Terezinha, irmã de Toninha.

O menino teve meningite e o caso se agravou. O tratamento, os exames e os remédios eram muito caros. Os tios assumiram todas as despesas e contrataram um plano de saúde, além de darem todo o suporte: abriram a casa para Fábia e providenciaram para que a sobrinha e o filho pudessem se locomover em São Paulo. Anos antes, já tinham custeado a faculdade de Turismo que Fábia cursou em São José do Rio Preto, fora todo o suporte que Toninha e Sidney davam aos pais dela.

Graças à assistência recebida, João Marcelo venceu as dificuldades e seguiu saudável. Inclusive, o menino viajou por várias vezes nos *tours* programados por Toninha e Sidney; Fábia e Bambam, que consideram o tio Ticão um pai e mestre, também estiveram presentes.

Por falar em presentes... presentear sempre foi um grande prazer da vida de Toninha e Sidney.

Justiça sempre

Em 2007, a Poloar viu-se envolvida em um processo no estado do Mato Grosso, movido contra a universidade federal local. A empresa de Sidney foi arrolada indevidamente numa licitação pública, num processo cível.

Para defender a Poloar, Sidney Tunda contratou o escritório Anderson Alexandrino Campos Advogados Associados. A ação desenrolou-se na Justiça Federal, em Cuiabá, e foi acompanhada de perto pelo titular do escritório.

Embora as informações rotineiras do processo fossem passadas por Anderson a Gissela, Sidney esporadicamente participava das reuniões, mostrando-se afável e criterioso nas avaliações.

Em função da distância, pelo fato de a Poloar estar em São Paulo e o processo no Mato Grosso, havia até a possibilidade de Anderson pronunciar-se por carta precatória, mas ele sugeriu a Sidney que fossem fazê-lo perante o juiz, para reforçar presencialmente a inocência da Poloar, o que foi aceito pelo empresário.

Após um ano e meio, a ação foi encerrada e a Poloar saiu vitoriosa, comprovando ter sido vitimada na situação. Meses depois, Anderson voltou a defender a Poloar num processo trabalhista, ação na qual foi alcançado novo sucesso.

Passados alguns anos, em 2013, o advogado foi novamente contatado, desta vez para assumir a área jurídica dos assuntos pertinentes à diretoria, além de casos envolvendo contratos e consumidores. A relação estreitou-se e Anderson passou a cursar pós-graduação na Argentina, onde contou com o apoio financeiro de Sidney.

Um fato marcou nesta nova fase da relação profissional entre eles: Sidney consultou Anderson sobre uma questão familiar. O advogado então deu seu parecer jurídico para o caso, mas Sidney optou por outro caminho, buscando pautar-se por aquilo que achava justo.

Em relação às ações envolvendo contratos e consumidores, a atuação é muito sólida e sem jeitinhos ou atalhos. Se há o reconhecimento de algum erro por parte da empresa, a perda é imediata e amplamente reparada ao consumidor ou parceiro. Em contrapartida, se a razão está a favor da Poloar, a empresa luta até as últimas instâncias por seus direitos.

• • •

Estou com um problema no meu computador. Por favor, peça ao Luquinha para passar na minha sala.

Quando o computador de Sidney apresenta um problema, ou ele tem alguma dúvida técnica, solicita a presença de Alessandro Lucas

Farias de Almeida, o Luquinha, coordenador de redes e infraestrutura, que iniciou na Poloar em dezembro de 2008.

A empresa tem por hábito investir em melhorias e inovações dos sistemas, algo constatado na área de atuação de Lucas. Quando entrou na Poloar, aos 17 anos, ele exercia a função de analista de suporte técnico. Como precisava se alistar no exército, foi desligado da empresa e, após a dispensa do serviço militar, recontratado.

Marca registrada de Sidney Tunda, o empresário aprecia andar pela matriz e pelas filiais e conversar com os colaboradores – regra seguida pela família.

A Poloar tem ainda a tradição de valorizar seus colaboradores. Como quando, em duas oportunidades, Lucas precisou de ajuda financeira da empresa. Os pedidos dele, feitos diretamente a Luiz, foram prontamente atendidos.

Geralmente às quintas-feiras, acontecia numa área reservada ao lazer o *happy hour* para os funcionários e amigos da Poloar. Ali se jogava truco, bilhar e se saboreava boas comidas. Tudo regado a muita conversa descontraída.

Sempre que possível, Lucas participava e curtia o lazer com os colegas de trabalho. Numa dessas oportunidades, estavam todos reunidos e o rapaz começou a falar com Sidney, que o surpreendeu ao dizer:

– Gosto muito de você e aprecio a qualidade do seu trabalho. Parabéns! – Palavras que emocionaram Lucas, que as retribuiu prontamente.

Mão pesada nas compras
Luiz, vamos dobrar o pedido!

Era fato dizer que, quando Demis Sanches foi transferido da área técnica para a área comercial da LG em 2008, onde veio a assumir a gerência de vendas, ele tratava inicialmente com Luiz as condições dos pedidos de ar-condicionado. Como na Poloar as decisões acontecem em colegiado, depois de Luiz falar com Sidney Tunda, geralmente a decisão era: "Vamos aumentar ou até dobrar o pedido".

Até passar a negociar com a Poloar, Demis atuava em treinamento na área de ar-condicionado da LG, onde iniciara em 2001, quando a empresa começou a fabricar também em Manaus. Os treinamentos eram divididos em três categorias: vendas, técnico para os instaladores e assistência técnica de manutenção. Na mesma época, a LG passou a oferecer o aparelho Split no mercado, com instalação gratuita, ação que era um grande diferencial.

Em 2005, quando os treinamentos aconteciam na fábrica de Taubaté, Demis já mantinha contato com Luiz, mas só a partir de 2008 a relação ficou mais estreita.

O modelo do centro de treinamento da LG era tão competente que anos depois serviu de base para aquele que foi criado na Poloar após a reforma no prédio da matriz, dirigido a todas as marcas, a fim de atender instaladores; a aula inaugural foi ministrada em 6 de março de 2017.

O "gastão" da Poloar

Senhor Sidney, o gasto é seu, mas quem paga sou eu!

Quando encontra o patrão, Márcia Cristina da Silva, supervisora de contas a pagar, costuma brincar assim com Sidney Tunda. Mas Sidney devolve a brincadeira: "Continue pagando, porque eu preciso gastar, ou melhor, comprar". E ambos riem.

Assim que entrou na empresa, em 2008, Márcia era casada e tempos depois se separou. Ela tinha acabado de comprar um terreno e estava construindo a casa própria. Com o salário conseguiu finalizar a propriedade.

Diariamente, Márcia faz o fluxo de caixa de cada fornecedor, assim como o resumo daquilo que entrou no fluxo de pagamentos e do que foi pago. Além disso, retira os extratos dos pagamentos e recebimentos do dia anterior, coloca os números numa planilha e a passa para que Sidney acompanhe o desempenho da empresa.

A colaboradora sabe do compromisso que Sidney tem, em especial com os pagamentos dos colaboradores e fornecedores, e diz: "Pagar em dia não é despesa, e sim investimento".

Logo que Márcia iniciou na Poloar, os pagamentos eram feitos no vencimento, mas ela participou da criação de um sistema para quitá-los antes da data. E, quando chega o final de ano, a antecipação dos salários é substancial para que os colaboradores não fiquem sem dinheiro nas festas.

Sessenta anos de vida e generosidade

Dia 13 de junho de 2009. Chegara o momento de retribuir todo o carinho, amor e generosidade que Toninha Trida Tunda distribuía aos filhos Ana Carolina, Sidney Junior e Luiz, aos netos, ao marido Sidney, a toda a família e a tanta gente.

Para isso, todos foram convidados para se reunir durante o final de semana em Taubaté, no Hotel Fazenda Mazzaropi. Ali estavam em torno de cinquenta pessoas.

No sábado, dia do aniversário, uma grandiosa festa foi organizada num salão situado fora da propriedade. Toninha se mostrava muito feliz, afinal, estava rodeada pela família, com a qual era totalmente comprometida.

Ela percorria o olhar gradativamente pelo salão, sentindo-se realizada ao ver tantos parentes e amigos.

Como lembrança da comemoração, Toninha montou lindas caixas, nas quais estavam a foto dela estampada, uma oração escrita de próprio punho e trufas de chocolate.

• • •

Em 2009, Sidney decidiu novamente investir em Pindorama. Na companhia de um sócio, ele montou a Madeiraço, loja de materiais de construção. Para gerenciá-la, convidou o sobrinho Bambam, casado com Fábia Trida Sanches.

O rapaz era microempresário e aceitou o convite. Ele entendia bastante de vendas, com o que atuava desde os 16 anos, mas a partir do trabalho na Madeiraço cuidou também da área administrativa.

O comércio andou bem e tempos depois Sidney comprou a parte do sócio. Mas, infelizmente, o sucesso inicial não se sustentou e Sidney decidiu fechar o comércio. No mundo dos negócios, é preciso saber a hora certa de entrar e também a de sair de um empreendimento.

Mesmo com o encerramento da empresa, Sidney não deixou Bambam desempregado e designou-o para cuidar de seus imóveis em Pindorama.

A atividade durou até 2016, quando propôs ao sobrinho nova mudança de trabalho, desta vez, com ar-condicionado na Poloar. Ele topou na hora e, anos depois, em sociedade com o concunhado Lipa, assumiu a filial pindoramense como representante comercial.

Bambam também é um companheiro inseparável de Sidney em Pindorama: percorre com ele as propriedades e os negócios que o empresário mantém no município, além de ser presença certa nos encontros nos finais de tarde e que seguem noite adentro.

Ter a oportunidade de trabalhar com Sidney Tunda traz grandes aprendizados. Tanto que Bambam costuma comemorar:

– Em cinco anos de faculdade de Direito, confesso que não aprendi tanto quanto pude absorver de conhecimentos ao trabalhar com o tio Ticão. Em tudo que faço, eu me espelho nele para tomar as decisões.

A Poloar levou a melhor

Numa conversa informal, o amigo Osvaldo Estrela de Souza, o Duda, perguntou a Sidney sobre algo que ele havia dito assim que montou seu negócio:

– Logo que inaugurou a Poloar, em 1979, você me disse que depois de trinta anos a empresa seria um sucesso e que voltaria a viver em Pindorama com a Toninha. E então... estamos em 2009... Você vai mesmo se mudar?

Era verdade! Sidney havia feito essa previsão a Duda, mas o rumo tomado pela empresa superou todas as expectativas. Então, Sidney balançou a cabeça, abriu um sorriso e disse:

– Duda, meu amigo, nem sempre a gente pode fazer aquilo que gostaria. A Poloar cresceu muito e eu não vou abandonar tudo e voltar para Pindorama. Tem muitos detalhes envolvidos. São vários funcionários, fornecedores, clientes... Há uma enorme responsabilidade em jogo e eu não posso ser egoísta, largar os negócios e retornar para o meu canto. Aliás, o meu canto está aqui. O meu canto é a Poloar!

• • •

Em 2009, Sidney teve uma agradável surpresa: Sandra Camargo Dourado, que trabalhara com ele anos antes e construíra uma sólida amizade com a família Tunda, veio a assumir a coordenadoria comercial da Springer Carrier e conquistou a Poloar em sua carteira de clientes.

A proximidade entre eles, que permitiu a Sandra participar da família Poloar, reforça o profissionalismo da executiva quando o tema é negociar aparelhos de ar-condicionado.

Apesar da admiração que Sandra cultiva pelo ser humano e empresário Sidney Tunda, como diz o velho ditado: "Amigos, amigos... negócios à parte".

Atitude nobre
Terezinha, vamos lhe dar um presente que trará segurança para a sua vida. Pode aguardar...

Era aniversário de Terezinha, e a irmã Toninha e o cunhado Sidney lhe fizeram a promessa. Mas qual seria o presente?

A mulher vivia um momento difícil. A família tinha posses, mas perdera quase todo o patrimônio depois de viver as dificuldades do Plano Cruzado, lançado em 1986. Por isso, ela passou a morar novamente na casa da mãe.

Marina e Fábia, suas filhas, sempre contaram com o apoio dos tios. Agora, era a hora de o casal interceder em favor de Terezinha.

Pois o dia de entregar o presente chegou. Em 2009, Toninha e Sidney compraram um terreno, num loteamento em Pindorama, e o próprio Sidney, em parceria com os dois genros de Terezinha, construíram a casa, que ficou pronta em 2010.

Além disso, Sidney deu para a cunhada um carro, para que ela pudesse trabalhar e garantir o sustento.

Por tudo que já tinham feito pelas filhas, e por ela e o ex-marido, que chegou a trabalhar com Sidney e a ter o plano de saúde pago por ele, além de um canto para morar oferecido pelo concunhado depois da separação, Terezinha agradeceu desta forma:

– Toninha e Sidney, vocês são a luz da minha vida!

• • •

Em 2010, Maria Antonia Tunda, irmã de Sidney, se aposentou do magistério depois de praticamente quatro décadas de dedicação ao ensino.

Como ela queria continuar morando em São Paulo, Sidney ofereceu-lhe trabalho na área de instalação da empresa. Mas a experiência não foi longa.

Sempre muito segura e econômica, ela conseguira comprar seu apartamento em Pirituba. Sidney propôs à irmã que vendesse o imóvel, pois ele lhe daria todo o apoio para comprar e reformar outro apartamento, mais perto dele e da outra irmã, Shirley, o que realmente veio a acontecer. Maria Antonia adquiriu um apartamento no bairro da Pompeia.

• • •

As viagens pessoais e corporativas da Poloar passaram a ser operadas por Maria Clara Trida Fernandes, a Lalá, cunhada de Sidney, que montou três agências em Catanduva e região.

Quando surgia uma dúvida sobre gestão, ela recorria ao cunhado, que lhe apresentava com clareza as situações e soluções administrativas. Nas poucas vezes em que precisou da ajuda de Sidney, como na finalização da construção da casa própria, ele colocou-se à disposição para ajudar Lalá e o marido Antonio Sergio Fernandes, que logo devolveram o valor.

As comemorações de Natal e Ano-Novo

Reunir a família em Pindorama é praxe e muitas são as passagens marcantes desses encontros.

Mas as festas de final de ano sempre trazem uma emoção diferente. Ainda quando todas as ramificações da família conseguiam se reunir nos Natais, era certo que chegaria o momento do "discurso do Tico", no qual ele tinha por hábito transmitir mensagens inspiradoras e motivadoras que sensibilizavam, citando cada um dos presentes.

Para descontrair, havia ainda o amigo secreto, em que os solteiros não tinham vez!

Muitos dos Natais aconteceram na casa de Olga Ferreira Duarte Trida, mãe de Toninha, que preparava os pratos preferidos do genro Sidney: leitoa à passarinho, doce de abóbora com coco e doce de leite cremoso.

Mesmo sem conseguir reunir toda a família, no Ano-Novo a festa se repetia, embora alguns optassem por viajar.

• • •

Se o Sidney escrever num papel de pão, pode confiar que ele cumpre a palavra. Onde ele toca, vira ouro.

Essa é a imagem que as pessoas cultivam do empresário Sidney Tunda, a de Midas! Aliada à ética e à determinação de ser realizador e agir dentro de conceitos pautados por conduta proba.

Mesmo nos difíceis anos da década de 2010, a solidez da empresa foi suficiente para enfrentar os problemas causados pela inadimplência do período.

• • •

Também em 2010, em busca de uma vida mais saudável, Sidney Tunda submeteu-se ao processo de gastroplastia, conhecido como cirurgia bariátrica.

O procedimento foi um sucesso, assim como a recuperação. O resultado foi igualmente excelente, pois provocou substancial melhora na qualidade de vida do empresário.

O concunhado Antonio Sergio Fernandes, o Tatau, e o sobrinho Hélio Trida Neto, ambos médicos, acompanharam de perto a cirurgia, o pós-operatório e a recuperação.

Com sorte, mas com muito peito e jeito

Luiz, precisamos comprar outro terreno na Marginal Tietê... ou melhor, na Rodovia Anhanguera, bem na entrada ou saída de São Paulo.

Em 2011, essa passou a ser a busca de Sidney Tunda: um local que pudesse ser um CD e que no futuro também acomodasse o escritório central da Poloar.

A procura levou mais de um mês, mas valeu a pena. Sidney e Luiz receberam a informação sobre o pedido de falência de uma empresa e, em função disso, o prédio que era sua sede ficou disponível para venda. Sidney e Luiz começaram a negociar com o proprietário; o imóvel estava avaliado em nove milhões de reais, mas logo receberam dele a informação de que o prédio iria a leilão.

No dia e local marcados, lá estavam os dois e mais umas oitenta pessoas. O interesse era grande, pelo bom negócio que se apresentava com aquela propriedade e também com outros imóveis que entraram em leilão.

Sidney e Luiz acompanharam pacientemente a apresentação dos lotes e os lances, até que chegou a grande hora, na qual o leiloeiro deu a chamada: "Imóvel na Rodovia Anhanguera! O lance inicial é de oito milhões! Quem se habilita? Oito milhões...".

Logo começaram os lances e as ofertas atingiram R$ 8,8 milhões. Sidney levantou o braço e mandou: "R$ 9 milhões". A concorrência envolvia uns dez interessados. De R$ 100 mil em R$ 100 mil se chegou a R$ 10,5 milhões. Muitos pularam fora, ficando apenas Sidney e mais um interessado. As ofertas, que se sucediam entre eles, elevou o preço para R$ 11 milhões... R$ 11,5 milhões... R$ 12 milhões... até alcançar R$ 13 milhões, lance dado por Sidney.

Os ânimos estavam acirrados. A tensão tomou conta do ambiente. As fisionomias de Sidney e Luiz estavam tensas, assim como a do adversário, que deu um passo adiante:

– Treze milhões e cem mil – gritou o homem.

Sidney disse a Luiz:

– O valor está alto. Sei que a propriedade vai valorizar muito... mas não dá para nós...

O leiloeiro passou a pressionar:

– Quem dá mais? Quem sobe o lance? Caso contrário, venderei ao interessado do lance de treze milhões e cem mil reais!

O silêncio imperou por alguns segundos, mas foi quebrado por Sidney:

– Treze milhões e duzentos mil! Ninguém me tira mais o imóvel! Pode ir a vinte milhões que eu não saio daqui sem comprar a propriedade!

O silêncio voltou a se fazer presente no salão. O outro interessado balançou a cabeça negativamente. As pessoas se entreolhavam. Por fim, o silêncio foi quebrado novamente, desta vez pelo leiloeiro:

– Por treze milhões e duzentos mil reais, vendo o imóvel ao senhor ali da esquerda!

Sidney e Luiz gritavam, se abraçavam e comemoravam. A compra foi parabenizada pelos presentes, entre eles o adversário que percorrera um bom caminho do leilão ao lado de Sidney, mas jogara a toalha:

– Parabéns! Você lutou pelo prédio como um vencedor! – exclamou o outro interessado.

Uma grande vitória, tanto porque o imóvel era ideal para as pretensões futuras da Poloar, quanto pela valorização que a propriedade alcançaria, o que veio a se confirmar, multiplicando seu valor.

Daí em diante, era cumprir a burocracia do processo. Haveria ainda um valor a ser pago de R$ 600 mil ao leiloeiro. Sidney e Luiz foram informados de que o valor total deveria ser quitado em até 24 horas.

De lá, Sidney ligou para Gissela e contou sobre o feito. Assustada, ela, que comandava toda a parte financeira da Poloar, perguntou:

– Senhor Sidney, e onde vamos arrumar dinheiro para pagar isso?

Sorrindo, o empresário disse:

– A gerente financeira é você! Eu arrumei o problema, cabe a você encontrar a solução!

Ela então passou a fazer consultas, a limpar as contas em que havia dinheiro – a conta-corrente, os investimentos – e a levantar empréstimos. No dia seguinte, os R$ 13,8 milhões foram pagos!

Logo depois de as contas terem sido acertadas, iniciou-se a reforma e ampliação do prédio, que tinha 4.500 metros quadrados de área construída e passou a ter 18 mil.

Uma antevisão de mais de R$ 100 milhões

Ainda em meados de 2011, a Poloar devia ter algo em torno de R$ 30 milhões em aparelhos no estoque. Como sempre acontecia, era a empresa mais bem estocada do mercado.

Como as vendas estavam fracas, fruto de um período econômico complicado, a quantidade de aparelhos se mostrava ainda mais significativa.

A regra nessas horas, principalmente para uma empresa comercial como a Poloar, é a de tirar o pé do acelerador. Não comprar e trabalhar com o que está em casa.

Mesmo assim, Sidney conversou com o filho Luiz e pediu que, um a um, os fiéis fornecedores, que também sofriam com as dificuldades do setor e do país, fossem convocados para reuniões. Sidney sabia que, pelas circunstâncias, essas empresas estavam com seus CDs cheios de mercadorias e sem uma curta previsão para desovar seus estoques. Muitos desses produtos já haviam sido devolvidos por alguns clientes, além dos cancelamentos de pedidos de certas redes varejistas.

Na Poloar apareceram representantes da LG, Samsung, Fijitsu, Elgin, Daikin e Midea Carrier – em 2011, a companhia chinesa Midea Group Co Ltd. criou uma *joint venture* com a norte-americana Carrier Corporation para produzir e distribuir ar-condicionado e outros eletroeletrônicos na Argentina, no Chile e no Brasil, onde o grupo detém as marcas Carrier, Midea, Springer, Toshiba (direito de distribuição de ar-condicionado) e Comfee.

Os executivos perguntavam entre si: "O que será que o Sidney" – ou Sidão, forma como o empresário é também chamado – "quer com a gente?".

Imaginava-se tudo, menos o real motivo:

– Não tenho esse crédito todo, mas quero comprar dos meus parceiros mais de R$ 100 milhões em aparelhos de ar-condicionado!

Cada executivo de empresa que lá aparecia ficava assustado com o que ouvia. Na verdade, até o próprio Luiz fora pego de surpresa.

Das conversas, um fornecedor saiu com um pedido de R$ 20 milhões, outro com R$ 30 milhões e teve quem levou de R$ 40 milhões. Foram realmente mais de R$ 100 milhões em pedidos.

Mas Sidney guardou na manga sua exigência para concretizar os pedidos:

– Eu quero seis meses de carência e seis meses para pagar os boletos.

No início, como se diz popularmente, foi um banho de água fria. Mas logo a água esquentou e todos eles aceitaram as exigências.

Foi uma decisão que muitos avaliaram como exagerada da parte de Sidney. Até porque a Poloar não tinha nem espaço físico para receber tantos aparelhos de ar-condicionado. O estoque da empresa suportaria a chegada de uns R$ 15 milhões, e Luiz teve que se virar para conseguir alugar mais três galpões no Ceagesp, que ficaram abarrotados.

Os produtos chegavam, mas lá ficavam! Não saíam, não havia volume de vendas. Exatamente por isso, Sidney propusera aquele formato de pagamento, com carência de seis meses.

No primeiro mês de casa cheia, as vendas foram péssimas... no segundo, terceiro e quarto, fracas... mas, no quinto mês, aconteceu um aquecimento descomunal nas vendas e no mercado, que se manteve pelos oito meses seguintes.

Uma das poucas empresas amplamente abastecidas para atender a clientela era a Poloar. A Poloar, de Sidney Tunda!

Todos os fornecedores foram, depois, conversar com Sidney, para saber como ele antevira tal virada de mercado. O primeiro que apareceu na sede foi Toshio Murakami, da Midea Carrier, que perguntou:

– Sidão, de onde você tira essas informações tão certeiras?

O presidente da Poloar olhou para o amigo e respondeu, escondendo os reais motivos que o levaram a mais uma vez ir no sentido contrário do mercado e ganhar quilômetros de vantagem:

– Realmente, Toshio, tivemos uma temporada de enorme sucesso! E o que me levou a antever o aquecimento do mercado foi ter sorte e agir com peito e jeito! Atuando assim, não tem erro! – comemorava Sidney, enquanto Toshio gargalhava e aplaudia o arrojo do cliente e amigo.

Na verdade, as ações visionárias de Sidney são tomadas realmente com sorte, peito, jeito e *feeling*!

Na Bera da Tuia

Queridos familiares e amigos, hoje inauguramos o nosso canto de alegria e companheirismo! É aqui que passaremos as noites com descontração, que comemoraremos nossas datas festivas e momentos marcantes. Sejam todos bem-vindos ao espaço "Na Bera da Tuia".

Um canto de paz e lazer. Assim foi idealizado e criado o Na Bera da Tuia, salão de encontros e festas muito bem-estruturado – o que é a marca registrada de Sidney Tunda. Até poço artesiano foi construído.

O nome foi escolhido em homenagem à canção de Tonico e Tinoco, "Na Beira da Tuia", cujo refrão é:

Na beira da tuia,
Oi que baile bão.
Na beira da tuia,
Eu ganhei seu coração.
Baile na beira da tuia
É a festa no sertão
Morena dos olhos verdes
Que prendeu meu coração
Baile na beira da tuia
É a festa do terreiro
Alegria da fazenda
E um viva pro fazendeiro...

A tulha é um compartimento de madeira muito comum no interior, para armazenar o café que é colhido e beneficiado.

A área total, com quinze alqueires, onde antes era um pasto, além de ter o equipado e decorado salão, é colorida por flores e conta com um agradável bosque repleto de árvores – mais de trezentas –, algumas de frutas exóticas, como tâmara. O terreno faz divisa com outra área de descontração da família, do genro Giovani Soares, a cachaçaria.

A inauguração aconteceu em 2011 e, como não poderia ser diferente, o festeiro Sidney Tunda reuniu centenas de pessoas próximas e abriu as portas e o coração para receber gente querida, que ao final do encontro levou para casa como lembrança uma garrafa de cachaça mineira, que Luiz encomendou do alambique pertencente ao ex-vice-presidente da República, o empresário José Alencar. Luiz comprou trezentas garrafas da bebida que, em vez de trazer o nome da cachaça de Alencar, "Maria da Cruz", apresentava "Na Bera da Tuia" no rótulo.

Também em Na Bera da Tuia há uma área reservada com várias garagens individuais, onde Sidney mantém sua coleção de carros antigos em excelente estado de conservação.

• • •

Tanto em Na Bera da Tuia quanto na cachaçaria, o genro Giovani gosta das conversas que tem com Sidney. As preferidas são as lembranças de duas viagens que fizeram juntos.

Uma delas foi para a Patagônia, em 2004, numa viagem de incentivo programada pela LG, mas com toque familiar. Além de Sidney e Giovani, participaram as esposas, Toninha e Ana Carolina.

Durante o passeio, Giovani observava a forma carinhosa como Sidney se referia a ele nas mesas de conversa: "O Giovani é muito empreendedor e vai crescer bastante com a STR. Ele tem visão para os negócios e é um rapaz de caráter e de grande valor".

Outra viagem marcante eles fizeram para a Alemanha, na Copa de 2006. Os dois ficaram quinze dias juntos, percorrendo as cidades e pontos turísticos sem falar o idioma local ou mesmo inglês, o que foi motivo de muitas situações divertidas.

Giovani registra a emoção dos dois momentos:

– Sempre que estamos juntos, conversamos bastante e sobre vários assuntos. O senhor Sidney é uma grande referência na minha vida pessoal e profissional. Essas duas viagens expressam um pouco da forma com a qual cultivamos o nosso relacionamento, um sentimento de pai e filho.

Extrema, lá vou eu

Localizado a pouco mais de cem quilômetros da capital paulista, o município de Extrema é o primeiro a fazer divisa entre o sul do estado de Minas Gerais e São Paulo.

A prefeitura local passou a conceder benefícios fiscais para as empresas que lá se estabelecessem e cumprissem algumas regras. Em conversas com os filhos e consultores, Sidney decidiu criar um Centro de Distribuição (CD) da Poloar em Extrema.

Inicialmente, foi alugado um depósito de dois mil metros, mas que em pouco tempo se mostrou pequeno. Um outro de dez mil metros foi também alugado a um alto custo.

Como é do feitio de Sidney, em conversas com a diretoria, a decisão foi partir para a criação e construção do próprio depósito.

Na companhia de Luiz, ele foi à caça de uma área no município. Depois de muito circularem, os dois encontraram uma propriedade rural, um pasto de 33 mil metros quadrados. Sidney apresentou-se como interessado, negociou e comprou a área, onde foi então iniciado o projeto do CD.

A aquisição foi feita com recursos próprios; Gissela até chegou a fazer cadastro no BNDES, mas ficou como um plano B, que não foi utilizado.

As obras foram extensas; era preciso acertar o desnível da terra.

Mas a surpresa maior se deu na hora em que uma determinada área do terreno começou a ser mexida, e ali havia uma enorme quantidade de pedras. A quebra e a remoção foram trabalhosas e custosas; uma empresa especializada em explosivos, com licença do exército, foi contratada, e foram transportados mais de mil caminhões carregados. Esse volume foi cedido à prefeitura de Extrema para canalização do rio situado na região central do município.

As obras levaram quase três anos para ficarem prontas e, em 2013, resultaram num depósito de aproximadamente 34 mil metros quadrados, todo pavimentado, e também numa operação de melhor rentabilidade e facilidade logística de estocagem. Anos depois, foi iniciado um projeto de ampliação da área.

Tais investimentos frearam as obras da área de escritórios da Anhanguera, mas a estrutura projetada para o CD foi finalizada e colocada em operação. A ideia de Sidney era mudar a matriz da Poloar para o imóvel da Via Anhanguera, mas, por conveniência de benefícios fiscais, as operações migraram para Extrema e a central de São Paulo foi mantida.

• • •

Em 2011, o casal Shirley Tunda Rizzo e José Luiz Rizzo, o Zelão, comemorou 25 anos de casamento.

Toninha e Sidney imaginaram presenteá-los com algo inesquecível e queriam estar presentes também no momento tão especial.

E conseguiram. Os quatro embarcaram para a Terra Santa, Israel! Outras viagens vieram, como um cruzeiro e a que fizeram em grupo para Portugal e Espanha.

Sementinhas do bem

Olá, Walter, aqui é da Poloar. Recebemos o seu currículo e temos uma vaga de assistente de faturamento. Você pode vir aqui na empresa para fazer uma entrevista?

Em 2011, a ligação recebida por Walter da Silva Ferreira o deixou feliz e esperançoso em conquistar o emprego; ele estava desempregado havia dois anos. Por indicação de um amigo, responsável pelo alerta sobre o elevado número de empresas na Vila Anastácio, Walter bateu de porta em porta, deixando seu currículo.

Ao chegar à Poloar e saber que era uma empresa de ar-condicionado, ele conversou e entregou seu histórico profissional na portaria a João Moura Matos, que o encaminhou ao RH.

Dias depois, Walter foi entrevistado e contratado. Não tardou e ele teve o primeiro contato com o fundador da empresa, que passou pela sala dele, cumprimentou-o, e também a todos que lá estavam, e desejou-lhe sucesso na função.

Daquela rápida conversa, Walter levou consigo a melhor das impressões, confirmada pelos colegas de trabalho.

Assim como desejara Sidney, Walter passou por treinamentos e contou com as orientações de supervisores do setor, que o ajudaram a evoluir profissionalmente e a receber promoções na empresa, até chegar a supervisor de faturamento.

Além disso, Walter acompanhou o desenvolvimento e o crescimento da Poloar, tanto do escritório quanto da criação dos Centros de Distribuição. Na área de faturamento, foram feitos vários investimentos, entre eles em informatização, para emitir notas fiscais com maior rapidez e, desta forma, poder atender melhor os clientes.

Na rotina profissional, após a análise do crédito, o pedido segue para o faturamento. Ali são avaliados o imposto referente ao estado do cliente, o cadastro, o histórico financeiro do comprador... Depois dessas etapas, o pedido faturado segue para um dos Centros de Distribuição, para que a mercadoria seja separada, carregada e entregue.

A devoção de Sidney também marca entre as características do empresário. Walter conta com apreço que em toda reunião, desde a primeira em que participou com o empresário, ele faz uma oração, um painosso, e sempre tem algumas palavras motivadoras para compartilhar com a equipe.

A gratidão e o carinho que Walter tem pelo patrão e pela Poloar são enormes. A empresa o ajudou a realizar alguns sonhos. Entre eles, o de adquirir dois terrenos para a construção de casas. O rapaz necessitava de uma ajuda financeira para o valor da entrada, e disse:

– Senhor Sidney, preciso da sua colaboração para poder investir em algo que garantirá o meu crescimento patrimonial.

Sidney não só atendeu ao pedido de Walter, mas o ajudou além do valor que ele havia solicitado. O empresário tem mesmo por praxe ser generoso com as pessoas próximas, incentivando-as ao dizer: "Se você quer fazer, vá em frente que eu te ajudo".

Walter continuou com as conquistas, melhorando sua condição financeira e profissional, e cursou a faculdade de Arquitetura. Ele tem Sidney Tunda como exemplo de ser humano e empreendedor, procurando basear-se na postura do empresário:

– Quando você anda com pessoas sérias e que querem o seu bem, você prospera. Este é o sentimento que o convívio com o senhor Sidney e meus colegas da Poloar desperta. Minha entrada na empresa foi uma bênção de Deus.

E Walter cria suas metas futuras:

– Quem sabe eu ainda consiga retribuir tudo o que recebi e fazer algo da mesma importância ao próximo. A Poloar planta as sementinhas do bem!

Mas o maior dos sonhos de Walter era poder dar uma vida mais tranquila para a mãe e fazer com que ela deixasse o trabalho de empregada doméstica. E conseguiu. Por isso, sempre ouve o seguinte conselho materno:

– Filho, valorize seu patrão e seu emprego. Graças a eles, você alcançou várias conquistas em sua vida e carreira!

A família Poloar

Eu amo o que faço! Adoro me relacionar e atender os clientes, lidar com o ser humano e fazer as tratativas. Para mim é uma alegria, não encaro como trabalho.

É assim que Leonilde Feitosa da Silva, a Léo, avalia a atividade que exerce na Poloar como vendedora da revenda; o setor atende clientes e arquitetos indicados pelos instaladores.

Quando se encontra com Sidney Tunda, ela reforça a alegria em atuar na empresa. E vai além:

– A Poloar é muito especial e nela as pessoas trabalham com entusiasmo e proximidade.

Logo que entrou na companhia, em 2011, Léo ouviu do próprio Sidney um pouco de sua história de vida: as dificuldades que teve que enfrentar, como se lançou empresário, sua sensibilidade para os negócios, o crescimento da Poloar e sua devoção religiosa.

Por isso, ela tem por hábito colocar o patrão em suas intenções nas orações:

– Eu torço muito para que tudo que ele construiu se multiplique ao longo do tempo. Há muitas pessoas e famílias que dependem da Poloar. O senhor Sidney é corajoso, audacioso e tem grande visão empresarial. Peço sempre a Deus que lhe dê muita saúde.

Além de se encontrar com o chefe no departamento, quando ele passa para cumprimentar e motivar o pessoal, em algumas quintas-feiras Léo participa das comemorações da empresa e dos descontraídos *happy hours* após o expediente, nos quais o patrão reforça o sentimento de família que impera na Poloar.

Portas abertas

Seja bem-vindo! O bom filho à casa torna. Muito sucesso no seu retorno e espero que você não saia mais da Poloar.

Desta forma Sidney recepcionou Rogério Quedas, que havia se afastado da empresa por alguns anos, indo trabalhar com o tio na Clima Frio, e retornava no final de 2012.

Feliz com a nova oportunidade, Rogério agradeceu ao presidente da empresa:

– Senhor Sidney, estou muito feliz e motivado para realizar um excelente trabalho.

Inicialmente, Rogério foi contratado como analista de crédito, mas logo assumiu a gerência do setor para pessoas física e jurídica. Uma posição de grande responsabilidade, pois envolve a liberação do valor de crédito para as compras dos clientes.

Mas, após um ano, uma grave denúncia recaiu sobre ele: a de desvio de recursos. Houve ali um grande equívoco, provocado por um gerente da época, de quem partiu a acusação, que queria ver Rogério fora da empresa.

Naquele período, a mãe de Rogério estava hospitalizada e internada na UTI, e ele precisava de recursos extras para suportar as despesas. Um amigo de Rogério, que trabalhava com ar-condicionado, consultou sobre a possibilidade de fazer uma venda a um grande cliente. Ele fez a ponte com a área comercial e consultou o gerente do setor, o vendedor que faria o atendimento e o tal gerente-geral, para saber se haveria como receber uma comissão pela venda; as respostas dadas foram positivas.

Depois da negociação concluída e da comissão paga, o mesmo gerente desafeto o denunciou para a diretoria, sob a alegação de desvio de verba pelo valor acertado; todos os outros envolvidos cientes da situação endossaram a posição contrária a Rogério.

Dada a gravidade do caso, Rogério Quedas foi demitido. O rapaz ficou desolado, mas não desistiu de reverter o mal-entendido. Mesmo a distância, ele continuou fazendo suas verificações e descobriu que o desafeto gerente, sim, comandava um grupo de desvios na área de logística.

Agora era a vez de Rogério realizar a denúncia, feita a Sidney Junior. Tudo foi apurado e realmente constatado. O grupo envolvido foi demitido e Rogério Quedas, recontratado. Como alerta, ficou a decisão de sempre apurar os casos que envolvam demissões de colaboradores em acusações de quebra de confiança.

O trabalho dele foi retomado e novamente Sidney Tunda ficou feliz com o esclarecimento, apesar do desagradável ocorrido com os outros integrantes.

A passagem em nada abalou a confiança depositada por Sidney e os diretores em Rogério, que, quando precisou de algum tipo de ajuda, falou diretamente com seus superiores.

Em uma dessas oportunidades, Sidney Tunda aceitou contratar o irmão do funcionário, que depois foi promovido a gerente da loja da rede em Sorocaba. O próprio Rogério ganhou também a oportunidade de adquirir um caminhão e colocá-lo para prestar serviços de entregas na área de logística da Poloar.

Malas prontas para o Japão

Tio Ticão, os meninos precisam de um cardiologista para acompanhá--los ao Japão! Não é seguro que eles viajem sem ter um médico ao lado! Sendo assim, coloco-me à disposição para fazer este sacrifício...

Mas o que Luiz e Junior fariam no Japão? Só uma paixão os levaria a cruzar o mundo, assim como dezenas de milhares de torcedores: o Corinthians, que se qualificou para disputar a nona edição da Copa do Mundo de Clubes da Fifa!

O divertido alerta feito pelo sobrinho médico deu certo: Hélio Trida Fernandes ganhou da tia Toninha e do tio Ticão a viagem. Sidney preferiu não viajar, pois havia estado por duas vezes na Ásia e enfrentara viagens bastante cansativas; numa delas, que fizera na companhia de Junior e Giovani, foram mais de 33 horas de voo.

Em 2012, lá se foram os esperançosos corintianos para a Terra do Sol Nascente. Um grande grupo de torcedores alvinegros invadiu o Japão pelo sonho do título mundial. Na estreia, pela semifinal, o Corinthians enfrentou e venceu o Al-Ahly do Egito por um a zero, com gol de Paolo Guerrero.

Para alcançar o tão sonhado título, era preciso agora vencer uma batalha considerada quase impossível: contra o time inglês Chelsea. A partida foi dura, disputada, do tipo que vence quem errar menos, quem aproveitar alguma oportunidade.

No dia 16 de dezembro, quis então o destino que o Corinthians levasse a melhor: novamente com gol de Paolo Guerrero, artilheiro da competição, o time do técnico Tite e do ídolo Cássio levou o título.

• • •

Em 2013, numa viagem da família à Disney, a sobrinha Isadora Godas Trida acompanhou os tios Toninha e Sidney, além dos primos; a estada dela foi um presente da prima Ana Carolina.

Pois Isadora ia às compras com os tios, por saber se virar bem no inglês, e com isso os ajudou bastante.

Depois que retornaram, Sidney sempre dizia nas reuniões familiares: "A Isadora é uma excelente companheira de viagem".

O falecimento de Jorge Tunda

Filho dedicado que sempre foi, Sidney fez o desejo de Sebastiana, que pretendia mudar de casa. A mãe queria ter um canto menor, mais ajustado às necessidades dela e do marido Jorge, mas espaçoso o suficiente para receber os filhos.

O imóvel foi reformado e adaptado ao modo de vida dos pais, mas não houve tempo para que Jorge curtisse a nova moradia ao lado da esposa.

Desde que sofrera um infarto, em 1983, passara a requerer cuidados especiais dos quatro filhos, que o paparicavam. Mas a saúde de Jorge não andava nada bem. Ele também mimava sua prole, demonstrando orgulho de cada um deles; aquele homem duro e severo na criação e no trato com os filhos ficara no passado.

Mas, em 2012, depois de uma sequência de tombos, surgiu um coágulo na cabeça do homem. Ele foi internado em Catanduva. Até que, certo dia, seu estado piorou e os filhos foram acionados. Logo que recebeu a notícia, Sidney seguiu para o hospital e transferiu o pai para São José do Rio Preto. Ali ele foi operado e ficou internado por alguns dias, até receber alta.

Desde o retorno para casa, ele nunca mais foi o mesmo; passou a ter lapsos de memória e foi definhando. Era difícil cuidar dele, por ser um homem alto e forte. Sidney então contratou enfermeiros para estar com os pais 24 horas por dia. As dores nas costas, em função ainda dos sacos de sessenta quilos que carregava quando era carroceiro, também incomodavam bastante.

Foram alguns meses de dificuldade, até que seu estado clínico se complicou e Jorge Tunda não resistiu, vindo a falecer aos 93 anos, em 25 de junho de 2014, no mesmo dia do aniversário da filha Maria Antonia.

No velório, Sidney virou a madrugada ao lado do corpo do pai e ali ficou até a despedida final; ele carrega consigo algumas características de Jorge, como a de ser destemido, realizador e bastante crítico, além de muitas recordações.

O pai era muito companheiro e prestativo com os filhos. Em relação a Sidney, ele o enaltecia pelo sucesso alcançado na trajetória e pela generosidade, dizendo: "Tenho grande orgulho de você, Sidney".

Depois que Sidney veio para São Paulo, trabalhou e se estabeleceu, Jorge foi importante e de grande utilidade para ele, em especial no acompanhamento da construção da casa e de alguns negócios dele na cidade.

Por aquela dura conversa que tiveram momentos antes de ele deixar Pindorama e vir se aventurar em São Paulo – em que Jorge Tunda disse que, se soubesse da novidade com mais tempo, teria comprado uma caixa de rojões para soltar –, ele nunca se desculpou com o filho. Mas a passagem havia sido totalmente superada.

Naqueles momentos de despedida e olhando para o pai, Sidney ainda relembrou de um diálogo descontraído, no qual disse a Jorge:

– O senhor me mandou embora de casa.

Pois o pai não deixou a peteca cair e rebateu:

– Sidney, eu fui seu melhor amigo! Se você não tivesse ido embora, não seria o empresário de sucesso que é hoje. Você é o resultado das suas atitudes.

• • •

Dias depois do falecimento de Jorge, a mudança de Sebastiana foi providenciada. Ela também estava bastante abatida pela perda do marido, com quem foi casada por 71 anos, e se locomovia de cadeira de rodas. Mudar de casa lhe fez muito bem, tanto que, apesar da idade, ela voltou a andar tempos depois.

Bem em frente à casa, foi colocada a placa de "vende-se" num terreno. Pois Sidney propôs para a irmã Maria Antonia: "Se você comprar, eu construo a casa".

Assim foi feito: Maria Antonia adquiriu o terreno, e Sidney, conforme prometido, presenteou-a com a entrega do imóvel pronto.

Reforço de peso

Luiz, estou no mercado. Se tiver alguma oportunidade para mim, estou à disposição.

Como não dar ouvidos a um amigo de longa data e profissional de constatada capacidade, Jorge Otávio Batista Miranda, com mais de vinte anos de experiência no mercado de ar-condicionado? Miranda havia atuado nas áreas comercias da Springer Carrier e depois da Midea Carrier, onde chegou a ser gerente.

Em 2014, ao ouvir o pedido de Miranda, Luiz agendou com ele uma conversa, a qual contou com a participação de Sidney Tunda. De lá, Miranda, que imaginava se tornar gerente de uma loja da Poloar, saiu contratado, mas para uma missão maior.

Sidney perguntou a ele:

– Você encara o desafio de gerenciar toda a nossa rede de lojas? – Logo que Miranda respondeu afirmativamente, Sidney definiu: – Então, vamos arregaçar as mangas e trabalhar para ampliar nosso número de filiais.

Como passou a estar do mesmo lado da mesa que os Tunda e a Poloar, Miranda conheceu ainda mais Sidney e sua representatividade na família e na empresa, em especial seu estilo de gostar de ouvir as ideias e opiniões da equipe nas tomadas de decisões.

Entre tantas oportunidades, um exemplo disso aconteceu numa das primeiras reuniões das quais Miranda participou com outros gerentes e diretores. Miranda sugeriu, depois de minuciosa avaliação da loja, que a empresa investisse na filial de Bauru, por acreditar no potencial da área; seriam direcionados recursos estruturais e para o marketing local. Sidney colocou o tema em discussão com seus pares, e as opiniões se dividiram.

Para muitos, isso poderia significar desistir de fazer os investimentos propostos por Miranda, até pelo pouco tempo que ele tinha de empresa. Mas Sidney também coloca um componente importante e pessoal em suas decisões: o *feeling*, o sentimento daquilo em que acredita.

O empresário então convocou Miranda para uma nova conversa, onde fez uma sequência de perguntas, cujas respostas superaram sua expectativa. Ao final, Sidney, que tinha apostado na visão de mercado do gerente, autorizou o aporte financeiro.

Com os investimentos feitos, os resultados alcançados na loja de Bauru foram altamente satisfatórios. Depois de dez meses, Miranda foi convidado a assumir a gerência comercial geral da empresa, ficando responsável por todas as áreas de vendas. Inicialmente, haveria um período de avaliação e experiência de três meses do executivo na função, mas ao final do primeiro mês Miranda foi efetivado pelo próprio Sidney.

Assim o funcionário reforçou a imagem que o mercado cultiva do patrão, a de Sidney ser um empresário diferenciado, arrojado, mediador e que sabe alinhavar as ações, além de ter a característica de ser um excelente negociador.

São posturas de um gestor que transmite segurança para a empresa e seus colaboradores, e também fizeram a admiração que Miranda cultivava por Sidney transformar-se numa forma carinhosa e especial de chamá-lo, conforme explica:

– Tenho enorme admiração pelo senhor Sidney. Eu o chamo de "professor" pelo jeito específico que ele tem de conversar e de agir, sempre com uma visão humanista. Como quando garantiu aos funcionários no auditório da Poloar, durante os períodos de crise nos anos de 2014 e 2015, que ninguém seria demitido. Ele é um empreendedor sólido e estrategista, que sabe delegar e ensina isso aos três filhos e a todos nós que trabalhamos na empresa.

O modelo de empreender também é respeitado por Miranda:

– O senhor Sidney assume as responsabilidades e, como se diz popularmente, dá a cara para bater. Com ele, os negócios vão para a frente. Ele manda fazer e, se precisar, pede para refazer; ele gosta de construir com qualidade. Um entusiasta nato, sempre otimista. O senhor Sidney é o nosso grande pilar!

Cultura da empresa

"O senhor Sidney nos transmite muita confiança. Ele veio de situação difícil, não herdou nada. Tudo que construiu foi com o próprio esforço. Ele é inspirador."

"A Poloar tem uma postura cultural enraizada por ele: trabalhamos sempre dentro da rentabilidade estabelecida pela empresa e não fazemos loucuras."

"A determinação é não se deixar levar pelos erros alheios! Vez por outra assistimos a uma ou outra empresa fazer loucuras no mercado, mas vamos pelo sentido contrário. Nessas situações, o senhor Sidney nos diz: 'Deixa eles... certamente, irão queimar o estoque e ficarão sem produtos. Não queremos apenas fazer uma venda, mas nos relacionar com os nossos clientes, atendê-los bem e mantê-los fidelizados'."

Os colaboradores sabem valorizar a história do fundador e presidente da Poloar, e conhecem com clareza a política da companhia, que pensa não apenas nos negócios de hoje, mas em cuidar da saúde da organização, para ser sadia também no amanhã.

Na Poloar, existe preocupação com a gestão da saúde financeira da empresa, além da política de saber comprar bem antes de se preocupar em vender bem. Tal política originou a seguinte frase no mercado: "Se a Poloar não tem estoque, ninguém tem".

Cada empresa fornecedora e cada modelo têm seu consumidor específico, seja ordenado por preço, qualidade, operacionalidade... Entre os aparelhos Splits, as potências mais vendidas são as de nove mil, doze mil e dezoito mil BTUs.

Mas, independentemente do nível de consumo dos clientes, todos recebem atenção especial em cada uma das etapas da relação comercial, que são as de contato prévio, venda e pós-venda, justamente onde muitas das empresas pecam. Um detalhe que aparentemente se mostra insignificante pode gerar insatisfação no consumidor. E, caso isso aconteça, a missão da equipe comercial é a de reverter a situação criada:

– Nossa equipe de vendas precisa fazer a diferença no atendimento aos clientes e acompanhamento dos pedidos. Isso garante a segurança e a continuidade no relacionamento – explica Sidney Tunda.

As reflexões e frases do empresário sempre deixam boas lições. Numa delas, Sidney perguntou a quem estava ao lado:

– Vocês sabem o que é melhor do que ganhar dinheiro?

As respostas foram aparecendo: "família"... "saúde"... até que Sidney deu a própria versão:

– Melhor do que ganhar dinheiro é investir dinheiro na geração de riqueza. Ou seja, fazer com que esses recursos gerem oportunidades para as outras pessoas. – E contextualizou o que buscava transmitir: – Inicialmente, usufruímos daquilo que ganhamos, pagando as nossas contas, os estudos dos filhos, os momentos de lazer... O resultado do trabalho gera benefícios e qualidade de vida. Além disso, precisamos fazer a economia girar, para garantir que benefícios e qualidade de vida sejam também usufruídos pelas outras pessoas.

Outro talento de Pindorama

Carlinhos, você topa assumir a loja Poloar do Itaim?

A indicação havia partido de Junior, com quem Carlos Eduardo da Silva trabalhara até ir para o Itaim, e Sidney Tunda dera o aval. Em 2015, ele encarou o desafio.

Natural de Pindorama, Carlinhos conhecia a família Tunda de longa data. Quando ainda cursava faculdade, o pai dele foi vender bezerros para Jorge Tunda. Nessa negociação, o homem perguntou:

– Seu Jorge, o senhor não consegue arrumar trabalho para o Carlos com o Tico?

Jorge disse que iria recomendá-lo e logo marcou um encontro de Carlinhos com Sidney, do qual, aos 18 anos, saiu empregado e pensando: *Quando se é contratado pelo envolvimento das famílias, a responsabilidade aumenta muito.* E imaginou: *Espero conseguir percorrer a minha trajetória com o mesmo sucesso que o senhor Sidney teve, vindo jovem para São Paulo, trabalhando bastante e vencendo na vida.*

Em 1992, o rapaz começou como vendedor na loja da Bela Vista, na Rua Conselheiro Ramalho; os contatos eram feitos por telefone. Na época, havia ainda poucos funcionários e, às sextas-feiras, após o expediente, eram feitos churrascos. O próprio Sidney comprava a carne e fazia questão de servir o pessoal.

Ali Carlinhos permaneceu até 1994, quando se desligou para fazer mestrado em Direito. Assim que terminou o curso, Carlinhos foi recontratado.

Em fins dos anos 1990, quando o setor de revendas foi criado, Carlinhos foi transferido para a área e, em 2000, tornou-se supervisor. Dois anos depois, quando a Poloar se mudou para a Vila Anastácio, Carlinhos ficou com Junior na Bela Vista, onde funcionava a empresa Pindorama, na qual se manteve até 2003, quando se desligou da companhia, para a qual retornou em 2007. Logo depois, Carlinhos voltou a trabalhar com Junior, agora na loja da Lapa.

Mesmo graduado e titulado em Direito, Carlinhos nunca teve interesse em atuar no setor jurídico, já que sua vocação está em vendas.

Para ter carreira longa na Poloar, Carlinhos sabe que é preciso conciliar o trabalho honesto com excelente desempenho profissional: "É um pacote. O senhor Sidney já deixou isso claro na nossa primeira conversa".

Mas também é necessário saber respeitar o ambiente e os companheiros de trabalho. Como aconteceu durante o apagão, quando a empresa se viu obrigada a dispensar alguns colaboradores. A informação foi passada pelos supervisores, que chamaram tanto Carlinhos quanto sua colega de departamento para conversas reservadas. De ambos, os líderes ouviram: "Com qualquer um dos dois que ficar, a Poloar sairá ganhando. Somos bons profissionais".

Conclusão: a postura deles era verdadeira e agradou tanto que os dois foram realocados para assumir outros departamentos.

Como Carlinhos é de Pindorama, sabe das benfeitorias que Sidney faz no município, das ajudas ao pessoal da cidade e das distribuições de brinquedos e cestas básicas para a população; o próprio pai de Carlinhos foi um dos beneficiados com a cesta de alimentos.

Inclusive, Carlinhos foi ajudado diretamente por Sidney. Em 2002, quando a filha dele nasceu de sete meses, o colaborador recebeu um enxoval para a criança, que foi entregue numa grande caixa de madeira com um carinhoso cartão assinado por *Toninha e Sidney*.

Como a criança nasceu prematura, precisou ficar um tempo na UTI. A menina se recuperou muito bem e teve alta, mas chegou uma elevada conta do hospital a ser paga, de 15 mil reais. Sidney comprou a briga, reduziu a despesa pela metade e ainda parcelou o valor em dez vezes.

O rapaz, que precisava arcar com as parcelas, recebeu ainda um aumento de salário, o que aliviou bastante na hora de pagar os compromissos.

Outro momento especial aconteceu quando Carlinhos estava na parte de cima da filial do Itaim, onde fica sua mesa, e ouviu a voz de um homem que procurava por ele, perguntando se poderia subir a escada. Pois Carlinhos reconheceu a voz: era de Sidney Tunda, que foi visitar a loja e já entrou brincando: "Ninguém aqui vai me oferecer um café?".

Houve ainda a passagem de quando Sidney aceitou o convite de Carlinhos e foi à casa do funcionário, onde era oferecido um churrasco.

Escritor e gerente garimpado

– Senhor Sidney, aceita escrever o prefácio do meu livro?

O pedido foi feito por João Paulo de Souza, que veio a gerenciar a loja Poloar de Osasco e escreveu o livro *Você sabe vender?*, lançado pela Editora Ser Mais, do empresário Mauricio Sita, que o convidou também para ser coautor do livro *Manual de relacionamento com o cliente*.

João Paulo fez então a sugestão ao patrão, que a aceitou de imediato.

O texto inicia assim:

Fiquei surpreso e feliz quando soube que João Paulo estava escrevendo um livro e mais surpreso e honrado por ter sido convidado para fazer o prefácio.

E termina com o jeito Sidney Tunda de ser:

Para um profissional ser bem-sucedido, precisa ter três qualidades: sorte, peito e jeito.

– Sorte para ser feliz,

NOVA FASE DA EMPRESA • 219

– Peito para ser aguerrido e determinado,
– Jeito para fazer tudo com qualidade e perfeição.
Parabéns pelo livro. Estou orgulhoso e agradeço com muita honra por fazer parte da sua história de vida.
Abraços

Sidney Tunda
Presidente e fundador do Grupo Poloar

Admiração e gratidão expressam e explicam o motivo de Sidney ter sido o escolhido para escrever o prefácio. Tudo que João Paulo conquistou em sua trajetória tem a participação de Sidney Tunda e da Poloar.

Em 2002, ele era caseiro de uma área que ficava ao lado de um terreno que Sidney comprara no bairro da Lapa. O empresário, que simpatizou com o rapaz e seu zelo pelo trabalho, ofereceu-lhe um emprego de servente de pedreiro e, no ano seguinte, de porteiro no prédio da Poloar, na Bela Vista.

Bastante prestativo, interessado e atento, João Paulo cresceu na empresa e construiu uma linda trajetória: foi vendedor, supervisor, coordenador, gerente de revendas e depois gerente da loja Poloar da Lapa, onde participou da abertura da filial. Inicialmente, havia a possibilidade de ser parceiro na loja, mas a ideia não se desenvolveu.

Paralelamente ao trabalho, ele investiu nos estudos, cursando Direito, Gestão Comercial, Administração, Gestão em Estratégia de Pessoas, docência no ensino superior e depois Pedagogia.

Assim como recebeu de Sidney uma oportunidade no passado, João Paulo procura abrir espaço na área de vendas a quem vive momentos difíceis, apostando em alguns casos na contratação de pessoas desempregadas, com família para criar, mas com garra para trabalhar e reverter a situação. Ele desenvolveu um método de treinamento, com duração de quinze dias, que busca alcançar resultados satisfatórios com o desempenho dos profissionais. Sidney Tunda aprecia a fórmula.

Em tantos anos de convívio com Sidney, muitos foram os aprendizados que João Paulo, dono da natural impulsividade do profissional de vendas, adquiriu. Entre eles: "Antes de tentar resolver um problema, busque conhecê-lo e entendê-lo. Tenha paciência e cautela nas tomadas de decisões", costuma alertar o patrão.

Outro aprendizado adquirido de Sidney foi: "Busque manter um relacionamento mais sadio e duradouro com as pessoas, inclusive com quem não se tem tanta afinidade".

Mais um pindoramense na Poloar

Senhor Sidney, fico muito feliz que tenha dado tudo certo e que, finalmente, vamos trabalhar juntos!

Em janeiro de 2015, Ademilson Modesto aceitou o convite de Sidney Tunda para assumir a gerência de logística do Centro de Distribuição de Frutal.

Naturais de Pindorama, eles se conheciam de longa data; os pais deles, Jorge e José, eram amigos. Mas quando Sidney veio viver em São Paulo, Ademilson era criança; pela diferença de idade, Sidney mantinha amizade com os irmãos dele.

A aproximação entre os dois se deu por volta de 1995. Quando ia para Pindorama, Sidney era muito festejado e adorava estar cercado pelo pessoal da cidade. Havia muitos anos o casal Toninha e Sidney tinha por hábito distribuir em torno de mil cestas básicas na cidade, e Ademilson era um dos agraciados.

Na época, ele trabalhava com logística e Sidney, que gosta de chamar o amigo pelo sobrenome, dizia-lhe: "Modesto, você ainda vai trabalhar comigo em São Paulo". Até que, em 2014, voltando das férias, Ademilson foi surpreendido com sua demissão da empresa com a qual tinha total comprometimento e longa trajetória.

Na semana seguinte, Sidney esteve na cidade e, quando soube do ocorrido com o amigo, convidou-o para uma conversa e ofereceu-lhe emprego na matriz da Poloar.

Como Ademilson não queria morar em São Paulo, restou-lhe a possibilidade de trabalhar no CD de Extrema. Ele então foi com Luiz até o local, mas nada ficou acertado. Disse que iria pensar e daria a resposta. De lá, os dois ligaram para Sidney e explicaram a situação, mas o empresário cantou a bola: "O Modesto não vem".

Logo que chegou em casa, a esposa lhe avisou que tinham surgido três propostas de emprego nas proximidades de Pindorama e, como havia antecipado Sidney Tunda, ele aceitou uma delas.

Mas sua trajetória no novo emprego durou cinco meses, até nova investida de Sidney. Desta vez, era para gerenciar o CD de Frutal, que seria inaugurado. Frutal está localizada a 184 quilômetros de Pindorama.

Eles conversaram, se acertaram e ambos saíram felizes com o desfecho. A dimensão do terreno de Frutal tem mais de dez mil metros, com muita área verde, pátio para os caminhões e em torno de cinco mil metros de construção destinada à estocagem. E ainda resta muito espaço para expansão. A capacidade de estocagem máxima pode chegar a duzentas mil peças, embora, por segurança, se trabalhe com um número em torno de 50% a 60% da capacidade.

Quando Ademilson encontra com Sidney em Frutal ou Pindorama, aos finais de semana e feriados, é certo que eles tenham um tempo para se reunir com os amigos em Na Bera da Tuia, ou mesmo tenham conversas reservadas.

Os temas são os mais variados: política – o menos comentado –, religião, variedades e futebol, mesmo vestindo camisas distintas; Ademilson Modesto é palmeirense.

Certa vez, o colaborador comentou com Sidney uma frase que ele aprendeu quando chegou a trabalhar na polícia e que agradou ao empresário: "Um homem com um ideal tem uma bússola na cabeça e um barco no coração". E o coração é o que orienta a maioria dos atos de Sidney Tunda.

Além de Ademilson, a esposa, a nora e o filho também residem no CD da Poloar em Frutal; o rapaz, Luan Castrello Modesto, atua com o pai na logística, e a esposa, Carolina, na loja Poloar da cidade.

Numa das conversas entre eles, Ademilson Modesto fez uma confissão ao amigo e patrão:

– Senhor Sidney, eu voltei a ser feliz no meu trabalho quando entrei na Poloar. Obrigado por me aguardar e acreditar em mim. O senhor é um homem de grande fé cristã e iluminado por Deus.

Palavra sensata

Uma vez o senhor Sidney me perguntou como eu estava me saindo e me tranquilizou ao dizer: "Ninguém nasce sabendo. Estude, porque isso é muito importante".

A frase, dita por Sidney Tunda em fevereiro de 2015 ao então assistente de vendas Fernando Mello Menezes, logo que este havia entrado na empresa, deixou o rapaz de 20 anos mais seguro, pois todo início numa nova companhia requer um período de adaptação. Tanto que ele logo recebeu promoções, passando para auxiliar administrativo, vendedor, supervisor técnico da área de vistorias e supervisor de vendas.

Ainda naquele início de trabalho, Fernando mantinha contato com os clientes pela área de pós-vendas, para saber do grau de satisfação ou mesmo se algum tipo de desconforto poderia ser revertido. Mesmo sendo poucos os casos, vez ou outra ocorre algum problema, geralmente provocado pelo fato de o cliente ter contratado um instalador que não está no grupo de credenciados e indicados pela Poloar – e depois pelo Grupo Uniar, conforme veremos adiante.

A Poloar está entre as mais procuradas quando os consumidores precisam de ar-condicionado, gerando elevado volume de vendas. Essa conquista é fruto da alta qualidade do atendimento, dos produtos com as melhores marcas do mercado, do alto nível de serviço e da segurança que o grupo transmite.

A área de vendas na qual Fernando atua atende os departamentos interno, com vendedores e pessoal de suporte, e externo, com técnicos que realizam as visitas aos clientes. Ambos fazem o dimensionamento e orçamento descritivo e acionam os vendedores das filiais.

Tudo é feito de forma muito criteriosa, conforme explica Fernando:

– O cálculo térmico que define o tipo de máquina ideal para os ambientes é feito na relação de largura *versus* profundidade. Nós vendemos soluções ambientais. Vamos até o local, fazemos cálculos e avaliações, e a equipe de vendas oferece as melhores possibilidades para que os clientes realizem suas escolhas. E mantemos o pós-venda, com contatos periódicos com os clientes, para saber se está tudo bem com os aparelhos e também alertá-los sobre a manutenção.

A religiosidade é outra parte que une Fernando a Sidney Tunda. Assim como o patrão, Fernando é bastante religioso e sentiu um carinho especial pela empresa desde o primeiro dia, quando soube que ali havia uma capela e que Sidney aprecia orar nos eventos.

Uma passagem que Fernando guarda com carinho aconteceu numa das festividades ocorridas na empresa, quando Sidney costumeiramente tece algumas palavras nas quais o colaborador gosta de prestar atenção, pois podem ser aplicadas em vários momentos da vida e carreira.

Mas, antes do discurso, Sidney ganhou um baralho de presente de uma das colaboradoras. Com as cartas nas mãos, ele utilizou-as como gancho do discurso:

– Costumam dizer que eu sou um jogador e que fiz ótimas jogadas na vida. Aos que dizem isso, peço que troquem por "arrojado"! Afinal, sempre investi e acreditei no meu negócio e na alta capacidade de consumo do mercado. Nunca fiz apostas, sempre agi pautado por aquilo em que eu acredito e que todos vocês já conhecem: com sorte, peito e jeito, tudo dá certo!

Fachada da loja Poloar em seu início, no bairro da Bela Vista, em São Paulo

Sede própria da Poloar na Bela Vista, onde a empresa se manteve até 2002

Escritório de Sidney Tunda na antiga sede da Poloar

O empresário no *showroom* da sede na Bela Vista

A estratégia comercial de Sidney, com a negociação das geladeiras Fagor, em 1998, ampliou o faturamento da Poloar

Apaixonado por construção civil, Sidney Tunda acompanhou a reforma da matriz, em 2016

Sidney, Luiz Tunda e o genro Giovani Soares (à direita do empresário), na Febrava, importante feira do setor

Sidney Tunda recebe homenagem de Sandra Dourado, da Midea Carrier, e amiga de longa data

LG
DEALERS CONVENTION 2004 PATAGÔNIA

Great Company Great People
LG
Digitally yours
LG BRASIL DEALER TRIP 2002
VISITA COPA DO MUNDO 2002!

Sidney participa das viagens de incentivo organizadas pelos fabricantes, nas quais se reúne com outros empresários do setor

Sidney e Toshio Murakami, amigo e ex-executivo da Springer Carrier

Sidney e Luiz acompanham treinamento ministrado na Poloar por Demis Sanches, da LG

Base estrutural do Grupo Uniar – CD de Extrema (MG)

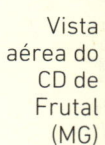

Vista aérea do CD de Frutal (MG)

Vista aérea do CD da Anhanguera, em São Paulo

Sidney Tunda sempre participa dos festejos do Grupo Uniar ao lado dos parceiros comerciais e colaboradores

Sidney com os filhos, noras, genro e executivos da Samsung

Sidney e a família com executivos da LG

Sidney e familiares com executivos da Elgin

Sidney e Luiz com os executivos da Midea Carrier

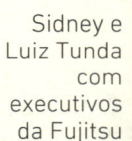

Sidney e Luiz Tunda com executivos da Fujitsu

Sidney e Toninha com a família Trida: a mãe, dona Olga, os irmãos e cunhados

A casa dos Tunda sempre cheia de familiares e amigos

Os discursos e as orações de Sidney Tunda são aguardados nas comemorações na empresa e nos encontros familiares

Toninha e Sidney em viagem com a filha Ana Carolina e o genro Giovani Soares

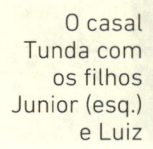

O casal Tunda com os filhos Junior (esq.) e Luiz

Algumas filiais do Grupo Uniar - Loja Poloar no Bairro da Lapa, em São Paulo

Loja Poloar de São José do Rio Preto (SP)

Loja STR na Av. Faria Lima, no bairro do Itaim, em São Paulo

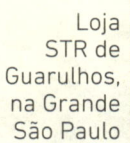

Loja STR de Guarulhos, na Grande São Paulo

Na Bera da Tuia, centro de lazer e reunião de Sidney Tunda com familiares, parentes e amigos em Pindorama

Os aniversários da STR e da Poloar sempre são festejados

A esposa Toninha organizou a festa comemorativa dos 70 anos de Sidney Tunda

CAPÍTULO 6
MARCOS NA TRAJETÓRIA DE SIDNEY TUNDA

Comemoração dos 70 anos

Dezembro de 2015! No dia 12, Sidney Tunda, o pai para uns, vô ou tio Ticão para outros, senhor Sidney ou simplesmente Sidney, Sidão ou Tico para tanta gente, completou 70 anos de vida.

A festa foi idealizada e organizada por Toninha, que cuidou de tudo meticulosamente para comemorar o aniversário do marido.

A família e os convidados passaram o final de semana no Club Med Lake Paradise, sofisticado resort em Mogi das Cruzes, município situado na região metropolitana de São Paulo.

Na primeira noite, teve a recepção de boas-vindas. Como algumas famílias levaram crianças pequenas, Toninha pensou em tudo e até babás contratou.

Na noite de sábado, houve a comemoração num dos salões do hotel, cuja decoração remetia a um cassino. Além da linda festa, com direito ao tradicional e emocionado discurso de Sidney Tunda, houve uma surpresa para os convidados: o show de um artista cover do cantor Roberto Carlos.

Todos se divertiram bastante e, ao voltarem para seus quartos, foram surpreendidos com um mimo oferecido pelos Tunda: uma maleta de pôquer, com baralho, fichas e demais apetrechos.

Parceiros em todos os momentos

Assim que eu comecei na Poloar, em 1979, enfrentei dificuldades...

Às quintas-feiras, na sede da Poloar, era certo que acontecesse o descontraído encontro depois do expediente, reunindo Sidney Tunda e a família Poloar, que engloba os filhos, colaboradores, amigos e fornecedores.

Um dos que têm presença garantida quase toda semana é Paulo Vicente Ferreira, gerente de contas da Samsung para a Poloar. Paulo aprecia ouvir do presidente da empresa suas histórias do passado.

Os casos e causos narrados por Sidney vão desde a vida em Pindorama até tornar a Poloar a principal empresa especialista em ar-condicionado do Brasil. Seja no descontraído encontro ou nas festas da família Tunda, Paulo admira presenciar o orgulho que Sidney sente de sua trajetória pessoal e profissional.

Ali Paulo constata também a satisfação de Sidney por ter os filhos e o genro ao lado, demonstrando ser a união da família uma das suas grandes alegrias.

O relacionamento de Paulo com os Tunda começou em 2010, pela Daikin; na época, o executivo ocupava o cargo de gerente de contas da companhia japonesa.

Na primeira conversa, ficou clara a ampla visão de mercado de Sidney Tunda, além da postura ponderada e de apreciar uma boa e enriquecedora conversa. Até hoje eles falam de tudo, mas, quando o assunto é ar-condicionado, o diálogo atinge alto nível técnico.

A trajetória de Sidney no mundo dos aparelhos de ar-condicionado teve início por volta de 1970. A de Paulo, mesmo mais recente, caminha para duas décadas. Ele trabalhou por alguns anos na principal distribuidora de peças do setor, a Disparcon. De lá, seguiu para algumas instaladoras e distribuidoras, iniciando depois na Daikin, onde se manteve por sete anos, até ser contratado pela Samsung em 2015.

A principal característica dos negócios entre eles, quando, fora dos momentos de lazer, estão em lados opostos na mesa de negociações, é atingir o meio-termo:

– Assim como nós da Samsung, o Sidão sempre avalia os dois lados. Parece que ele se deixa pautar pela balança da justiça. Ele sabe que todos precisam ganhar. E nas vezes em que peço socorro numa época de inverno, quando naturalmente caem as vendas, ou mesmo para conseguir bater a meta do departamento comercial, o Sidão e o Luiz sempre me ajudam – conta Paulo Vicente Ferreira com ar de gratidão, registrando que o apelido "Sidão" foi dado pela grandeza que o empresário representa no segmento.

Longa história de parceria

Como já é conhecido, uma das principais fornecedoras do setor, a Midea Carrier, foi fruto da associação entre a chinesa Midea e a norte-americana Carrier, ocorrida em 14 de novembro de 2011. Vale relembrar que, antes disso, a empresa era uma *joint venture* formada pela Carrier, que chegou ao Brasil em 1983, com a Springer, comandada pela família Amato.

Quem conhece o passo a passo dessa trajetória é Luiz Felipe Rodrigues Costa, ou Felipe Costa, que entrou na empresa em 1989.

Da mesma forma que conhece a história da empresa na qual trabalha, Felipe sabe cada detalhe da biografia de Sidney Tunda. Ele percorreu alguns setores até chegar ao marketing, em 2015, tornando-se depois diretor-geral para o Brasil e, na sequência, CEO para Brasil, Argentina e Chile. A partir daí, o contato se intensificou.

– Eu apareço para celebrar a negociação, entro na parte boa – brinca ele. Todo o processo é feito pela equipe da área comercial. Apenas quando as conversas chegam aos ajustes finais, o executivo é convocado para ajudar a concluir. – O senhor Sidney negocia com segurança, estilo e arte, qualidades que o filho dele, Luiz, também possui.

A lealdade de Sidney Tunda é também destacada por Felipe Costa:

– Tudo que nós tratamos é mutuamente cumprido até o final. O senhor Sidney tem senso de negócio aguçado, mas é muito correto e parceiro. Se ele acertou algo com você, vai honrar até o fim.

A proximidade entre a família e a empresa é outro ponto da admiração que Felipe cultiva pelo presidente da Polar:

– O senhor Sidney consegue ter a família ao lado e trabalhar com harmonia, mantendo as relações saudáveis. Conheço os familiares dele. Admiro isso porque, particularmente, eu não consigo fazer essa correlação. Na minha mesa de trabalho, não há nenhuma foto de família.

Uma característica destacada por quem convive com Sidney Tunda há tempos é a de pensar o negócio em médio e longo prazos; por isso as parcerias são sadias e duradouras, conforme explica Felipe:

– O senhor Sidney criou a maior empresa especialista em ar-condicionado do Brasil. E a trajetória comprova que, em tantos anos, a Polar nunca deixou de crescer e conquistar *market share*, ou seja, de ampliar sua participação no mercado.

Vestir a camisa

Boa tarde! Almoçaram bem? Vocês não querem docinhos?

É natural Sidney Tunda passar pelos departamentos e interagir com a equipe. Isso cria proximidade entre ele e os colaboradores, conforme registra a analista comercial Luana da Silva Pinheiro:

– O senhor Sidney sempre passa nas salas, pergunta se estamos bem, quer saber sobre o nosso final de semana...

Luana iniciou na Poloar em outubro de 2015, antes de entrar na faculdade de Relações Internacionais, seguida da de Ciências Sociais. Inicialmente, Luana foi contratada como apoio da revenda: ela recebia os pedidos, acompanhava o faturamento, o pagamento dos parceiros, entre outros. Luana também atendia os vendedores e fazia os relatórios sobre as vendas.

No setor de revendas, existem os vendedores e os parceiros externos, os instaladores, que indicam clientes para a Poloar e são comissionados.

Mas Luana queria migrar para a área comercial. Depois de seis meses, ela recebeu a proposta para ser analista comercial, liberando os pagamentos aos parceiros e revendedores, que são realizados pela StrategyBox, empresa de soluções inteligentes de premiação. Uma mudança que trouxe amadurecimento profissional.

Outro fator marcante para Luana, em relação ao patrão, é o de manter as portas sempre abertas, o que traz proximidade para as relações internas:

– O senhor Sidney e toda a diretoria estão sempre disponíveis, solícitos às nossas necessidades. Eu o admiro pela sua fé, humildade, educação e presença constante, o que nos traz segurança. A empresa representa uma extensão da nossa casa, da nossa família.

Por isso ela literalmente veste a camisa:

– Eu agora moro em Pirituba, e quando fui conhecer o prédio para onde ia me mudar, havia uma loja na entrada. Estava com a camiseta da Poloar e comecei a conversar com o dono do comércio. Como ele precisava de ar-condicionado, direcionei-o para a área de vendas e ele se tornou nosso cliente. Também às vezes, quando estou com a camiseta da empresa em locais públicos, sempre tem alguém que se apresenta como cliente satisfeito da Poloar.

Uma mão lava a outra

Em 2015, a temporada não havia sido das melhores! Em tempos assim, é possível testar o grau de parceria que se tem com os fornecedores.

Um desses casos aconteceu entre a Poloar e a Midea Carrier, protagonizado por seus representantes. Num determinado momento da temporada, Luiz e Sidney Tunda solicitaram uma reavaliação da programação, o que foi prontamente atendido pelos executivos da fornecedora.

Perto do final do ano, era a vez da Midea Carrier pedir ajuda. Os diretores, Jocemar Costa e Toshio Murakami, e o gerente comercial, Francisco Liniglia Neto, se reuniram com Luiz e Sidney na sede da Poloar e explicaram a situação, pois precisavam de um pedido reforçado para fechar o ano.

Depois de entender a situação, Sidney pediu um tempo para responder. Eles se despediram e se dirigiram para o carro. E o tempo pedido por Sidney foi muito menor do que imaginavam. Assim que chegaram ao veículo, ouviram a voz da recepcionista, dizendo:

– O senhor Sidney pediu para vocês o aguardarem.

Minutos depois, lá estavam Sidney e Luiz com o pessoal da Midea Carrier, e então o presidente da Poloar comunicou:

– Vocês me ajudaram há alguns meses e agora é a minha vez de retribuir. Podemos fechar o pedido nas condições que vocês nos solicitaram.

Os executivos ficaram gratos à família Tunda, que soube devolver a gentileza, embora Francisco Liniglia Neto tenha comentado depois para seus colegas de trabalho:

– A ação do senhor Sidney em nosso benefício foi muito maior do que aquela que fizemos por ele!

Com idas e vindas

A Poloar estimula e dá oportunidades aos colaboradores que têm espírito empreendedor, e eu sou prova disso. Sou fiel ao que aprendo na Poloar.

A afirmação é da gerente comercial da filial Poloar de Moema, na Zona Sul de São Paulo, Denise Gomes Mendonça, que retornou para a empresa em 2015.

A relação profissional entre a Poloar e Denise teve início em 1998, quando foi admitida como auxiliar de vendas pela parceria com a

Clima Frio. Na sequência, ela migrou para a área de financiamento e depois, a convite de Sidney Junior, para o setor comercial da Pindorama, acompanhando, em 2006, a mudança da Rua Conselheiro Ramalho, na Bela Vista, para o bairro da Lapa.

Mas, em 2009, surgiu a oportunidade de ela iniciar uma sociedade comercial, abrindo uma revenda de ar-condicionado. Faltava-lhe experiência de gestão, mas sobravam garra e vontade. Sidney e o filho Junior apoiaram e incentivaram Denise, cuja empresa repassaria os pedidos de aparelhos para a Poloar, sendo comissionada sobre as vendas, deixando que ela assumisse os serviços das instalações.

Os negócios andaram bem até fins de 2014, quando o Brasil já vinha passando por simultâneas crises, tanto políticas quanto econômicas, o que provocou queda no volume de vendas. Denise manteve toda a estrutura e apostou numa reversão rápida e na retomada dos negócios, mas isso não aconteceu. Desta forma, optou por encerrar as atividades no segundo semestre de 2015.

De volta ao mercado, ela foi absorvida inicialmente por uma empresa agregada ao departamento de serviços ao consumidor final da Poloar. Sidney Tunda a reencontrou e a parabenizou pelo retorno, desejando-lhe sucesso.

A moça ainda tentou nova experiência empreendedora, mas, em 2016, voltou para perto da família Tunda, desta vez, para a BPJ, empresa de Sidney Junior, que, além de ter uma loja na Lapa, realiza as instalações de aparelhos na capital paulista e adjacências, bem como no litoral norte. Ainda no mesmo ano, surgiu a oportunidade de Denise assumir a gerência da loja Poloar de Moema, a qual ela soube agarrar.

Nos eventos em que participa na sede da empresa, ela aprecia acompanhar os discursos de Sidney Tunda, em especial quando o empresário fala do início da Poloar:

– Nos encontros com os colaboradores, o senhor Sidney conta que, logo depois que abriu a empresa, ele teve que dar a casa própria em garantia de crédito para um fornecedor. E o mais lindo é que a dona Toninha confiou na capacidade do marido e concordou. O senhor Sidney acreditou no comércio de refrigeração. O mercado em geral reconhece a importância e o valor dele para o segmento.

Mudou a função, mas a amizade continua

Em março de 2016, depois de 24 anos de negociações e amizade, Toshio Murakami deixou de ser executivo da Midea Carrier para se tornar consultor da empresa, atuando na área de relações governamentais e institucionais, além de assumir a vice-presidência da Associação Nacional de Fabricantes de Produtos Eletroeletrônicos (Eletros), para o setor de ar-condicionado.

Quando passaram a negociar, em 1992, Sidney era um empresário já de destaque no setor, onde imperavam ainda as grandes redes varejistas; Toshio acompanhou de perto todo o crescimento que o levou à liderança de mercado. Na verdade, um crescimento mútuo:

– O Sidão é um brasileiro que se aventurou na cidade grande e venceu. Ele sempre esteve à frente, tanto que criou os CDs, como os de Extrema e Frutal, investindo pesado. Uma história típica do empresariado brasileiro, que serve de inspiração para o nosso povo em geral. E, de alguma forma, eu tive a honra e o privilégio de poder participar disso.

Claro, não haveria uma despedida, até porque eles continuariam a ser amigos e a trocar informações sobre o setor. Mas Toshio fez questão de visitar Sidney para agradecer pelo tempo de parceria. E relembraram dos bons momentos:

– No Natal de 2005, passei na Poloar para lhe dar um abraço e desejar boas festas. Aquele havia sido um ano complicado de vendas... Como eu tinha outra comemoração para ir, não fiquei muito tempo.

– Eu lhe perguntei se haviam vendido bem no final do ano e você me disse que o estoque era grande – acrescentou Sidney.

Toshio confirmou com a cabeça e chegou ao ponto que desejava:

– Sim... depois nos despedimos e um vendedor da minha equipe continuou na confraternização. Mais tarde eu encontrei meu colega na outra festa. Ele me chamou num canto e mostrou o guardanapo com o significativo valor do pedido escrito e assinado por você, que nos salvou naquela oportunidade, e ainda escreveu: "Ajudei o Tóquio", que era como eu brincava na hora de fazer os pedidos, pela minha descendência oriental, na tentativa de aumentar os volumes.

E trouxeram também passagens divertidas:

– Saudades dos nossos almoços na Cantina Conchetta, na Bela Vista, das partidas de sinuca naquela casa da Pompeia, das tantas viagens que fizemos juntos... mas somos tidos como pés-frios da Seleção Brasileira em Copas do Mundo. Estávamos em 1998, 2006 e 2014, e as lembranças não são nada positivas... – E ambos gargalharam.

Sidney ainda se defendeu:

– Mas eu estive na Ásia, em 2002, onde conquistamos o penta. Então, o pé-frio é você! – Mais gargalhadas.

E Toshio se despediu assim:

– Você sabe que aprecio as frases do arcebispo emérito de Olinda e Recife, Dom Hélder Câmara. A que vou citar diz: "Feliz quem entende que é preciso mudar muito para ser sempre o mesmo". Pois você, Sidão, mudou muito, cresceu empresarialmente, soube a hora certa de investir em logística e se tornou uma potência, mas mantém seus hábitos e a humildade. Sempre aprendo com o nosso convívio. Para mim, você continua o mesmo.

• • •

Daria tudo para entrar nesse grupo de WhatsApp dos Trida...

Quando a família estava reunida, Sidney brincava desta forma com a esposa Toninha, as cunhadas Rosa Terezinha, Lalá, Dudô e o cunhado, Benê.

Apesar da divertida provocação, no grupo só entravam os irmãos, nada dos cunhados ou da cunhada.

A Poloar Lapa

Em setembro de 2016, Sidney Tunda Junior transformou a loja Pindorama numa filial Poloar, que ficou sob sua responsabilidade de gestão. A marca Pindorama foi repassada por Junior a um amigo, que a utilizou por um período, mas congelou a utilização.

Tempos depois, Junior passou a trabalhar com aparelhos VRF (*Variable Refrigerant Flow* ou Volume de Refrigerante Variável). O modelo foi lançado em 1982. O sistema, bastante utilizado em edifícios e áreas comerciais de grande porte, consiste na utilização de apenas uma condensadora (unidade externa) para várias unidades internas (evaporadoras), cuja interligação acontece por meio de tubulações.

A instalação exige aprofundada análise técnica e determinadas características que envolvem projeto de climatização, realizado por um engenheiro responsável.

Quanto às vantagens, optar pelo sistema VRF provoca, entre outras iniciativas sustentáveis, a redução no consumo de energia. Como o comando central é da unidade condensadora, cada um dos pontos onde estão os aparelhos (evaporadoras) pode ser controlado mediante a comodidade do ambiente.

Como a Poloar não trabalhava com o VRF, todas as cotações recebidas do sistema eram direcionadas para a loja de Junior, a Poloar Lapa.

• • •

Ainda em 2016, pai e filho entraram em rota de colisão: Sidney e Sidney Junior travaram uma discussão profissional que causou uma ruptura; Junior afastou-se da Poloar e focou a loja da Lapa e a BPJ, sua empresa de serviços.

Não houve ganhadores: perderam a Poloar e, principalmente, a família Tunda. Os dois Sidneys sofreram demais; Ana Carolina e Luiz também. Quanto a Toninha, padeceu com o ocorrido e se empenhou na reaproximação do marido e do filho.

Nada como o tempo, que funciona como o melhor remédio para cicatrizar certas feridas. Foram alguns meses de distanciamento familiar até que o convívio fosse retomado; mas a reaproximação profissional ocorreu apenas em junho de 2019 e, com ela, uma relação mais madura, sem amarras. As conversas, em especial as que acontecem depois do expediente, passaram a ser mais claras, autênticas.

O fim do distanciamento trouxe também Junior de volta para a empresa, sendo um reforço importante para a área comercial e de marketing.

Viagens "Vovô Tour"

Reunir os filhos, netos, noras e genro, geralmente em cruzeiros, representava o objetivo das viagens programadas por Toninha, conhecidas como "Vovô Tour".

Os dias passados nos navios eram bastante intensos. Sidney não tinha hora para acordar, mas depois gostava de curtir a piscina, circular pelo navio, tomar um aperitivo no bar e, à noite, no jantar em família.

Após a refeição, o destino era um dos lugares no qual ele mais se diverte: o cassino. Os netos com mais de 18 anos podiam acompanhá-lo e torciam pelas apostas do avô. O jogo preferido era a roleta, mas nada de investir pesado, era só distração mesmo.

Desde que os netos eram crianças, Sidney sempre curtiu estar com eles; gostava de contar histórias e de levá-los para tomar sorvete e se distrair.

Investir e ajudar amigos

Rogério, já me ofereceram esse prédio umas dez vezes, e eu nunca me interessei. Mas como é você que está me ofertando, eu vou ficar com a propriedade. Pode falar ao dono que o prédio é meu. Vou comprar para te ajudar. Isso vai gerar uma comissão de 5.400 reais para você!

Conforme costuma dizer, a aquisição do imóvel por Sidney Tunda foi o negócio mais rápido que Rogério de Abreu, pintor e amigo do empresário, fez na vida. Rogério até imaginava que Sidney pudesse comprar a propriedade, mas não de forma tão rápida.

Mais do que querer o imóvel, Sidney aceitou ficar com o prédio para realmente ajudar o amigo. Tanto que, no dia de assinar os papéis e fazer a escritura, Sidney fez dois cheques: um da comissão de Rogério e outro da diferença do pagamento do imóvel ao proprietário. Ali foi instalada tempos depois uma loja Poloar, e a outra parte do imóvel, alugada.

A ajuda de Sidney ao amigo foi decisiva. Rogério programara uma reforma na casa dele e faltava ainda comprar o piso. Com a intervenção de Sidney, o valor da comissão cobriu exatamente o dinheiro que lhe faltava para completar a aquisição dos materiais.

O coração bondoso de Sidney e o estilo profissional exigente, Rogério conhece de longa data. Desde quando era criança e o empresário trabalhava com Renato de Abreu, o Duque, pai de Rogério, na oficina de Almir Salvador; depois, os dois passaram a pintar casas em Pindorama, antes de Sidney decidir se aventurar em São Paulo.

O pai do rapaz seguiu como pintor e, quando se aposentou, Rogério assumiu o negócio e passou a prestar serviços para Sidney em suas propriedades, tanto em Pindorama quanto em Frutal, no Centro de Distribuição da Poloar, além de atender o genro Giovani Soares.

Todo final de temporada, Rogério faz um churrasco e reúne os amigos de Pindorama; cada participante colabora com carne ou bebida. Pois num dos anos Sidney ainda não tinha aparecido, mas já havia feito sua colaboração para o evento.

Cada um que chegava perguntava: "Cadê o Tico?". Pois Rogério ligou para ele, convocando-o para o evento. Sidney prometeu que iria e, antes de desligar, ainda deu tempo de ouvi-lo dizer:

– Toninha, era o Rogério. Ele me chamou para ir ao churrasco encontrar com os nossos amigos. E com o Rogério eu não posso falhar. Estou indo!

Enquanto isso, o amigo vibrava do outro lado da linha, percebendo a consideração que Sidney tem por ele. Rogério cultiva grande admiração pelo homem e empresário Sidney Tunda, que sempre diz palavras que expressam motivação, sabedoria e ética.

Motivar e orientar pessoas

Fernanda, fico feliz em encontrá-la pelos corredores da empresa. Sempre observo que você cumprimenta as pessoas sorrindo e de forma calorosa. Isso é maravilhoso!

As palavras de Sidney Tunda para Fernanda Gabriel Cunha, supervisora do departamento de revendas, comprovam uma característica do empresário: a de conhecer o nome e a história de cada um dos seus colaboradores. "Também por isso ele é chamado por nós de 'Professor'", lembra ela.

A colaboradora entrou na Poloar em 2016, contratada como apoio para as filiais. Depois de oito meses, ela assumiu a supervisão das revendas, departamento com quase trinta vendedores, lidando com os parceiros, que repassam os pedidos, e instaladores, que indicam os clientes. Quando o consumidor final procura a matriz, ele é automaticamente direcionado para a loja mais próxima da sua localidade.

E na relação com a clientela, é natural que apareça uma ou outra situação que necessite de suporte, como nos casos de troca e assistência técnica, entre outros.

A orientação aos clientes busca ser assertiva e é dada mediante a necessidade individual na hora da compra. Mesmo o ar-condicionado sendo um produto de venda constante, o mercado trabalha com certa sazonalidade, tanto que foi criado o seguinte conceito: "Com calor a gente não dorme; se bateu trinta graus, o telefone não para de tocar".

Mas tem ainda outra passagem que marcou na relação de Fernanda com Sidney Tunda, da qual ela tirou importante aprendizado:

– Certa vez, o senhor Sidney me perguntou: "Você prefere lidar com um colaborador inteligente ou esforçado?". E, diante da minha indefinição, ele prosseguiu: "O ideal é unir os dois! Se a pessoa só é inteligente, ela tem limites! Já os inteligentes e esforçados, esses vão adiante e estão sempre em busca de prosperar!". Diariamente eu me lembro dessa nossa conversa e busco agir com inteligência e me esforçar ainda mais.

E finaliza:

– O senhor Sidney ensina pelo exemplo. Fazem parte do seu legado a inteligência, o esforço, a dedicação diária e a forma como ele valoriza os funcionários.

Casal Vinte

Senhor Sidney, eu não conheço ninguém que tenha a sua coragem, determinação e capacidade de realização. Quando o senhor fala que vai fazer algo, a situação acontece! E, quando dizem que não tem jeito, o senhor vai lá e resolve. Por isso, eu o comparo ao Silvio Santos; vocês são parecidos, são realizadores.

Esta é a forma como Clodoaldo Folieni, motorista de Toninha, avalia o patrão. Aliás, a comparação da história de vida de Sidney com a do comunicador é comum em seu meio de convívio.

A admiração pelo casal Tunda e pela relação sólida entre eles era enorme! Diariamente, Clodoaldo levava Toninha para fazer as compras ou visitar amigas e familiares, mas, no final da tarde, ela ligava para o marido e perguntava:

– Tico, o que você quer jantar hoje?

Geralmente, o pedido era sopa dos mais variados sabores, as quais Toninha preparava com carinho.

Aos finais de semana, o motorista levava o casal para passeios e viagens, geralmente para Pindorama, onde era certa a parada no estabelecimento Porco Caipira, para comprar torresmos e linguiças variadas para Sidney saborear com os amigos nos aperitivos noturnos preparados em Na Bera da Tuia. Ou também para Aparecida, no Vale do Paraíba, onde está localizado o Santuário Nacional de Nossa Senhora Aparecida, para que Toninha e Sidney pudessem fazer suas orações e assistir à missa.

O comando da casa ficava sob a supervisão de Toninha, que se encarregava de cuidar de tudo e de todos, que assim diziam: "A Toninha é um ser humano que Deus fez e jogou a fórmula fora".

Nos finais de ano, ela comprava vários presentes e não se esquecia de ninguém: parentes, amigos, colaboradores, prestadores de serviços... Só para Pindorama, Clodoaldo Folieni precisava fazer duas viagens para levar todos os presentes que Toninha comprava; muitos deles para o evento de crianças carentes que ela organizava com o pessoal local. Eram mais de quinhentos brinquedos distribuídos, além dos cachorros-quentes, refrigerantes e outras guloseimas.

Toninha também comandava a decoração natalina da casa de Pindorama, onde a família Tunda passava as festas, e ali virava ponto turístico do município.

O casal Toninha e Sidney sempre despertou grande admiração nas pessoas, pela forma humana, prestativa e desprovida de interesses ao se relacionar com todos. Ambos buscavam aliviar dores e amenizar os problemas alheios, fazendo o bem e gerando oportunidades de riqueza.

O motorista presenciou inúmeras situações em que Toninha e Sidney colocaram o coração à frente da razão, fazendo doações e tomando iniciativas pelo bem do próximo. O próprio Clodoaldo também foi por várias vezes agraciado com ajudas financeiras e atos gentis, conforme relembra:

– Certa vez, eu pedi para a dona Toninha se poderia passar a noite com a minha família em Pindorama, porque eu ia para o parque aquático em Olímpia. Além de dar permissão, a dona Toninha e o seu Sidney me deram dinheiro para as despesas da viagem e dos ingressos do parque. As pessoas sentem muita admiração e carinho não só por aquilo que fazem, mas pela forma de eles serem.

Receber de braços abertos

Qual é a sua filosofia de trabalho?

Em outubro de 2016, dois meses depois de iniciar na Poloar como prestador de serviços de uma empresa terceirizada, o analista fiscal Edvaldo Barbosa Evangelista recebeu a pergunta acima de Sidney Tunda no primeiro *happy hour* que ele participava na empresa:

– Senhor Sidney, eu vim de uma lavanderia industrial estrangeira, norte-americana, onde fiquei por 22 anos. Eu preparava os protocolos dentro das ações legais e apresentava para a diretoria, que decidia o caminho a seguir – explicou Edvaldo.

Sidney apreciou a resposta e soltou nova pergunta:

– E você está gostando de trabalhar na Poloar?

O analista, ainda em período de experiência, abriu um sorriso e respondeu:

– Hoje é quinta-feira, estou aqui sentado e conversando com o presidente e fundador da empresa, saboreando uma taça de vinho e queijo... Como eu não iria gostar de trabalhar numa empresa tão competente, acolhedora e familiar?

Ambos sorriram com a resposta. Poucos dias depois, Edvaldo foi convidado pela gerente administrativa e financeira, Gissela, para ser efetivado no cargo, agora como funcionário direto da Poloar. E aceitou.

No dia 12 de dezembro, quando Sidney Tunda aniversariou, Edvaldo redigiu um e-mail elogioso para o patrão, parabenizando-o pela data e falando da importância de ter conhecido sua história de vida e humildade, também agradecendo pela oportunidade profissional que lhe foi dada. Na primeira vez que se encontraram depois da mensagem, Sidney agradeceu pelos votos.

Graduado em Ciências Contábeis, com pós-graduação em controladoria e mestrado interrompido para priorizar os estudos dos filhos, Edvaldo é grande incentivador para que sua família invista em educação: "Esse é o nosso maior patrimônio", afirma o analista.

Quando iniciou na Poloar, Edvaldo enfrentou um período de adaptação, pois atuava em uma empresa em outro ramo de atividade, o de prestação de serviços. Ele então estudou a área fiscal e tributária no segmento de atuação da Poloar, que, por manter atividades em diferentes cidades e estados, tinha a carga tributária de acordo com o local estabelecido.

Cada produto tem uma classificação contábil e fiscal que determina o volume de impostos e o percentual, por meio da Nomenclatura Comum do Mercosul (NCM). Edvaldo selecionava os impostos entre municipais, estaduais e federais, apresentando à diretoria e passando pelo crivo de Sidney Tunda. Desde os primeiros dias na empresa, o competente modelo de gestão do empresário e seu lado visionário ao analisar o mercado chamaram a atenção de Edvaldo.

Numa dessas antevisões, Sidney Tunda projetou sobre a importância de a Poloar criar a própria transportadora, o que viria a se confirmar com a Unilog.

Desde que Edvaldo entrou na Poloar, ele acompanha um sadio crescimento no faturamento da empresa. A justificativa para o sucesso dos resultados vem na explicação do próprio presidente:

– Na Poloar não tem crise. Na Poloar tem trabalho e ar-condicionado.

Para Edvaldo, a empresa é como a extensão da própria casa. O ambiente lhe é duplamente familiar, pois, além dele, ali trabalham outros membros do clã dos Evangelista:

– Eu cheguei à empresa em 15 de agosto de 2016, sou casado há 26 anos e tenho três filhos que também trabalham na Poloar. O Felipe, que é engenheiro, atua na área técnica. A Beatriz é consultora de vendas, e a Caroline, a caçula, atua na área de consumidor final. Sempre digo aos meus filhos que nosso trabalho é algo sagrado e que estamos ajudando o senhor Sidney a construir os sonhos dele, enquanto nós também estamos construindo os nossos.

Dois grandes que viraram um gigante
Poloar e STR juntas? Formando uma só empresa? Por que não?

Durante vários anos foram fomentadas ideias e sugestões por alguns fornecedores, para uma possível junção das empresas Poloar e STR; um novo formato que o mercado passou a adotar, o de fusões. A união se reforçava não só pelo potencial e foco de atuação que as empresas representavam, mas também pela concorrência comercial direta e aguerrida entre elas.

A STR teve um crescimento exponencial ao longo dos anos e dividia ou se alternava com a Poloar na liderança no segmento de ar-condicionado. Desta forma, em 2014, começou um sutil namoro entre Poloar e STR, e a possibilidade de fusão passou a ser debatida. Algumas conversas foram iniciadas, mas não evoluíram.

Como registro histórico e político do país, os anos 2010 trouxeram consigo uma importante crise política e econômica. Pelo PT, Dilma Rousseff, que havia assumido como ministra de Minas e Energia e depois como Chefe da Casa Civil do Governo Lula, foi eleita presidente do Brasil em 2010, ao derrotar José Serra, do PSDB; quatro anos depois, Dilma foi reeleita levando a melhor em vitória apertada sobre outro peessedebista, Aécio Neves. Mas o país padeceu com a situação política, que levou, em agosto de 2016, ao *impeachment* da então presidente Dilma Rousseff no seu segundo mandato, o que provocou grave crise econômica.

Ainda sobre a fusão, a STR e a Poloar se posicionavam e eram reconhecidas como as mais fortes especialistas em ar-condicionado do setor. Possuíam estruturas de altíssimo nível, equipes de trabalho competentes, excelentes estoques, várias filiais e, pode-se dizer, familiaridade.

Ambas foram iniciadas por Sidney Tunda: pelas mãos dele, a Poloar firmou-se no mercado e, com a ajuda inicial de Sidney e a capacidade do genro Giovani Soares, a STR deslanchou!

Para relembrar, Sidney Tunda fundou a STR em 1991, tendo como sócio Ruberval Pereira Romão; daí o nome STR, iniciais de Sidney Tunda e Ruberval. Em 1995 foi dada a Giovani a oportunidade de comprar um terço da STR, permanecendo, assim, com Sidney e Ruberval até 1998. Foi quando Sidney decidiu que Ruberval sairia da sociedade, e propôs a Giovani que assumisse a empresa interinamente; na época, a STR prestava apenas serviços de instalação.

A partir desse renovado formato, iniciou-se nova empreitada; o objetivo estratégico de Giovani era o de projetar comercialmente a STR, uma de suas características empreendedoras.

Finalmente, em 2017, a possibilidade de junção das empresas ganhou força. As negociações foram conduzidas apenas por Sidney e Giovani, que compartilhava o avanço das conversas com a esposa Ana Carolina; o mesmo era feito pelo presidente da Poloar com os filhos Junior e Luiz.

Dessa forma, chegou-se a um consenso e a junção foi concluída em 9 de maio de 2017. Uma decisão acertada em todos os sentidos, pois, além do aspecto de fortalecimento comercial, realizou o desejo antigo de unir os familiares em um único objetivo, o de desenvolver conjuntamente o conglomerado empresarial.

Em momento reservado, Giovani expressou a Sidney aquilo que sentia:

– Meu querido sogro, eu confesso que cultivava essa vontade de um dia juntar as nossas forças e trabalhar em família, atuando ao lado do senhor, da Ana Carolina, dos meus cunhados, sobrinhos, tios, primos e irmã. A união familiar fortalece os caminhos da empresa e a futura entrada da terceira geração no negócio.

E demonstrou a relevância de Sidney em todo o processo:

– Admiro sua visão e antevisão dos negócios, além da clareza e a sinceridade na exposição das ideias. Com o senhor, tudo é bem planejado. Eu o considero o meu pai profissional. A união entre a STR e a Poloar me permite acompanhar de perto e valorizar ainda mais as suas tomadas de decisão. Além de sermos uma família, eu nos considero também grandes profissionais!

Intervenção financeira

O otimismo de Sidney Tunda, anos atrás, já havia contagiado Gissela, gerente administrativa e financeira da Poloar. Ela também vibrou com a fusão entre a Poloar e a STR.

A gerente acompanhava o desempenho da empresa recém-adquirida por ser irmã de Giovani e cunhada de Ana Carolina. Ela não participou da reunião decisiva que selou a negociação, mas torceu pelo desfecho favorável, entendendo ser o melhor para todos.

Logo que o acordo foi firmado, em maio de 2017, a informação foi passada ao mercado. Sidney solicitou à sua equipe que fizesse uma aprofundada averiguação sobre a STR, pois ele precisava se inteirar da real situação da antiga concorrente.

Foram semanas de análises até que Sidney recebesse todos os levantamentos. Como sempre, o empresário demonstrou otimismo:

– Vamos em frente! Confio plenamente no sucesso dessa fusão.

O intenso e exaustivo trabalho teve início. Em poder dos números, reuniões foram agendadas entre Sidney e os credores. Na hora decisiva, o empresário teve que endurecer em algumas negociações, buscando encontrar um modelo de pagamento possível de ser cumprido.

Por fim, depois de todos os pontos ajustados, uma nova empresa foi constituída, o Grupo Uniar Comércio de Eletroeletrônicos e Serviços Ltda., cuja composição de cotas participativas foi definida.

Antes da fusão, as cotas da Poloar eram divididas igualmente entre Sidney Tunda e os filhos Junior e Luiz, e as da STR entre o casal Ana Carolina e Giovani, que mantiveram a empresa de serviços e as instalações que atendem a rede STR.

Uma ação na qual não houve perdedores. Todos, proporcionalmente ao que estava em jogo, ganharam. Afinal, do acordo nasceu efetivamente o maior e mais estruturado grupo comercial de ar-condicionado do Brasil e um dos principais da América Latina, com lojas espalhadas pelo país, promissor plano de expansão, logística de primeira linha e CDs muito bem localizados, com organização administrativa, departamento comercial agressivo e canais de vendas definidos, entre outros aspectos.

Agora, mais do que nunca, era preciso que Sidney Tunda fizesse valer a frase que o acompanhava desde longa data: com sorte, peito e jeito.

Era um passo arrojado e complicado de se dar, em especial pela situação difícil em que o país ainda vivia, mas que não era maior do que a capacidade de gestão, confiança e fé de Sidney Tunda, dos filhos e do genro.

A Poloar se manteve, na segunda metade dos anos 2010, com crescimento na ordem de 30% a 40% ao ano.

O que o mercado pensou?

O senhor Sidney assumirá pessoalmente as negociações com bancos e fornecedores que são credores da STR.

A informação foi passada oficialmente ao mercado e a todos que possuíam pendências financeiras com a empresa. Além disso, um vídeo foi apresentado e enviado aos parceiros, com falas do empresário e do genro, apresentando a fusão entre a Poloar e a STR, a criação do Grupo Uniar e as excelentes perspectivas de crescimento que o setor oferecia.

Com tudo definido, os próximos passos indicavam um árduo caminho pela frente: o da diretoria sentar-se frente a frente com representantes dos bancos, empresas e *players* do mercado para criar individualmente planos de acertos financeiros.

Se o mercado duvidou do poder de absorção das demandas pelo recém-criado Grupo Uniar? Poucos levaram isso em consideração. Ao contrário, tranquilizaram-se ao saber que Sidney Tunda estava à frente da operação de incorporar a STR ao novo perfil administrativo do grupo; o empresário é conhecido pelo rigor com os cumprimentos dos pagamentos, sempre feitos à vista ou antes das datas de vencimento. Além disso, havia a certeza de que a união familiar agregaria ainda mais qualidade à gestão.

O que pesou mesmo nas conversas e nos planos de pagamento apresentados é que na cabeceira das mesas de negociações estava Sidney Tunda e sua biografia ilibada. Uma biografia construída após décadas de confiabilidade, constituída nos cumprimentos de contratos de compras ou mesmo de pedidos anotados em guardanapos durante almoços e jantares com fornecedores, que fazem parte do folclore da trajetória de sucesso do empresário; Sidney até ganhou um quadro com um desses guardanapos, que mantém pendurado na parede da sede da empresa.

Diziam pelo mercado: "Se o Sidão prometer, pode dormir tranquilo que ele assume. É um homem de palavra. Não importa se tem contrato assinado ou guardanapo anotado. É cumpridor daquilo que fala".

Claro, imaginava-se que haveria um período mais duro, em especial nos primeiros meses. Mas ficavam algumas certezas: a de que Sidney arcaria com todos os acordos firmados entre o Grupo Uniar e as empresas e instituições financeiras; a da multiplicação dos negócios realizados com o agora criado Grupo Uniar; e a da representatividade ainda maior que as marcas Poloar e STR teriam com a somatória das suas competências e qualificações, e a unificação do modelo de gestão.

Também com a fusão, houve um remodelamento de colaboradores. Muitos que trabalhavam na STR foram absorvidos nos mesmos setores e outros migraram de área no Grupo Uniar. Mas, infelizmente, alguns tiveram que ser desligados, por duplicidade de função, com a promessa de recontratação assim que a empresa necessitasse ampliar o quadro de funcionários. Foi um período bastante complicado para Ana Carolina e Giovani, que presenciaram pessoas que estavam com eles havia anos serem dispensadas. E também triste para Sidney, Junior e Luiz, que sempre tiveram a política de geração de empregos e riqueza.

Mas ficava a certeza de que a política de recontratação logo seria retomada, como realmente aconteceu.

Quanto aos acertos financeiros com as empresas fornecedoras da STR, três anos depois, em 2020, praticamente 90% dos acordos firmados já haviam sido quitados. A força do poder da somatória das duas marcas, Poloar e STR, foi o que permitiu tal façanha – algo antevisto por Sidney Tunda ao trazer a STR para dentro de casa.

• • •

O executivo Toshio Murakami, consultor da Midea Carrier, foi um daqueles que não foram pegos de surpresa com a fusão. Havia anos ele já conversava com Sidney, os filhos e Giovani sobre a possibilidade.

O que motivava a viabilidade de unir as redes era o crescimento do mercado, com a entrada de empresas oriundas da refrigeração, além do e-commerce. Exemplos de grandes grupos que se fundiram foram tomados como base.

Já no início da década de 2010 começaram as conversas, ainda sem tratativas. Chegou-se até a desenhar como poderia ser o modelo de gestão e como ficaria a linha executiva da empresa, que certamente seria presidida por Sidney Tunda.

Mas a junção só se consolidou mesmo em 2017. Num almoço, ocorrido meses antes da concretização, Toshio deu sua opinião quando questionado:

– Será muito positivo tanto para a Poloar quanto para a STR. Basta ajustar valores. São duas empresas de DNAs diferentes e que juntas se tornarão gigantes.

Modelos de lojas

Com a junção das empresas, o Grupo Uniar criou dois padrões de lojas.

A Poloar trabalhava com filiais próprias, cuja gestão ficava por conta dos gerentes contratados em regime CLT, e com um segundo modelo chamado de "representante comercial", espécie de franquia em que o empreendedor aluga um espaço ou utiliza uma área própria, abre uma empresa, contrata os funcionários e se responsabiliza por todas as despesas, sendo remunerado por um percentual de comissionamento estabelecido sobre o volume de vendas. A montagem do *showroom* é de responsabilidade da Poloar.

Já a STR tinha apenas lojas próprias que operavam com gestão localizada, com conta bancária individualizada e arcando com as despesas da operação. A STR se desenvolveu em um segmento de público consumidor um pouco diferente do da Poloar, de faixa etária mais baixa e com lojas conceito.

O plano de expansão era traçado internamente e foi necessário então reformular o sistema de administração das filiais, mantendo-as ligadas à matriz; algumas unidades foram fechadas.

Com a consolidação do Grupo Uniar, tanto o modelo de parceria, ou representante comercial, quanto o de lojas próprias se mantiveram ativos para ambas as redes, Poloar e STR.

Antes da junção, as empresas desenvolviam estratégias comerciais distintas. Depois, a linha comercial passou a ser unificada e a política de vendas seguiu pelo mesmo caminho.

Independentemente do modelo de filial, todos os pedidos são atendidos, faturados, cobrados e entregues pela matriz. O Grupo Uniar arca ainda com a publicidade e os impostos das operações.

A área de faturamento da STR foi centralizada no setor de Walter da Silva Ferreira, supervisor de faturamento do Grupo Uniar. A chegada da STR elevou o faturamento do grupo e a rede passou a representar 40% do total das vendas.

Numa análise numérica, a STR sofreu um choque de gestão que gerou uma redução de cerca de 50% da empresa. Em contrapartida, provocou uma elevação imediata da ordem de 40% no quadro de funcionários e também nos volumes operacionais e de faturamento da Poloar, agora uma das empresas do Grupo Uniar, que manteve a mesma cultura, sistema e linha de conduta do modo de administrar de Sidney Tunda.

Dentro do novo formato de gestão do Grupo Uniar, o organograma da empresa precisou ser reformulado. Na diretoria da área comercial, estão posicionados Sidney Tunda Junior e Giovani Soares. Na área administrativa e financeira foram criadas diretorias para Ana Carolina e Luiz.

Caminhos similares

Existe grande analogia entre as trajetórias de vida de Sidney Tunda e do genro Giovani Soares, ambos de origem humilde, no melhor estilo das histórias que os norte-americanos chamam de *self-made man*, ou "homens que se fizeram sozinhos". Cada qual, ao seu modo e estilo, desenvolveu sua melhor trilha, constituindo família e empresa e gerando riqueza, empregos e oportunidades para as pessoas.

Igualmente, e também cada dupla ao seu modo e estilo, há grande semelhança entre as trajetórias de vida dos casais Sidney e Toninha, e Giovani e Ana Carolina, pelas histórias de amor e companheirismo que os levaram a constituir suas sólidas famílias.

Talvez o diferencial entre eles esteja no fato de Toninha não ter trabalhado com Sidney na Poloar, mas sempre ter incentivado e confiado nas ações do marido, mesmo quando foi preciso dispor da própria casa como garantia para o fornecimento de aparelhos de ar-condicionado.

Quanto à filha e ao genro do casal, além do relacionamento familiar, mantêm também o convívio profissional, unindo a visão administrativa de Ana Carolina com a empreendedora e comercial de Giovani.

• • •

Quem veio da STR e passou a ser funcionário do Grupo Uniar, ou mesmo continuou a defender as cores da agora irmã da Poloar, observou a mudança na gestão: uma liderança com linha de conduta administrativa direcionando todos os departamentos, entre eles, o comercial, em que a exigência é realizar negócios saudáveis e rentáveis para a empresa.

Também com a chegada da STR, a área de compras passou a fechar pedidos de forma mais programada, utilizando a própria força de volume nas negociações e reduzindo as chamadas compras por oportunidades, determinadas pelo caixa da empresa e por condições excepcionais oferecidas pelos fabricantes.

Saber a avaliação dos *players*

Aos poucos, Sidney foi recebendo *feedback* do mercado, como de alguns profissionais ligados às empresas fornecedoras. Pela LG Electronics do Brasil, o gerente de vendas, Demis Sanches, ponderou:

– A fusão da Poloar com a STR constituiu um importante grupo de vendas. O senhor Sidney, pela forma de trabalhar, conquistou credibilidade no mercado. O Giovani também. Se o senhor Sidney compra um número enorme de aparelhos, nós temos obrigação de entregar. Ele confia que cumpriremos a nossa parte e vice-versa.

Para Régis Victor Marinho, que já atendia tanto a Poloar como a STR por outra companhia e que, em 2019, foi contratado pela LG como gerente de contas, mantendo na carteira de clientes a Poloar, a representatividade da fusão é comprovada pelos volumes negociados:

– Mesmo que ambas as empresas já comprassem bastante, depois que a Poloar e a STR se juntaram, o número de aparelhos vendidos para o Grupo começou a aumentar substancialmente. A STR tem uma imagem que expressa mais modernidade no mercado, pelo padrão das lojas, enquanto a Poloar representa tradição.

A junção das duas companhias trouxe outros benefícios. Uma das discussões de Sidney Tunda e do filho Luiz com certas empresas de relação longeva no mercado era o limite de crédito, o que fazia com que algumas compras fossem feitas à vista.

Uma dessas situações aconteceu com a LG, conforme explica Carlos Eduardo Ferreira Murano, gerente-geral de ar-condicionado:

– Nossa participação na STR era maior do que na Poloar, devido às diferenças nos limites de crédito nas duas empresas. O senhor Sidney sempre nos questionou sobre isso; os créditos eram definidos por meio de uma seguradora.

A regionalização das lojas também ajudava nessa distinção:

– A LG era muito forte no Nordeste e a STR tinha excelentes lojas na região. Chegamos até a patrocinar o Carnaval de Salvador, na Bahia. Torci muito para que a fusão desse certo, em respeito ao senhor Sidney, à família Tunda e ao Giovani. No final das contas, o senhor Sidney cumpriu a maioria dos acordos antes do prazo definido. O sucesso da operação reforçou a credibilidade do senhor Sidney no mercado – comemora Carlos Eduardo.

A pessoa certa

Sidney, você, seus filhos e o Giovani têm potencial para encarar esse desafio. Torço para que ocorra a junção da STR com a Poloar.

A conversa entre Sidney Tunda e Mauro Gluz, diretor comercial da Elgin, aconteceu no período de pré-fusão da Poloar com a STR. Sidney concordava com o amigo e fornecedor de longa data e, tomado de confiança, confirmava que seguiria em frente com o processo de união das empresas.

A relação comercial entre eles e as respectivas empresas sempre foi pautada pela confiança conquistada durante os anos de parceria. Tanto que os fornecimentos são feitos mediante as necessidades de Sidney e da Poloar; o crédito da Poloar, e depois do Grupo Uniar, é ilimitado na Elgin.

A participação da Poloar como cliente da Elgin sempre foi bem maior do que a da STR. Mas Mauro Gluz colocou-se à disposição para conceder benefícios que ajudassem de alguma forma no ainda mais alto fluxo de pagamentos assumidos a partir do momento em que Sidney passou a ser também a referência da STR.

Os acordos foram, como de hábito, rigorosamente cumpridos. E os volumes de negócios da Elgin não só com a Poloar, mas também com a STR, cresceram numa relação comercial naturalmente de sucesso.

Como todos souberam da fusão? Sidney Tunda e Giovani Soares gravaram um vídeo comunicando sobre a criação do Grupo Uniar, que foi veiculado internamente e também compartilhado com o mercado, o qual recebeu muito bem a informação.

Detalhes do vídeo ficaram gravados na memória dos *players* do mercado, como relembra Alexandre Faraco de Souza, gerente comercial da Elgin:

– Assim que o senhor Sidney assumiu a fusão publicamente, todos se tranquilizaram. Não restou dúvidas de que a situação seria resolvida. Talvez ele nem precisasse dar satisfações, mas quem o conhece bem sabe que ele gosta de fazer tudo da forma correta, de percorrer o melhor e mais seguro caminho. O senhor Sidney até detalhou no vídeo os motivos que o levaram a concretizar a união das empresas.

Assim como aconteceu com outras empresas credoras, os executivos da Elgin foram chamados por Sidney Tunda para que fossem feitas as negociações. Sidney explicou que, dentro do novo formato, o Grupo Uniar centralizaria as ações administrativas, com estoque, logística, sistemas integrados, entre outras.

Particularmente no caso da Elgin, conforme reforça Alexandre, os pedidos ficaram ainda maiores:

– Tivemos um aumento significativo nas vendas para o grupo. Na Poloar éramos expressivos e na STR tínhamos uma participação menor. Com a unificação, ganhamos força!

Aplausos pelo arrojo

Mas houve no mercado quem, apesar de não duvidar da capacidade de Sidney Tunda de gerir, de cumprir os compromissos e de vencer os desafios assumidos, entendesse que o tempo poderia ser o grande adversário do empresário, em especial na recomposição da empresa.

Pois justamente o tempo foi utilizado em seu benefício. Como no caso da negociação do valor em aberto da STR com a Midea Carrier, acompanhada de perto pelo gerente comercial Francisco Liniglia Neto. As conversas e negociações entre os dois lados tiveram seus momentos de tensão, o que é natural nesse tipo de conjuntura; ali havia, em determinados pontos, conflitos de interesses. Mas o objetivo de ambas as partes era o de resolver a situação. Francisco foi importante para baixar a temperatura quando o termômetro se elevou.

Ao final, o meio-termo prevaleceu. Inicialmente programado para ser liquidado em 36 meses, o débito foi quitado pelo Grupo Uniar em menos de um ano. Por isso, Francisco cumprimentou o empresário, dizendo:

– Parabéns! O senhor enfrentou e venceu um dos capítulos mais importantes da sua trajetória. Enfrentou e venceu com sorte, peito e jeito!

– E ambos riram da conclusão com a frase preferida de Sidney Tunda.

Outro acerto de Sidney foi manter as duas marcas com suas respectivas estruturas, Poloar e STR, concorrendo entre si no mercado.

Mais uma vez o tempo conspirou em favor de Sidney Tunda e do Grupo Uniar, pois criou uma companhia extremamente organizada, enxuta e líder no setor de especializados, respeitando a cultura empresarial e a filosofia de trabalho do fundador.

Francisco ainda rememorou com Sidney que a junção das empresas trouxe ganhos familiares:

– Imagino que a decisão e todo o empenho de trazer para a empresa a Ana Carolina e o Giovani, que têm grande conexão com o senhor, tenham tido um peso familiar. Assim, eles estão juntos com o Junior, o Luiz e o senhor na empresa. Certamente, este é também o desejo da dona Toninha, e acredito que ela deve ter se empenhado para ajudá-lo nessa viabilização.

Com visão da fusão semelhante à de seu gerente comercial, Felipe Costa, CEO da Midea Carrier para o Brasil, Argentina e Chile, aprovou a união:

– Para a nossa empresa e o mercado em geral, o fato de a STR passar a pertencer ao Grupo Uniar foi excelente. É uma empresa forte nas ações comerciais e que sucessivamente teve grande movimentação com a Midea Carrier, ganhou maior solidez financeira e unificou as práticas de mercado.

Assim que a notícia foi oficializada, Felipe comemorou:

– O setor sentiu que a STR, assim como a Poloar, teria muitos ganhos com a fusão. Era o que havia de melhor e mais consciente a ser feito. Ao menos na Midea Carrier, ninguém imaginou que os problemas da STR, agravados com as dificuldades econômicas do país nos anos de 2014 a 2016, afetariam a Poloar. Vimos, sim, como a melhor e mais inteligente solução. A união da Poloar com a STR permite que o Grupo Uniar atue em todos os nichos, independentemente de classe social ou faixa etária.

Há ainda outro fator destacado por ele:

– Pelo pouco que conversei com o senhor Sidney na época da fusão, registro um fato positivo e que se refere à família, que permaneceu unida. Foi uma negociação rápida e saudável para todos!

Mais um executivo do mercado aprovou a ação do presidente da Poloar:

– Senhor Sidney, parabéns! Criar o Grupo Uniar é pensar no futuro!

A afirmação foi feita por alguém que conhece muito bem o setor, as empresas e também Sidney, a família Tunda e Giovani Soares: Marcos Manoel Torrado, diretor comercial da Midea Carrier.

Realmente, empresas fornecedoras do segmento acompanhavam já havia algum tempo comentários e sinais de junção das empresas, até que ocorreu a concretização em 2017. As dificuldades financeiras vividas pela STR aceleraram o processo.

A rede chegara a ter o maior faturamento do segmento. Por isso, incorporá-la ao grupo exigiu grandes esforços e recursos. Indubitavelmente, Poloar e STR juntas tornaram o Grupo Uniar a maior empresa especializada em ar-condicionado no Brasil e uma das principais na América Latina.

Assim que o vídeo com as palavras tranquilizadoras de Sidney Tunda e Giovani Soares foi divulgado, cravando a junção das companhias, Torrado comentou com os colegas de empresa:

– O mercado está tranquilo. A história do senhor Sidney expressa credibilidade. Vamos crescer como fornecedores do Grupo Uniar.

Após a junção, ambas as marcas se equivaleram no volume de compras da Midea Carrier. A Poloar sempre foi representativa no atendimento aos instaladores e a STR passou a atuar em territórios como o Nordeste, em locais como Fortaleza, Salvador, Recife e Natal, onde a Poloar não operava.

Torrado fez uma análise que também viria a ser comprovada tempos depois:

– Com a junção, houve um somatório de capacitações. O Grupo Uniar busca manter o que há de melhor dentro do DNA de cada rede. O grupo trabalha com agressividade nos vários canais de vendas.

Confiança no Sidão e nos seus pares

A Samsung, outra das fornecedoras parceiras, tem em seu histórico a realização de excelentes negócios com as duas empresas, Poloar e STR. As negociações, direcionadas por Paulo Vicente Ferreira, gerente de contas, e Jean Carlos Cazuti Brandão, gerente-geral de vendas para ar-condicionado, eram feitas com Luiz e contavam com a participação de Sidney Tunda geralmente nos momentos de fechamento dos pedidos.

Antes da fusão, as tratativas da STR eram realizadas por Giovani Soares; com a criação do Grupo Uniar, passaram a ficar concentradas na diretoria comandada por Luiz e Sidney.

Assim que as empresas se juntaram, os representantes da Samsung e do Grupo Uniar se reuniram para a formatação do processo de acerto dos débitos referentes à STR. O acordo chegou ao bom senso de forma rápida.

Inicialmente, com o enxugamento de determinadas despesas e o fechamento de algumas lojas STR, houve redução nos volumes de compra, mas que logo foram retomados.

Também pelos lados da Samsung, a fusão recebeu aplausos, e a equipe da multinacional sul-coreana colocou-se à disposição para colaborar na fase mais dura, a inicial, que certamente seria superada, tal a confiança em Sidney Tunda e nos seus filhos e genro.

As visitas de Paulo Vicente Ferreira à Poloar, e depois ao Grupo Uniar, eram constantes, inclusive nos aniversários da família e nos *happy hours* às quintas-feiras na sede da empresa. Mesmo sem comentar, às vezes Paulo observava Sidão com fisionomia preocupada quando o empresário citava um ou outro ponto da fusão, mas logo o otimismo era retomado nas palavras dele.

Num desses encontros, Sidney chegou a confidenciar a Paulo:

– É um dos momentos mais desafiadores da minha trajetória, mas vamos superar e vencer esse período. Depois de tudo finalizado, os ganhos para o grupo serão enormes.

As conversas de tom positivo mantidas com Sidney, Paulo compartilhava com os colegas na Samsung, dizendo a eles:

– Não é só a capacidade financeira do Sidão e do Grupo Uniar que deixa a certeza de que tudo será equalizado, mas, principalmente, o que pesa é o lado empreendedor dele e da família. O Sidão é um homem de negócios, criou a maior distribuidora especialista em ar-condicionado do Brasil.

E cita ainda um pensamento do empresário:

– Certa vez, ele me disse que existem duas formas de enfrentar a vida: uma é sendo orgulhoso, acreditando que você sabe de tudo; a outra é com humildade, reconhecendo que sempre temos muito a aprender. Certamente, ele fez e nos ensina a seguir a segunda escolha.

Tempos depois, a Samsung organizou uma viagem de incentivo e convidou seus principais clientes para integrar a delegação; a família Tunda estava relacionada. Periodicamente, esses *workshops* eram organizados pela empresa, tanto na sede da Coreia do Sul quanto em outras localidades, como na Bélgica, onde eram apresentadas as novidades da linha de produtos.

Em outra oportunidade, Sidney acompanhou executivos da Samsung e outros convidados a Manaus, para conhecer a fábrica da empresa fornecedora. Durante a estada, Paulo Vicente aproveitou para levar Sidney e o grupo de clientes a restaurantes e pontos turísticos da cidade, para que conhecessem um pouco da cultura regional.

Um fato é certo: viajar com Sidney Tunda é aprender com suas histórias, valores e legado. Sidney adora compartilhar aquilo que viveu e aprendeu com a vida. E Paulo se delicia com suas histórias e causos, principalmente porque seu início no setor de ar-condicionado se deu da mesma forma que o de Sidney:

– Quando o Sidão conta sobre o duro início no mercado, eu entendo bem o que ele busca transmitir. Assim como ele, eu também comecei instalando aparelhos. É um trabalho difícil, pesado e cansativo. Isso valoriza muito a história de vida do Sidão.

De volta para casa

Com a criação do Grupo Uniar, Marcio Douglas Meneghetti voltou a trabalhar na empresa de Sidney Tunda. No final dos anos 1990, ele havia iniciado na Poloar, onde ficou por sete anos com Gissela no departamento financeiro. Depois o rapaz foi trabalhar numa locadora de veículos do marido da colega e, na sequência, a convite de Giovani Soares, foi contratado como gerente de compras e logística da STR, onde ficou por dez anos, até ocorrer a fusão com a Poloar.

Nesse retorno, Marcio passou a ser gerente de compras do Grupo Uniar, trabalhando na área de Luiz. Assim que Marcio reencontrou Sidney Tunda, recebeu as boas-vindas do patrão:

– Estou feliz que você esteja novamente no nosso time! Lembro que quando você trabalhou conosco, a Poloar ainda estava na Bela Vista. Você verá, Marcio, que desde aquela época passamos por grande transformação nos nossos processos de gestão, mas nossos valores e a cultura da empresa permanecem inalterados e fortalecidos.

O departamento de compras está alinhado com as empresas fornecedoras, criando para cada uma delas seus respectivos espaços. Manter essas relações sadias depende de as partes cumprirem o protocolo de direitos e deveres, que se mantém fiel há anos.

Dentro da filosofia de trabalho de Sidney Tunda, a Poloar, e depois o Grupo Uniar, criaram uma forte e fidelizada relação com seis empresas do mercado: Daikin, Elgin, Fujitsu, LG, Midea Carrier e Samsung.

...

A matriarca Toninha gostava de praia com casa cheia. Então, sempre convidava os irmãos e os sobrinhos com suas respectivas famílias para passarem férias, feriados e finais de semana com ela.

Mas Toninha e Sidney também gostavam da companhia dos parentes nos cruzeiros de navio e nas viagens em geral, como para a Disney. Nesses momentos, Sidney era parceiro para qualquer situação; já Toninha era mais presente nas idas a lojas e restaurantes.

Os sobrinhos Marina e Luis Paulo, o Lipa, e seus filhos Manuela e Miguel, acompanharam os tios em algumas dessas viagens.

Entre tantas, uma marcante aconteceu com o convite recebido de Sidney para que fossem juntos para o Peru, quando estiveram em Lima, Cusco e Machu Picchu, a convite da Elgin, importante parceira comercial da Poloar e do Grupo Uniar.

Canais comerciais

Na junção da Poloar e da STR, uma das profissionais que se mantiveram no grupo foi Elenice Ievenes Ventura, supervisora do departamento comercial para consumidor final. Elenice sabia da árdua disputa que havia no mercado entre as duas redes e, assim como ela, outros colaboradores estavam ansiosos para acompanhar como ficaria a política comercial da empresa.

Em contrapartida, pertencer agora ao Grupo Uniar trouxe bastante segurança aos colaboradores que migraram da STR, pela certeza de estarem numa companhia forte e com a referência do nome de Sidney

Tunda na presidência. Era certo também que a STR manteria sua sede na região central de São Paulo, na Rua Barão de Campinas, 690, no bairro dos Campos Elíseos, mas que a administração seria unificada e gerida pelo Grupo Uniar.

Logo de início ficou claro que a nova composição no organograma funcionaria bem na área comercial e em todos os departamentos. Aquilo que se definia nas reuniões com a diretoria era imediatamente repassado pelos gerentes aos supervisores, responsáveis por transmitir aos vendedores.

Com ações de mercado alinhadas, respeitando seus estilos, Poloar e STR continuaram a se encarar como concorrentes, respeitando seus perfis de trabalho, metas e disputas para conquistarem os clientes e concretizarem as vendas. Ambas têm suas armas comerciais e seus limites de atuação. As negociações são independentes e respeitam as bases estabelecidas.

Na história dos números internos da STR, a empresa vende um volume maior de aparelhos Multi Split das marcas Daikin e Fujitsu; o Multi Split, com preço um pouco mais elevado que o convencional, é um sistema de climatização que refrigera mais de um ambiente com apenas uma unidade condensadora externa e múltiplos evaporadores distribuídos nos cômodos a serem resfriados. Mas tanto a Poloar quanto a STR são bastante competitivas com seus aparelhos das seis marcas que compõem o portfólio de produtos das duas redes.

O e-commerce, por meio dos sites das duas empresas, é especialmente pensado para tirar todas as dúvidas dos clientes. Eles contêm as tabelas de preços, descrições dos aparelhos e fabricantes, e permitem a definição da capacidade ideal do ar-condicionado utilizando-se uma ferramenta cuja informação básica é a metragem do ambiente.

Aqueles que se sentem inseguros para percorrer sozinhos tal caminho podem recorrer aos outros canais de vendas das empresas do Grupo Uniar, como o das revendas ou dos consumidores finais nas lojas com *showroom*, que atendem pessoas físicas e jurídicas (empresas), arquitetos e construtoras, entre outros. Muitas vezes, esses clientes já possuem instaladores de confiança e não se utilizam das indicações feitas pela Poloar e STR. Outra virtude da área comercial é o excelente banco de dados.

No caso de uma loja localizada num estado receber a ligação de um cliente de outra praça, este é imediatamente direcionado para a filial mais próxima.

Os funcionários oriundos da STR passaram a frequentar as festas na matriz do Grupo Uniar e puderam conhecer não só o presidente da companhia, mas também sua inspiradora história de vida narrada por ele mesmo nesses encontros.

Como diz a própria Elenice, que iniciou na STR em 2002 como vendedora e desde então já ouvia elogios a Sidney Tunda:

– Eu sei que ele começou com serviços, fazendo instalações. Quando entrei na STR, já diziam com admiração que ele era o líder do ar-condicionado, o pioneiro. O senhor Sidney é o nosso ídolo!

Poloar de Pindorama nas mãos da família

Em 2017, depois da criação do Grupo Uniar, algumas lojas próprias foram abertas para se tornarem franquias ou, como eles denominam internamente, representantes comerciais. Como a política interna sempre é a de promover e dar oportunidades a quem já trabalha na casa, aos gerentes dessas filiais foi oferecida a oportunidade de se tornarem parceiros.

Alguns rejeitaram e preferiram continuar como gerentes, outros toparam o desafio. Foi o caso do Lipa, marido de Marina Trida Sanches Ferreira, e de Bambam, marido de Fábia Trida Sanches.

No caso de Lipa, ele foi convidado por Giovani para gerenciar a loja da STR que foi inaugurada em São José do Rio Preto, em 2015. Em relação a Bambam, como já explicado, trabalhou por alguns anos com Sidney, até que o empresário decidisse abrir a Poloar em Pindorama, filial que o rapaz passou a gerenciar.

Com a fusão e a proposta apresentada aos gerentes, Lipa e Bambam decidiram se associar e voluntariaram-se como parceiros da Poloar da cidade natal de Sidney Tunda.

Os aconselhamentos de Sidney são seguidos à risca pelos sobrinhos. Lipa admira o conhecimento que o tio e presidente do Grupo Uniar tem do segmento:

– Ele conhece tudo sobre a empresa, como os números e o dia a dia de todos os setores. Quando o senhor Sidney, ou tio Ticão, está em

Pindorama, o Bambam e eu aproveitamos sua estada para conversar bastante. Se temos uma dúvida, ele sempre abre a nossa mente e nos orienta sobre o caminho que devemos seguir. Eu o considero o Midas do ar-condicionado, detentor de uma inteligência fora de série.

E completa:

– Uma das frases dele que mais gosto é: "Ajude o próximo que você também será ajudado". Isso é o que o tio Ticão acredita e pratica!

Em relação a Bambam, a admiração e o carinho com tom filial são idênticos:

– Procuro pautar minha vida e conduta nos ensinamentos que tiro da convivência com o tio Ticão. Nas decisões importantes eu sempre o consulto, pois ouvi-lo me transmite tranquilidade, segurança e prosperidade. Ele tem frases fantásticas, e uma das que mais gosto é: "Aprenda a viver com o que você ganha".

Bambam ainda relata que, mesmo sendo tão próximos, Sidney é rígido com o lado profissional:

– Se precisar de uma cobrança mais dura, ele faz sem rodeios. E tem uma memória fantástica. Guarda tudo com detalhes na mente. Se prometer algo para ele, cumpra. Senão, ele vai se lembrar e te cobrar.

Sucesso na gestão

Conversar por algumas horas com o tio Ticão vale mais que um ano de faculdade de Administração de Empresas...

Assim como muitos, Guilherme Garcia Sandrini, marido de Izabela Godas Trida, tira grandes ensinamentos dos diálogos que trava com Sidney Tunda.

Logo que começou a namorar com Izabela, Guilherme tinha uma empresa de confecção com o pai em Americana, interior de São Paulo. Mas o negócio passou por dificuldades e Sidney sempre orientava sobre administração, área contábil, setores financeiro e fiscal, departamento de compras...

Quando Guilherme decidiu sair do ramo de confecção, Sidney propôs que ele e Izabela se mudassem para Ribeirão Preto, onde poderiam trabalhar na Poloar da cidade. O fato de Guilherme desconhecer o ramo não preocupou Sidney: "Você é empreendedor, vai aprender rápido!".

Inicialmente, Guilherme passou a atuar com instalação, mesmo caminho perseguido por Sidney Tunda. Realmente, como previra Sidney, o trabalho prosperou e Guilherme e a esposa Izabela se tornaram parceiros da filial de Ribeirão Preto.

Assim como faz com tanta gente, Sidney conversa bastante com os sobrinhos, alertando sobre a importância de trabalhar com afinco e de abrir a loja aos sábados, de ter cuidado com o caixa e de entender que nem todo dinheiro que entra na loja é lucro, além de saber guardar parte do dinheiro que se ganha.

Guilherme gosta bastante de falar com Sidney sobre vários temas, mas futebol não está entre os melhores assuntos. O motivo? Divergência de opiniões. O sobrinho torce pelo arquirrival Palmeiras.

O sucesso da gestão da loja de Ribeirão Preto abriu para Izabela e Guilherme outra grande oportunidade. Com a fusão ocorrida em 2017, Giovani propôs ao casal que se tornasse parceiro e representante comercial da loja STR de São José dos Campos, que até então era própria e comandada por um gerente. Eles toparam o desafio e assumiram a STR em agosto de 2017. Foi um investimento substancial, mas os resultados foram tão expressivos que, poucos meses depois, ainda no final do ano, as contas estavam equalizadas e os resultados eram bastante satisfatórios.

Uma das passagens marcantes aconteceu em 2019, quando a Midea Carrier organizou uma viagem para Portugal, convidando Sidney Tunda e algumas pessoas representando o Grupo Uniar. Izabela e Guilherme estiveram entre os convidados e puderam curtir alguns dias ao lado do tio. Na convivência diária, Guilherme pôde conhecer ainda mais Sidney e seu lado descontraído e divertido, que muitas vezes fica encoberto pelas responsabilidades do dia a dia no trabalho.

Na viagem, em que também estavam os filhos Luiz e Ana Carolina e o genro Giovani, a Carrier organizou uma agradável competição gastronômica típica, preparada com peixes e frutos do mar.

Com participação em duplas, as quais foram fazer as compras no mercado central, a disputa foi comandada por um *chef* local e preparada com uma cataplana, utensílio culinário português formado por duas meias panelas côncavas, que são lacradas por meio de fechos laterais para permitir a cozedura hermética das iguarias.

Sidney foi um dos participantes da competição, enquanto seu pessoal ficava na torcida e na espera para saborear os pratos finalizados.

Vibrar com o time
Parabéns pela promoção, Ana Claudia! Cuide bem do nosso ponto de vendas!

Desta forma Ana Claudia de Lima Souza recebeu a notícia de que havia sido promovida a gerente de rede de lojas; ela entrara na empresa em novembro de 2012 como assistente administrativa e trabalhara no e-commerce até 2016.

A organização expressa nos colaboradores o mesmo sentimento de carinho do dono. Ana Claudia sempre se sentiu à vontade na empresa e constatou que o pessoal da STR, que chegou em 2017, foi recebido de braços abertos e adaptou-se rapidamente à essência do olho no olho da Poloar.

Por isso, ela registra:

– Com a chegada da STR, parece que a família aumentou. Desenvolvemos amor pelo que fazemos e vestimos a camisa da empresa. Sempre que alcançamos bons resultados nas vendas, fazemos nossas comemorações. É uma empresa festeira, e o senhor Sidney, um homem simples, acessível e sábio, adora festejar. Ele sempre diz que ama a todos nós. Houve um evento no estacionamento da matriz no qual ele subiu no palco para agradecer pelos resultados do ano e citou o nome e o cargo de cada funcionário presente.

Além das mudanças tecnológicas, alguns CDs da STR foram desativados e o estoque centralizado nas unidades da matriz, Anhanguera, Extrema, Frutal e Cuiabá, tendo sido as duas últimas inauguradas em 2017. No entanto, em função da alta tributação, o CD de Cuiabá foi desativado em meados de 2020. Ambas, Poloar e STR, são fortes, e a união delas demonstrou segurança ao mercado, expressão que é a marca de Sidney Tunda.

Ana Claudia até recorreu aos conselhos do patrão na hora de decidir sobre qual curso fazer. Entre as opções, estava a especialização, cujos aprendizados colaborariam com o trabalho dela na empresa.

– Você está certa em querer estudar e se desenvolver na sua área de atuação. Mas, além da formação acadêmica, jamais deixe de trabalhar com amor e boa vontade – alertou o empresário.

Ana Claudia faz uso das frases do presidente do Grupo Uniar, entre elas: "Quem não é visto não é lembrado". O *slogan* do patrão também é utilizado nas horas de enfrentar desafios:

– Na minha leitura, a frase que o senhor Sidney adora dizer representa ter força para prosseguir, não desistir, criar ideias! Sempre que a nossa equipe tem um desafio pela frente, usamos essa frase para motivar.

Gratidão eterna

Sidney, graças a você eu consegui me reerguer, dar um bom padrão de vida para a minha família e formar meu filho em Medicina. Toda vez que comento isso, eu me emociono.

Diariamente, perto das 19h, José Eduardo Trida, o Zeca, liga para o primo e patrão Sidney Tunda. Há anos Zeca foi contratado, depois que saiu do setor bancário, para gerenciar a loja Poloar de São José do Rio Preto. Após a fusão, foi Giovani Soares, com quem a esposa de Zeca tem parentesco, que lhe deu outra notícia:

– Pode se preparar para trabalhar ainda mais. Você gerenciará também a loja da STR.

Com uma adaptação ou outra, tudo se ajustou. As mercadorias vendidas nas lojas eram atendidas pelo CD de Frutal.

Zeca ainda se lembra das palavras de Sidney quando o convidou para trabalhar com ele:

– Seja transparente e honesto com o cliente. Aja com seriedade e postura. Mas não se esqueça de que a venda tem que ser rentável, pois faturamento não é resultado.

O sentimento de Sidney pela empresa e por aquilo que a companhia representa e gera de recursos e riqueza para tanta gente, Zeca acompanha de longa data:

– O amor pelo que faz mantém o Sidney à frente dos negócios, mesmo podendo se afastar e deixar tudo com os filhos. A Poloar, como ele diz, é o ar que respira.

A convite de Sidney, Zeca viajou para a Europa, conhecendo Portugal e Espanha. Fez vários cruzeiros e, inclusive, substituiu o primo numa viagem oferecida pela LG para que os clientes visitassem a fábrica da empresa na Coreia do Sul, com uma parada de cinco dias em Dubai.

Toninha também tem grande carinho pelo primo. Tanto que, quando Sidney quis ajudá-lo na época em que o banco em que trabalhava quebrou, ela incentivou o marido:

– O Zeca merece uma oportunidade. Ele tem filho para criar e uma mulher trabalhadora.

Mesmo que nem todos tenham conhecimento, pela proximidade e amizade com o primo, Zeca sabe das inúmeras ajudas e ações sociais com as quais Sidney Tunda colabora: instituições comunitárias, asilos, igrejas... tanto em São Paulo quanto em Pindorama.

E Zeca confidencia:

– É isso que torna meu primo feliz e realizado: ajudar as pessoas e fazer o bem.

Bem-vindo, Alemão!

A nossa mente tem que estar ocupada com coisas boas. Não obstrua espaço nela com aquilo que não tem importância.

A frase dita por Sidney Tunda foi incorporada por Aparecido Donizete Garcia, o Alemão, gerente-geral de manutenção do Grupo Uniar. Ele adotou, praticou e percebeu os ganhos da mensagem, ficando ainda mais otimista.

Curiosamente, foi pelas mãos de Sidney que Alemão começou a trabalhar ainda na Poloserv, durante a década de 1980. Ele é de Itajobi, município próximo a Pindorama.

O rapaz veio trabalhar em São Paulo, na oficina do primo, onde os negócios não andavam muito bem. O parente queria dispensar um mecânico, pai de família, mas Alemão não concordou e disse: "O funcionário tem mulher e filhos para sustentar. Deixa ele ficar no emprego e eu saio, vou arrumar outra coisa para fazer".

Nesse ínterim, Alemão prestou serviço para a Poloserv, da qual Sidney era sócio, e a qualidade apresentada agradou, tanto que ele foi contratado. Alemão fez curso no Senai (Serviço Nacional de Aprendizagem Industrial) e passou a trabalhar com manutenção de ar-condicionado, mas buscava aprender mais, fuçava em tudo.

Tempos depois, com a entrada de Giovani na STR, foi com ele que Alemão passou a trabalhar. No começo, a carga de trabalho era enorme, pois faziam de tudo na empresa. Alemão pegava o carro da STR e partia para instalar aparelhos, além de ajudar em outras áreas.

A STR se consolidou, cresceu, e Sidney sempre admirou o trabalho de Alemão, imaginando que um dia ele poderia estar na Poloar. Nas oportunidades em que havia festa unificada com as duas empresas, Sidney brincava com Alemão:

– Eu preciso de um cara bom como você para a oficina, mas não quero brigar com o meu genro... – Para bom entendedor, era um convite profissional.

No entanto, Alemão sorria e dizia que tinha uma dívida moral com Giovani e não poderia abandoná-lo. Sidney sabia disso e respeitava a posição de Alemão, que cultivava grande admiração por ele, até pelas palavras elogiosas que Giovani proferia sobre o sogro: "Ele é muito respeitado, inteligente, peitudo e não tem medo de tomar decisões".

Com a fusão da Poloar com a STR, finalmente Alemão passou a trabalhar na empresa de Sidney e a comprovar por que o empresário o queria antes ao lado dele. Alemão toca com pulso firme o departamento, orienta e deixa o celular ligado 24 horas por dia, para socorrer quem possa ter alguma dúvida. Ele criou e comanda o *outlet*, onde aparelhos que passam por troca são revisados e disponibilizados para venda. Tempos depois, a área técnica começou também a realizar *lives* para o grupo parceiro de instaladores.

Nos feriados, quando eles viajam para o interior, Alemão vai encontrar Sidney, os filhos e o genro no espaço Na Bera da Tuia, e passa ali algumas horas de diversão.

Mas a lembrança de maior carinho em tantos anos de relacionamento remete ao passado, ao ano de 1998. Naquela época, havia nascido sua filha. Tempos depois, a esposa dele arrumou emprego no Hospital São Paulo e a filha precisou ir para a creche.

As condições financeiras eram bastante restritas, o aluguel era pago com dificuldade, e a menina não tinha nem um tênis para calçar.

Como Giovani sabia da situação do funcionário, no final de semana, durante o almoço familiar de domingo, disse que iria ajudar Alemão. Mas os sogros se sensibilizaram e, na segunda-feira cedo, Toninha comprou três pares de tênis e pediu para entregar na STR, sendo que o presente tinha um cartão assinado: *Toninha e Sidney.*

"Uniar" para crescer

A STR ainda mantém parte da estrutura em sua sede na Rua Barão de Campinas, 690, no bairro dos Campos Elíseos, região central de São Paulo. Ali funcionam a loja e as áreas comerciais. Setores como financeiro, compras e logística, entre outros, ficam sob a administração do Grupo Uniar.

Antes da fusão, a STR já investia fortemente em marketing, com campanhas de divulgação nas mídias impressas, sociais e eletrônicas. O trabalho de publicidade é administrado em casa, ou terceirizado no caso de campanhas específicas.

Ainda bastante ligado à STR, Giovani Soares cumpre expediente dividindo-se entre a matriz do Grupo Uniar e a sede da STR, comandando a gestão comercial, o trabalho de expansão da rede e as visitas às lojas.

Dentro do plano de expansão, para se adquirir uma loja Poloar ou STR, o interessado entra em contato com o departamento de filiais e apresenta a sugestão do local pretendido. Giovani e sua equipe avaliam e validam ou não a proposta, baseados em alguns gráficos e dados, em que constam o endereço e a quantidade local de habitantes.

Se a sugestão for aceita, o Grupo Uniar monta o *showroom*. Reforma, mobília, contratação de funcionários, despesas fixas e locação do imóvel, se necessário, são de responsabilidade do futuro parceiro comercial.

Claro que o Grupo Uniar mantém lojas próprias para sentir a dor e a alegria que o mercado oferece aos parceiros comerciais. Assim, as solicitações dos parceiros são aceitas ou recusadas, mediante a experiência de lojista vivida pelo Grupo Uniar. Manter lojas próprias é uma praxe entre as redes de franquias – com o surgimento da pandemia, nasceria ainda o modelo de franquia virtual, ou filiais digitais, em que qualquer pessoa pode vender, por meio de um portal, aparelhos de ar-condicionado para conhecidos e empresas.

Na sede da STR, quem assessora Giovani Soares é Sara Fernanda de Lima, assistente de diretoria, que iniciou na empresa em 2014, portanto, antes da fusão com a Poloar. Sara chegou a trabalhar um ano na matriz do Grupo Uniar, mas foi promovida e retornou para a STR.

Logo que foi criado o Grupo Uniar, ela observou mudanças positivas:

– Rapidamente houve a transformação do sistema com ganhos organizacionais. Nunca temi que a fusão fosse ser prejudicial. Ao contrário disso, acreditei que traria ganhos pessoais e profissionais.

Para Sara, a área comercial também ganhou em resultados:

– Com a fusão, percebo que quem trabalha tanto na Poloar quanto na STR tem um mesmo objetivo: conquistar, reter e fidelizar os clientes, para que permaneçam no grupo. É uma mentalidade que envolve o todo, o melhor para a empresa.

Estratégias de marketing

Logo depois da criação do Grupo Uniar, em abril de 2017, Ana Carolina passou a comandar a área de marketing. A primeira grande discussão estratégica envolveu o nível de ação que seria feito. A decisão foi a de respeitar as características próprias das marcas, como o público-alvo e os canais de vendas, mantendo-as concorrentes.

Definida a estratégia e aprovada pela diretoria, teve início o trabalho de renovação da identidade das marcas e de posicionamento. A STR fazia investimentos mais agressivos no marketing do que a Poloar, mas foi definida uma política única e conservadora.

Uma das ferramentas da área foi ampliar as ações dos eventos dirigidos ao setor, como os encontros com instaladores, em parceria com as fábricas. Com suas indicações de marcas e fornecedores, os instaladores representam um ponto de segurança dos clientes na aquisição dos aparelhos de ar-condicionado.

Entre os eventos, um dos que marcaram aconteceu no CD de Extrema e reuniu mais de mil instaladores. A ideia nasceu numa expressiva ação comercial do Grupo Uniar com a Fujitsu; a repercussão foi tão significativa que chegaram elogios até da matriz da fábrica no Japão.

Além dos festejos, houve espaço para esclarecimentos de dúvidas técnicas, realizadas pelos profissionais da Fujitsu aos instaladores que trabalhavam diretamente com a Poloar e a STR. A parceria entre o Grupo Uniar e a Fujitsu é também forte nos eventos; em um dos encerramentos de campanhas de vendas, que contou com a participação do jornalista esportivo Milton Neves, houve sorteio de uma BMW para vendedores e instaladores.

Durante a alta temporada de vendas de ar-condicionado, que vai de agosto a março, pico do período, o Grupo Uniar realizou ainda um vultoso evento em parceria com a Daikin, com ampla campanha de divulgação.

Outra destacada ação de marketing contou com a parceria de todas as seis empresas com as quais o Grupo Uniar trabalha: Daikin, Elgin, Fujitsu, LG, Midea Carrier e Samsung.

Também são desenvolvidas campanhas de vendas envolvendo determinados produtos e fabricantes, cada qual com ações específicas. Muitas vezes, os próprios fabricantes já desenham a campanha e a alinham com o grupo. A diretoria aprecia participar das conversas, trocas de ideias e definições.

Pela representatividade das marcas, as publicidades feitas pelos fabricantes são apresentadas ao pessoal do Grupo Uniar, para que sejam validadas.

A área de marketing conta com serviços terceirizados da Lovaz Publicidade na compra de mídia e pesquisa de mercado, em especial nas áreas de atuação das lojas e para aberturas de filiais.

O grupo busca atuar com marketing em diversas frentes e tipos de verbas distintos, objetivando alcançar o melhor resultado para as marcas.

O esporte é uma das frentes de investimentos. Pelo período de dez meses, entre julho de 2018 e maio de 2019, foi fechada cota de patrocínio para as marcas Poloar e STR no programa *Terceiro Tempo*, que o jornalista Milton Neves apresenta na Band; a STR já havia patrocinado isoladamente o programa antes. Na mesma emissora, foi veiculada a marca Poloar no programa *Os Donos da Bola*, comandado pelo ex-jogador Neto.

Nas redes sociais, onde a empresa atingiu mais de 150 mil usuários, é feito um forte trabalho de divulgação na área técnica, orientando os clientes com informações referentes aos aparelhos de ar-condicionado.

Com o tempo, as campanhas, tanto dos fabricantes quanto dos revendedores, passaram não só a ser feitas nos meses mais quentes, nos quais há maior procura pelo produto, mas também nos meses de outono e inverno. Afinal, os aparelhos são produzidos para serem utilizados nas funções quente e frio, ou seja, para serem regulados e levar conforto durante o ano todo.

Representante em Curitiba

Mauricio, este é o seu crachá. Você será o nosso representante comercial responsável pela loja STR de Curitiba. Aceita o desafio?

Em 2017, a convocação para a reunião na sede do Grupo Uniar pegou Mauricio Soares Leão de surpresa. E a resposta foi "sim", fato que deixou Sidney muito feliz.

A relação entre eles vem de longa data, desde que Ana Carolina e Giovani, com quem Mauricio tem parentesco por ser primo da mãe dele, começaram a namorar e depois se casaram. O convívio das famílias ficou ainda mais próximo e desde então Mauricio passou a admirar Toninha e Sidney pela humildade e pela religiosidade.

Igualmente natural de Pindorama, os pais de Mauricio já eram amigos de Sidney e também dos parentes de Toninha. Eles contavam ao filho com admiração as passagens da vida de Tico, em especial a coragem do empresário em se aventurar em São Paulo.

Desde 2014, Mauricio trabalhava na STR, na sede da Barão de Campinas, tendo iniciado na área de instalação, passando depois por outros setores. O convite para ser representante em Curitiba, cuja loja estava aberta havia mais de dez anos, veio com a fusão, pois até então a STR tinha apenas lojas próprias administradas por gerentes, sem representantes e parceiros comerciais.

Uma das missões de Mauricio foi a de reestruturar a loja e buscar elevar o potencial do negócio; em pouco tempo, ele conseguiu aumentar o volume das vendas. E revelou o segredo:

– Apliquei com a equipe aquilo que ouvi nas conversas e conselhos do senhor Sidney. No começo, eu tinha muitas dúvidas sobre arcar com os custos da loja, pagar funcionários. Mas o senhor Sidney me acalmou e transmitiu confiança. Quem se espelhar na história dele vai trabalhar duro e ter sucesso.

Mas Sidney também faz seus alertas:

– Um deles é para não se encantar com o dinheiro que entra, pois existem contas a pagar. E também orienta para que vivamos com 50% do que recebemos e guardemos o restante – conta Mauricio.

Na primeira reunião que participou logo que entrou na STR, Mauricio ouviu o *slogan* de Sidney. E foi um ensinamento decisivo para ser aplicado quando passou a atender o público curitibano, cujo comportamento difere do público de São Paulo, por gostar de pesquisar e ser mais questionador, característica local, o que torna a decisão pela compra mais demorada.

Além da loja STR, o grupo mantém uma loja Poloar na capital paranaense. Apenas São Paulo, Curitiba, São José do Rio Preto e Porto Alegre possuem lojas das duas bandeiras na mesma cidade; nas outras localidades, elas se dividem em Poloar ou STR. Mas o plano de expansão da rede tende a mudar esse panorama.

Legado de Sidney Tunda

Com o senhor Sidney, aprendi a valorizar a família. Ele busca conciliar seus familiares; a própria incorporação da STR e a criação do Grupo Uniar provam isso, integrando profissionalmente os filhos e o genro.

A visão de Rogério Quedas, gerente de crédito para pessoas físicas e jurídicas, é idêntica à de quem conhece e convive com Sidney Tunda e sabe de sua dedicação a Deus, à família e ao trabalho. Em qualquer intercorrência que conte com a participação de Sidney, ele está disposto a ajudar e a encontrar uma solução favorável e mediadora.

Como aconteceu com o próprio Rogério, que, para ajudar o irmão desempregado, pediu a oportunidade de comprar um caminhão para que ele pudesse trabalhar fazendo entregas fidelizadas para o Grupo Uniar; a condição foi prontamente autorizada e contou com o aval de Sidney.

Sobre o departamento de atuação de Rogério, um ponto a ser destacado: na rígida política do setor, a liberação dos pedidos só é feita após aprovação da área de crédito.

O resultado disso? Uma inadimplência baixíssima, inferior a 1% do faturamento.

Investimentos em logística

A logística sempre foi um ponto de atenção para Sidney Tunda, tanto que o Grupo Uniar mantém os CDs da matriz, da Anhanguera, de Extrema e de Frutal.

Quem acompanha diretamente o setor é Ronaldo Martins Alonge, coordenador de logística; Ronaldo está na empresa desde 2016, tendo iniciado como supervisor. Na época, o CD de Extrema havia sido recém-inaugurado e o de Frutal estava em construção, mas foi concluído em 2017.

Nos anos seguintes à entrada de Ronaldo na empresa, a logística cresceu substancialmente dentro do grupo:

– Ampliou em média 20% ao ano. O senhor Sidney e o Luiz, diretor da área, têm grande visão empreendedora. Enquanto havia quem estava retrocedendo e enxugando despesas, eles estavam investindo. Na hora em que o mercado aqueceu, como em 2019, muitos concorrentes não tinham produto e a Poloar estava estocada – afirma Ronaldo.

O CD de São Paulo, na Via Anhanguera, onde futuramente estarão situadas a matriz e a sede administrativa, funciona no sistema *crossdocking*, ou seja, recebendo as mercadorias de outros CDs e já disponibilizando as peças para serem entregues na capital São Paulo e região com veículos utilitários. Caso o cliente prefira retirar a mercadoria, as peças ficam estocadas na própria matriz.

À medida que desenvolveu seu trabalho e conheceu a empresa, Ronaldo foi tendo ciência do volume de negócios que a Poloar movimenta e que ficaram muito maiores com a chegada da STR. E o primeiro encontro com Sidney, no qual Ronaldo confirmou a humildade do presidente, aconteceu no corredor da empresa; Sidney apresentou-se, cumprimentou-o, trocou com ele algumas palavras e desejou boa sorte.

Também no dia a dia, Ronaldo confirmou o olhar observador e diferenciado de Sidney Tunda. Certa vez, no CD da Anhanguera, durante o descarregamento de uma carreta, Sidney percebeu algo que poderia trazer ganho para o trabalho. Ele então sugeriu que do caminhão, diferentemente do que vinha sendo feito, as peças fossem levadas diretamente ao ponto de estocagem. Isso maximizou o trabalho, gerando ganho operacional. O próprio CD da Anhanguera surgiu da estratégia de Sidney para desafogar o setor.

Das palestras de Sidney, o coordenador também sempre tira boas lições, entre elas, a de não procrastinar: "Nunca deixe para amanhã aquilo que se pode fazer hoje". É isso que Sidney diz e pratica, buscando conversar, fazer, resolver pendências e tomar decisões.

Mais um fato foi marcante para Ronaldo: a liberdade de trabalho que a Poloar, e depois o Grupo Uniar, permite ao colaborador, fruto do modelo de gestão de Sidney Tunda. Inclusive, na entrevista feita com Luiz, que definiu sua contratação, Ronaldo ouviu do diretor da área que apostaria mais uma vez num competente modelo de logística interna, mas que, se não atendesse às expectativas da empresa, o passo seguinte seria terceirizar a área.

Após um período de observação, trocas de ideias com Luiz e algumas mudanças iniciais sugeridas, os resultados positivos começaram a aparecer, além dos muitos ganhos na dinâmica de trabalho. Uma das mais significativas foi passar a fazer as entregas com equipe fidelizada, em vez de terceirizar o serviço; a frota passou a comportar carros próprios e agregados, trabalhando exclusivamente com serviços de entrega para o grupo.

Assim, em três dias, os pedidos são faturados, separados no CD da Anhanguera e entregues na capital paulista, grande ABCD (Santo André, São Bernardo, São Caetano e Diadema), cidades do interior e em Santos. Os carros saem todos com logotipo da empresa e equipes uniformizadas.

A transformação do sistema trouxe economia para a área, agilidade e maior qualificação no atendimento aos clientes. Por isso, trabalhar no Grupo Uniar é extremamente gratificante, conforme conta Ronaldo:

– O senhor Sidney e a família são muito presentes e nunca se negaram a investir nas melhorias, o que torna a empresa ágil e aberta a inovações. Aqui trabalhamos com humanidade. Procuro compartilhar com a minha família a alegria e a realização que tenho por trabalhar no Grupo Uniar e com o senhor Sidney e a família dele.

Família dentro de uma família

Gerar riqueza. Essa é a grande missão do empresário, permitindo assim que as pessoas comprem suas casas, estudem e formem seus filhos, viajem e conheçam culturas diferentes, paguem suas compras, adquiram seus carros, sigam suas vidas e sejam esteios das famílias.

Há casos ainda mais significativos, quando um, dois, três, quatro integrantes de uma família trabalham na mesma companhia.

É o caso de Joseiza Pereira da Silva, a Iza, assistente de vendas, que iniciou na Poloar em 2002, no setor de crédito, passando para a área financeira até ser deslocada para vendas.

Na época, o pai de Iza era motorista da Poloar e conseguiu o emprego para a moça; tempos depois, o homem deixou a empresa. Como de hábito, quando Sidney Tunda encontra com algum funcionário da companhia que ainda não conhece, gosta de saber o nome, um pouco da história familiar e desejar sucesso.

Pois, em 2017, quando surgiu o Grupo Uniar, Iza já havia devolvido o favor ao pai, já que ele estava desempregado e ela arrumou-lhe trabalho no Grupo Uniar; a moça conversou com Luiz, que autorizou a recontratação. Além dos dois, a irmã de Iza trabalha na mesma área que o pai, na logística, e o irmão como assistente na área da revenda.

A empresa ainda concede muitos benefícios; entre eles, ticket restaurante ou alimentação, a distribuição de PLR (Participação nos Lucros e Resultados), cesta de Natal e presentes em outras datas festivas. Nas comemorações de final de ano, os funcionários concorrem a vários prêmios, como celulares e eletrodomésticos, entre outros.

Segurança pessoal e financeira

Em 2017, com a chegada da STR, alguns profissionais foram absorvidos pelo Grupo Uniar. Nesse grupo, encontrava-se o contador Gerson

Barbosa Cerceau, que, depois de atuar por quase três décadas em instituições bancárias, foi contratado pela STR em 2012; na época, Gerson era gerente da conta da STR no Bradesco e aceitou o convite feito por Giovani Soares.

Naquele período, a STR estava muito bem posicionada e Giovani preparava um plano de expansão para a empresa. Gerson trabalhou diretamente com Ana Carolina, então diretora financeira da STR. Por volta de 2014, teve o primeiro contato com Sidney Tunda, numa festa comemorativa, mas já sabia da credibilidade e do excelente conceito que ele tem no mercado.

Até a fusão, a liderança de mercado entre as empresas especialistas e que comercializam exclusivamente ar-condicionado dividia-se entre a Poloar e a STR. Mas, com a fusão, o Grupo Uniar tornou-se a principal empresa do segmento no Brasil; além das especialistas, existem empresas que trabalham com refrigeração e também comercializam ar-condicionado.

Após a unificação, Gerson, cujo setor está ligado ao da gerente financeira Gissela, pôde constatar similaridade nas gestões, como no trabalho detalhista na apresentação visual, na valorização da marca, na estrutura, entre outros. Quando recebe alguma visita profissional na sede do grupo, é comum Gerson ouvir: "Estou impressionado com a estrutura da empresa".

A partir daí, Gerson também passou a se encontrar mais com Sidney Tunda e constatou a proximidade com que o patrão se relaciona com os colaboradores:

– O senhor Sidney circula pelas salas, cumprimenta, conversa e pergunta como estão todos. Ele nos transmite muita energia positiva e segurança. Após a fusão, deixou que tudo se assentasse sem alarde e, em noventa dias, todos já estavam se sentindo em casa.

Com a segmentação do grupo, conhecendo o histórico da Poloar, Gerson avalia:

– O resultado em relação ao faturamento é fantástico. A empresa tem duas características que a solidificam e realçam os princípios contábeis: perenidade e perpetuidade. O senhor Sidney direcionou a empresa nesse sentido. E a perspectiva é de crescermos ainda mais.

A velocidade com que as decisões são tomadas também impressiona:

– A base de sustentação do grupo é muito forte, assim como sua política de gestão. O senhor Sidney está presente no dia a dia da companhia. São décadas de experiência. Ele decide tudo rapidamente, com muita pujança e assertividade – avalia Gerson, que ainda compara: – O Giovani também tem coragem para assumir riscos e inovar. Isso torna a empresa pronta para aceitar o constante processo de mudanças e inovação tecnológica. Nossos eficientes portais e e-commerce comprovam isso.

Em relação às participações, a Poloar representa 60% do faturamento, e a STR, os outros 40%. O jeito direto de se colocar de Sidney também agrada Gerson e os colaboradores em posição de liderança:

– Nas reuniões com os líderes dos setores, quando o senhor Sidney quer falar algo ou mandar uma mensagem, ele vai direto ao ponto, não faz rodeios. É um homem franco, espontâneo e aberto ao diálogo. Quando acontece uma divergência nesses encontros, ele dá o ponto de equilíbrio. O senhor Sidney não é autoritário, pois gosta de ouvir as opiniões e aceita as boas ideias.

As diretrizes, como a de manter a rentabilidade, e os pilares, como o conservadorismo, explicam os motivos da solidez da companhia. No Grupo Uniar se prima pela rentabilidade; não se queima produto, não se entra em disputa em vão no mercado. A companhia também procura, preferencialmente, atuar com capital de giro próprio ao invés de buscar recursos no mercado. No Grupo Uniar não se perde dinheiro nem se compromete a estrutura; não se paga ou não se compra nada sem cotação e autorização. Tudo gira ao redor da disciplina do processo!

Assim como os colegas de trabalho, para Gerson, os discursos de Sidney emocionam:

– O senhor Sidney tem enorme capacidade de se comunicar e de absorver a atenção e a admiração das pessoas com as mensagens que transmite. Ele se expressa com serenidade, objetividade e coerência nas palavras. É espontâneo, pega o microfone e sai tudo de improviso, fala com o coração.

Claro, há ainda a espiritualidade:

– Admiro a religiosidade e a gratidão que ele expressa. Quando estamos reunidos, o senhor Sidney pede para fazermos uma oração, independentemente da religião de cada um.

O segredo do sucesso de Sidney e da empresa? Para Gerson, esta é uma pergunta de fácil resposta:

– A companhia expressa segurança na gestão! É o estilo de gestão familiar, com muito profissionalismo. Quando um problema é detectado, analisamos o caso com a diretoria, buscamos a solução e cada um executa a sua parte da missão com comprometimento. Não há pontas soltas, todas as áreas são interligadas. Não há burocracias que atrasam as ações; aqui papel não fica em cima da mesa. Nosso índice de assertividade é alto. O senhor Sidney pensa e age assim; na STR, com o Giovani, atuávamos da mesma forma. No Grupo Uniar, esse DNA se mantém.

Reconhecimento profissional

Uma das lojas da rede Poloar, localizada na Lapa, pertence a Sidney Tunda Junior. Ali também está estabelecida a BPJ, sua empresa de serviços.

Bastante estruturada, a BPJ possui três setores internos: engenharia, consumidor final e serviços, que dá suporte de instalação a quatro lojas de São Paulo; além da Lapa, a BPJ atende algumas filiais, como as de Moema e Itaim, na capital paulista.

Colaborador das empresas de Sidney Junior desde 2005, Derek Paiva Dias, gerente comercial da BPJ, iniciou como *office boy* quando a bandeira ainda era Pindorama; naquela época, depois de muito ouvir Junior falar dos pais, Derek conheceu Toninha e Sidney Tunda numa festa da empresa, e se encantou pela forma prestativa e atenciosa como o casal tratava a todos.

Em sua trajetória na companhia, Derek trabalhou depois nas áreas administrativa, vendas para clientes finais e revenda. Na sequência, atuou no setor de serviços por oito anos, indo em 2017 para a área de serviços, garantia e troca da matriz. Desta forma, Derek passou a encontrar Sidney Tunda com frequência, procurando absorver do presidente da empresa os ensinamentos de como evoluir profissionalmente.

Estando mais próximo de Sidney e dos filhos, Derek constatou similaridades entre eles: incentivar nos colaboradores o sentimento de dono, trabalhar com solidez financeira e organização num ambiente sadio de trabalho, além de serem exigentes nos cumprimentos das metas. Uma linha de atuação profissional que passou de Sidney para a segunda geração da família.

Mas, ainda em 2017, ele retornou para trabalhar com Junior, assumindo, como reconhecimento profissional, a gerência. O retorno de Derek, estrategicamente, veio ao encontro da decisão de Junior, a de iniciar uma reformulação na empresa, tanto na loja Poloar quanto na BPJ. Ali, em fins de 2017 e com total apoio de Sidney Tunda, o filho incorporou à linha de produtos os aparelhos VRF.

A própria matriz do grupo utiliza esse sistema, em que dezesseis condensadoras alimentam em torno de cem evaporadores. O VRF atinge ainda maiores distâncias, podendo chegar a mil metros de alcance.

Como diretor comercial de algumas frentes do grupo, Junior, que se divide entre a Poloar Lapa e a matriz, apostou no produto que é considerado o futuro do mercado de ar-condicionado. Toda a administração, compras, definição de preços, promoções e campanhas de vendas, tanto para as lojas Poloar quanto STR, ficam sob sua gestão.

As orientações técnicas sobre os produtos são feitas pela equipe de Junior ou, eventualmente, pela dos fornecedores parceiros; Junior definiu trabalhar com duas empresas fornecedoras exclusivas de VRF: Samsung e Midea Carrier.

Nas vezes em que Derek participa das negociações com fornecedores, é certo que o nome de Sidney Tunda seja lembrado e que alguma boa história sobre ele seja contada, como a do duro início profissional. Isso faz Derek pensar: "Estou aqui representando o senhor Sidney e preciso fazer o meu melhor pela companhia".

Mas Junior teve que se fixar por um período na loja da Lapa, pois Derek sofreu um grave acidente de carro na Rodovia Castelo Branco; o próprio Junior foi socorrê-lo. Assim que se recuperou, Derek retomou as atividades.

Em tantos anos de convívio de Derek com a família Tunda, e com passagens tão marcantes, a mais surpreendente delas aconteceu quando o gerente procurava um apartamento para comprar, pois iria se casar. Os colaboradores estavam no CD de Extrema, numa confraternização, e Derek ficou sentado na mesma mesa com Sidney e o filho Junior, que sabia da condição do colaborador e havia comentado com o pai.

Foi quando ambos pegaram o colaborador de surpresa, pois Sidney contou o que eles tinham em mente:

– Derek, soube que está em busca de um apartamento. Você sabe que tenho alguns deles em Jundiaí, num investimento imobiliário que fiz na cidade. Proponho que você compre um dos imóveis. Financio direto para você. Pague-me como puder.

Gratidão. Essa é a palavra que descreve o sentimento de Derek, numa ação que ele classificou como "de pai para filho".

Derek foi conhecer, gostou e comprou o imóvel, fazendo um plano de pagamento que cumpre fielmente na data proposta. E sua forma de retribuir a gentileza, a confiança e o carinho é comprometendo-se com a empresa e entregando um trabalho de grande qualidade!

CAPÍTULO 7
UM CICLO DE QUARENTA ANOS

Data de sorte: 13 de agosto

Ainda no ano de 2017, após a junção, a loja da STR, filial Faria Lima, foi reinaugurada em novo endereço. Para a gerência, Adriana Rodrigues Marconato foi convidada. Adriana, que havia iniciado na STR dois anos antes, tem grande experiência com ar-condicionado e começou na área de vendas de aparelhos de grande porte (VRF).

Antes mesmo de trabalhar no grupo presidido por Sidney Tunda, Adriana já tinha ouvido falar bastante sobre o futuro patrão, pois o mercado o avalia como visionário. E quando passou a trabalhar no Grupo Uniar, ela reforçou o conceito:

– O senhor Sidney é muito mais do que visionário. A credibilidade e o modelo de gestão dele geram segurança no mercado e nos seus colaboradores.

Em alguns finais de semana, Sidney costuma passar na filial Faria Lima e comenta com a gerente: "Gosto da energia positiva desta loja". E geralmente faz sugestões que agregam ao trabalho. Numa dessas visitas, o empresário disse:

– Adriana, inaugurei a Poloar em 13 de agosto de 1979.

A gerente abriu um sorriso e confessou:

– Senhor Sidney, faço aniversário no dia 13 e sou até meio complexada com essa data. Mas, se o dia 13 deu sorte ao senhor, passei a gostar dele também. Mudei minha visão. – E ambos riram.

Além de Sidney, Giovani Soares também tem por hábito visitar as lojas e tecer comentários agregadores. Afinal, foi pelas mãos dele e de Ana Carolina que a rede se consolidou.

Desde que houve a fusão, algumas etapas foram unificadas. Isso trouxe segurança ao processo, já que, depois de efetuada a venda pela loja, o curso passa a ser comandado pela matriz do grupo.

Aliás, os colaboradores da STR souberam inicialmente da fusão por Giovani Soares, antes mesmo de ter sido veiculado o vídeo explicativo sobre a criação do Grupo Uniar com as falas de Sidney Tunda e do genro.

A partir daí, Adriana passou a estar nos eventos do grupo e a acompanhar as palestras de Sidney.

Depois de conhecer a fundo a biografia do empresário, Adriana faz a seguinte análise:

– O sucesso do senhor Sidney nada tem a ver apenas com a sorte. É uma somatória de trabalho, comprometimento, saber assumir riscos e aproveitar as oportunidades. Às vezes, é preciso dar um passo para trás, para depois dar dois para a frente. A prova disso é que o senhor Sidney aceitou hipotecar a casa dele e da dona Toninha para comprar equipamentos. É um homem abençoado e que se realiza vendo seus funcionários desfrutarem de uma vida confortável.

Vai, *chef* Jacquin!

De segunda a sexta, Sidney, os filhos, Giovani e Gissela almoçam na empresa. Desde que a Poloar estava localizada no bairro da Bela Vista, as refeições já eram preparadas na matriz e assim continuou depois que eles se mudaram para a nova sede, na Vila Anastácio.

Vez por outra chegam convidados, geralmente os parceiros do setor de ar-condicionado e amigos que visitam o Grupo Uniar.

O cardápio, preparado pela cozinheira Ana Alves de Sousa, sempre conta com a colaboração de Sidney Tunda, seja na escolha ou mesmo na sugestão de um ou outro tempero. Sidney gosta de cozinhar; moqueca é a sua especialidade. Ele tem paladar refinado, sabe apreciar as boas comidas.

E quando ele dá suas dicas, Ana brinca com o patrão:

– Tem que ter um dedinho de sugestão do senhor no prato... Vai, *chef* Jacquin! – Numa alusão ao *chef* francês Erick Jacquin, para descontração deles e de quem acompanha a divertida expressão.

Reverência à história

Em setembro de 2017, durante a realização da Febrava (Feira Internacional de Refrigeração, Ar-condicionado, Ventilação, Aquecimento, Tratamento do Ar e da Água), as principais empresas fornecedoras de ar-condicionado montaram seus estandes no evento para receber clientes e instaladores, apresentar as novidades e fechar bons negócios.

A equipe do Grupo Uniar, inclusive com Sidney Tunda, esteve na feira e passou nos estandes de interesse. Entre eles, o da Fujitsu, onde foram recebidos por Odenir Kazuo Conno, gerente de contas, e Katsuya Fujii, também chamado de Fujii-san (senhor Fujii), presidente da Fujitsu General do Brasil.

Durante o encontro, Sidney, sua equipe e os executivos da Fujitsu tiveram uma agradável e descontraída conversa, selada com uma excelente negociação. Havia mesmo a expectativa por parte do pessoal da Fujitsu de fechar um bom pedido, mas os números superaram em muito as previsões. Vale registrar que, por exigência da multinacional japonesa, todas as compras precisam obrigatoriamente ser contratualmente seguradas.

A conversa abordou vários assuntos antes de iniciarem o tema da negociação. Ao final, Sidney deu sua oferta final: pegou um guardanapo, anotou o valor e a condição de pagamento, e entregou o papel para Katsuya Fujii. O homem leu, pensou e esticou o braço para o aperto de mãos, dizendo: "Está fechado". O pedido, de tão representativo, batia e superava bastante a meta de vendas estabelecida pela empresa japonesa.

Nesse encontro, Katsuya Fujii relembrou com carinho que, em abril de 2010, quando foi nomeado presidente da Fujitsu General do Brasil, Sidney Tunda foi a primeira pessoa do segmento de ar-condicionado a recebê-lo; a reunião aconteceu na sede da Poloar.

A impressão inicial que o executivo da multinacional japonesa teve de Sidney foi a de um grande líder e alto conhecedor do mercado de ar-condicionado do Brasil. A cada nova conversa e negociação, mais estreitos ficavam a confiança mútua e os laços de amizade.

Também foi durante uma franca conversa que Sidney Tunda apresentou a Katsuya Fujii e Odenir Kazuo Conno os detalhes da junção entre Poloar e STR. Sidney ainda traçou um plano de acerto dos débitos pendentes que haviam em nome da STR com bastante transparência, tranquilizando os executivos e, principalmente, cumprindo nos meses seguintes tudo aquilo que prometeu. Eram números bastante expressivos.

Tanto para Katsuya quanto para Odenir, entre as características e qualidades admiradas em Sidney Tunda, destaca-se o poder de negociação do empresário, traço herdado pelo filho Luiz:

– O senhor Sidney é um exímio negociante – registra Katsuya Fujii.

– Não é fácil negociar com ele. Mas cultivo pelo senhor Sidney grande respeito e admiração, porque é uma pessoa honesta e justa, que cumpre à risca a palavra dada. É isso que o mercado espera do presidente de uma empresa: seriedade e credibilidade.

Além dos aspectos profissionais, existem características pessoais que ajudam nessa identificação entre os presidentes, conforme conta Katsuya Fujii:

– O senhor Sidney é uma pessoa que dá muito valor à família. E quando me refiro à família, incluo no contexto a esposa, os filhos, netos, noras, genro e cada um dos colaboradores do Grupo Uniar, que certamente retribuem com alto grau de desempenho profissional. É admirável ver empresários pensando e agindo dessa forma no mundo dos negócios. Essa é mais uma confirmação do carinho que todos sentem por ele. Minha gratidão pelo senhor Sidney é tão grande que eu o chamo de "pai".

Independentemente da afinidade criada ao longo de tantos anos, foi construída entre as empresas um tipo de relação que o mercado costuma chamar de "win-win", ou "ganha-ganha", que se tornou um lema nas conversas e negociações que envolviam as empresas do Grupo Uniar e a Fujitsu.

Mesmo estando na Fujitsu desde 1985 e atuando com ar-condicionado a partir do início dos anos 2000, apenas em 2010 Odenir Kazuo Conno passou a atender diretamente a Poloar e depois o Grupo Uniar, e a ter contato com Sidney Tunda, os filhos Luiz e Junior e o genro Giovani. Mas ele já conhecia o enorme potencial de Sidney Tunda e das empresas da família.

Inclusive, conforme conta Kazuo, a Poloar teve papel importante no próprio desenvolvimento dos aparelhos de ar-condicionado da Fujitsu no Brasil:

– A Fujitsu foi a primeira a trazer o sistema Split para o país. A Poloar foi fundamental no processo de introdução da nova tecnologia, investindo e apostando na nossa linha. Havia outro gerente que atendia a STR, que também apostou nos nossos produtos.

Muitos são os eventos organizados em parceria entre o Grupo Uniar e a Fujitsu. Um dos mais significativos aconteceu no Centro de Distribuição de Extrema, que contou com a participação de mais de oitocentos convidados, basicamente instaladores parceiros e familiares. O evento teve organização impecável e recebeu inúmeras caravanas de ônibus.

A regra no Grupo Uniar é a de não perder vendas, principalmente por falta de aparelhos. Por isso, os CDs estão sempre lotados de mercadorias. Às vezes, mesmo sem precisar comprar, Sidney e Luiz, que comanda o departamento, não se negam a ajudar os parceiros de longa data. Kazuo, que geralmente chega no Grupo Uniar entre 12h e 13h, com um bolo nas mãos, pronto para almoçar com os clientes e amigos na própria sede da empresa, conta:

– Na Fujitsu, temos dois fechamentos anuais. Então, precisamos bater nossas ousadas metas em duas oportunidades. Sempre que nos aproximamos dos fechamentos, marco reunião com o Luiz e o senhor Sidney, que, mesmo quando não necessitam de compras acima das cotas definidas, aparecem nos minutos finais e dizem: "Kazuo, vamos te ajudar", e fechamos pedidos que me permitem bater as metas.

Estar reunido com Sidney Tunda é motivo de alegria e deixa bons aprendizados. Desde que o conheceu, Kazuo guardou as melhores das impressões do primeiro contato:

– A primeira vez que nos vimos foi numa festa na sede da Poloar. Sentamos num quiosque na parte externa e ficamos ali conversando por duas horas. Saí de lá encantado com a humildade e a história de vida dele, com muito trabalho, superação e sucesso. Uma história que emociona a ele e a todos nós!

E completa:

– Admiro também a fé do senhor Sidney. Ele transmite sua força interna para cada um de nós. Todos na família têm esse mesmo DNA.

Com peito e jeito!

Já que vocês perguntaram se alguém tem algo a dizer, eu sou o Daniel Henrique Vicente, e, como a loja em que eu trabalho não foi citada, quero aqui me colocar como voluntário para aderir ao processo de me tornar parceiro e representante comercial na loja STR de Campinas.

No evento, que ocorreu pela manhã na sede do Grupo Uniar e que contou com os gerentes e parceiros das lojas Poloar e STR, foi proposto a todos que ocupavam cargos gerenciais a possibilidade de aderirem ao modelo de franquia da empresa. Inclusive, foi apresentado o plano de negócio.

Mesmo tendo o nome citado no início da reunião, pelo bom desempenho da loja STR que gerenciava em Campinas, especificamente a Daniel ainda não havia sido oferecida esta possibilidade. Ou, ao menos, não lhe fora formalmente feito um convite. Depois do encontro, todos foram para uma churrascaria, onde terminou a confraternização.

A atitude arrojada de Daniel, que seria mesmo convidado posteriormente, agradou a Sidney Tunda, apreciador de pessoas valentes e que gostam de enfrentar e vencer desafios. Ele conversou com os filhos e o genro Giovani, querendo saber mais sobre Daniel.

Como as referências passadas pelo genro foram as melhores possíveis, o próprio Giovani ligou para Daniel já no período da noite:

– Daniel, tivemos uma reunião de diretoria no final da tarde e apreciamos a sua atitude. Alguns declinaram na hora, mas você levantou a mão e pediu uma chance. Se realmente quer a oportunidade, pode assumir a loja de Campinas.

Desde 2004 na STR, Daniel iniciou como técnico externo, passando na sequência para vendas internas, onde se manteve por sete anos. Depois de coordenar algumas equipes, em 2014 foi convidado a assumir a gerência da filial campineira, recém-inaugurada, e demonstrou excelente potencial. Até que, em 2017, com peito e jeito, e sorte por estar na hora certa, no lugar certo e preparado para a oportunidade, tornou-se parceiro e representante comercial do Grupo Uniar.

Mesmo tendo pouco contato com o presidente do Grupo, num dos eventos futuros fez questão de se apresentar a Sidney Tunda. A imagem que ele cultivava, pelo que observava e ouvia dos colegas, era a de um empresário justo e correto, muito seguro, que sabe se colocar e de enorme coração. Um exemplo a ser seguido.

Nas poucas palavras que trocaram, Daniel comentou:

– Adoro a frase que o senhor sempre diz. Conheci um pouco da sua história e, no início, o senhor teve muito peito!

Sidney sorriu e emendou:

– Às vezes precisamos de sorte, às vezes de jeito e, em outras oportunidades, de peito. Sua atitude me chamou a atenção. Você teve muito peito na reunião para levantar o braço e pedir a chance de ser parceiro da loja de Campinas. Agora, continue com peito e jeito, que a sorte aparece! – E ambos riram.

Marketing do Grupo Uniar

O Grupo Uniar, com a Poloar e a STR, tem em seu DNA a formação interna de profissionais, e na área de marketing não é diferente.

A criação do Grupo Uniar trouxe consigo o processo de reestruturação do setor e contou com o desenvolvimento de projetos que foram apresentados e aprovados pela diretoria, objetivando explorar as oportunidades do mercado.

Foi então desenvolvido um plano de marketing para trabalhar as duas marcas e redes de lojas, Poloar e STR. A proximidade da área de marketing do grupo com os fabricantes é grande e muitas são as ações em parceria, que vão desde campanhas publicitárias a eventos comemorativos e técnicos.

Há ainda um importante trabalho realizado junto aos mais de quatro mil revendedores cadastrados e que efetuam vendas operacionalizadas pelo Grupo Uniar.

Em relação ao processo de expansão de lojas, o departamento está sob direção de Giovani Soares e faz total sintonia entre a área comercial e o marketing, em busca de entender melhor o mercado de vendas, para realizar ações de divulgação mais efetivas.

Cada iniciativa de expansão e abertura de novas lojas passa por certos critérios de avaliação que envolvem o custo do investimento, o nível de reforma, o prazo de inauguração e os estudos e pesquisas sobre a região. Também foi definido um padrão para cada município: mais de 150 mil habitantes, com renda per capita acima de 3,5 salários mínimos.

Independentemente do ponto comercial escolhido, o importante é trabalhar bem a região e realizar um trabalho de marketing competente. Os interessados e pretendentes a se tornarem parceiros ou representantes comerciais passam por criteriosa avaliação da diretoria.

Um ano de perdas pessoais
Tico, a mãe faleceu...

A ligação da irmã foi breve. Em poucas palavras, ela disse o que precisava. Do lado de lá da linha, Maria Antonia chorava... Do lado de cá, Sidney também. A gerente administrativa e financeira, Gissela, estava com o chefe na sala quando ele recebeu a ligação e sensibilizou-se, pois, em tantos anos de convívio, pela primeira vez presenciara Sidney em tal grau de emoção.

Falar com alegria da mãe sempre emociona e deixa trêmula a voz dos filhos Shirley, Maria Antonia, José Vicente e Sidney... mas dizer que ela havia falecido era forte demais para cada um dos quatro irmãos.

A saúde de Sebastiana sempre foi excelente. Mesmo recorrendo a um ou outro medicamento, ela chegou bem aos 97 anos de vida; tomava de forma contínua um único remédio para o coração. Uns dois dias antes daquele 10 de janeiro de 2018, Sebastiana sentiu desconfortos e dores abdominais. O médico foi acionado e deu o diagnóstico:

– A dona Sebastiana teve a torção de uma alça, que provoca obstrução intestinal. É aquilo que conhecemos como "nó nas tripas". O caso é cirúrgico, mas, sinceramente, eu não indico o procedimento nela aos 97 anos. Minha mãe teve o mesmo problema e, pela idade avançada, não resistiu à operação.

Sebastiana foi medicada, mas veio a falecer dois dias depois. Mesmo com as lágrimas escorrendo pelo rosto, ficava uma certeza para Sidney, as irmãs e o irmão: a de que fizeram de tudo pelos pais, Sebastiana e

Jorge. Sidney sempre a socorrera quando preciso, mas agora, infelizmente, não havia nada mais a fazer, a não ser se despedir.

Na mesma hora, Sidney, que estava na empresa, foi até sua casa, pegou algumas roupas e seguiu com Toninha para Pindorama. Horas depois lá estavam eles. Sidney postou-se ao lado do caixão de Sebastiana, sempre repetindo:

– Minha mãe fez de tudo pelos filhos. Ela nos deu amor e proteção, nos criou para o mundo. Uma mulher forte, dedicada. Ela foi a pessoa que eu mais admirei na minha vida.

A recíproca era verdadeira. Sebastiana amava todos os filhos e se derretia para falar sobre o Tiquinho, como ela o chamava carinhosamente. Certamente, a generosidade e o coração bondoso são qualidades que Sidney herdou da mãe.

Restava agora a união dos irmãos, que continuaram a se encontrar periodicamente em Pindorama, onde relembravam dos pais e dos bons tempos de infância e adolescência.

Outro duro golpe
Senhora Toninha, será preciso fazer uma ablação.

Estávamos em abril de 2018. Toninha ia com o neto José Pedro ao shopping, mas não se sentiu muito bem; estava com falta de ar e taquicardia. Mudou os planos: pediu ao motorista Clodoaldo Folieni que o levasse, enquanto ela pegou outro carro da família e foi dirigindo para o Hospital Israelita Albert Einstein. Logo passou pela triagem e foi constatada pressão alta. O médico que a atendeu resolveu interná-la. Toninha então avisou os familiares, que foram encontrá-la.

Ela se sentia angustiada e indisposta por alguns dias, não andava tão bem. A parte cardíaca já havia alguns anos preocupava. Em 2011, ela fora submetida a uma angioplastia com cateterismo, procedimento realizado por meio de um fino cateter que, inserido geralmente em uma artéria da perna ou do pulso, segue até o coração, com a finalidade de examinar a circulação das coronárias ou avaliar arritmias.

Agora, a falta de ar preocupava. Toninha passou por exames para ser medicada. Realmente, a arritmia se fazia presente e o médico que a atendeu recomendou a ablação.

O procedimento, indicado para o tratamento de arritmias cardíacas, é realizado também por meio de cateteres posicionados no foco do problema, onde uma energia, chamada radiofrequência, aquece o tecido e queima o local, eliminando a arritmia.

Mas até que a ablação pudesse ser realizada, Toninha precisaria estar reabilitada e ficou internada em torno de dez dias. Nesse meio-tempo, Sidney, os filhos, noras, genro e netos estavam constantemente com ela, além dos irmãos e sobrinhos. Quem não conseguia estar presente mandava mensagens ou ligava.

As irmãs ficaram com Toninha e se revezaram diariamente na hora de dormir; inclusive, Toninha, que já havia comprado uma viagem de navio da agência de Maria Clara, fazia planos para o passeio com elas.

Depois do expediente, Sidney e Luiz iam para o hospital. Levavam revistas de palavras cruzadas, que ela adorava fazer como distração, viam Toninha e depois iam jantar no restaurante local. De lá, sempre traziam algo para ela comer, geralmente uma sopa mais saborosa do que aquelas que se servem nas refeições hospitalares. Os dois preparavam a mesa e faziam a maior festa até que ela comesse tudo. Toninha se divertia com aquilo.

Quem acompanhou o caso, mesmo que a distância, pois morava em Minas Gerais, foi Hélio Trida Fernandes – médico cardiologista e filho da irmã de Toninha, Maria Clara, e do cunhado Antonio Sergio, também profissional da mesma especialidade. O sobrinho diariamente ligava para Toninha e conversava com os médicos do hospital.

Quando soube que o procedimento havia sido marcado para uma terça-feira cedo, desmarcou todos os seus compromissos e viajou para São Paulo no dia anterior, pois queria acompanhar tudo de perto. Toninha, que sempre recorria ao sobrinho em assuntos de saúde, havia ligado para ele quando fora internada dias atrás e estava no quarto assim que ele chegou. Os dois conversaram um pouco e ele disse que na manhã seguinte bem cedo estaria ali, pois o processo estava marcado para começar às 8h.

Na terça, perto das 6h, Hélio já estava no quarto com Toninha. Antes dos preparativos, ele a viu muito bem, tranquila, com semblante sereno e confiante. Bem diferente de outras ocasiões, pois Toninha detestava ter que ir a médicos e principalmente a hospitais.

Hélio foi a última pessoa a estar e a conversar com Toninha antes da sedação no centro cirúrgico. Para acalmá-la, ele disse: "Tia, estarei ali atrás acompanhando. Vai dar tudo certo. Fique tranquila. Nos vemos daqui a pouco".

Durante o procedimento, Hélio Trida Fernandes realmente se manteve no centro cirúrgico, acompanhando o passo a passo da intervenção na tia pelo monitor. Tudo corria dentro do esperado, até que começou um corre-corre. Chegaram médicos socorristas da UTI e enfermeiros.

Bastante preocupado, ele percebeu pelo monitor que algo estava errado e logo constatou o que havia ocorrido: Toninha tivera parada cardíaca e começaram a fazer massagem no coração e a entubá-la.

O que provocou aquela situação trágica? O cateter, que seguia pela artéria da perna até o coração, via aorta, em vez de passar por uma válvula e ter acesso ao coração, para cauterizar os pontos que geravam a arritmia, perfurou uma área e rasgou o tronco do coração, onde há a maior irrigação de sangue. Diante disso, o coração enfartou.

Ainda tentaram ligar o coração numa máquina, mas era um caso gravíssimo. Preocupados, os tios Sidney e Benê, os pais e a irmã, as tias e os primos não paravam de mandar mensagens para o celular de Hélio, que transmitia a eles apenas parte da realidade.

De lá mesmo, Hélio ligou para o pai, Antonio Sergio. Aos prantos, explicou o ocorrido e disse:

– O quadro é muito grave.

Pai e filho ainda conversaram mais um pouco, embora soubessem que as esperanças eram poucas.

Passava das 13h quando ele saiu do centro cirúrgico e se dirigiu até o quarto, onde todos deveriam estar ansiosamente aguardando por notícias. Hélio estava com um dos médicos da equipe, que acompanhara todo o procedimento.

Mas, assim que saíram do elevador, encontraram com Ana Carolina, Giovani, Junior, Luiz e Sidney, que estava sentado, sentindo fortes dores nas costas, a prima Fernanda e a mãe dele, Maria Clara; a irmã de Hélio, Haide, que também é médica, já sabia da gravidade do caso.

As perguntas iam em uma direção só:

– Como ela está? Acabou a cirurgia?

Hélio ficou estático. O outro médico começou a contar sobre a intercorrência. Como Ana Carolina conhece a área médica, logo percebeu que a mãe dificilmente escaparia com vida.

Um dos primos perguntou:

– Hélio, você acompanhou tudo. O que você tem a nos dizer?

Falando pausadamente e com fisionomia tensa, Hélio foi sincero:

– O estado da tia Toninha é muito grave. Vão tentar colocar uma prótese no coração dela. A situação é crítica, mas vamos orar e pensar positivo.

Ao ouvir aquilo, Sidney sentiu a real situação difícil pela qual a esposa passava e disse:

– Eu quero que a Toninha viva, mas com qualidade, sem sofrimentos.

Era perto das 15h30 quando o telefone de Hélio tocou. Ele foi convocado para ir até o centro cirúrgico; Junior quis acompanhar o primo, mas foi demovido da ideia. Hélio desceu sozinho e, assim que entrou na área do centro cirúrgico, viu a fisionomia abatida dos médicos e recebeu a triste notícia de que Toninha havia falecido.

Novamente a equipe médica se dirigiu até o quarto para fazer o fatídico anúncio. Era dia 24 de abril de 2018. As explicações, ou justificativas, não convenceram Sidney e os filhos. Sidney, inclusive, foi enfático:

– A Toninha estava bem. O procedimento, apesar do risco natural, deveria ser tranquilo. – E finalizou em tom elevado: – Vocês mataram a minha mulher! Vocês mataram a minha mulher! – enfatizou.

Clima tenso. Mas nada comparado à dor da perda de Toninha, cujo coração, apesar de ter fraquejado, era enorme e bondoso. Inúmeras eram as pessoas que ela ajudava com recursos próprios ou mesmo coletivos, como quando organizou e vendeu rifas de produtos para construir duas casas para famílias carentes de Pindorama, mas acabou por comprar grande parte dos números que seriam sorteados.

Mesmo conhecendo de longa data sua generosidade, era difícil mensurar a extensão das ações sociais e benfeitorias feitas por ela, com o apoio do marido, e de quantas pessoas lhe eram gratas. Toninha se incomodava ao saber que alguém passava por necessidades e buscava resolver ou amenizar a situação. Sua missão era a de fazer com que todos estivessem bem, e a família, unida.

Muito abalado, Sidney foi retirado de lá às pressas e levado para casa. Mesmo sensibilizados, os filhos começaram a resolver os problemas burocráticos. No mesmo dia, Sidney foi para Pindorama, onde o corpo de Toninha seria velado na manhã seguinte. Lá chegando, ao ver os cunhados, disse: "Mataram a irmã de vocês. Ela não tinha nada!".

Na manhã de quarta-feira, o velório, que aconteceu na Capela Santa Luzia, aquela construída por iniciativa e promessa de Toninha na chácara da família, já estava repleto de pessoas que queriam se despedir dela. Sidney, com semblante triste e desolado, postou-se ao lado da esposa e de lá não saiu até que todos se dirigissem para o enterro.

Em determinado momento, Sidney foi surpreendido com a chegada de queridos amigos e profissionais do segmento de ar-condicionado, com quem se relacionava já havia alguns anos; a causa era tão nobre que eles praticamente partiram em caravana de São Paulo, sendo que profissionais de várias empresas ofereceram carona uns aos outros.

Um movimento muito bonito que sensibilizou Sidney, que foi recebendo o abraço de cada um deles: Sandra Camargo Dourado, Toshio Murakami, Luiz Felipe Rodrigues Costa, Marcos Manoel Torrado e Francisco Liniglia Neto, da Midea Carrier; Demis Sanches, Carlos Eduardo Ferreira Murano e Régis Victor Marinho, da LG Electronics; Paulo Vicente Ferreira, Jean Carlos Cazuti Brandão e Walter Miyagi, da Samsung; Mauro Gluz, Edward James Feder (Edy) e Alexandre Faraco de Souza, da Elgin; Odenir Kazuo Conno e Katsuya Fujii, da Fujitsu.

Um momento de grande comoção aconteceu quando a mãe de Toninha, Olga, que havia sido submetida a três cirurgias por fraturas de fêmur, chegou ao velório em cadeira de rodas. A cena de quando ela estava posicionada ao lado do corpo da filha e viu Sidney foi muito triste e emocionou os presentes.

Já perto da missa que antecedia o enterro, Sidney fixou seu olhar no rosto da esposa, e pela sua mente começou a passar um filme sobre a vida deles:

A relação entre Toninha e Sidney nasceu de um amor proibido, nos moldes de "Romeu e Julieta", mas com desfecho favorável, feliz. Os dois superaram dificuldades e enfrentaram opiniões contrárias. Para isso, contaram com seus apadrinhamentos, e quem era contrário logo se tornou aliado...

A imagem dele no trem, indo para São Paulo, cheio de sonhos, esperança e o desejo de logo poder estar novamente com Toninha...

O trabalho com ar-condicionado e o duro início profissional...

O casamento com Toninha e a vida familiar, o nascimento dos filhos Ana Carolina e Junior, a chegada de Luiz...

A arrojada iniciativa de criar a Poloar, o desenvolvimento do negócio, o crescimento da empresa...

As viagens, as comemorações, as festas, os encontros familiares no Natal e Ano-Novo...

Os almoços aos domingos, sempre com casa cheia e mesa farta...

O amor e o zelo que Toninha sempre tivera com ele, preparando tudo como Sidney gostava...

As palavras elogiosas que ele e Toninha trocavam, a confiança que Toninha sempre tivera nele, dizendo: "O que você fizer, eu assino embaixo"...

O jeito doce dela ao comentar com o marido sobre ajudar as pessoas, sempre recebendo apoio irrestrito de Sidney...

Um relacionamento de amor que, entre namoro e matrimônio, já durava mais de cinquenta anos...

Foi como se ali o filme tivesse chegado ao fim. Sidney continuava com o olhar fixo na esposa, até que alguém o avisou que o padre chegara e que a missa logo começaria.

O ano de 2018 ficou marcado pelas duras perdas: primeiro da mãe, Sebastiana, e depois da esposa, Toninha. Quem estava ao lado presenciou-o dizer:

– Como eu vou viver sozinho? Estamos casados há 45 anos. Enfrentamos muitas dificuldades e a Toninha sempre me apoiou. A união pautou a nossa vida. Uma perda irreparável. Eu perdi a minha companheira, a minha Toninha!

Sidney Tunda Junior ainda comentava com os presentes:

– Meu desejo é o de criar alguma associação beneficente com o nome da minha mãe: Antonia Aparecida Trida Tunda.

No enterro, os irmãos Ana Carolina, Junior e Luiz se abraçaram junto com o pai. Assim que o caixão desceu e o trabalho dos funcionários do cemitério começou, bastante emocionados, os filhos puxaram Sidney para que fossem embora. Mas ali foi possível ouvir Luiz falar alto, como se fosse um grito que ele arrancava do fundo do coração, sentindo o calor de um abraço macio, de proteção e carinho, que agora só ficaria na saudade:
– Vai com Deus, minha mãe!

• • •

Momento igualmente doloroso aconteceu na missa de sétimo dia, na qual os amigos foram prestar solidariedade.

Além da família, o pessoal fiel do setor de ar-condicionado foi dar seu abraço aos Tunda. Toninha participava dos eventos com o marido e era tida como um ser humano especial.

Bastava olhar para a fisionomia de Sidney que se constatava a dor que ele sentia. Era de cortar o coração.

Toshio Murakami, na hora do abraço no amigo, disse-lhe com voz embargada:
– Ainda guardo o cartão escrito pela dona Toninha, desejando parabéns para a minha filha no aniversário dela de um ano... – Lembrança que fez ambos se emocionarem.

A terceira perda

Primeiro a mãe, depois a esposa, e por fim, em 16 de julho do mesmo ano, fora a sogra, Olga, quem falecera.

Assim como Toninha, Olga era o elo da família Trida. Na casa dela tudo acontecia, tudo se resolvia. Ali, em Pindorama, todos se reuniam para almoços, jantares, churrascos... encontros pela manhã, tarde e noite adentro!

Mesmo se locomovendo apenas em cadeira de rodas, Olga estava lúcida e apreciava ficar por um bom tempo conversando com Sidney.

A partida de Toninha, que foi um duro golpe para todos, para Olga se mostrou fatal.

Saudades

Mesmo sem ter Toninha ao lado, a vida de Sidney, dos filhos e de todos tinha que seguir. Sem ela, foram interrompidos os almoços de domingo; não havia mais motivação para tal.

O advogado Anderson Alexandrino Campos colocou-se à disposição caso Sidney pensasse em processar os responsáveis pela falha médica que tirou a vida de Toninha. Mas o empresário e os filhos preferiram não seguir esse caminho, que em nada reverteria a tragédia.

Aos finais de semana, os encontros de Sidney ficaram mais restritos aos filhos e suas respectivas famílias. Vez por outra, uma irmã, cunhado ou os sobrinhos o visitavam. Haide Trida Fernandes e Isadora Godas Trida, que moravam juntas em São Paulo, iam jantar com o tio em algumas terças-feiras e o encontravam abatido.

• • •

A perda de Toninha abalou os filhos e deixou Junior bastante desolado. A ligação dele com a mãe sempre fora muito forte; ambos são justos e de coração bondoso e generoso. Depois do falecimento de Toninha, Junior, com a esposa Paula e a filha Bárbara, pouco viajaram para Pindorama.

No dia a dia, Toninha ia sendo cada vez mais valorizada pelas pessoas de seu convívio, pela multiplicidade de papéis que incorporava: o de esposa, mãe, amiga confidente, de ser humano prestativo.

Efetivamente, ela era o porto seguro de Sidney Tunda. Ele adorava chegar em casa e conversar, contar como havia sido o dia, compartilhar os problemas, soluções e conquistas. Isso lhe trazia segurança ainda maior.

Pode-se dizer que Toninha e Sidney eram cúmplices, tal o nível de sintonia do casal. Ela tinha insônia e virava a madrugada com seus afazeres, deixava tudo na casa em ordem; depois do falecimento da matriarca, a filha Ana Carolina passou a ajudar Sidney na gestão da casa.

Toninha era o elo e a sustentação do relacionamento de toda a família. Sabia quem completava anos e avisava a todos para que cumprimentassem quem aniversariava; comandava e organizava tudo nas viagens e festas, e fazia os convites. Promovia almoços para cinquenta, sessenta pessoas.

Em casa, vez por outra, Sidney se depara com a mala que guardou e que contém todas as cartas recebidas de Toninha nos tempos em que ainda namoravam, mas não teve forças para abri-la, manusear os escritos e relê-los.

De segunda a sexta, há uma rotina a ser cumprida: acordar, se exercitar, ir para a empresa e só voltar à noite. Mas os sábados e domingos demoram a passar.

Estar com os filhos, noras, genro e netos ajuda a preencher o vazio. Por isso Sidney até comprou um apartamento para morar perto da filha Ana Carolina e do filho Luiz. Estar cercado pela família e os parentes, bem como ir para Pindorama, ajuda Sidney a enfrentar a situação.

A visão da protetora Toninha

Alguns meses após o falecimento de Toninha, Sidney teve que operar as costas, que tanto o incomodavam. Claro, ele estava apreensivo. Mas, enquanto aguardava para receber a anestesia, sentiu a presença de Toninha no quarto.

Era como se ele estivesse vendo a imagem da esposa, que lhe sorriu e disse: "Você é corajoso, hein, Sidney? Mas fique tranquilo. Vai dar tudo certo!". E a imagem se desfez, mas lhe trouxe segurança para seguir adiante com a cirurgia, que realmente solucionou o problema.

Uma santa imagem

Dos sobrinhos Fernanda e Anderson Silva de Menezes, parceiros nas lojas Poloar de Ribeirão Preto e Uberlândia, aberta em 2017, Sidney ganhou uma imagem de Santa Fátima. Ele amou o presente, pois a fisionomia da santa se assemelha à de Toninha.

Sempre que Sidney e os sobrinhos se encontram, a conversa gira em torno do trabalho. E os conselhos que Anderson recebe, ele procura colocar em prática.

Às vezes, o que parece ser uma bronca, um puxão de orelha, na verdade é um alerta, uma recomendação. Como aconteceu quando Anderson comprou de Sidney um apartamento na praia. Na hora de acertar o pagamento, Sidney deixou o sobrinho à vontade e disse:

"Pague como você puder", e Anderson apresentou um plano de valores a serem quitados mensalmente.

Eram parcelas relativamente altas e que Anderson veio cumprindo pontualmente. Mas teve um mês em que a situação financeira apertou em função do acúmulo de gastos, pagamentos e investimentos. Como Anderson estava na matriz, em São Paulo, ele explicou a situação e pediu um mês de carência ao tio, que concordou.

Depois do expediente, eles saíram para jantar. Sidney retomou o assunto do pedido do rapaz, para jogar a parcela para o mês seguinte, e orientou:

– Você nunca pode demonstrar fraqueza ao seu credor. Se não tem o dinheiro todo, pague ao menos uma parte. Assim você exibe firmeza. Se fosse uma dívida com o banco, como você agiria? Acredito que iria se virar e a teria pagado.

Aquilo mexeu com os brios de Anderson, que voltou dirigindo para Ribeirão Preto e desabou a chorar, lembrando-se das palavras de Sidney.

Foram falas duras, mas que, depois de um tempo de reflexão, o rapaz entendeu que precisava ouvir. Sidney estava certo ao fazer o alerta. Ainda bem que aquela situação acontecera com o tio. Se fosse com algum fornecedor do mercado, poderia se espalhar e virar uma notícia que o prejudicasse.

O que ele fez? Levantou o dinheiro no banco e logo depositou na conta de Sidney. Certamente, o empresário ficou muito feliz. Não porque o dinheiro foi depositado na conta dele, e sim porque o sobrinho sentiu o golpe recebido em tom de ensinamento e transformou aquela fraqueza em força.

O coração generoso, a preocupação em ajudar e a humildade do tio cativam Anderson, que carinhosamente o chama de "Zap", maior e imbatível carta do jogo de truco. E Sidney gosta e se diverte com a referência.

Portas abertas para Duda
Eu não falei que você voltava?

O carinhoso abraço dizia tudo. Depois de sair da Poloar e trabalhar por muitos anos com Giovani Soares na STR, Osvaldo Estrela de Souza e Sidney voltavam a estar ligados profissionalmente; agora Duda era funcionário do Grupo Uniar.

Quando um quer brincar com o outro, cada qual puxa a sardinha para o seu lado. Sidney engrossa a voz e diz: "Fui eu que te demiti!". E Duda devolve: "Nada disso... eu que pedi demissão!".

Mas a verdade é que, mesmo com a ruptura profissional, eles nunca deixaram de se falar com frequência. A amizade continuou a mesma e, quando Duda precisou, Sidney comprometeu-se a ajudá-lo.

Oficializar o que todos já sabiam e sentiam

Luiz, meu filho, quero que você passe a ter o sobrenome Tunda.
É como oficializar algo que todos nós já sabemos.

A conversa, que contou com Sidney e os filhos Ana Carolina, Junior e Luiz, emocionou cada um deles e foi festejada com um abraço coletivo.

Este era um projeto que já vinha sendo pensado havia muito tempo, mas que agora se tornava realidade: mudar o nome de batismo de Luiz Cardozo para Luiz Tunda!

Como o pai biológico dele falecera muitos anos antes, a tentativa foi a de encontrar a mãe que o trouxera ao mundo. Após inúmeras buscas, nenhuma pista. O processo então foi aberto judicialmente.

Estar ao lado dos três filhos representa para Sidney o momento mais especial da vida. E em relação a Luiz, pela proximidade também profissional, por estarem juntos nos grandes embates de compras da empresa, Sidney avalia:

– Eu e Luiz temos sintonia! Numa troca de olhares, um já sabe aquilo que o outro está pensando.

Os três filhos de Luiz, Júlia Mascaro Tunda Cardozo, Gabriel Palomares Tunda Cardozo e Felipe Palomares Tunda Cardozo, já foram batizados e registrados com o sobrenome Tunda.

Quanto a Luiz, o trâmite completo, iniciado em 2019, levou algum tempo. Até que, em 2021, ele passou oficialmente a ser reconhecido por Luiz Tunda. Na verdade, era a confirmação daquilo que todos já sabiam de longa data.

Fazer o bem outra vez

Meses depois do falecimento de Toninha, o fiel escudeiro dela, o motorista Clodoaldo Folieni, que passou a atender diretamente a Sidney, ouviu dizer que um dos colaboradores da empresa trocou o apartamento que tinha por um mais espaçoso, ficando com uma propriedade que era de Sidney e dando como parte do negócio um imóvel no Jabaquara, na Zona Sul de São Paulo.

Assim que soube do negócio, Clodoaldo tentou comprar o apartamento que o funcionário dera como entrada. Ele morava com a esposa e os três filhos numa casa apertada, no fundo do terreno em que vivia a mãe dele.

Vislumbrando a possibilidade, comentou do seu interesse com Luiz e tentou levantar financiamento, mas não conseguiu.

O tempo passou. Toninha adoeceu e veio a falecer, e Luiz retomou o assunto com o pai. Pois Sidney fez-lhe uma grata surpresa, dizendo certa manhã, quando iam de casa para a empresa:

– Clodoaldo, sabe aquele apartamento que você queria comprar e não deu certo? Ainda está vago. Pois vou disponibilizá-lo para que você more lá com a sua família. Se a Toninha estivesse viva, certamente iria me pedir isso. Espero então que sejam muito felizes.

E foi exatamente assim que aconteceu: Clodoaldo e a família se mudaram para o espaçoso imóvel, onde ele pôde acomodar os filhos e a esposa com mais conforto.

Parceria em mão dupla

O tipo de parceria que travamos, o alto nível de relacionamento, o carinho e o respeito que o senhor Sidney e todos da Poloar têm com seus fornecedores são marcantes.

Realmente, Sidney Tunda e as empresas do Grupo Uniar cultivam relação fiel de longa data com as empresas que lhes fornecem aparelhos de ar-condicionado.

Todo mercado vive de demanda, e o de ar-condicionado é reconhecidamente sazonal. Nas épocas boas para os fornecedores, quando o mercado é comprador, as empresas concedem certas exceções para ajudar nos fechamentos de pedidos com Sidney e Luiz, ou mesmo com

Giovani antes da fusão. Na hora em que o jogo vira, tornando-se favorável aos compradores, as concessões também se invertem, e Sidney procura ajudar fechando pedidos ou mesmo aumentando as quantidades predefinidas.

Com a Samsung tem sido assim. Quem atende a empresa no dia a dia é Paulo Vicente Ferreira, gerente de contas; de acordo com o nível e desenvolvimento da negociação, as conversas contam com a participação de Jean Carlos Cazuti Brandão, gerente-geral de vendas para ar-condicionado.

De duas a três vezes por mês, Paulo e Jean Carlos almoçam com Sidney, os filhos e o genro na sede do Grupo Uniar. A parte mais saborosa dos encontros fica por conta das histórias e dos conselhos e observações feitos por Sidney Tunda, que invariavelmente encontra caminhos diferentes e pondera sob pontos de vista que muitas vezes não haviam sido observados.

Entre tantos negócios firmados entre eles, registro para a expressiva negociação com entrega programada para Frutal, quando o CD instalado em Minas Gerais foi inaugurado. Situado a pouco mais de quinhentos quilômetros da capital paulista, as entregas naquele CD exigiram enorme esforço logístico por parte da Samsung e foram cumpridas com sucesso. Foi ainda a primeira empresa a realizar entregas por lá.

Os acordos firmados entre eles são respeitados e cumpridos à risca.

Surpreender-se positivamente

Quando a negociação envolve o senhor Sidney Tunda, aprendi que não se deve colocar limites. Certa vez eu fui pronto para negociar 10 mil peças e saí de lá com um pedido de 30 mil!

Depois de tantos anos de experiência acumulada e convivência, Demis Sanches, gerente de vendas de ar-condicionado da LG Electronics do Brasil, entendeu o modo de trabalho de Sidney e do filho Luiz nas ações de compras da Poloar e depois do Grupo Uniar. Tendências e estudos de mercado estão sempre sobre a mesa deles, mas, nas tomadas de decisões, ambos colocam o *feeling* como grande diferencial.

Muitas foram as vezes em que estiveram juntos, também na presença de Régis Victor Marinho, gerente de contas da LG e que atende a Poloar. Inclusive, Sidney e Luiz participaram de algumas viagens internacionais organizadas pela LG para seus clientes do setor varejista, como para Egito, Patagônia e Rússia. Em outra delas, para Espanha e França, Demis esteve presente e assistiu com Sidney e Luiz a uma prova do Campeonato Mundial de Fórmula 1, no circuito de Mônaco; na oportunidade, Demis pôde constatar a pontualidade de Sidney e do filho, que sempre compareciam aos locais dos encontros minutos antes do horário marcado.

Entre tantas constatações, Demis e Régis registraram o elevado nível de conhecimento que todos têm sobre os modelos e fabricantes com os quais trabalham no Grupo Uniar: o pessoal de compras e de vendas é especializado e sabe de todos os detalhes sobre os produtos, o que facilita na hora de fazer as indicações aos clientes.

Credibilidade é algo que se conquista. Por isso a Poloar e depois o Grupo Uniar, também com a STR, sustentam parcerias fiéis com poucas empresas do mercado. Isso permite melhor suporte ao cliente final e garante agilidade nas ações.

Régis Victor Marinho traz o conceito que a empresa criou junto aos consumidores: "Ouço-os dizerem que, com a Poloar e a STR, não tem produto caro ou barato, mas aquele que atende às exigências, necessidades e condições de cada cliente".

Também a estratégia de sustentar estoques elevados permite que a Poloar e a STR mantenham a linha completa para pronta-entrega, principalmente na alta estação, quando as compras são previamente reforçadas.

Na relação das empresas de Sidney Tunda com os clientes, fornecedores e o mercado em geral, tudo que é compromissado é cumprido à risca e, se houver surpresas, elas são positivas: entregas antes da data, pagamentos antes do vencimento...

Isso faz com que os fornecedores busquem atuar nessa mesma linha de conduta. Mas quando algo de errado acontece, as empresas de Sidney Tunda tomam a frente e buscam resolver o problema, conforme conta o gerente da LG, Demis:

– Soube de épocas em que uma ou outra empresa tiveram um pequeno atraso na entrega dos aparelhos e, para não falhar com os clientes, o Luiz foi ao mercado comprar ou pegar peças emprestadas dos concorrentes, evitando assim desagradar aqueles que confiam na Poloar e na STR. Esta é uma ação que faz parte da cultura implantada pelo senhor Sidney e que se mantém intacta após décadas de fundação da empresa.

Quem também atua no Grupo Uniar pela LG, ao lado de Demis e Régis, é Carlos Eduardo Ferreira Murano, gerente-geral de ar-condicionado da multinacional sul-coreana, que iniciou os contatos com a Poloar realizando treinamentos de vendas para a equipe.

Carlos comanda o que se chama de *sell in*, que é a venda da LG para os distribuidores, que fazem depois o *sell out*, venda dos distribuidores, como Poloar e STR, para os consumidores finais.

Em várias das negociações, como a que se iniciou em dezembro de 2018 e foi consumada nos primeiros meses de 2019, Sidney e Luiz optaram por passar a fazer compras à vista, para fugir das análises das seguradoras, que muitas vezes limitam o volume de crédito concedido. Foi feita então uma forte programação, quando Sidney e Luiz acreditaram num aquecimento do mercado, que veio a se consolidar, com entregas que invadiram o ano de 2020.

Por essas e tantas outras passagens, Carlos Murano registra com carinho:

– O senhor Sidney me ajudou na carreira. Ele e o Luiz são rígidos na negociação, mas muito corretos. Considero o senhor Sidney como dono de vasto conhecimento do mercado, um grande alicerce do meu crescimento pessoal e profissional. Muitas vezes recebi dele informações e orientações importantes, as quais eu trouxe para dentro da LG e que redirecionaram o caminho interno previamente definido.

Carlos exemplifica:

– Uma dessas situações aconteceu com o *impeachment* da então presidente Dilma Rousseff, iniciado em dezembro de 2015. O mercado colapsou e o senhor Sidney me disse: "Não entrem em desespero. Sejam conservadores na produção". Apresentei a orientação para nossa equipe e revisamos os parâmetros de produção, conforme sugestão do senhor Sidney. Passamos bem pelo período e conseguimos atender o mercado com tranquilidade, sem fazer loucuras. Isso comprova que o senhor Sidney não se preocupa apenas com a empresa dele, mas com o segmento em geral, buscando ajudar a todos.

Amar o que faz

Nunca trabalhei numa empresa em que o patrão fosse tão presente. O senhor Sidney passa cumprimentando as pessoas nos departamentos e leva luz por onde passa. É um presidente de empresa bem próximo, assim como toda a família.

A avaliação é de Michelle Aguiar da Cruz e Souza, supervisora de atendimento do e-commerce. Michele iniciou na Poloar em dezembro de 2012, como atendente, num mês bastante intenso em função do Natal.

Há clientes que preferem realizar as compras em lojas físicas, pela peculiaridade dos produtos, por poder conversar com os consultores e ver os aparelhos, sentindo-se, assim, mais seguros. Mas o e-commerce veio crescendo com o passar dos anos, apresentando números significativos de vendas, em especial, em épocas promocionais como a *Black Friday*.

Com a criação do Grupo Uniar, Michelle e sua equipe atendem tanto o site da Poloar quanto o da STR. Os clientes que buscam manter contato com o pessoal do site podem fazê-lo por e-mail, chat ou telefone.

Realizada por trabalhar na empresa, Michelle sente gratidão pela companhia e realização profissional. Inicialmente pela Poloar, e depois pelo Grupo Uniar, a supervisora graduou-se em gestão financeira e passou a fazer curso de marketing, além de poder cuidar da família e praticar seus *hobbies*, que são atividade física e leitura. A empresa ainda ajudou com recursos em seu projeto de vida e saúde, que incluiu cirurgia bariátrica e plástica, além do período em que teve pedras no rim.

Para Michelle, Sidney Tunda e as empresas do grupo são abençoados:

– É lindo e emocionante presenciar pessoas de religiões distintas orando juntas nas festas da empresa. São momentos em que todos estão unidos pela religiosidade. É um ambiente acolhedor. Às vezes trago meus filhos no trabalho e eles se sentem em casa. Nunca houve um dia sequer em que eu não tive vontade de trabalhar e de dar o melhor de mim. Eu visto a camisa da empresa.

Proximidade prazerosa

Uma das empresas que estão no rol dos fornecedores fixos do Grupo Uniar é a Elgin S.A., fundada em 1952 pelo empresário David Feder, que fabricava máquinas de costura e redirecionou e verticalizou sua linha de produção para climatização, refrigeração, telefonia, eletroportáteis, automação, energia solar, costura, informática, iluminação e segurança.

A relação é estreita e vem de longa data, tendo se iniciado nos anos 1990; a Elgin passou a fabricar ar-condicionado em 1984, após comprar a fábrica e o maquinário da GE do Brasil. Pelo Grupo Uniar, os contatos comerciais são feitos por Luiz, que conta com o reforço de Sidney Tunda; representando a Elgin estão Mauro Gluz, diretor comercial, e Alexandre Faraco de Souza, gerente comercial.

As negociações são feitas sempre com convicção de ambas as partes, o que fortalece os laços comerciais. Tanto que Sidney diz aos executivos da Elgin: "Vamos seguir juntos e numa relação cada vez mais estreita".

Quem está acostumado a negociar com a família Tunda sabe que, muitas vezes, Sidney e sua equipe seguem em posição contrária àquela adotada pelas outras empresas do mercado. Independentemente de o valor do dólar subir ou cair em relação ao real, se o mercado está aquecido ou retraído, se é comprador ou vendedor, Sidney atua dentro das próprias convicções. E o sucesso que ele alcançou valida esse modelo estratégico:

– Nas negociações, o senhor Sidney é sempre objetivo, firme e claro. Um visionário! – conta Alexandre Faraco de Souza.

O gerente comercial ainda descreve um momento que ficou registrado na memória:

– A festa de comemoração dos quarenta anos da Poloar foi maravilhosa. O senhor Sidney citou um por um, falando palavras de incentivo e reconhecendo o valor das pessoas e da família. Ele tem muito respeito pela Elgin. Como o senhor Sidney diz: "A Elgin é a única empresa brasileira que fabrica ar-condicionado com a qual a Poloar e o Grupo Uniar desenvolveram um projeto de parceria".

A Poloar e o Grupo Uniar vivem a segunda geração, pois Sidney Tunda é o fundador e trabalha com os filhos. Os netos, dentro de alguns poucos anos, já devem iniciar a atuação na empresa.

Já a Elgin tem um membro da terceira geração no comando, Rafael Feder, CEO e neto do fundador da companhia, David Feder. E foi justamente nesse renovado modelo de gestão que os acionistas e diretores da empresa passaram a conviver mais proximamente com os parceiros comerciais. A Poloar e o Grupo Uniar representam os principais clientes de ar-condicionado da Elgin; pelos dados divulgados pela Suframa (Superintendência da Zona Franca de Manaus), a Elgin está entre os principais fabricantes do setor no Brasil.

Dentro do processo de aproximação entre as empresas, em 2018 diretores da Elgin convidaram Sidney Tunda, os filhos e um grupo de pessoas ligadas à família e ao Grupo Uniar, em torno de quinze, para viajarem juntos ao Peru.

O clima amistoso já teve início no Aeroporto Internacional de Guarulhos, em São Paulo. Nos momentos que antecederam a viagem, Edward James Feder, o Edy, diretor e acionista da Elgin, teve oportunidade de definir Sidney como uma pessoa humilde, flexível, compreensiva e de enorme potencial empreendedor.

Já no Peru, em determinado momento da viagem, eles estavam num trem conversando, cantando e se divertindo, até que Sidney pediu a palavra e convocou todos para se darem as mãos e orarem um pai-nosso.

Foram dias bastante agradáveis, nos quais Edy conheceu um pouco da biografia e do duro início de Sidney. Após o retorno, Sidney e Edy se tornaram próximos, conforme conta o diretor da Elgin:

– Foi uma viagem de amigos e não de negócios. A partir da nossa ida ao Peru, eu o encontrei por várias vezes. Saímos para jantar, nos reunimos nas nossas casas e participei de algumas festas na sede do Grupo Uniar.

Edy registra ainda a gratidão pelo parceiro:

– O crescimento da Elgin no setor de ar-condicionado se deve muito ao Sidney e à Poloar, que é nosso maior cliente. – E finaliza: – Muitas vezes, dos jantares saímos com um guardanapo na pasta, onde ele escreve um valor em reais que representa o montante de dinheiro que comprará em aparelhos de ar-condicionado. O que está escrito no guardanapo tem o mesmo valor de um contrato.

Sempre convocada

Lígia, quando o cavalo passa arriado, você tem que montar nele e aproveitar a oportunidade.

A frase, dita por Sidney Tunda a Lígia Ghilardini Catelli, gerente da loja Poloar de Santos, ficou gravada em sua memória e ela procura aplicá-la em sua vida e carreira.

Eles se conhecem há bastante tempo; Vera, a mãe de Lígia, é irmã da cunhada de Sidney, Regina, casada com José Vicente Tunda.

Em 2006, Lígia foi convidada por Sidney, após sugestão do irmão, para atuar como vendedora numa casa conceito que foi aberta no Guarujá, litoral paulista, com vários expositores de produtos para ambientes residenciais; a parte de ar-condicionado ficou a cargo da Poloar. Lígia fez um período de treinamento na loja Poloar da Lapa antes de assumir o posto.

Mas, um ano depois, já foi convocada para assumir a gerência da loja Poloar no Itaim Bibi, bairro nobre de São Paulo – a loja iniciou na Rua Clodomiro Amazonas e anos depois se mudou para a Avenida Nove de Julho.

Passados dois anos, nova alteração de rumo: como o marido de Lígia, Rodrigo Godoy, também trabalhava na Poloar, o casal foi convidado por Sidney para assumir a loja Poloar de Porto Alegre, no Rio Grande do Sul, como seus sócios. E eles aceitaram o desafio.

Os resultados foram satisfatórios e as inovações do modelo de gestão adotado por Lígia e o marido chegaram a ser compartilhadas com as outras lojas.

Em 2012, Sidney sugeriu que eles assumissem também uma segunda filial da Poloar que seria inaugurada no Rio de Janeiro. No início, Lígia e o marido se revezavam nas viagens entre Porto Alegre e o Rio de Janeiro, para acompanhar as lojas.

Tempos depois, eles se mudaram para o Rio. Mas a filha de Lígia não teve boa adaptação à cidade e, em 2017, ela conversou com Sidney e o gerente comercial Miranda, dizendo que preferia retornar com a família para São Paulo. Sidney concordou com a escolha deles, pois pesou seu lado acolhedor, de preservar a família.

Lígia e o marido ficaram com a promessa de trabalhar na unidade da Poloar que seria aberta na cidade de Santos. Mas, nesse mesmo período, aconteceram muitas mudanças, como a junção com a STR e, meses depois, o falecimento de Toninha.

Assim, apenas em fevereiro de 2019 Lígia foi convocada para uma conversa, na qual um cavalo arriado passou em sua frente e ela aproveitou a oportunidade oferecida por Sidney: trabalhar na escolha do ponto, montagem e no gerenciamento da futura filial de Santos. A moça estava grávida da segunda filha e, mesmo assim, foi contratada.

Na conversa, ela disse a Sidney:

– O senhor sempre confiou em mim. E agora, mesmo grávida, me contrata novamente. Receba minha gratidão eterna!

Em tantos anos de convívio com Sidney Tunda, Lígia confirmou aquilo que já ouvia do tio José Vicente desde que era criança: "O Sidney é um homem de muita garra".

Tal aspecto inspira Lígia:

– Eu me baseio muito no jeito dele de ser. O senhor Sidney é um empresário de personalidade forte e a mescla com humildade e humanidade. Ele não faz distinção entre as pessoas, independentemente daquilo que elas tenham ou representem. Este para mim é o ponto mais marcante da personalidade dele.

A moeda ar-condicionado

O diferencial do Grupo Uniar é a capacidade que a empresa tem de enxergar o mercado com a antevisão dos fatos e a solidez da gestão do senhor Sidney.

É assim que Felipe Costa, CEO da Midea Carrier para Brasil, Argentina e Chile, avalia o DNA das empresas presididas por Sidney Tunda.

A relação entre as duas companhias amadureceu com o tempo. Tanto que as negociações, sempre com volumes representativos, acontecem nas salas de Luiz e Sidney Tunda, nos almoços na sede da Poloar e depois do Grupo Uniar, e em restaurantes durante almoços e jantares.

O que mais é necessário numa relação entre pessoas que se confiam mutuamente e nunca deixam de cumprir um acordo? Apenas um aperto de mãos, para selar e comemorar a concretização satisfatória daquilo que fica acordado.

Com o passar do tempo, as negociações, que antes eram mensais ou bimensais, passaram a ser de médio prazo. E sempre são de volumes programados, mesmo que muitas vezes definidos bem acima da expectativa inicial. Como aconteceu em 2019, quando Sidney e Luiz foram arrojados nas compras para toda a estação e fizeram apostas assertivas.

Sidney defende a seguinte tese:

– A pior mercadoria que eu tenho é o dinheiro, e a melhor é a dívida feita com as compras de aparelhos de ar-condicionado. Meu inventário está sempre alto. Toda dívida que fazemos está pautada em cima da aquisição de produtos. A correção da mercadoria é significativa, enquanto a do dinheiro é insignificante.

Como o Grupo Uniar atua em alguns estados do país, Sidney também faz um alerta:

– A Zona Franca de Manaus com seus benefícios fiscais tem que continuar, porque todos os fabricantes de eletrodomésticos e de alguns outros segmentos montaram suas bases fabris na capital amazonense. Além disso, precisamos com urgência dessa reforma tributária que já se arrasta há muitos anos. Não tem mais sentido você ter cargas tributárias distintas entre os estados. Com incentivo, os estados e as empresas geram empregos. Essa é a finalidade do incentivo!

Vai, Corinthians...

No dia 4 de agosto de 2019, os filhos Junior e Luiz e o genro Giovani decidiram levar Sidney para assistir a seu primeiro jogo na Arena Corinthians, estádio construído pelo clube do coração deles. A partida teve início às 19h.

Fazia forte frio, mas os ânimos aqueceram o ambiente num jogo bastante disputado.

O Corinthians saiu na frente, com um gol de cabeça do zagueiro Manoel ainda no primeiro tempo. Mas, na etapa complementar, também de cabeça, Felipe Melo igualou o placar da partida, válida pelo Campeonato Brasileiro.

Apesar do empate em campo, fora dele foi uma grande vitória, pela diversão de estarem em família. Depois do jogo, o domingo terminou bem paulistano, com frio, bate-papo e lamentações sobre a partida, chope e uma deliciosa pizza.

Similaridade familiar

Viviane, você é uma moça muito correta, honesta, trabalhadora, com laços de família. Não se prenda por um relacionamento que não tem lhe feito bem e agregado valor. Levante a cabeça e siga em frente. Seu ex--marido irá se arrepender muito com a separação. Quanto a você, terá um crescimento importante nesta nova etapa da vida.

Conselhos de pai... Assim foi a conversa entre Sidney Tunda e Viviane Marques de Lima, assessora de diretoria da BPJ Comercial Ltda., empresa de Sidney Tunda Junior, que também disse palavras de incentivo à colaboradora.

A conversa surgiu num dia em que Sidney se encontrou com Viviane na sede da empresa e, observador e sensível que é, percebeu que ela estava abatida, com uma fisionomia triste. No diálogo, a moça agradeceu pelo aconselhamento.

Na empresa há dezoito anos, tendo iniciado a trajetória na Pindorama e depois migrado para a BPJ, Viviane cultiva um relacionamento de longa data com os Tunda, em especial com Junior, com quem trabalha diretamente.

Inclusive, Viviane avalia que pai e filho têm muitas similaridades:

– Tanto o senhor Sidney quanto o Junior se preocupam com as pessoas, são empreendedores e veem a empresa com olhos de patrão e de funcionário. Eles são muito competitivos e rígidos em relação à moral. Tanto na Poloar, e mais recentemente no Grupo Uniar, quanto na BPJ, sempre tivemos baixo giro de colaboradores.

E complementa:

– Nós dizemos que aqui é a unidade-escola, que treina muitos profissionais para o Grupo Uniar. Damos treinamentos internos e externos para os instaladores. O senhor Sidney é um grande gestor e o Junior herdou dele essa qualidade, além de, assim como o pai, ser um grande conhecedor da área comercial e de pessoas. O Junior descobriu grandes vendedores em profissionais que eram de outras áreas. Ambos sabem elogiar nas conquistas e cobrar nas horas devidas.

Viviane ainda se recorda com carinho das mensagens sempre positivas de Sidney: "Se nos doarmos no trabalho, a empresa cresce e nós também".

A moça ainda se recorda do divertido primeiro contato que teve com Sidney Tunda:

– Fazia uma semana que eu havia começado a trabalhar com o Junior e atendi ao telefone. Sem se identificar, a pessoa disse que queria falar com o Junior, que não estava na empresa. Passei essa informação e o homem começou a fazer perguntas sobre o trabalho, as vendas, as entregas... Eu estranhei! Foi quando perguntei: "Quem está falando?". E quem estava do outro lado da linha então se apresentou: "Sou o Sidney Tunda, da Poloar, pai do Junior. Você é nova aí?". Que vergonha... E de vez em quando, principalmente nas festas, relembramos essa passagem e damos boas risadas.

Bastante ligada à família Tunda, Viviane se recorda ainda da esposa de Sidney, Toninha, que deixou boas lembranças:

– Se você pensar numa mulher fantástica e preocupada com o bem-estar das pessoas, multiplique ainda por dez! Essa era a dona Toninha, sempre presente nas comemorações; ela nunca se esquecia de ninguém! O falecimento dela abalou a todos nós.

Olhar diferente

Por que ainda não montamos a nossa transportadora? Isso padronizará as entregas e trará enorme ganho para os clientes e a nossa empresa.

A sugestão partiu de Sidney Tunda numa reunião com colaboradores, da qual participou Edvaldo Barbosa Evangelista, analista fiscal da companhia. Nove meses depois, em 2019, a Unilog, transportadora do Grupo Uniar, foi inaugurada, preencheu todas as possibilidades levantadas por Sidney e mostrou-se uma grande oportunidade de negócio.

A Unilog atua tanto nas entregas quanto nas operações dedicadas, feitas entre as unidades do Grupo Uniar. Os objetivos futuros da Unilog, cadastrada na Agência Nacional de Transportes Terrestres (ANTT), incluem transformá-la também numa operadora de logística, prestando serviços a outras empresas. Para isso, há projetos de expansão da frota.

O dia a dia de Sidney Tunda

Na rotina de Sidney, por volta das 7h30, ele está de pé. Depois, toma café, envia as mensagens motivacionais ao grupo de amigos no WhatsApp e faz exercícios na academia. Após voltar para casa e banhar-se, Sidney lê e assiste a alguns jornais e vai para a empresa.

Perto das 11h30, o empresário segue para o Grupo Uniar, onde chega em torno do meio-dia. Logo que entra na sala, já está tudo pronto e no lugar: computador ligado, chá ou café servido, relatórios impressos...

Diariamente, Sidney acompanha todos os movimentos importantes do Grupo Uniar, tanto da área comercial quanto financeira.

Quem organiza tudo é Rosilene Patricia de Morais Meneghetti, a Rosi, assistente de diretoria e esposa de Marcio Douglas Meneghetti, gerente de compras do grupo para a marca STR. O casal trabalhou por anos com Ana Carolina e Giovani na STR, onde Rosi entrou em 2001, e seguiu para o Grupo Uniar com a fusão; antes de 2001, Rosi já trabalhava no setor de ar-condicionado com Celso Pellegrino, revendedor que veio a ser representante comercial da loja Poloar de Bertioga, litoral norte de São Paulo.

Assim que Sidney se acomoda e termina o café, recebe em sua sala a gerente financeira Gissela, com quem analisa o relatório financeiro, o fluxo de caixa e outras pendências.

Por volta das 13h30, Sidney segue para o local das refeições na própria sede do grupo, onde almoça geralmente na companhia dos filhos, do genro, de Gissela e de alguns convidados.

Lá pelas 15h, retorna para sua sala e tem por hábito fazer a sesta, descansar entre cinquenta minutos e uma hora.

Às 16h30, o empresário tem nova reunião com Gissela, que lhe apresenta o restante dos assuntos a serem analisados. Na sequência, Sidney conversa com Márcia Cristina da Silva, supervisora de contas a pagar, para falarem do volume de pagamentos diários.

Como Rosi acompanha os lançamentos particulares de Sidney, a assistente apresenta os extratos e operações feitas nas contas pessoais do empresário.

Entre 19h30 e 20h, exceto às quintas-feiras, quando acontecem *happy hours*, Sidney vai embora. Rosi sempre o espera sair. Sidney passa se despedindo de quem encontra no caminho, desejando bom descanso a todos.

Esbanjar gentilezas e otimismo é característica de Sidney muito admirada por quem convive com ele e que conquistou a assistente Rosi:

– Ele sempre acredita que tudo é possível! O jeito de ser do senhor Sidney e dos filhos se reflete no ambiente sadio de trabalho da organização. Aqui nos sentimos bem, em casa. Durante os festejos, o senhor Sidney costuma dizer: "Sei que vocês gostam de trabalhar no grupo". Aqui temos liberdade de atuação profissional.

Rosi presenciou várias reuniões com a participação de Sidney, que se mantém costumeiramente tranquilo, mesmo nas discussões dos temas mais complicados:

– Nas conversas, o senhor Sidney transmite segurança e respeito, o que conquista a admiração das pessoas. É um homem de grande valor e espiritualidade. Ele agradece a Deus em todos os seus discursos. Tem até uma capela bem na entrada da sala dele.

E Rosi ressalta ainda o carisma do empresário:

– Admiro o caráter, o aspecto humanístico e o grande coração do senhor Sidney, pois ele ajuda muita gente e não se esquece das pessoas. Às vezes, estou na minha sala e chegam o senhor Sidney, a Ana Carolina, o Luiz... Eles se sentam e ficam lá no maior bate-papo, num clima bem familiar... Os filhos são muito educados e, como trabalhei por vários anos com a Ana Carolina, percebo que ela tem muito do jeito do pai. A dona Toninha também era uma mulher bondosa, caridosa, alto-astral.

• • •

Quando está em Pindorama, diariamente Sidney toma café, manda as mensagens aos amigos e assiste aos telejornais. Ao meio-dia, encontra-se com as irmãs e o irmão e almoçam juntos.

Depois disso, ele percorre a cidade, passando por alguns negócios, imóveis e construções que mantém no município. No meio da tarde, descansa um pouco.

O encontro diário com familiares e amigos é certo! A partir das 18h eles começam a chegar em Na Bera da Tuia. Como Sidney diz: "Quem passar por ali e vir a luz acesa, pode chegar!".

Nesses encontros, diariamente há bons aperitivos e saborosos pratos e petiscos. O cardápio é bastante variado: carne-seca, buchada, churrasco, bauruzinho... E, claro, ali também acontecem as divertidas partidas de truco, tradicional jogo do interior.

• • •

Em maio de 2019, foi organizado um jantar; os parceiros da Poloar e da STR foram convidados.

Ali foi anunciado que os compromissos assumidos com a junção das duas empresas haviam sido praticamente cumpridos:

– Já revolvemos nossas pendências e estamos prontos para novos desafios – comemorou Sidney.

A festa dos quarenta anos da Poloar

Os discursos de Sidney Tunda nos encontros e festas eram tradicionais. Mas aquele discurso e aquela festa eram especiais: marcavam os quarenta anos de atividades da Poloar, fundada em 13 de agosto de 1979.

Cada uma das quarenta passagens de 13 de agosto foi celebrada pela empresa, mas aquela foi uma comemoração de gala, com oitocentos convidados, para homenagear as quatro décadas da Poloar. Ana Carolina Trida Tunda Soares, atenta aos detalhes juntamente ao marketing, comandou a organização do evento.

E qual a grande bandeira que a Poloar defendeu nos festejos de quarenta anos? A frase que representa o *slogan* de Sidney Tunda: "Sorte, peito e jeito", que era encontrada nos totens e camisetas do pessoal da equipe.

Bastante feliz e emocionado, Sidney então deixou o seu recado:

– Comemorar quarenta anos de uma empresa é um sucesso. Todos vocês sabem da trajetória percorrida para chegar nisso. No ano passado falei do início da Poloar, em 1979. Mas hoje eu quero passar para vocês informações sobre os anos que antecederam essa data.

"Tudo começou na cidade de Pindorama. Em 1945, a cidade comemorava, no dia 12 de dezembro, na residência da família Tunda, o nascimento de um menino que tinha o sonho de ser feliz. A família era composta por Jorge, dona Sebastiana e José Vicente, meu irmão.

"Minha mãe, nesse dia, falou que nascia o menino mais bonito da cidade. E mãe não mente!

"Depois nasceram as minhas irmãs e eu iniciei uma caminhada para chegar ao que almejava. Fiz o curso primário em Pindorama. Todos os meus amigos fizeram em quatro anos. Eu, em cinco, porque gostava muito da escola... Havia um curso chamado 'admissão para o ginásio'. Ingressei, cursei e repeti de ano. Meu pai falou para tentar mais uma vez e repeti novamente.

"O seu Jorge então determinou que eu teria que trabalhar: fui sapateiro, engraxate, oveiro, cuja atividade é a de comprar e vender ovos, pintor de casa, ferreiro... Eu queria fazer faculdade, algo que só poderia acontecer em São Paulo.

"Mas como vir para São Paulo se a situação era difícil? Eu tinha uma paixão, que era a minha namorada. Já naquela época, Toninha foi minha maior incentivadora. Fiz um pacto com ela, o de que voltaria para buscá-la.

"Em São Paulo, no bairro de Pirituba, fui trabalhar num lanifício. Aluguei uma casa e me casei. A Toninha veio para São Paulo e moramos em Pirituba. Nesse meio-tempo, recebi um presente muito especial. Nascia nessa casa a minha filha, Ana Carolina. Depois comprei uma casa na Vila Madalena, e lá nasceu o Junior.

"A felicidade estava bonita e nasceu, em 1979, no bairro da Bela Vista, uma empresa chamada Poloar. Até que certo dia recebemos um presente que me comove quando lembro e falo: meu filho Luiz. A Carolina foi fazer faculdade, o Junior também. Já o Luiz prestou vestibular e entrou na melhor faculdade que havia, chamada Poloar. Ele teve o melhor professor, que fui eu. Luiz e eu trilhamos pelos caminhos do aprendizado e do ensinamento.

"Carolina e Junior terminaram a faculdade e fizeram pós-graduação na faculdade Poloar. Lá tudo brilhava... e hoje os meus três filhos brilham!

"Viajávamos e passeávamos muito. Carolina encontrou em Pindorama seu príncipe encantado, o Giovani, que entrou na nossa família com vontade de ajudar a gente a trilhar esse caminho. Junior encontrou a sua princesa, Paula, e também se casaram. Luiz namorou e se casou com a Mariana.

"Nossa família resolveu, de comum acordo, construir um jardim. Ele tem uma parte que é a colheita de rosas, e outra parte de cravos. As rosas são Alice, Sofia, Bárbara e Júlia, e os cravos, Felipe, Gabriel e José Pedro. Eles formam o maior buquê para enfeitar a nossa família.

"Quero agradecer também à dona Toninha, minha razão de viver. Você sempre acreditou em mim. Foi uma excelente esposa, mãe e avó maravilhosa.

"Agradeço ainda à família Poloar, que sempre esteve presente e fez o possível para ser líder de mercado. Agradeço aos meus parceiros.

"Agradeço ao pessoal das nossas filiais, aos nossos amigos e também aos nossos fornecedores, que sempre tiveram confiança na nossa empresa.

"Minha família sempre teve Deus no coração. E nós só seríamos fortes se tivéssemos Deus no coração. Obrigado a todos!"

Claro, como não poderia deixar de acontecer, Sidney Tunda ainda convocou a todos para orar um pai-nosso. De pé, o público convidado e presente na Casa Aragon aplaudiu o empresário considerado a máquina do trem que puxa inúmeros vagões no segmento de ar-condicionado, e que se tornou, assim, a maior referência do mercado.

Logo na entrada da casa de eventos havia a réplica de um trem, algo tão simbólico na trajetória de Sidney Tunda, por trazê-lo de Pindorama para se aventurar em São Paulo; nos ambientes distintos, telões foram montados nas variadas salas onde as pessoas estavam acomodadas.

Nas mesas, os amigos da vida e do trabalho se dividiam. Foi uma noite de gala, que contou com apresentação e animação do humorista Diogo Portugal. O evento foi dividido em partes, tendo como tema principal a trajetória da Poloar e de Sidney Tunda. Já no início foi apresentada sua linha do tempo, trazendo passagens de sua história pessoal até a criação da Poloar, em 1979.

A festa reuniu, para alegria de Sidney, representantes de todas as filiais, que vieram a São Paulo para prestigiar a comemoração da qual também faziam parte; a eles, foram distribuídos prêmios.

Durante a comemoração, Sidney ligou o "modo festa"! Nessas ocasiões, o empresário nada fala sobre trabalho e dedica o tempo para interagir, falando de temas pessoais e diversos, que fogem do dia a dia da empresa.

Um dos momentos mais festejados foi a chuva de papel, que pegou a todos, inclusive Sidney Tunda, de surpresa e deu um toque de título de campeão ao evento.

Depois do jantar, e como última atividade da festa, o "Parabéns a você", com direito a bolo e vela, foi cantado por todos, puxado pela banda contratada para a comemoração.

Ali todos os presentes tinham uma certeza. O fundador da Poloar e presidente do Grupo Uniar, homem generoso e empreendedor, tem um ideal de vida que contagia: inspirar, motivar, transformar pessoas e gerar a elas riquezas.

E todos o respeitam e admiram por assumir tais missões.

Ao final da festa, os convidados retornaram para suas casas levando consigo as boas lembranças da comemoração dos quarenta anos da Poloar, dos momentos vividos ao lado de Sidney e da família Tunda, e uma garrafa de cachaça especial, que trazia no rótulo a imagem da Igreja Santo Antônio, de Pindorama, com o nome e o logo da Poloar, e a inscrição do ciclo de quarenta anos.

A garrafa trazia também uma mensagem forte e inspiradora, com os dizeres:

"A fé nos sustenta e nos fortalece durante a trajetória."
Sidney Tunda

A virtude que emana do coração dos que possuem fé é capaz de mover o mundo, transformar o impossível em realidade e fazer transbordar no universo a centelha da felicidade.

Acredite sempre!

Melhoria constante

Senhor Sidney, quero parabenizá-lo pelos quarenta anos da Poloar. Estive na festa e constatei a importância de se realizar os sonhos e objetivos traçados. Ali estavam sua família e seus funcionários reunidos. O senhor está sempre acessível e prega que tenhamos essa proximidade. Ficamos sensibilizados quando o senhor diz a nós, colaboradores: "Vocês são a extensão da minha família".

Assim Gilvan José Rodrigues, coordenador de sistemas, parabenizou Sidney Tunda pelo ciclo cumprido com a empresa e registrou o pensamento dele e dos colaboradores do Grupo Uniar, que têm em Sidney Tunda uma grande referência ética, profissional e de humanidade.

Quando Gilvan iniciou na Poloar, em 2013, como analista de sistemas júnior, havia sido instalado na empresa um dos melhores softwares da América Latina. Em 2017, quando a empresa bateu recordes de faturamento, o sistema ganhou nova versão.

Na área de trabalho de Gilvan, sempre que um novo aporte financeiro é necessário, a solicitação é passada para Giovani Soares, que apresenta o plano de negócios e investimentos necessários nas reuniões de diretoria, que contam com a participação de Sidney Tunda.

Quando o tema é investir para consolidar, melhorar e crescer, a resposta costuma ser positiva.

Trabalhar com liberdade

Passou e viu a luz acesa Na Bera da Tuia, pode chegar que eu estou lá!

Como já é sabido, esta é a frase que Sidney Tunda costuma dizer aos amigos, como José Antonio Rodrigues de Paiva, o Zé Paiva.

Há anos eles se conhecem e passaram a fazer negócios juntos: entre 2010 e 2013, Zé Paiva arrendou uma propriedade rural de Sidney, para plantar eucaliptos, e depois montaram sociedade com Giovani Soares num empreendimento imobiliário, um loteamento de terrenos numa área adquirida por eles em 2015.

Manter sociedade e negócios com Sidney e Giovani é muito tranquilo, conforme conta Zé Paiva:

– Ambos são muito otimistas, pensam de forma positiva. Como eu moro em Pindorama e fico mais em cima do dia a dia, eles gostam de saber como anda o projeto, mas não têm como característica ficar interferindo no processo. Dão liberdade e confiam naquilo que apresento.

Como eles são de Pindorama, as famílias já se conheciam antes de terem contato, o que passou a acontecer com mais frequência a partir dos anos 1980. Chegaram até a viajar com as famílias para Gramado e depois num cruzeiro para a Bahia, em 2011.

E Zé Paiva conta detalhes das primeiras conversas que tiveram na década de 1980:

– Naquela época, o Sidney dizia que queria poder proporcionar uma boa vida para a família e gerar empregos, mas acredito que nem imaginava ser o empresário de destaque que se tornou com o passar dos anos.

Os encontros sempre são agradáveis, com conversas e aprendizados diversos. Além dos encontros em Na Bera da Tuia, eles se reúnem no Clube dos 20, cujos eventos são marcados já há algum tempo no salão de festas Recanto 20, de propriedade do próprio Zé Paiva.

Com todo o convívio, ele traça um perfil do empresário:

– É uma honra tê-lo como amigo e poder consultá-lo sobre algumas ações de negócios. O Sidney tem uma visão mais aguçada do que a da gente. Difícil ele errar uma previsão. É uma pessoa iluminada e forte, que sempre segue em frente e não esmorece nunca. Sabe enfrentar os problemas com a força necessária. Um homem e empresário com pensamentos positivos e prósperos.

Pessoas têm sentimentos

Na festa desse ano, o senhor Sidney fez uma homenagem e disse algumas palavras para os gestores de cada departamento. Quando chegou a minha vez de ser citada, ele me agradeceu e contou que ficou muito feliz com o teor de uma conversa que tivemos, na qual o senhor Sidney falou: "Certa vez, eu estava com a Cida e comentei que onde há pessoas, há problemas... Ela me respondeu com um sorriso largo: 'Mas também há soluções'. Agora, quando encontro com a Cida, pergunto: 'Quais as soluções de hoje?'".

Independente de ele ser o dono, não temos dificuldades em nos aproximar do senhor Sidney. Ele se coloca sempre à disposição de todos, passa pelos corredores e conversa não só sobre assuntos da empresa, mas quer saber como nós e nossas famílias estamos.

A área em que trabalha a gerente de pós-vendas, Jorcelana Aparecida da Silva Miranda, a Cida, engloba os departamentos de serviço de atendimento aos clientes (SAC), troca, garantia e logística reversa, que engloba qualquer tipo de troca que seja efetuada pela empresa. O setor está sob o braço diretivo de Luiz.

Quando entrou na Poloar, em 2008, indicada pela cunhada, Cida era auxiliar do departamento de cobrança, onde permaneceu por cinco anos, até ser criada a área de atendimento aos clientes, que ganhou amplitude e a colaboradora passou a gerenciar.

A base de atuação do relacionamento do pós-venda é o Código de Defesa do Consumidor, e os casos que fogem do convencional são analisados internamente. Claro, existem algumas reclamações, sendo a maioria infundada, daqueles que perderam a garantia e ainda assim tentam remediar a situação. Mas também há muitas pessoas que tecem elogios, tanto pelo atendimento das lojas, dos vendedores e instaladores, quanto do SAC.

Por quatro meses, Cida foi deslocada para trabalhar diretamente com Sidney e teve oportunidade de conviver mais com o patrão e conhecer sua trajetória de vida, em que não faltaram dificuldades, mas sobraram garra, otimismo, empreendedorismo e valor humano:

– O senhor Sidney sempre tem uma palavra de estímulo para nos transmitir, mesmo nos tempos difíceis. Só de saber que ele está presente na empresa, nós nos sentimos seguros em qualquer situação. Ele dirige o grupo e lidera os funcionários com a mente, mas também com o coração.

• • •

A área de cobrança tem alcançado resultados excelentes, com inadimplência baixíssima: menor que 1%. Este é um dos setores que Sidney acompanha diariamente nos relatórios que recebe.

Mesmo tendo atuação flexível, a área de cobrança segue um lema do mercado: "Recebe primeiro quem cobra primeiro".

Em casos extremos, Sidney Tunda é consultado para encontrar algum caminho que ainda não tenha sido sugerido. E do presidente é certo que surja uma luz que ilumine a solução. Como quando um ou outro revendedor se encontra em dificuldade e necessita de um modelo especial de pagamento.

Certa vez, um parceiro comercial disse que iria vender um imóvel para quitar a dívida; como o imóvel valia mais do que o montante em aberto, Sidney se comprometeu a comprar a casa e devolver a diferença em aparelhos de ar-condicionado.

Nenhuma proposta é descartada. Em outra oportunidade, um cliente queria pagar a dívida com uma prancha de surfe. Pois o gerente da loja de Curitiba, Marco Aurélio Rocha, apreciador do esporte, aceitou quitar a dívida em troca da prancha.

Como costuma dizer Sidney Tunda: "É preciso trabalhar com honestidade, estar atento e aproveitar as oportunidades".

• • •

Momentos de lazer são certos nas empresas de Sidney Tunda. Às quintas-feiras, nos *happy hours* na empresa, Sidney era presença certa e se revezava entre a mesa de truco e a de sinuca.

Às quartas-feiras, a empresa aluga para os colaboradores, das 19h às 21h, uma quadra de futebol *society*; Sidney sempre fica na empresa até mais tarde e chega depois das 20h para assistir a uma parte do jogo e participar do bate-papo e do churrasco.

O aparelho VRF

Tido como o futuro do mercado de ar-condicionado, o sistema VRF (*Variable Refrigerant Flow* – Volume de Refrigerante Variável) faz uso da eletrônica e dinâmica de cada unidade evaporadora e condensadora. Tal processo possibilita que o comando central otimize a operação de todo o sistema, adequando a produção de frio ou calor e suas distribuições para os diversos ambientes. Além disso, seus fluidos refrigerantes são ecológicos, sem a utilização de cloro; desta forma, o sistema VRF não agride a camada de ozônio do planeta. Os prédios que vêm sendo construídos já possuem preparação para a instalação desses aparelhos.

Como acontece em tudo que envolve tecnologia e inovação, o sistema, de valor mais elevado que o convencional, tem sido aperfeiçoado, e o custo do aparelho, reduzido, tornando-o cada vez mais acessível. Assim como acontece com os aparelhos de ar-condicionado em geral.

Conforme comenta Giovani Soares: "As filiais que não possuem vendedores que dominem a técnica do VRF se socorrem e pedem apoio da central da STR e do departamento técnico".

A durabilidade dos aparelhos, relacionada ao tipo de manutenção recebida, é de, em média, quinze anos. Há ainda uma tendência de se preservar o sistema que já é utilizado, buscando atualizá-lo.

– O *retrofit*, tendência na arquitetura e no design, que surgiu na Europa, representa no dito popular "colocar o antigo em forma", ou seja, renovar e atualizar. A expressão se encaixa para os imóveis ou, no caso de ar-condicionado, para os aparelhos mais antigos – explica Giovani Soares.

No caso da Poloar, o VRF também tem seu departamento próprio, que atua com essa tecnologia e orienta os clientes, mas todas as negociações são destinadas à loja da Lapa, que fica sob responsabilidade de Sidney Tunda Junior.

As áreas de VRF, tanto da STR quanto da Poloar, trabalham em parceria.

• • •

Vale lembrar que tanto a Poloar quanto a STR não instalam aparelhos, mas ambas fazem suas sugestões e possuem uma relação de instaladores cadastrados.

No caso da Poloar, as instalações são feitas por parceiros da BPJ, empresa de Sidney Tunda Junior. Já na STR, as indicações de instalações recaem sobre a STR Service, empresa cujos sócios são o casal Ana Carolina e Giovani Soares.

Rigor nos pagamentos

O senhor Sidney antevê os fatos. Ele pratica um modelo de gestão eficiente com resultados favoráveis. Um empresário engajado no crescimento constante do patamar da empresa.

A afirmação é de Ana Lucia Gouveia Roque Tremante, assistente de contas a pagar que está desde 2007 na empresa.

Nesses anos de trabalho, quando as vendas de ar-condicionado tornaram-se cada vez mais acessíveis aos consumidores, Ana Lucia acompanhou o desenvolvimento do Grupo Uniar, fortalecido com a junção entre Poloar e STR e constatado pelo volume de pagamentos diários.

A união das empresas foi transmitida em reunião interna pelo próprio Sidney Tunda, e as diretrizes, passadas gradativamente pela gerente administrativa e financeira, Gissela Bernardo Soares Godas.

Costumeiramente, Sidney relembra aos colaboradores o espírito da "família Poloar" e utiliza bastante as palavras "foco, força e fé".

Ana Lucia registra ainda que a área de contas a pagar atua dentro de certa rigidez:

– Desde que eu entrei na Poloar, normalmente os pagamentos dos boletos são feitos um dia antes do vencimento.

E, por indicação de Sidney Tunda, o departamento surpreende mensalmente os colaboradores, conforme afirma Ana Lucia:

– Em relação aos salários, nunca esperamos até o quinto dia útil para efetuar o pagamento. Assim que a área de recursos humanos libera a relação, o valor já é creditado na conta dos funcionários.

Cunhado e parceiro comercial

Sidney, percebo que quando você me fala da necessidade e possibilidade de montar uma loja no Vale do Paraíba, está me provocando a assumir esta responsabilidade. Pois eu topo!

Como é grande conhecedor do jeito de ser de Sidney Tunda, Benedito Aparecido Trida, o Benê, pescou nas palavras do cunhado aquilo que ele queria propor em fins de 2019 e logo colocou em prática o projeto de abrir uma loja Poloar em Taubaté.

Benê havia se desligado da empresa na qual trabalhara por muitos anos e, na sequência, montara uma agência de viagens em São José dos Campos. Mas em função do surgimento da pandemia, o negócio não prosperou.

A loja Poloar, cuja montagem foi acompanhada de perto por Giovani Soares, foi inaugurada em março de 2020. Na filial, Benê trabalha com a filha Isadora e o genro Leônidas Scholz Netto, que foi colaborador na área comercial de revendas da matriz da Poloar por um ano e meio. Mas, no final de fevereiro, a equipe de vendas já estava em ação, mantendo contatos comerciais telefônicos.

Quando foi fechada a primeira venda, realizada por meio da indicação de um parceiro instalador, a alegria tomou conta da equipe. Logo depois saiu o ranking das lojas e a de Taubaté se apresentava em último lugar, com aquela única venda. Mas Benê sabia que estavam apenas no começo do negócio e ligou para compartilhar sua emoção com o cunhado:

– Sidney, conseguimos fechar nossa primeira venda e aparecemos no ranking das lojas da rede. Hoje estamos em último, mas fico emocionado por poder fazer parte desta relação, com a certeza de que temos um longo caminho de crescimento pela frente. É como um diamante que temos nas mãos para lapidar. Obrigado pela oportunidade.

A Poloar de Taubaté é mais uma filial que tem membros da família como parceiros, conforme as lojas de Ribeirão Preto, São José do Rio Preto, Araraquara, Curitiba, Pindorama, entre outras. Além de Benê, a filha dele, Izabela, e o marido dela, Guilherme, também têm lojas ligadas ao Grupo Uniar.

Como se familiariza com o jeito de ser de Sidney, Benê sabe que, de acordo com o local e o tema, os comportamentos do cunhado diferem:

– Se estou com o Sidney num momento familiar, festivo, nosso tipo de diálogo e relação é um. Mas quando falamos de trabalho e a conversa é entre o representante comercial e o presidente do Grupo Uniar, o tom da conversa muda. E precisa mesmo ser assim para dar certo e ambos termos sucesso nas nossas atuações.

Sem meias-palavras

Você está tentando buscar a felicidade, mas está na hora de parar de tentar e ser feliz!

Sidney Tunda é mesmo assim: franco, direto; fala o que precisa ser dito e não aquilo que, muitas vezes, a pessoa gostaria de ouvir por conveniência. Doa a quem doer, Sidney não guarda para si aquilo que pensa e não se nega a aconselhar quando entende que alguém precisa de um rumo, tomar uma decisão.

A conversa se deu entre Sidney e a sobrinha Aurélia Trida Lopes da Silva, que vivia um relacionamento de idas e vindas, mas, aparentemente, sem grandes perspectivas futuras. Graças às palavras do tio, ela terminou o relacionamento e, como Sidney previu, encontrou a felicidade.

As ações se repetem... Quando Aurélia era criança, Sidney fazia mágicas, arrancava os dentes de leite dela e lhe contava histórias, como a da Poronga, a da Coruja e a dos irmãos João e Maria...

Anos depois, Sidney faz tudo igual, agora com a filha de Aurélia e os filhos dos outros sobrinhos.

Para deixar Sidney feliz, basta presenteá-lo com compotas de deliciosos doces caseiros, conforme conta Aurélia:

– Meu tio adorava os doces que a minha avó fazia. Quando está em Pindorama, ele gosta de tomar sorvete na padaria e de ir até Engenheiro Schmidt, distrito de São José do Rio Preto, para fazer compras nas tradicionais docerias locais, que produzem doces e compotas em geral. Quando eu vou para São Paulo, levo doces caseiros para ele. O tio Ticão é o nosso porto seguro.

Bom dia!

Diariamente, pela manhã, os contatos telefônicos do celular de Sidney Tunda são agraciados com mensagens de texto e imagens que expressam felicidade, otimismo e fé.

São mensagens com palavras que motivam e inspiram a viver mais um dia intensamente. Eis algumas delas:

Senhor, abençoe o nosso dia... Dai-nos força, fé e sabedoria para vencermos os desafios, nos ampare nas dificuldades e nos afaste de todo o mal. Amém.

Palavras são sementes. Plante só as melhores. Bom dia!

Que a paz nos acorde, a alegria nos desperte e o amor seja o começo de mais um dia abençoado.

Quero que esse dia seja para você muito mais que felicidade, que ele tenha as cores do sucesso e faça da sua vida uma vitória constante. Feliz domingo!

E quem as recebe certamente tira proveito, tornando o dia mais produtivo, feliz e abençoado.

Bola de cristal

Se o ano de 2020 empatar com o de 2019, já estará muito bom!

Nos almoços na sede do Grupo Uniar, Sidney Tunda conversa sempre com os fornecedores e, naquela oportunidade, ele se mostrou menos otimista do que o normal. Certamente, pesou mais a experiência e a sensibilidade de um empresário consolidado.

Entre os assíduos está Carlos Eduardo Ferreira Murano, gerente-geral de ar-condicionado da LG, conhecedor da força que o Grupo Uniar tem no segmento e da referência que Sidney Tunda representa para o mercado.

Ao ouvir a avaliação de Sidney Tunda, o executivo gravou-a na memória. O ano de 2020 tinha apenas começado e sucedia uma temporada histórica, que bateu todos os recordes de compras, vendas e faturamento.

Mas, em fins de fevereiro, o Brasil foi pego de surpresa com a notícia do primeiro caso de covid-19: um homem de 61 anos, morador da cidade de São Paulo, havia acabado de retornar de uma viagem internacional para a Itália e foi diagnosticado com coronavírus.

Considera-se que o surgimento da covid-19 está associado a pessoas que circularam no mercado de peixes e frutos do mar da cidade chinesa de Wuhan, e a transmissão, até onde se averiguou, foi feita por meio da ingestão de animais silvestres, como os morcegos, por humanos.

Rapidamente, houve uma disseminação na China. O coronavírus se transformou de endemia em pandemia, que ocorre quando a doença se transforma num grande surto, que se espalha por diferentes continentes com transmissão sustentada de pessoa para pessoa.

Daí em diante, uma sequência de ações passou a ser implantada: protocolos de segurança e higiene, como uso de máscaras e álcool em gel 70%, distanciamento social, fechamento de estabelecimentos comerciais e escolas...

Além dos inúmeros problemas causados mundialmente na área da saúde, com a infecção e óbito das pessoas, cogitavam-se substanciais perdas econômicas. No caso específico do setor de ar-condicionado, com o fechamento das fábricas e a redução na produção chinesa, responsável pelo fornecimento de aparelhos ou componentes, projetava-se um desabastecimento em alguns meses no mercado; mesmo companhias de outras nacionalidades abastecem-se de componentes da China. Muito embora, naquela altura, o prioritário fosse salvar e preservar vidas.

As previsões entre março e abril não eram das melhores, justamente pela incerteza que toda situação causava, provocando uma natural retração do mercado e o fechamento do comércio. A incerteza acometia, inclusive, a ciência, que intensificava estudos para entender melhor o vírus, combatê-lo e desenvolver vacinas.

Quanto às empresas, muitas delas deram férias coletivas, tiveram que promover algumas demissões, reduziram a produção por determinado período e, no caso das de ar-condicionado, ficaram preocupadas, pois em alguns meses começaria o trabalho do que se chama de alta temporada, que se intensifica gradualmente a partir de agosto até fevereiro.

As medidas e os protocolos foram rígidos e, pouco a pouco, a abertura comercial foi sendo realizada. As pessoas passaram a viver mais intensamente a relação e o ambiente familiar, e os gastos migraram em função das novas prioridades: o povo passou a permanecer mais em casa, investindo numa melhor estrutura residencial e com mais conforto, o que inclui as aquisições de aparelhos de ar-condicionado.

Como fora previsto, por um tempo a demanda no Brasil sinalizava em favor do mercado comprador, mas a oferta de mercadorias sofreu certo abalo e indisponibilidade. Não no Grupo Uniar, onde os estoques sempre estiveram elevados e as reposições são feitas com bastante critério e arrojo.

Logo, então, Luiz, com acompanhamento de Sidney Tunda, passou a negociar as reposições do estoque. Demis Sanches, Régis Victor Marinho e Carlos Eduardo Murano, linha de frente comercial da LG, envolveram-se numa importante negociação com o Grupo Uniar e, durante reunião, Sidney definiu:

– Queremos dispor de um importante volume do nosso caixa para comprar com pagamento à vista.

A negociação foi bastante expressiva, pois Sidney e Luiz apostavam numa evolução do mercado. Mas, como Sidney antevira meses antes, os números de 2020 se equipararam aos de 2019. O desempenho do Grupo Uniar no ano marcado pelo surgimento da covid-19 foi considerado excepcional pela diretoria.

Aqui vale mais um reconhecimento ao modelo de gestão de Sidney Tunda, acompanhado por Luiz. Enquanto muitas empresas não tiveram mercadorias para abastecer o aquecimento nas vendas e muitas deixaram de apostar na reação do mercado, o Grupo Uniar, pela política de manter os estoques elevados, conseguiu fornecer e alcançar impressionante faturamento.

Digamos que, inicialmente, o setor no ano da pandemia passou a ser mais vendedor do que comprador, muito embora essas regras mercadológicas dificilmente sirvam para definir as ações comerciais da Poloar, da STR e do Grupo Uniar. Com o transcorrer do ano de 2020, os interesses de compra e venda de aparelhos se equipararam.

Nos momentos de mercado vendedor, Carlos Eduardo Murano costuma descontrair com Sidney e Luiz, dizendo:

– Precisamos bater nossa meta. Estamos no meio do oceano e precisamos de uma boia. – E a LG sempre recebia como ajuda um veleiro, um barco, uma boa lancha ou até um transatlântico.

A LG tem expressiva participação no setor de ar-condicionado no Brasil e fez lançamentos inovadores na temporada de 2019 que mexeram com o mercado, conquistando mais alguns pontos de *market share*, que já é naturalmente destacado.

Quando estão juntos, Carlos Eduardo gosta de ouvir as orientações de Sidney e, geralmente, leva com ele um quebra-cabeça para ser montado em casa. A esposa dele estava grávida de gêmeas, e Sidney alertou-o:

– Você e sua esposa estão passando por um momento maravilhoso! A maternidade e a paternidade modificam a vida e a postura do casal. São mudanças significativas, importantes e positivas. Você perceberá uma transformação no seu jeito de ser.

Isso realmente aconteceu após o nascimento das duas filhas de Carlos Eduardo Murano, que foi surpreendido ao receber de Sidney dois presentes, um para cada menina, atitude que sensibilizou a ele e a esposa.

Tempos de pandemia

Com o surgimento da covid-19 e o alastramento do novo coronavírus, muitas ações foram tomadas como forma de preservar a vida das pessoas: *home office*, uso de máscaras, fechamento de estabelecimentos comerciais etc.

Como o Grupo Uniar tem filiais espalhadas pelo Brasil, teve que se submeter às exigências locais. Em São Paulo, por exemplo, o estado foi qualificado por cores, de acordo com a situação de cada município: Fase 1 – Vermelha (alerta máximo); Fase 2 – Laranja (controle); Fase 3 – Amarela (flexibilização); Fase 4 – Verde (abertura parcial); e Fase 5 – Azul (normal controlado).

De imediato, o Grupo Uniar decretou o fechamento das lojas para o atendimento ao público e a suspensão das atividades presenciais; os colaboradores passaram a trabalhar em *home office*. A área comercial continuou em busca de negócios, mas com atuação virtual e telefônica; todos os canais de vendas continuaram funcionando.

Houve redução da receita. Desta forma, era preciso agir rápido! O quadro de funcionários foi remodelado e, na medida do possível, preservado; um dos recursos foi a antecipação do período das férias.

Também uma significativa análise das despesas, que determinou redução de custos da ordem de 35%, foi implementada. Os eventos internos e *happy hours* às quintas-feiras também foram suspensos.

Foram ainda adquiridos testes rápidos, com a realização de testes de sorologia para todos os funcionários do Grupo Uniar, oferecidos e custeados pela LG, e a contratação de uma profissional da área de saúde. Medidas protocolares foram adotadas e implementadas, assim como mensagens e material de orientação aos funcionários sobre medidas de segurança e higiene.

O mês de março ainda apresentou bom resultado nas vendas, porque havia negócios pendentes, mas houve queda em abril e, principalmente, em maio. Aos poucos, foram retomadas as vendas para hospitais de campanha e entidades da área da saúde e pesquisas, como a Fundação Oswaldo Cruz, a Fiocruz.

• • •

Quanto ao mercado, realmente houve uma readequação. As previsões pessimistas foram dando espaço à volta dos negócios. Se as vendas para o comércio não cresciam, as negociações para aparelhos residenciais, ou mesmo em construtoras, voltaram a ganhar espaço.

Os gastos e investimentos migraram obrigatoriamente de direção. Como exemplo, o turismo foi bastante afetado, pois nas férias de julho houve cancelamento em massa de passagens e hospedagens, e os pacotes nem mesmo chegavam a ser comprados. As idas aos shoppings também foram interrompidas.

Com isso, o dinheiro que seria investido em lazer foi utilizado de outras formas, como, por exemplo, no aumento do nível de conforto residencial. Nesse caso, o ar-condicionado entrou em destaque.

Numa alusão às cores dos faróis de trânsito, passado o período de luz vermelha, quando o Grupo Uniar teve que reduzir em torno de 15% o quadro de funcionários, logo voltou a recontratar, dando prioridade aos que haviam sido demitidos; a situação migrou para a luz amarela e rapidamente retomou a luz verde, velha companheira de estrada.

Professor por mérito

Responsável pela ampla área comercial, que engloba todos os canais de vendas e pós-vendas, Jorge Otávio Batista Miranda, gerente-geral comercial, acompanha tudo sobre o setor.

Quanto às lojas, nove delas são próprias e as demais funcionam no modelo franquia, com seus responsáveis recebendo a denominação de representantes comerciais. As filiais trabalham com total segurança fornecida pela matriz, conforme explica Miranda:

– Os nossos diretores querem que as filiais estejam bem e dão suporte irrestrito para que isso aconteça. Estoque, faturamento, cobrança... tudo é de responsabilidade da matriz. Desta forma, nossos parceiros e representantes comerciais têm total possibilidade de trabalhar bem e com tranquilidade, trazendo excelentes resultados de vendas.

Apreciador da trajetória e da forma como faz a gestão da empresa, Miranda tem uma forma especial de se referir ao presidente do Grupo Uniar:

– Eu chamo o senhor Sidney de "professor". Com ele, de cada conversa, reunião ou decisão, se tira um aprendizado. É um empresário sério, visionário e motivador nato, que sempre gerou as melhores condições para todos. O senhor Sidney não gosta de focar problemas e sempre trabalha para buscar soluções.

As histórias das compras escritas em guardanapos também fazem parte das conversas quando acontecem reuniões e encontros na sede do Grupo Uniar. E cada representante de empresa tem uma boa história para contar: "Conosco foi um pedido de R$ 20 milhões"... "Terminamos de jantar e ele cravou R$ 30 milhões num guardanapo"... "O senhor Sidney tirou a caneta do bolso, puxou um guardanapo e escreveu R$ 50 milhões"... e daí por diante...

Como em toda empresa familiar, o fundador torna-se uma referência para os filhos e colaboradores. E Miranda conta que o patrão já está de olho na terceira geração:

– O senhor Sidney não se preocupa apenas com os filhos Ana Carolina, Junior e Luiz, ou com o genro Giovani, mas também com os netos, com quem conversa bastante. Ele pensa e acredita no potencial da geração futura. Tanto que procura trazer detalhes sobre o amanhã do Grupo Uniar.

Miranda concorda com o presidente da empresa quando este avalia como melhor caminho manter-se como especialista em ar-condicionado e não abrir o leque para outros produtos – motivo de muitas conversas de Sidney com os diretores e gerentes:

– Existem vários estudos que mostram que apenas cerca de 20% da população brasileira têm acesso a ar-condicionado. Somos um país com mais de 210 milhões de habitantes, o que comprova o potencial de crescimento do setor e a visão empresarial do senhor Sidney Tunda, que ele compartilha com os colaboradores e os fabricantes.

A estratégia de trabalhar com um número mais reduzido de fornecedores, seis ao todo, foca a obtenção de produtos das melhores e mais destacadas marcas. E Sidney explica o motivo de terem optado por este caminho:

– Estamos aqui para melhor atender os clientes. Nossas marcas Poloar e STR são as responsáveis por fazer os aparelhos chegarem aos consumidores finais. Por isso, trabalhamos com produtos de alta qualidade e desempenho. Para nós, tão importante quanto a venda é o pós-venda.

Desde que foi convidado para trabalhar na empresa, inicialmente na Poloar, Miranda refez alguns conceitos de mercado:

– Temos o Luiz e o senhor Sidney, que são exímios compradores. Além das compras rotineiras, eles estão muito atentos às boas oportunidades que surgem no mercado. Nunca sofremos com falta de aparelhos e também não "queimamos" produtos. Venda tem que ter qualidade, para que a empresa consiga obter lucro, se mantenha forte e continue a empregar pessoas e a crescer no segmento.

E Miranda contextualiza:

– O senhor Sidney não se cansa de repetir esta frase para nós que trabalhamos na empresa e para os representantes comerciais: "Faturamento não é resultado". Certa vez, negociávamos um pedido de R$ 1,4 milhão e já tínhamos chegado no nosso limite, mas o cliente continuava a barganhar. Consultamos o senhor Sidney, que disse: "Mais do que isso não podemos fazer! Não vamos vender com margem ruim". E recusamos o pedido. Ou seja, de nada adianta faturar muito se no final do mês não sobra dinheiro para pagar as contas e investir no negócio.

O gerente-geral também salienta outro traço da personalidade de Sidney Tunda, a humildade:

– O senhor Sidney trata a todos com respeito e carinho, de igual para igual. Teve gestor da empresa que já foi demitido por destratar um ajudante geral. Certa vez, o executivo de uma grande empresa foi desrespeitoso com o senhor Sidney e ele rejeitou o pedido em negociação, que na época era de R$ 4 milhões. Ele é um líder inspirador. Para o senhor Sidney, não há dinheiro no mundo que compre a dignidade ou pague a falta de respeito. Pois esse cliente tentou comprar de nós por várias outras vezes e não somos autorizados a vender! Certamente, a pessoa tomou uma grande lição.

O presidente do Grupo Uniar não diferencia o valor das pessoas pela condição financeira ou posição, conforme explica Miranda:

– Para o senhor Sidney, o fator humano é fundamental. Tanto que nas nossas confraternizações participam diretores e presidentes das empresas fornecedoras, colaboradores de todos os níveis e cargos, o senhor Sidney e os filhos, e todos se relacionam igualmente.

Inovação é uma busca constante no Grupo Uniar. A empresa é muito bem estruturada e organizada. Sidney tem perfil de gestor que delega ações e sabe tirar o melhor das pessoas, mas também acompanha de perto o desempenho, em especial, de todas as lojas.

Quanto aos canais de vendas, são formados por um tripé comercial: o e-commerce, que detém a menor fatia; o canal especializado, com instaladores, profissionais de engenharia e decoração, e as revendas; e há também as filiais, que respondem por 80% da operação.

As lojas estão distribuídas pelas regiões Sul e Sudeste; há projetos de, no futuro, as operações se estenderem para algumas localidades do Nordeste, inclusive com CD local, mas a iniciativa ainda carece de estudos na área fiscal, dada a diferenciação tributária.

O resultado com a experiência no *market place* não se mostrou satisfatório num primeiro momento e então houve recuo, em função do alto comissionamento e parcelamento das vendas. A retomada pode acontecer no futuro.

Por falar em futuro, por que a maior empresa revendedora de ar--condicionado do Brasil não fabrica aparelhos? Isso realmente não está no *core business* do Grupo Uniar. Em meados da década de 2000, Sidney chegou até a importar aparelhos direto da China, mas depois entendeu que sua *expertise* é vender e atender com extrema qualidade os clientes e, portanto, recuou da ação.

Na composição do faturamento, a Poloar representa em torno de 60%, e a STR, os 40% restantes. Com a fusão, o organograma apresenta Sidney Tunda como presidente do Grupo Uniar e as áreas distribuídas pelas diretorias: Ana Carolina é responsável pelas áreas de marketing e RH; Giovani Soares dirige a área comercial focada nas lojas próprias e com representantes comerciais e nas expansões das filiais, além de acompanhar os departamentos de contabilidade e TI; Junior está ligado a outra parte comercial, com algumas lojas específicas, e aos novos produtos (VRF); Luiz se responsabiliza pelas áreas de compras, técnica e logística. Quanto à área financeira, fica sob os cuidados de Gissela Bernardo Soares Godas, sob supervisão de Sidney Tunda.

De coração generoso, Sidney ajuda muita gente. Já perdoou dívidas e ingratidões das pessoas, pagou cirurgias caríssimas para funcionários e parentes deles, faz questão de bonificar colaboradores no final do ano, paga viagens, faculdades e cursos de especialização, além de ajudar seus funcionários nos momentos difíceis ou de novas conquistas, como na aquisição de imóveis.

O próprio Miranda tem uma passagem para contar:

– Eu tinha um apartamento no bairro do Jabaquara, na Zona Sul de São Paulo, onde morava com a família. Pois o senhor Sidney me pediu para visitar uns apartamentos que ele tem em Jundiaí. Eu fui com minha esposa e gostamos do imóvel, que era uns 50% mais valorizado do que o nosso. Pois ele ficou com aquele que eu tinha e me deu o de Jundiaí. São ações que partem do coração dele, não têm nada a ver com a empresa. E quem mora no meu antigo apartamento com a esposa e os filhos é o Clodoaldo Folieni, motorista do senhor Sidney e da família há anos.

Pela convivência e admiração, o apelido de "professor" ganha novas explicações de Miranda:

– O senhor Sidney passa extrema segurança a todos. Ele tem confiança no que faz. Muitas vezes, age contra aquilo que o mercado realiza e se destaca positivamente. Eu cheguei aqui achando que entendia bastante do mercado de ar-condicionado e, sinceramente, tive que reaprender. Nosso patrão motiva e inspira a mim e a muitas outras pessoas.

E finaliza:

– Adoro quando ele diz: "O dia de hoje foi melhor do que o de ontem e será pior do que o de amanhã". Isso traz força, crença, confiança, garra, otimismo! Impossível trabalhar com o senhor Sidney e não chegar motivado na empresa. Tenho admiração pelo professor!

História que emociona

Na minha infância, nossa família era muito humilde. No Natal, meu pai comprava um bombom Sonho de Valsa e dividia com a faca em quatro: um pedaço para cada irmão!

Toda vez que Sidney Tunda conta a história nos encontros familiares, Paula e Bárbara Quintal Tunda, nora e neta do empresário, se sensibilizam.

Sidney Tunda Junior também costuma narrar à esposa e à filha passagens difíceis vividas pelo pai, que aumentam a admiração que sentem por ele. Como a de quando Sidney levava os retalhos de tecidos que ganhava na indústria têxtil em que trabalhava, em São Paulo, para que a mãe costurasse roupas para ele, o pai e os irmãos. Para a irmã Maria Antonia, Sidney sempre reservava um pedaço de tecido especial.

Os conselhos do sogro, que Paula chama carinhosamente de "vô", também são apreciados por Bárbara:

– Ele é muito acolhedor e está sempre disposto a nos orientar. Um dos conselhos é o de nunca desistir e sempre correr atrás da realização dos próprios sonhos.

Caixa-forte

A solidez financeira é a marca do Grupo Uniar. Isso se deve ao comando e à gestão de Sidney Tunda que, como se costuma dizer popularmente, nunca deu um passo maior do que a perna.

A segurança que ele transmite se reflete na imagem da empresa. A supervisora de contas a pagar, Márcia Cristina da Silva, brinca:

– Quando tem muitas contas para pagar, eu converso com o senhor Sidney e ele, que deveria estar preocupado, me acalma.

Os investimentos, quando necessários, são criteriosamente avaliados: ora vale investir o próprio dinheiro, ora fica mais barato levantar recursos pelo crédito conquistado no mercado financeiro.

Márcia também se lembra do período de junção das empresas Poloar e STR, não só pelo significativo aumento do volume operacionalizado na área dela, a de contas a pagar, mas pela segurança que Sidney transmitiu a todos, fossem colaboradores ou credores. Sidney fez um depoimento interno:

– A Poloar nunca parou de crescer, mas, agora que trouxemos a STR para dentro de casa, precisamos estacionar o crescimento por um período, para poder justamente organizar esta junção das companhias e os pagamentos que assumimos.

Mas Sidney só errou em um ponto dessa previsão: tanto a Poloar quanto a STR não pararam de crescer, tenha sido no tempo de junção ou mesmo em meio à pandemia.

Com a junção, a área de contas a pagar, supervisionada por Márcia, incorporou parte dos funcionários que vieram da STR.

Outra vez, a tranquilidade de Sidney foi decisiva para que logo a casa estivesse em ordem, conforme explica Márcia:

– Eu tenho admiração pelo senhor Sidney. Ele é uma pessoa de visão, um exemplo para todos nós! Sei que precisamos estudar e nos qualificar sempre, mas, se não tivermos a visão e a coragem do senhor Sidney, não conseguiremos crescer e realizar os nossos sonhos.

Reconhecimento profissional
Vocês são nota 10!

Desta forma Sidney Tunda se expressa quando alguém traz a solução para um problema. Paulo Vicente Ferreira, gerente de contas da Samsung que atende o Grupo Uniar, já ouviu a frase por diversas vezes:

– Nossa relação é pautada pela normalidade, mas se algo foge da rotina, o Sidão fica feliz quando intercedemos rapidamente. Ele conhece demais o mercado e atua 100% com ar-condicionado, mantendo-se fiel ao produto, sem trabalhar com outras linhas.

Ambos se conhecem muito bem. A relação vem de muitos anos. Sidney e Paulo vibraram pelos excelentes resultados da temporada de 2019 e se mantiveram firmes em 2020, nos tempos da pandemia:

– Apesar da enorme tristeza pelo que aconteceu com as pessoas, pelas perdas das vidas, o Sidão se manteve otimista como sempre. Ele consegue analisar e correlacionar os pontos e enxergar bons caminhos. O Sidão se sustenta pelo lado espiritual, dizendo: "Não podemos perder a fé". Além disso, diariamente nos manda mensagens positivas e que remetem a Deus.

Os momentos de descontração entre eles ficam por conta do futebol, quando vão a estádios e, principalmente, quando o Corinthians ganha.

CAPÍTULO 8
VIVER, GERAR RIQUEZA E SER FELIZ

Benefícios do RH

A área de RH está sob a direção de Ana Carolina Trida Tunda Soares. A empresa oferece uma gama de benefícios aos colaboradores.

Há oito anos na empresa, Patricia da Silva Santos, analista de departamento pessoal desde 2015 e graduada em recursos humanos, descreve os benefícios:

– O Grupo Uniar oferece aos seus colaboradores vale-refeição e vale-alimentação, plano de saúde e plano dental, flex card e vale-transporte. Quanto às bolsas de estudos, são avaliadas caso a caso pelo gestor do departamento; a empresa tem por tradição investir em seus funcionários e qualificá-los. Quanto aos pagamentos, são feitos nos dias 5 e 20, mas os depósitos caem nas contas dos colaboradores sempre em média dois dias antes da data prevista.

E, como o departamento cuida de pessoas, Patricia destaca a humanidade do patrão:

– Ele é muito cuidadoso com o seu pessoal e está presente diariamente, como um pai. Por ser uma empresa familiar, é muito bonito presenciar o carinho que o senhor Sidney tem pelos filhos e netos.

Além disso, o Grupo promove empréstimos dentro de um patamar definido, seja para aquisição de bens ou socorros financeiros. Como aconteceu com Márcia Cristina da Silva, supervisora de contas a pagar, que conseguiu levantar o dinheiro no banco para comprar a casa própria, e as parcelas foram debitadas diretamente do salário, reduzindo, assim, o custo monetário do financiamento.

Os empréstimos feitos diretamente pela empresa são estudados caso a caso e variam de acordo com o tempo de casa do funcionário.

O Grupo Uniar emprega em torno de quatrocentos funcionários, sendo que 40% deles estão na matriz e o restante nos CDs e lojas. Isso sem contar os empregos indiretos que o grupo gera.

E-commerce

O e-commerce representa em torno de 10% da receita do Grupo Uniar, composta ainda pelas vendas nas lojas e as realizadas pelas revendas e parceiros, que sempre lideram o ranking entre as ações comerciais.

Em 2016, foi feito um substancial investimento na troca da plataforma, o que trouxe ainda mais segurança e agilidade ao processo de e-commerce.

O gestor de e-commerce, Anderson de Souza Teixeira, responsável com sua equipe pelas vendas no site, explica o processo:

– Funcionamos como uma loja. Somos em cinco na equipe, enquanto uma filial pode ter até dez funcionários. Normalmente, as questões do e-commerce se resumem em verificar se está tudo correto com o pedido, se a nota fiscal foi emitida e fazer o acompanhamento da entrega. Quando há alguma questão mais técnica, prestamos assistência aos clientes ou mesmo é programada uma visita sem custo, muito embora o site apresente a ferramenta para definição do aparelho mediante cálculo do espaço do ambiente.

O e-commerce do grupo só atende vendas pelo site da Poloar; a STR mantém os outros canais de vendas. Mas ambos os sites indicam seus parceiros de serviços: a BPJ, no caso da Poloar, e a STR Service, nas consultas ao portal da STR.

O grupo operou no *market place*, assumindo vendas intermediadas por outras lojas e sites, mas entendeu não ser tão interessante e focou as ações próprias de vendas.

A confiabilidade das redes Poloar e STR, marcas que acompanham Sidney Tunda, é transmitida também pelos sites, conforme conta Anderson:

– Somos especialistas em ar-condicionado, e nosso presidente, o senhor Sidney, é um grande conhecedor do setor. Tenho ele como uma grande referência e que me estimula a acreditar e a realizar sonhos. A história e as falas dele inspiram e motivam.

Essa é para deletar da memória

Em janeiro de 2020, a camisa de futebol do Corinthians ganhou novo patrocinador: o nome da Midea passou a estar estampado nas costas dos jogadores e a estreia se deu na Florida Cup, competição disputada nos Estados Unidos, que foi vencida pelo Palmeiras. Patrocinar o Corinthians, na visão da empresa, comprova a crença que a Midea tem no Brasil.

Claro, como patrocinadora do Corinthians, time do coração de Sidney Tunda, dos filhos, genro e de Felipe Costa, CEO da Midea Carrier para Brasil, Argentina e Chile, os encontros ganharam novos capítulos. Além das reuniões, dos almoços e jantares de negócios e das viagens organizadas pela empresa chinesa, o camarote no estádio corintiano passou a ser um ponto a mais de encontro entre eles.

Mas digamos que a estreia no estádio não foi lá tão animadora... O Corinthians disputava a Pré-Libertadores, etapa que classifica alguns times para a fase principal do torneio continental.

O confronto, em dois jogos, teve como palco da partida de ida o Paraguai, onde o Guaraní local venceu o Corinthians por um a zero.

Jogo de volta, casa lotada, tudo se mostrava favorável para que o alvinegro passasse até com certa facilidade pela equipe paraguaia. Em campo, o Corinthians vencia por dois a zero no primeiro tempo, com gols de Luan e Boselli. Mas aos sete minutos do segundo tempo, Fernández diminuiu e, apesar da pressão corintiana e de cada equipe ter vencido com um gol de diferença, o regulamento da competição privilegia o gol feito fora de casa.

Desta forma, o Corinthians parou ali na competição. Mas as reuniões, os almoços e jantares, os pedidos em guardanapo, as viagens e até as idas ao estádio alvinegro continuaram a acontecer entre a diretoria do Grupo Uniar e os executivos da Midea Carrier.

Sidney aprecia futebol, mas é um torcedor do tipo ponderado. O lado atirado e arrojado fica mesmo para a hora de efetuar os pedidos com os fornecedores, conforme conta Sandra Camargo Dourado, coordenadora comercial da Midea Carrier:

– O senhor Sidney é para mim uma grande referência, e eu o admiro demais. Ele vai poder dizer que passou por este mundo, gerou riqueza e compartilhou muitos ensinamentos. Converso bastante com o senhor Sidney e ele sempre tem uma palavra forte, que te leva para cima e deixa muitos aprendizados.

E o próprio Sidney sempre reforça:

– Se eu for temeroso, meu crescimento será acanhado.

O convívio entre eles vem de anos, tendo Sandra, inclusive, trabalhado na Poloar no passado; ela leva a ferro e fogo uma frase sempre dita pelo empresário:

– Ele é um homem simples e um empresário com alto valor humano e de sucesso. E teve a dona Toninha como um grande alicerce. Desde que eu conheço o senhor Sidney, ele demonstra ter segurança financeira e diz: "É preciso gastar menos do que se ganha". Pratico isso severamente e, graças às economias que fizemos, conseguimos trocar o imóvel no qual moro com meu marido e minha filha por um mais confortável.

Sandra, na companhia de seus colegas de empresa, participou de vários dos almoços e jantares com Sidney Tunda e Luiz, nos quais muitos guardanapos registraram o teor das conversas e negociações. Um deles virou homenagem:

– Fizemos um troféu com a imagem de um guardanapo, no qual estava anotado o valor de R$ 12 milhões, e o entregamos ao senhor Sidney em Mendoza, na Argentina, além de uma moldura dourada com um desses guardanapos enquadrados. Uma forma de homenagear o senhor Sidney e o Luiz também, porque pai e filho se complementam!

Pindorama, canto especial

Pindorama. O amor que Toninha e Sidney desenvolveram por Pindorama foi transmitido aos filhos e netos. Uns curtem mais, outros menos, mas Pindorama faz parte da vida de cada um deles.

Entre os filhos, Junior e a família viajam menos para lá, Luiz com a esposa e os filhos vão com mais frequência, e Ana Carolina, os filhos e o marido Giovani, outro pindoramense, são os mais assíduos.

Cerimônia de casamento da filha Ana Carolina com Giovani Soares

Matrimônio de Paula Quintal Tunda e Sidney Junior

Casamento de Mariana Mascaro Cardozo e Luiz Tunda

Encontro das famílias Tunda e Trida na comemoração dos 80 anos da mãe de Toninha, Olga Ferreira Duarte Trida

No aniversário de Sidney Junior, o Corinthians, time do coração dos Tunda, também é homenageado

Muitas foram as viagens que Toninha e Sidney fizeram pelo Brasil e por vários países, inclusive na companhia da família

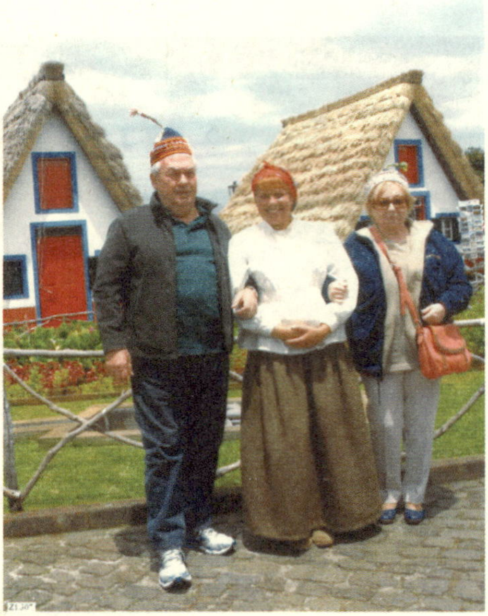

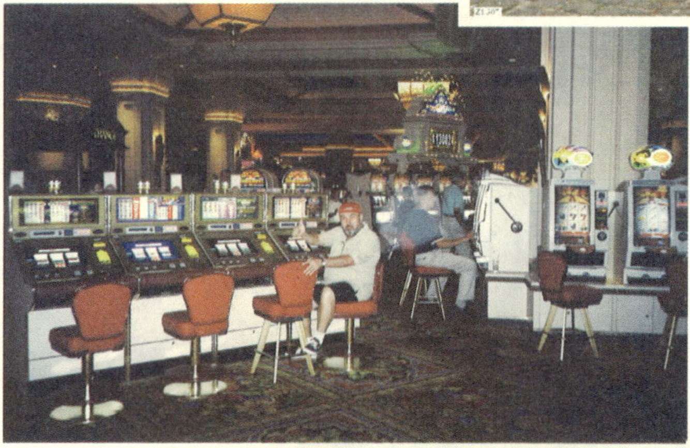

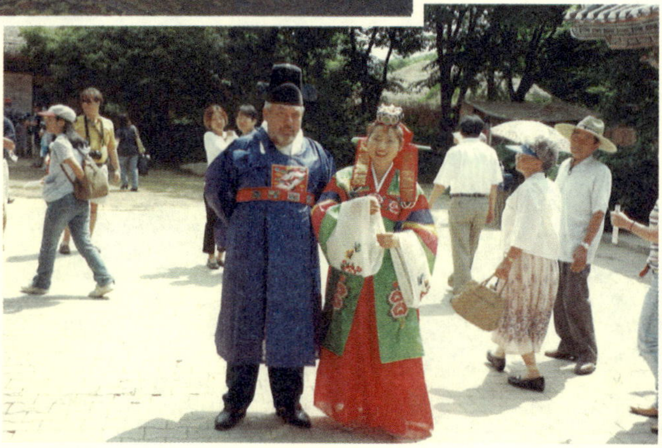

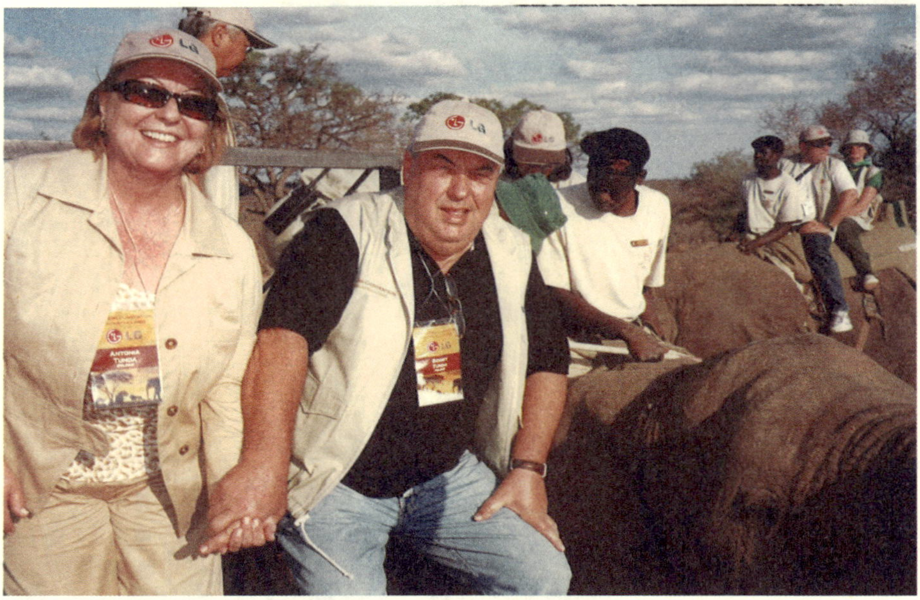
LG

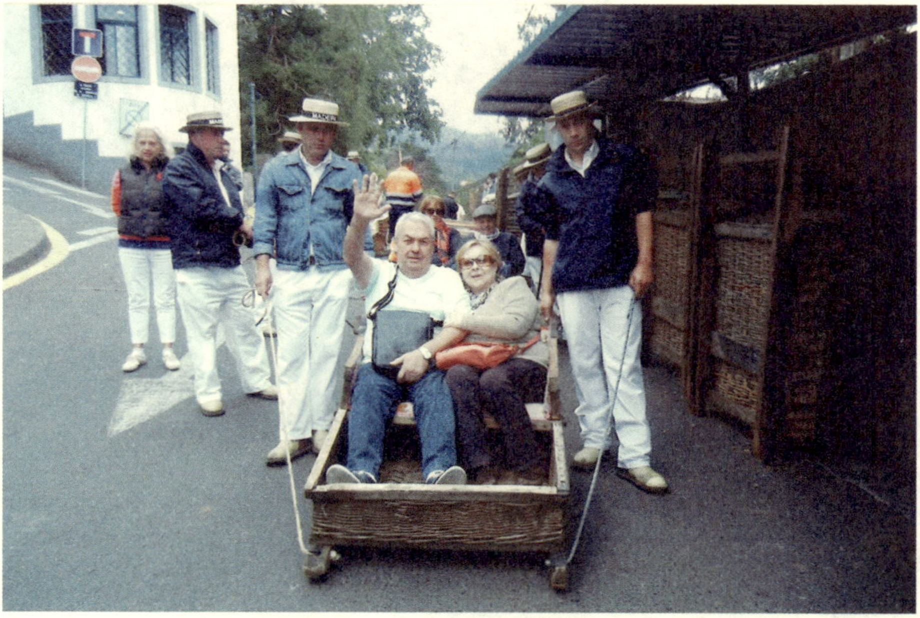

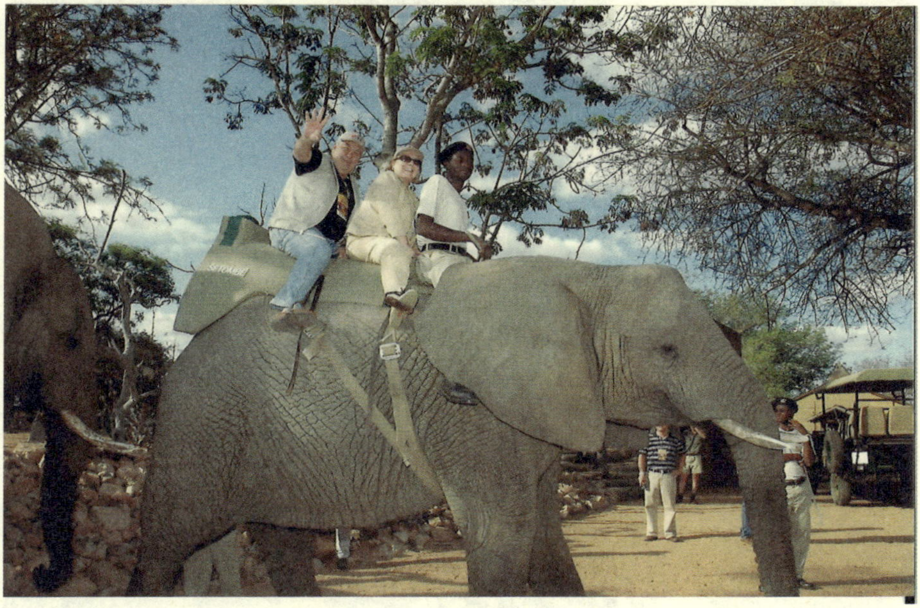

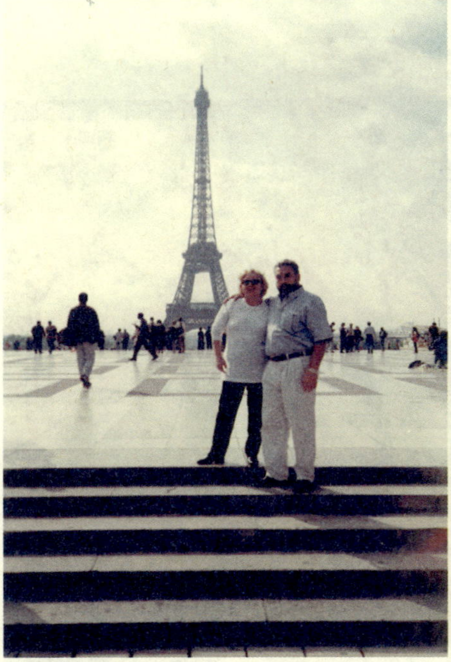

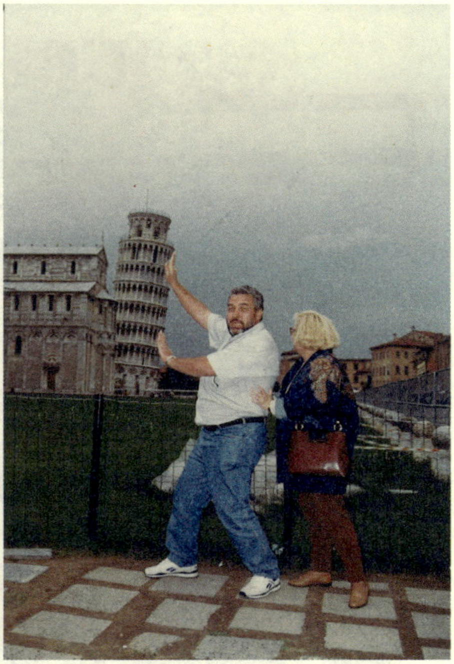

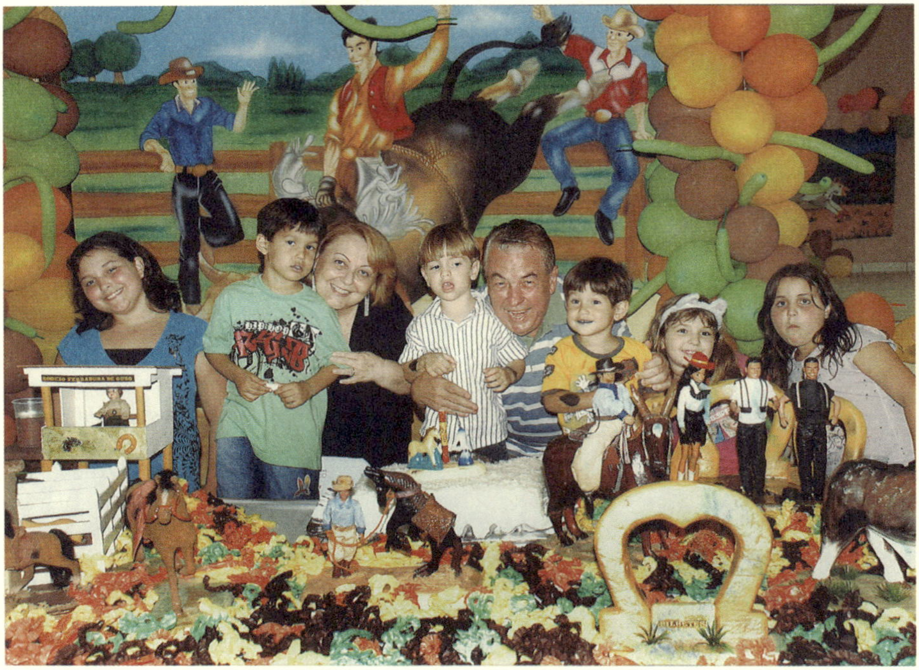

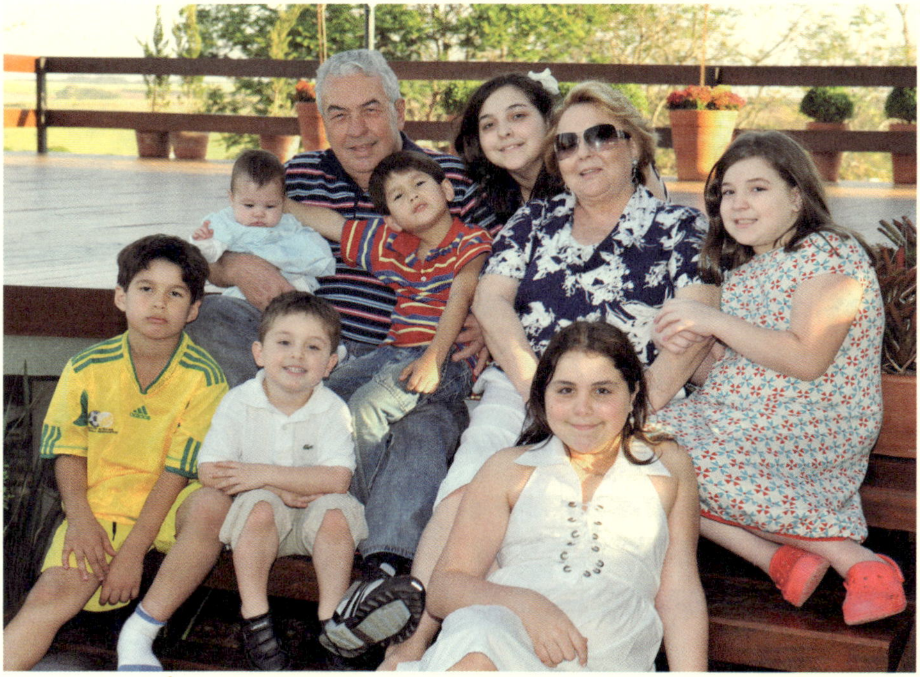

Toninha e Sidney com os netos em vários momentos e fases

Viagens no Vovô Tour

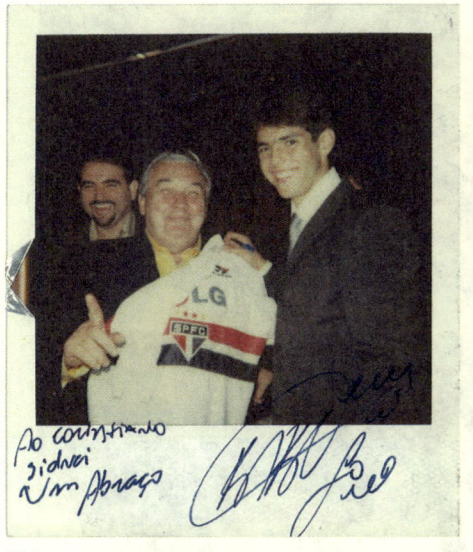

Sidney com o ex-jogador de futebol Kaká

O casal Tunda com os primos Sônia e Zeca Trida

Homenagem que o filho Junior fez a Sidney Tunda

Bodas de Prata de Toninha e Sidney, comemoradas em 20 de janeiro de 1998

Sidney Tunda com os irmãos e os pais

Sidney Tunda recebeu o título de Cavaleiro da Ordem em Pindorama

Toninha e Sidney na inauguração do espaço Na Bera da Tuia, com a histórica lambreta

O casal Tunda sempre foi muito religioso

Toninha e Sidney constituíram uma sólida e abençoada família

Sidney ao lado de Luiz, Giovani, Ana Carolina e Junior, durante descontraída reunião de diretoria

Sidney Tunda na capela construída na sede do Grupo Uniar

Durante a trajetória, Sidney Tunda recebeu inúmeras homenagens

Sidney com os filhos Luiz (esq.), Junior e Ana Carolina

Sidney Tunda na área de estocagem de mercadorias da matriz

Na parede da sala do empresário, reprodução da imagem da estação de trem de Pindorama

O casal Toninha e Sidney Tunda, base de uma sólida família constituída

Sidney Tunda Junior, com a filha Bárbara e a esposa Paula

Luiz Tunda com a esposa Mariana e os filhos Felipe, Gabriel e a pequena Júlia

Ana Carolina e Giovani, com os filhos Sofia, José Pedro e Alicia (ao fundo)

Ana Carolina confirma a relação:

– Tenho uma afinidade muito forte com Pindorama. Além dos meus pais e marido serem de lá, morei em Pindorama na infância e guardo a melhor das lembranças. Grande parte da família reside no município e mesmo aqueles que estão fora ainda mantêm os laços e visitam nos finais de semana e feriados. Se dependesse do Giovani, iríamos para Pindorama todo final de semana. Nos primeiros meses de pandemia, nos fixamos lá, entre a nossa chácara e o sítio.

Por uns tempos, Sidney preferiu ficar em São Paulo, conforme conta Ana Carolina:

– Depois do falecimento da minha mãe, meu pai reduziu um pouco as idas para Pindorama, mas agora está retomando as viagens. Ele tem uma casa bem confortável, e meus irmãos, cunhadas e sobrinhos ficam com ele. Quando todos estão lá, meus filhos também gostam de ficar na casa com o avô, os tios e primos.

Craque em negociar

Um mestre no ato de negociar. O Sidney é extremamente correto e a palavra dele vale mais do que documento, tem peso. Outro ponto a destacar: o Sidney é fiel a quem é fiel a ele.

A avaliação é de Mauro Gluz, diretor comercial da Elgin, executivo que também conhece muito sobre negociação e costuma se posicionar do outro lado da mesa em que está Sidney Tunda. Exatamente por isso, Mauro tece as palavras acima quando lhe perguntam sobre o amigo e cliente. Afinal, embora se sentem em lados opostos, no final das contas caminham juntos para realizar uma negociação saudável para suas companhias e que permita a continuidade da parceria, conforme acontece há décadas.

Em anos de contatos e relacionamento, Mauro conhece bem o estilo de empreender de Sidney Tunda:

– A maioria das marcas que fornecem para o Grupo Uniar trabalha com ele há muitos anos. O Sidney é um exímio gestor de empresa, pois busca ter rentabilidade, criando um negócio saudável, com bom volume de vendas e margem de lucro necessária para investir e desenvolver a empresa.

A área de logística do Grupo Uniar, com seus vários CDs, é altamente estruturada. Sidney, com a Poloar e depois no Grupo Uniar, trabalha com estoque alto, conforme confirma Mauro:

– No Grupo Uniar não se perde venda por falta de produto no estoque. Esse modo de Sidney trabalhar já está incutido no de Luiz, cujos estilos se equivalem. Travar uma relação de confiança como a nossa é muito importante. Quando digo que não consigo mais mexer nas condições de preço, eles acreditam; em contrapartida, quando o Sidney e o Luiz falam que meu preço está mais alto do que o de alguns concorrentes, eu também aceito. Nos dois casos, buscamos o meio-termo. Essa confiança muda o rumo de uma negociação.

E Mauro complementa:

– O Sidney é uma pessoa dura na negociação, que sabe o exato momento de ter que flexibilizar, mas tem bastante sensibilidade sobre o setor. Ele conhece e sente a hora em que o mercado está comprador ou vendedor. O Sidney respira ar-condicionado e sempre diz para nós da Elgin: "Larguem as outras linhas e fabriquem mais aparelhos de ar-condicionado. Esse é o negócio do amanhã".

Mauro, que convive com Sidney e a família há muitos anos, relembra com carinho de Toninha, esposa de Sidney, e as palavras dela:

– A dona Toninha dizia de forma divertida: "Quando o tempo esfria, eu já sei o que vou ouvir do Tico quando ele chega em casa depois do trabalho: 'Toninha, segura as despesas que as vendas diminuíram'". Embora ainda exista certa sazonalidade, isso mudou um pouco, porque já há alguns anos se vende bem os aparelhos no inverno, para quem busca estar preparado para o verão.

Os momentos pessoais, quando não se fala de negócio, também marcaram para Mauro:

– A minha filha se casou pouco tempo depois do falecimento da dona Toninha. Eu tinha convidado o Sidney, mas não esperava vê-lo na igreja. Fiquei muito feliz ao encontrá-lo na cerimônia e na festa. Isso demonstra carinho e consideração nessa nossa relação. Também fizemos uma viagem juntos com o pessoal da Elgin e da Poloar para o Peru; fomos de Cusco a Machu Picchu. Foi um tempo muito agradável e divertido, quando o Sidney nos convocava para agradecer a Deus e fazer uma reza.

E Mauro finaliza, registrando sua gratidão:

— Se eu tive algum sucesso dentro da Elgin, eu devo esse resultado alcançado a ele e aos filhos. O Sidney é genial e generoso. Ele ampara muitas pessoas. A gaveta dele está cheia de cheques de pessoas que ele ajudou financeiramente, e que não compensaram por falta de fundos ou que ele nem quis depositar e receber o valor. É um ser humano de grandes atos e palavras.

Com muitos fãs

O senhor Sidney representa um ídolo não só para os instaladores, mas para todos nós. A trajetória dele é admirável. Mas, claro, os instaladores se inspiram na história do presidente do Grupo Uniar, já que de instalador ele se tornou o principal empresário de ar-condicionado do Brasil.

A vendedora Leonilde Feitosa da Silva, chamada carinhosamente de Léo, que atua há mais de dezesseis anos com ar-condicionado, se relaciona bastante com os profissionais da instalação e recebe deles elogios sobre o patrão.

Em sua maioria, os instaladores conhecem a história de vida de Sidney, desde quando ele saía com a maleta de ferramentas para fazer as instalações. Muitos sabem também que empresas maiores do que a Poloar encerraram as atividades ou encolheram.

O caminho foi pautado e percorrido com ética, conforme conta Léo:

— O senhor Sidney segue sua trajetória com a Poloar e o Grupo Uniar e não prejudica ninguém. Ações como jeitinho e falcatrua, entre outras que definem uma forma ilegal de fazer as coisas, jamais são admitidas pelo senhor Sidney e os diretores, que acompanham a empresa de perto, e isso faz toda a diferença!

Léo comenta ainda sobre a generosidade do patrão e da família:

— Além do senhor Sidney, dos filhos e do genro, lembro com saudades da dona Toninha. Eles são muito religiosos. Logo que eu entrei na Poloar, a dona Toninha presenteou todas as mulheres da empresa com toalhas de banho personalizadas. Foi lindo de ver a delicadeza do presente, que já demonstrou a sensibilidade dela. Eu ainda disse ao Sidney

Junior: "Se, mesmo tendo pouco contato com os colaboradores, a dona Toninha age dessa forma, imagina então com os familiares e as pessoas do convívio dela". Todos nós sentimos muito a perda da dona Toninha.

A lembrança fez com que Léo recordasse o dia em que conheceu a verdadeira história de vida do patrão:

– Eu tenho gravado na memória até hoje. O senhor Sidney estava com a dona Toninha numa reunião realizada na empresa. Pois ele começou a contar de onde veio, como foi o início em São Paulo, a criação da Poloar... Eu presenciei ele narrar sua valiosa trajetória com tanta naturalidade e sinceridade que pensei: "As possibilidades estão aí e são criadas para todo mundo. Cada um de nós tem o seu espaço e o explora de maneira diferente".

E finaliza:

– Acredito que o senhor Sidney não tenha a real dimensão de como a trajetória dele impacta positivamente a vida do próximo. Eu tiro o chapéu para ele.

• • •

O setor de vendas é um dos maiores da empresa, com mais colaboradores; claro, como uma empresa comercial, isso se explica facilmente.

Uma das mais antigas do departamento é Carla Branco Glória dos Santos, consultora de vendas, que começou como assistente de vendas quando a Poloar ainda estava na Bela Vista. Dois anos depois, Carla Branco já era consultora.

Atuando exclusivamente com a Poloar, Carla Branco é assim conhecida porque no Grupo Uniar há uma outra Carla, que atua em vendas pela STR. Ambas atendem internamente as indicações feitas pelos instaladores e, em alguns casos, negociam com os mesmos clientes. Mas as políticas de vendas são bem definidas.

Os aparelhos são sugeridos dentro do espaço da clientela: entre nove mil e doze mil BTUs para um cômodo de, em média, quinze metros quadrados. Para as salas, geralmente de vinte metros quadrados, a capacidade se eleva: dezoito mil BTUs.

Em relação à negociação, quando o cliente é indicado pelos instaladores, já tem suas marcas definidas.

No dia a dia, Sidney Tunda, os filhos e o genro estão presentes na empresa, inclusive nas comemorações das vitórias e metas alcançadas:

– A Poloar e a STR sempre surpreendem o mercado. Nos momentos mais difíceis, o senhor Sidney tem uma palavra de otimismo para compartilhar com a gente. O senhor Sidney tem caráter, é ético e responsável, é pioneiro, estrategista, um verdadeiro capitão do nosso time! – diz Carla Branco.

Sidney também costuma elogiar seus colaboradores:

– Ele me chama de Carlinha. Certa vez, foi até a minha sala para contar que foi ao dentista e começou a conversar com um paciente na sala de espera, que era meu cliente. O homem elogiou a mim e também a Poloar. E o senhor Sidney veio compartilhar essa boa notícia comigo! Aliás, ele faz isso com todos. É um gesto de gratidão.

Trabalhar é viver

O Sidney é muito empreendedor. Ele não se vê parado. Às vezes, meu cunhado até fala que vai passar a ir com mais frequência para Pindorama, mas depois se arrepende. Resolver problemas, trabalhar e desenvolver a empresa são ações que fazem parte da vida dele.

Por tão bem conhecer o irmão da esposa Shirley, José Luiz Rizzo, o Zelão, sabe que empreender está no DNA de Sidney Tunda, tendência herdada pelos filhos. Zelão acompanhou o início da Poloar e o duro trabalho de Sidney para alcançar sucesso com a empresa.

Outra característica que Zelão admira em Sidney é a sinceridade:

– Quando fala, o Sidney abre o coração, é direto. Se ele achar que é pau, ele fala mesmo; e se for pedra, registra do mesmo jeito! Ele diz o que pensa e o que sente. Não é de meias-palavras.

Claro, o tamanho do coração de Sidney também é registrado, assim como a falta que faz a cunhada:

– O Sidney gosta de estar em família e a generosidade dele é impressionante. Ele ajuda muita gente e age pelo coração. A Toninha era também assim, se doava pelas pessoas. O Sidney e todos nós sentimos muito a falta dela.

Padrinhos queridos

Tio Ticão, foram quatro anos juntos na Poloar, de 1998 a 2002, mas eu aprendi muito. Foi um período especial da minha vida, por poder trabalhar e conviver com o senhor, o Juninho e o Luiz.

O afilhado de Toninha e Sidney, Ricardo Aurélio Trida Junior, chamado carinhosamente de Junião, é filho de Malu Pachioni Trida e Ricardo, primo de Toninha, que convidou o casal Tunda para batizar o menino logo depois que ele nasceu, em 1977. Junião tem duas irmãs: Rachel e Rafaela.

Desde a infância, a ligação de Junião com o tio e os primos é fortíssima. Os encontros aconteciam nas reuniões, festas e aniversários organizados na casa dos Tunda, em São Paulo, dos Trida, em Santo André, e em Pindorama. Além dos Natais inesquecíveis:

– Ali estavam todas as pessoas que eu amo – confessa Junião, que sempre foi tratado como filho por Toninha e Sidney. – Certa vez, eu estava com meus primos Juninho e Luiz no carro do meu pai em Pindorama e fiz algumas manobras perigosas. O tio Ticão viu, deu uma bronca e colocou nós três de castigo. Do mesmo jeito que ele é carinhoso, se precisar, ele pega no pé.

Sobre a experiência de trabalho na Poloar, na área de vendas, Junião recebeu o convite de Sidney quando cursava o primeiro ano da faculdade de Direito. Ele morava em Santo André e a Poloar era na Bela Vista; em algumas ocasiões, indo de carro, ele levava em torno de duas horas para percorrer o trajeto pela manhã. Foi um período puxado, pois à noite ainda tinha que cursar a faculdade.

Muitas vezes, aos finais de semana, ele dormia na casa dos tios. E sempre que tinha jogo do Corinthians, Junião ia com o pai, o tio e os primos.

Talvez na época Junião não conseguisse avaliar a grande oportunidade que estava tendo ao trabalhar com Sidney, algo que ele só veio a perceber muitos anos depois. Uma das situações que ele presenciou se tornou inesquecível:

– Eu adorava ver o tio Ticão negociar. Certa vez, ele atendia o representante de uma empresa fornecedora de ar-condicionado. O rapaz ofereceu aparelhos, mas o tio Ticão disse que não estava precisando comprar. Eles começaram a conversar sobre um pedido de cinquenta peças, já que o vendedor disse que precisava bater a meta do mês. Pois o tio Ticão subiu para cem e pediu um preço melhor.

Enquanto conta a história, Junião vibra com a narrativa. E dá o desfecho:

– Quando o rapaz concordou, ele elevou para trezentas peças e barganhou mais. O vendedor ligou para a fábrica e recebeu autorização para fechar. Mas aí o tio Ticão disse: "Bem, vou pensar, mas se você me der um preço melhor ainda para quinhentas peças, eu fecho agora". Eu não acreditei! Pois o vendedor consultou de novo o chefe e eles aceitaram abaixar ainda mais o preço. Ele é um tubarão negociando!

Junião participou com o primo Junior da criação do departamento de revendas, motivo de grande orgulho. E também pegou o período em que Sidney fechou um grande lote de 3 mil geladeiras espanholas Fagor, que fizeram grande sucesso: "Eu tinha diariamente aula de Direito na faculdade e de empreendedorismo com o tio Ticão na Poloar".

Depois que saiu da Poloar, Junião decidiu mudar de carreira e trancou a faculdade de Direito no quarto ano para cursar a de Jornalismo, na qual se encantou com fotojornalismo e seguiu promissora carreira, atuando em veículos de destaque no mercado.

Anos depois, Junião foi morar em Santa Catarina com a esposa e a filha. Por isso, os encontros com os Tunda ficaram mais restritos, mas são sempre intensos:

– Hoje eu não posso estar tão perto, mas quando nos juntamos é uma ótima energia. Relembramos as histórias e nos divertimos muito. Meu tio e a querida tia Toninha sempre conseguiram juntar a família; ela faz muita falta! Sou grato pelo carinho com que todos eles tratam a minha família. O tio Ticão é humilde, sempre foi agregador. É um cara que te abraça com fé, amor e proteção. Parece que ele tem dez quilômetros de braço...

Parceiros em quase tudo

Quando as equipes do Grupo Uniar e da Midea Carrier estão reunidas, quem sofre é o gerente comercial da fornecedora chinesa, Francisco Liniglia Neto.

De um lado, Sidney e os filhos são corintianos; do outro, a grande parte dos executivos da Midea Carrier também; se não bastasse tudo isso, a multinacional chinesa é patrocinadora do alvinegro e tem o nome em destaque na camisa do time.

E para finalizar o raciocínio, Chico, como é chamado carinhosamente, é palmeirense! Ou, como ele mesmo diz, é "muito palmeirense".

Estar em lados opostos faz parte da rotina de Chico com seus clientes, cujas negociações se assemelham a verdadeiras finais de campeonato. Mas, diferentemente do esporte competitivo, numa negociação entre parceiros de tantos anos, o ideal é atingir o chamado ganha-ganha, em que ambos ficam com a certeza de terem dado o seu melhor e finalizado as conversas num meio-termo que favoreça as empresas.

Chico confirma tal situação:

– O senhor Sidney e o Luiz conseguem entender que, a partir de um determinado ponto, se cedermos, prejudicaremos a companhia. Nesse momento, eles aceitam nossa proposta. O Luiz também é incrível, muito prático, um comprador que sabe tirar o melhor da negociação, assim como o pai. Eles se amam, se respeitam e se enxergam como alicerces entre si; nunca vi o Luiz discordar do pai, a quem venera. O genro do senhor Sidney, Giovani, também era assim na STR.

Além disso, negociar com Sidney Tunda enriquece conceitos:

– Toda vez que nos reunimos para negociar, eu aprendo com o senhor Sidney. Recebi muitos conselhos importantes que apliquei na minha vida financeira e se mostraram efetivos. Ele é como um equilibrista que controla todos os pratos para não deixar nenhum deles cair e quebrar.

Certamente, o Grupo Uniar representa o principal cliente para cada uma das seletas empresas com as quais Sidney trabalha, conforme conta Chico:

– Com a Poloar e agora com o Grupo Uniar, o senhor Sidney e os filhos se mantêm fiéis aos mesmos parceiros comerciais. Diferentemente do Grupo Uniar, tem concorrentes que trabalham com mais de dez fornecedores. O senhor Sidney constrói relacionamentos. Ele nunca foi oportunista, mas aproveitou e comprou as oportunidades. Ajudamos a Poloar algumas vezes e, em contrapartida, o senhor Sidney e o Luiz retribuíram nas épocas mais difíceis e de fechamentos de metas.

Ajudar é um verbo que Sidney pratica sem moderação. O coração bondoso e a generosidade dele já são bem conhecidos, mas Chico reforça:

– Ele ajuda todo mundo. Tem muitas histórias de gente que ele socorreu, como um ex-funcionário que estava enfrentando muitas dificuldades e o senhor Sidney e o Luiz foram até a casa do homem para levar soluções. Ainda tem histórias de ajuda aos colaboradores, amigos, familiares, concorrentes... Em algumas situações, ele foi traído por quem socorreu, mas nem por isso deixou de amparar e de acreditar no próximo.

Chico ainda destaca o modelo de gestão do Grupo Uniar, que difere da concorrência:

– Ele é um homem de personalidade forte. O senhor Sidney criou um modelo de administração a ser seguido e que vai na contramão do rumo que outros adotam. Eu nunca o vi tomar uma decisão empresarial errada. Com ele é tudo muito simples, o modo de administrar é peculiar. O *feeling* dele é diferente, o que torna as tomadas de decisões igualmente diferentes. Até me policio para não usar jargões do mundo corporativo nas nossas conversas, porque ele detesta isso. Se utilizar aquelas frases em inglês, ele manda parar na hora...

E Chico prossegue com a avaliação:

– As pessoas o admiram pela força e capacidade de comandar a empresa. Ele dá grandes passos, como as construções dos CDs. Mesmo antes da fusão, a Poloar já trabalhava com estoques suficientes para alguns meses. Ele diz que "o segredo é comprar bem", porque assim o grupo sempre terá um bom preço médio de compra.

É natural Sidney convocar reuniões com fabricantes em épocas em que o mercado compra menos e propor altas aquisições de aparelhos. Já houve casos em que ele se dispôs até a comprar todo o estoque da fábrica. Eram propostas de balançar e que, muitas vezes, aconteciam em momentos em que a própria Poloar desenvolvia uma política interna de redução de custos e era preciso se desdobrar para acomodar e guardar toda a mercadoria. Esses investimentos em estoques eram feitos com reservas próprias e não prejudicavam o fluxo de caixa.

Muitos que se perguntavam "mas por que o Sidney Tunda está comprando tanto numa época de poucos negócios?" eram os mesmos que diziam poucos meses depois: "O Sidney Tunda tem bola de cristal!", pelo acerto das compras antecipadas. Era a antevisão de um aquecimento de mercado com: "sorte" para seguir a intuição, "peito" para agir e tomar atitudes que desafiavam o mercado, e "jeito" para acomodar tudo da forma certa.

Na relação com Sidney Tunda, nem tudo se resume a trabalho. Antes da pandemia, às quintas-feiras, após as 18h, todos baixavam a guarda e se reuniam no *happy hour* na empresa, ou mesmo nos outros dias, em jantares nos restaurantes que ele gosta. Os encontros descontraídos também aconteciam nas festividades e eventos da empresa aos finais de semana, alguns em parceria com os fornecedores.

Num deles, realizado numa pista de kart, Chico levou os filhos. Pois a garotada ficou encantada com Sidney, que entreteve as crianças, da mesma forma que sempre fez com os filhos, netos e sobrinhos.

No caminho de casa, as crianças só falavam de Sidney e do carinho que ele demonstrou no trato com elas. A partir daquele dia, sempre que está em casa, os filhos de Chico lhe perguntam: "O senhor Sidney está bem?". E ainda dizem: "Nosso sonho é trabalhar na Midea e atender o 'Mister'", forma como Chico chama carinhosamente o empresário, em função do respeito que cultiva pela história dele:

– Quando marco de almoçar na empresa, o senhor Sidney pede para a Ana, cozinheira do grupo, preparar os pratos que eu gosto: galinha caipira e um doce de banana de sobremesa. Na hora de ir embora, ele nunca me deixa sair de mãos vazias: me dá um doce, uma garrafa de bebida, uma pinga especial que minha sogra adora... Ele tem um jeito cativante de tratar as pessoas. O senhor Sidney é uma pessoa humilde, inteligente e de grande sucesso. A história dele merece ser contada – diz Chico, com admiração.

Alertar para orientar

O Sidney alertava meu marido no passado, quando ele era associado numa empresa de engenharia: "Quem tem sócio tem patrão". Ele tem coragem de falar as coisas, mesmo que possamos discordar delas num primeiro momento. Mas, com o tempo, você percebe que ele tem razão e disse aquilo com o objetivo de orientar e encorajar a pessoa.

A cunhada Maria de Lourdes Trida Lopes da Silva, a Dudô, aprecia as orientações de Sidney Tunda. No caso da construtora do marido Warley Lopes da Silva, ele realmente adquiriu a parte do sócio e ficou como único dono da empresa; as filhas então passaram a trabalhar com ele.

Dudô também lembra as filhas e o marido para que pratiquem algo que Sidney repete sempre: "Desde que não se descumpram os códigos da relação cliente-fornecedor, o cliente sempre tem razão". A frase é bem conhecida, mas muitos se esquecem de aplicá-la em seus negócios.

Dudô ainda revive as palavras de Toninha:

– Minha irmã falava com orgulho que o Sidney ajuda muito as pessoas. Além das ações que faz, ele ainda assumiu outras que eram iniciativas da minha irmã. Eu brinco que ele ficou parecido com a Toninha...

Mas um tema difícil de se encontrar consenso é o futebol:

– Nas reuniões de família, quando estão o Sidney, o Luiz, o Junior e o Giovani, que são corintianos, com o Warley, que é são-paulino, e o meu irmão Benê, palmeirense, é difícil eles se acertarem. Cada qual tem lá seus motivos para achar que está com a razão – diz sorrindo Dudô.

• • •

O médico e concunhado Antonio Sergio Fernandes, o Tatau, brinca com Sidney:

– Você quer dar pitacos na minha área, a medicina...

Tatau não relaxava e, mesmo nas festas, alertava-o:

– Era até chato, pois, nas reuniões familiares, todos comendo e bebendo, e eu pegava no pé dele. Eu falava dos riscos do sobrepeso e da glicemia alterada, até que o Sidney decidiu fazer a cirurgia bariátrica. Com o procedimento e a perda de peso, a saúde e os exames dele entraram na normalidade. Graças a Deus, ele esbanja saúde!

Saber distinguir os papéis

Como já mencionado, Sidney Tunda sabe conduzir bem a relação travada, como presidente do Grupo Uniar, com os membros da família que trabalham ou que são representantes comerciais do grupo.

Entre tantos casos, está o de Izabela Godas Trida e o marido Guilherme Garcia Sandrini. Em 2017, após a fusão das marcas, o casal foi convidado para assumir, como representante comercial, a loja STR de São José dos Campos. Izabela e Guilherme, que desde 2013 estão no setor de ar-condicionado, aceitaram o desafio; na época do convite, Guilherme trabalhava na matriz da STR em São Paulo e Izabela havia atuado no marketing da empresa.

A partir daí, eles começaram a conviver não apenas com o tio Ticão, mas também com o respeitado empresário e presidente da companhia:

– Passei a conhecer o lado empresarial de sucesso do meu tio. Ele tem todas as informações sobre a empresa e o mercado nas mãos, e consegue transformá-las em ações de sucesso. Um sábio! A cada dia aprendemos mais com o nosso presidente. Uma grande referência para todos nós, um exemplo a ser seguido.

Aquela frase popular "o que engorda o boi são os olhos do dono", Alessandra e Guilherme passaram a adotar assim que assumiram a loja. Com isso, a sobrinha entendeu um dos segredos do sucesso de Sidney Tunda:

– Depois que fecho a loja ele manda mensagem: "Vendeu bem hoje" ou "Amanhã precisa apertar mais nas vendas". E, se eu chego um dia mais cedo em casa, ele sutilmente dá seu recado: "Já ganhou o suficiente hoje?". Ele é bem direto e está certo em ser assim. O negócio prospera pela dedicação.

A confiança e o otimismo de Sidney contagiam o casal, conforme confessa Izabela:

– Ele é muito iluminado, um Midas: onde põe a mão, vira ouro. É um guru. Quando nós assumimos a loja, ele bancou: "Vai dar certo e fim de papo!". Foi o empurrão que precisávamos. O tio Ticão tem por hábito nos fazer alertas, como aconteceu após o surgimento da pandemia, quando estávamos indecisos e inseguros nos negócios: "Vocês pensam muito... Tem que fazer, ser ágil e acreditar".

O sucesso de Izabela e Guilherme inspirou o pai dela, Benê Trida, a montar a já apresentada loja Poloar de Taubaté. A família tem enorme gratidão, seja pelo tio Ticão ou pelo presidente do Grupo Uniar:

– Em 2019, a Midea Carrier ofereceu uma viagem para a Europa; eu e meu marido fomos incluídos na comitiva do Grupo Uniar. Foi inesquecível... Além disso, a saudosa tia Toninha, o tio Ticão e os meus primos fazem parte da minha história. Meus tios sempre nos ajudaram muito: moramos com eles no passado, todos da família trabalharam para o tio Ticão, meu casamento foi festejado Na Bera da Tuia... São muitos os momentos que vivemos e ainda viveremos juntos.

• • •

Dentre tantas, as passagens mais representativas que Shirley Tunda Rizzo guarda do irmão Sidney são de situações extremas que ela viveu e em que ele esteve presente de forma irrestrita: uma delas envolve um caso de doença, quando Sidney deu total suporte para Shirley, e outra o casamento dela com Zelão, situação na qual novamente o irmão ajudou em todos os aspectos.

Shirley ainda é pega de surpresa, pois, mesmo sabendo de tantas benfeitorias de Sidney, vez por outra lhe contam um fato novo:

– O Sidney ajuda muita gente e isso só lhe traz energias positivas. Ele age com prazer e de forma espontânea. Quando a gente faz o bem, estando pautado pelo coração, as coisas retornam em dobro.

Dos quatro irmãos, apenas Maria Antonia ainda mora em Pindorama e passou a ajudar Sidney na empresa que ele criou para administrar seus bens no município. Maria Antonia foi professora por muitos anos e trabalhou e morou em São Paulo. Mas ela se apegou novamente ao interior e, tendo consolidado a vida em Pindorama, começou a colaborar nos negócios do irmão.

Uma inspiração

Tio Ticão, adoro os seus discursos, que sempre deixam mensagens importantes. Segui Administração de Empresas motivado pela sua trajetória vencedora.

O sobrinho Hélio Trida Neto, filho do cunhado Benê, leva esse nome em homenagem ao avô, pai da Toninha, que o rapaz nem chegou a conhecer; Hélio Trida faleceu em 1977 e o neto nasceu onze anos depois, em 1988.

Quando criança, Hélio estava sempre na casa da avó Olga, e assim que Toninha, Sidney e os filhos chegavam, era aquela festa! Sidney pegava o menino no colo, enchia bexigas e ficava estourando as bolas com o sobrinho, com uma tampa de garrafa de refrigerante. Hélio adorava, se divertia muito com aquilo. Quanto a Luiz e Junior, apesar das diferenças de idade, também brincavam com o primo, geralmente, de luta; claro, Helinho sempre vencia os combates contra Junior e Luiz.

Depois que Hélio cresceu, as brigas com Junior continuaram, mas por causa do futebol: o palmeirense Hélio é minoria quando conversa com o tio Ticão e os primos Junior, Luiz e Giovani Soares, com quem trabalhou um ano na STR, quando cursava faculdade.

Mesmo não atuando no Grupo Uniar, Hélio, que mora em São José dos Campos, chegou a apresentar ao tio e aos primos um projeto de plataforma de e-commerce, iniciativa interrompida com a chegada da pandemia.

O rapaz sabe da importância que Sidney tem para a família:

– O tio Ticão tem um coração enorme, traço também da tia Toninha. Ele gera inúmeros empregos e oportunidades para as pessoas. Sempre trabalhou muito e nunca deixou de ter tempo para curtir a família. Ele mantém as áreas administrativa e financeira da empresa muito bem organizadas.

Se Hélio aprecia tanto os discursos, os conselhos e as palavras de Sidney, o momento mais duro foi vê-lo em silêncio:

– No falecimento da tia Toninha, todos nós estávamos muito tristes. Foi um dos poucos momentos da vida em que vi o tio Ticão sem dizer nenhuma palavra, ficando apenas sentado ao lado do caixão.

Situação de mercado

Com a pandemia, o departamento de compras, setor que está sob a direção de Luiz e é gerenciado por Marcio Douglas Meneghetti, esteve apreensivo sobre o cumprimento das entregas programadas.

A preocupação não se deu especificamente em relação aos fiéis fornecedores, mas pela dificuldade que as empresas, que importam peças da China, tiveram com as paralisações das indústrias do país. Muitas delas têm, inclusive, suas matrizes na própria China.

Dentro da normalidade da programação, o Grupo Uniar trabalha com estoque de sete meses, mantendo em torno de 350 mil peças divididas entre seus CDs de Extrema, Frutal e Anhanguera. Nos meses de alto consumo, o grupo chega a negociar 50 mil aparelhos por mês.

Costumeiramente, as programações são feitas em dois períodos do ano: em maio e agosto; o departamento de compras trabalha em total sintonia com o financeiro. A empresa não tem burocracia e as decisões são tomadas rapidamente, sendo Sidney Tunda consultado quando necessário.

Quanto às vendas, conforme já conhecido, em torno de 60% são feitas pela Poloar e os 40% restantes pela STR, que conquistou significativo espaço na participação do faturamento do grupo em pouco mais de três anos.

Conforme Marcio Douglas Meneghetti relata, a fusão da Poloar com a STR se comprovou acertada muito antes da previsão do mercado:

– O senhor Sidney consegue manter as pessoas do lado dele e nunca teve medo de se arriscar. Ele transmite segurança, confiança!

Morder a isca

No espaço Na Bera da Tuia, Sidney Tunda estava reunido com as cunhadas e os respectivos maridos, o cunhado e a esposa, os filhos, netos e sobrinhos, quando disse que estava com um importante plano de expansão de lojas para a Poloar e a STR.

Ao ouvir aquilo, a sobrinha Marcela Trida Lopes da Silva, filha de Warley com Maria de Lourdes, irmã de Toninha, se ofereceu como voluntária:

– Tio Ticão, quero abrir uma loja Poloar em Araraquara!

O compromisso foi aceito de ambas as partes: de Marcela, que recebeu a concessão, e de Sidney, que autorizou a nova representante comercial. No segundo semestre de 2020 tiveram início as operações comerciais da filial.

Ela aprendeu com o tio: "Jamais desista do seu propósito. Pense sempre positivo e dedique-se ao máximo, que tudo dará certo". E Sidney ouviu da sobrinha: "Nada e nem ninguém vai me fazer desistir do meu propósito".

Marcela cultiva muita admiração pelo tio, a quem já recorreu em outras oportunidades, em busca de orientação nos negócios; ao lado do pai e das irmãs Fernanda e Aurélia, Marcela administra a Metrópole Engenharia, criada há mais de quatro décadas.

A família é festeira, e duas comemorações ficaram registradas para Marcela: os 60 anos de Toninha e os 70 anos de Sidney.

Mas a lembrança triste fica por conta do velório de Toninha; Marcela observou que o tio não saiu do lado da esposa em nenhum momento até o enterro e dizia: "Minha querida, como você está linda".

No batizado de Gabriel, filho de Marcela, Sidney compareceu e presenteou o menino com uma corrente e um crucifixo de ouro. E disse: "Trago este presente para não perder a tradição. Se a tia Toninha ainda estivesse entre nós, faria o mesmo". A atitude deixou Marcela bastante emocionada.

Saudades e devoção

A Toninha foi especial em todos os momentos da minha vida. Para uma pessoa ser feliz ao lado de outra, é preciso acreditar que a escolhida merece amor, consideração, respeito e confiança. A Toninha bateu de frente com a família para ficar comigo. Uma pessoa com essa força interior só merece elogios.

Quando Sidney fala com os parentes, Toninha sempre é lembrada nas conversas. O casamento durou 45 anos e resultou na constituição de uma linda família, numa vida cheia de alegrias e também dificuldades, além de muita fé e sucesso.

Tanto na sede do Grupo Uniar quanto em Pindorama, a lembrança de Toninha vem à mente: em ambos os locais existe uma capela idealizada pela esposa; bastante religioso, Sidney Tunda é devoto de Santa Rita de Cássia e de Nossa Senhora Aparecida.

Em sua trajetória, Sidney nunca correu atrás de fortunas. Conseguiu mais riquezas do que imaginava, entre elas, a de ter muitos amigos:

– Você passa a entender que jamais na vida se consegue conquistar algo sozinho. O líder, o empresário, tem que ter habilidade para conduzir os negócios e entender que é preciso gerar riqueza; todos que estão ao meu lado e me ajudam precisam ser felizes. A minha maior realização é ter o pessoal motivado, com metas para cumprir. Eu não preciso de dinheiro, mas sim do meu pessoal produzindo e lutando pelo bem da empresa.

E finaliza:

– Tenho sete netos e amo muito cada um deles, mas os meus filhos são a razão da minha vida.

Boas lembranças

Sidney, nunca me esqueço de quando você e a Toninha estavam lá em casa, ainda namorando escondido, e a tia Olga apareceu repentinamente. Camuflamos você para que ela não o visse. Meus pais gostavam muito de você e da sua família. Eles já sabiam que você é honesto e trabalhador.

Quando Sidney e Rosa Maria Martins Vitral, prima de Toninha, se encontram, essas e outras recordações são lembradas com alegria e boas risadas.

As famílias deles, inclusive os filhos, também se aproximaram e se tornaram amigas. Os filhos de Rosa, José Antonio, Luis Henrique e João Paulo, gostam de conversar com Sidney nos encontros familiares e buscam tirar dele lições para aplicar em suas vidas.

Mesmo com todo o sucesso, Rosa comenta que o primo não perdeu a essência:

– O Sidney é um grande empreendedor e mantém sua humildade. É uma pessoa simples, amiga e companheira. Ele nunca deixou de apoiar as ações caridosas da Toninha.

Por falar na prima, Rosa observa que Sidney ainda reverencia a esposa:

– O Sidney sofre muito com a perda da minha prima. Ele coloca fotos e manda mensagens que remetem a Toninha. Na data de aniversário dela, sempre posta a frase: "Meu amor eterno".

Mais uma aluna

Mantendo a extensão dos médicos na família, Haide Trida Fernandes, cuja mãe Maria Clara é irmã de Toninha, o pai, Antonio Sergio, e o irmão, Hélio, são médicos, participa da relação daqueles que apreciam e aprendem com os conselhos do tio Ticão e sua visão de negócios.

Seguir a medicina tem naturalmente a ver com a tradição do pai, mas as dicas de Sidney envolvem a vida financeira e como melhor trabalhar e investir o dinheiro.

Durante a pandemia, Sidney conversou bastante com Haide, para saber como a telemedicina e outras novidades foram implantadas na profissão. Isso explica a visão comercial que o tio tem a longo prazo:

– O tio Ticão tem antevisão do futuro. Com seu *feeling*, ele consegue captar uma situação que ninguém ainda viu. Ele é um ponto de referência pela lucidez e clareza com que avalia os negócios e as situações em geral – conta Haide.

Mas a lembrança mais forte ainda vem da infância:

– Eu fico com a imagem do tio contador de histórias. A criançada rodeava o tio Ticão, que encantava a gente interpretando os contos...

Olhar mágico

Sou formado pela "Faculdade da Vida".

Realmente, talvez a Faculdade da Vida, se não for a mais específica em uma determinada área ou profissão, efetivamente é a mais completa.

Pois quando Sidney Tunda, grande conhecedor de construção civil, visita as obras, geralmente na companhia de Luiz e do engenheiro responsável pela área de gestão e manutenção, a tal faculdade cursada pelo empresário lhe dá subsídio para encontrar pontos a serem melhorados e que muitas vezes são difíceis de perceber.

Como aconteceu quando estavam na montagem do telhado do CD da Anhanguera. Sidney chegou ao local por volta das 17h. Como a área é muito grande, estava a alguns bons metros de um determinado ponto, quando disse:

– O alinhamento da prumada está errado.

Aquilo parecia impossível de acontecer, conforme explicou o engenheiro:

– Senhor Sidney, estamos com os técnicos e topógrafos aqui, utilizamos laser... Não pode haver diferença. Mesmo assim, vamos conferir.

Na mesma hora, o engenheiro pediu ao encarregado para ajudá-lo na checagem. Veio então o resultado: quatro centímetros de diferença.

O comando para que a alteração fosse retirada foi dado. E o colaborador perguntou ao patrão:

– Senhor Sidney, aqui há um grupo de profissionais que não observou este erro. Como o senhor conseguiu encontrar esta falha?

Sidney então mostrou-lhe o seu diploma:

– O que explica é o tempo em que eu estou envolvido com construção civil. A experiência acumulada conta muito em tudo que fazemos na nossa vida.

O engenheiro finalizou:

– O seu conhecimento variado é impressionante! Nunca me esqueço de quando, assim que viu uma porta, o senhor se lembrou de que a peça havia sido extraída de uma outra obra nossa, dando ainda o ano e de onde ela foi retirada. O senhor sempre diz: "Guarde as peças porque um dia elas podem ser úteis". Nós temos um bom inventário, mas sua memória é infalível.

E completou:

– Agora sei que, além da memória infalível, o seu olhar também é assertivo.

Assertividade! Realmente, Sidney Tunda é muito firme em suas convicções e decisões, e isso o respalda nas argumentações.

Quanto às condições de trabalho, o empresário prima pela excelência em tudo que faz:

– Vivemos mais dentro da Poloar, da STR e do Grupo Uniar do que das nossas casas. Por isso nosso ambiente de trabalho e nossos colegas são como partes da nossa casa e família. Procuramos oferecer as mais completas e qualificadas condições de trabalho para que a equipe consiga gerar os melhores resultados.

Quando visita os CDs e as obras, Sidney cumprimenta a todos e chama cada um pelo nome. Uma atitude que faz as pessoas se sentirem valorizadas.

É comum ouvir dos colaboradores: "Esse homem merece tudo que conquistou. E tudo que eu consegui na vida, devo às oportunidades de trabalho que ele me deu. Somos tratados com humanidade e temos possibilidades de crescimento pessoal e profissional. Por isso, todos vestem a camisa do Grupo Uniar".

A parte que o tio Ticão conta sobre sua história e que mais me emociona se passa quando ele largou tudo em Pindorama e seguiu uma vida sozinho em São Paulo. Tudo para poder conquistar o amor da vida dele, a tia Toninha.

A sobrinha Isadora Godas Trida mora em São José dos Campos. Ela é a mais nova, filha de Maria do Rosário Godas Trida (Ia) e Benê. Depois começaram a vir os netos de Sidney; a primeira foi Alicia, filha de Ana Carolina e Giovani.

Como Isadora encerrou sua agência de viagens em São José dos Campos e Benê abriu a Poloar em Taubaté, a moça iniciou seu trabalho no ramo de ar-condicionado com o pai. E de Sidney ela ouviu: "Trabalhe com garra! Na vida, a gente não precisa só saber, mas principalmente querer".

A frase caiu muito bem para Isadora. Formada em Rádio e TV, a moça trabalhou na TV Record por quatro anos e depois seguiu para São José dos Campos, onde abriu sua agência de viagens.

Além de Benê e Isadora, na loja Poloar trabalha também o companheiro dela, Leônidas Scholz Netto, igualmente formado em Rádio e TV; o rapaz já havia trabalhado por um ano e meio na Poloar em São Paulo, no setor de revendas. Leônidas conta: "Adoro ouvir as histórias do tio Ticão nos encontros familiares e as orações que ele puxa nas reuniões que participa, inclusive na empresa".

Mudança de *layout*

Com a criação do Grupo Uniar, teve início a padronização das filiais Poloar e STR, que já havia começado o processo tempos antes.

O modelo adotado passou a se chamar "padrão matriz", mantendo a mesma linha de *layout* para a fachada e o *showroom*, tanto para as lojas próprias quanto para as parceiras. A padronização envolve não só as filiais inauguradas no plano de expansão, mas também as que já estavam em atuação e passaram por reforma.

Como a maioria dos pontos comerciais é alugada, as estruturas da construção buscam ser mantidas, mas adaptadas com um móvel ou pintura no padrão definido pelo Grupo Uniar para as duas marcas.

As lojas Poloar e STR têm se consolidado como referências no mercado de ar-condicionado da América Latina.

Relação de longa data

Sidney, o Vanderlei é empreiteiro e está sem trabalho. Dá uma oportunidade para ele...

Como negar o pedido de uma amiga? Ainda mais sendo ela Rosangela Minello, arquiteta que presta serviços para Sidney e os filhos, a Poloar e o Grupo Uniar há mais de vinte anos.

O primeiro contato, ocorrido por volta de 2000, aconteceu logo depois que Sidney leu uma matéria sobre Rosangela numa revista, realçando as capacitações criativas da arquiteta. Sidney então pediu que uma reunião fosse marcada com ela na Poloar, que funcionava ainda na Bela Vista.

Daí em diante, não faltaram obras e trabalho para Rosangela Minello, tanto para a Poloar quanto para Toninha e Sidney, os filhos, o genro Giovani Soares e a STR. Muitos dos CDs, como os de Extrema e Frutal, também foram projetados por ela.

Nesses anos todos, Rosangela aprendeu a trabalhar com Sidney, que gosta de praticidade, objetividade e de fazer suas adaptações aos projetos apresentados. Rosangela aprecia as incisões sugeridas pelo empresário, que apresenta suas consistências:

– A faculdade tem seu papel no aprendizado, mas o que realmente ensina são a prática e a experiência acumulada. Mesmo não sendo engenheiro ou arquiteto, o senhor Sidney é um aprofundado conhecedor de construção civil e com bom gosto elevado. Às vezes, ele me faz algumas sugestões que eu acato e tento adaptar à obra. Eu aprendo bastante com ele.

Mesmo que o projeto ainda esteja na fase das ideias, o empresário consegue antever como ficará no final:

– O senhor Sidney tem plena noção do desenrolar das situações e de aonde elas irão levar. A Ana Carolina também tem essa qualidade.

Ele não para de construir e reformar. A missão do arquiteto é a de conhecer e entender o cliente e estar sempre presente nas obras, para resolver situações adversas e inesperadas. O senhor Sidney aprecia esse nível de comprometimento.

A religiosidade e a generosidade são destacadas também pela arquiteta:

– O senhor Sidney ajuda muitas pessoas e entidades, e confia muito em Deus. Até fizemos uma capela ao lado da sala dele. Estive no velório da dona Toninha e o padre contou o quanto ele ajuda a paróquia e o povo de Pindorama. É um homem de grande valor e que construiu tudo com o próprio suor. Não herdou patrimônio ou contou com a ajuda de alguém. Tem admirável lado intuitivo para os negócios.

Admiração de quem conhece o mercado

O senhor Sidney começou muito pequeno, cresceu, se desenvolveu e se tornou o principal empresário especializado em ar-condicionado do Brasil. Infelizmente, empresas que eram grandes no passado sucumbiram. O formato de negócio desenhado pelo senhor Sidney resultou num modelo de sucesso.

As palavras de Marcos Manoel Torrado, diretor comercial da Midea Carrier, expressam com realidade o que ele chama de "modelo de sucesso", criado por Sidney Tunda. Muitas vezes, o presidente da Poloar desafiou as tendências mercadológicas, fazendo-o acertadamente percorrer pela contramão ou sentido oposto da concorrência.

Nas empresas de Sidney, tudo acontece com sorte, jeito e muito peito na hora de negociar produtos: "Comprar bem é o sucesso de vender bem", ensina o empresário. Mas também com muito trabalho, estratégia, estrutura física e tecnológica, segurança e equilíbrio financeiro, agressividade comercial, investimentos em inovação, credibilidade e equipe capacitada. O Grupo Uniar lidera num mercado onde não há espaço para amadores.

Marcos Torrado acompanhou de perto o crescimento da Poloar até a criação do Grupo Uniar e registra qual era a principal finalidade de Sidney Tunda:

– O objetivo do senhor Sidney e dos filhos sempre foi o de ser a melhor empresa do mercado, o que foi alcançado e ampliado, pois conseguiu também ser a maior companhia especialista em ar-condicionado do Brasil. A família Tunda acompanha a empresa de perto. O senhor Sidney tem o controle financeiro da companhia na palma da mão. O mercado tem sua sazonalidade e procuramos nos ajudar mutuamente. Como o senhor Sidney sempre diz, em tom de brincadeira: "Você me pega na subida e eu te pego na descida". Ele, que sempre nos ajudou, tem poder de compra e sabe a hora certa de fazê-la!

Numa comparação ao vinho, em que os anos qualificam a safra, Torrado avalia:

– Nos reunimos diversas vezes para negociar e fizemos inúmeras viagens juntos. Posso dizer que o tempo agregou ainda mais virtudes pessoais e profissionais ao senhor Sidney. Aprecio muito seu lado católico e religioso. A minha esposa gosta muito dele, e ela nunca se engana com o caráter das pessoas.

Critérios adotados na área de crédito

Quando uma empresa é grande vendedora, precisa investir em inovação, segurança e manter as melhores ferramentas de crédito do mercado em seus sistemas.

O gerente de crédito para pessoas físicas e jurídicas, Rogério Quedas, explica a dinâmica do departamento:

– Atuamos como uma esteira de crédito que busca informações confiáveis e traz todos os aspectos relevantes para a análise da área: dados pessoais, pesquisa no Serasa, endereços, telefones, atividade, declaração de imposto de renda... Assim, o analista não precisa fazer consultas manuais.

As ferramentas utilizadas analisam e validam, inclusive, se há risco ou não em aceitar o cartão de crédito indicado pelo cliente. São fatores que explicam a inadimplência baixíssima, inferior a 1% do volume de vendas. Inclusive, nos contratos há uma cláusula de reserva de domínio, que garante ao vendedor, no caso o Grupo Uniar, manter o domínio sobre o bem até que este seja quitado. Ou seja, o comprador tem o aparelho, mas, enquanto todas as parcelas não forem pagas, o bem permanece como sendo do Grupo Uniar.

Nesses casos em que há litígio e é necessário exercer a reserva de domínio, o departamento jurídico entra em ação para que a retirada dos equipamentos seja acompanhada por um oficial de justiça. Mas, quando o cliente resolve devolver sem causar problemas, os próprios funcionários do Grupo Uniar vão até o local para desinstalar e retirar os aparelhos.

A árdua concorrência de mercado exige que toda a análise de crédito, com sua liberação ou recusa, seja feita de forma ágil. Os fornecedores trabalham basicamente com as mesmas mercadorias, e a qualidade do serviço e atendimento são grandes diferenciais, além das histórias das empresas: são trinta anos de STR completados em 21 de junho, e 42 anos da Poloar no dia 13 de agosto, ambos os ciclos estabelecidos na temporada de 2021.

Apreciador da boa comida

Carne-seca, carne de porco, torresmo e macarrão estão entre os pratos preferidos de Sidney Tunda. Quanto aos doces, Sidney aprecia bolos, rapadura, banana frita com açúcar e compota de abóbora, mas pudim é o preferido.

Quem entrega os gostos do patrão é a cozinheira Ana Alves de Sousa, que escolhe o menu especial:

– Se fosse para fazer o cardápio preferido do senhor Sidney, eu prepararia macarrão com carne de porco e pudim de sobremesa.

As carnes, verduras e legumes, Sidney traz do sítio. Ele, os diretores e os convidados almoçam diariamente na empresa. Ana cuida de tudo e sempre atende aos pedidos do presidente:

– Quando o senhor Sidney aprecia um prato e me elogia, fico emocionada e ele percebe. Sempre que ele entra na cozinha, estou cantando e ele adora ver essa alegria da minha parte. Ele até dá uns palpites, já que também é um bom cozinheiro.

Como convive diariamente com Sidney Tunda, Ana já sabe definir os dias em que as vendas são altas:

– Percebo que quando a empresa vende muito, ele fica ainda mais feliz. E quando bate a meta então, é uma festa!

Diariamente, entre 11h e 11h30, Sidney Tunda chega à empresa. Assim que ele se acomoda na sala, Ana leva um café e brinca: "Bom dia! O 'cara' chegou!" ou "Bom dia! O presidente chegou!".

Por volta das 13h30, Sidney e o pessoal se acomodam na sala de almoço. Geralmente, às quartas-feiras, Ana prepara carne de porco e, às sextas-feiras, peixe.

Como Ana trabalha sozinha na cozinha, já deixa tudo cortado e preparado para as refeições. Por ser geralmente pega de surpresa com a chegada dos convidados de última hora, Ana já deixa carnes embaladas em porções para preparos rápidos:

– O senhor Sidney e o Luiz recebem muitos fornecedores. Então, eu procuro resolver tudo rapidamente. Sempre gosto de saber o que ele quer comer no dia seguinte e preparo a comida com satisfação. Ele é um homem de muito valor. Sempre conta que não tinha nada na vida e que venceu com muito esforço. Sei também que ele ajuda muita gente, assim como já me ajudou por diversas vezes.

Nessa convivência diária, muitas são as vezes que Sidney descontrai com Ana. Como quando, certo dia, ele precisou almoçar mais cedo, pois teria que ir ao velório de um amigo. Sidney apareceu na cozinha e pediu para que Ana preparasse algo rápido. Ela então tirou alguns bifes, fez uma salada e colocou arroz na panela elétrica.

Atribulada com a pressa do almoço, quando os bifes e a salada estavam prontos, ela percebeu que havia esquecido de ligar a panela de arroz! Assim que notou o deslize, Sidney brincou:

– Ih, se eu for esperar o arroz ficar pronto, não chego nem para a missa de sétimo dia... – E eles gargalharam.

Mais um aniversário

Final de expediente. Quinta-feira, 13 de agosto de 2020. Nessa data, o Grupo Uniar comemorou os 41 anos da Poloar.

Como estávamos em meio à pandemia, Sidney gravou uma mensagem para ser enviada a todos os colaboradores:

Hoje é um dia especial, dia de aniversário da Poloar. Que bom que estamos juntos para comemorar mais um ciclo. Na última festa, em 2019, a dos quarenta anos, estávamos todos reunidos, numa linda comemoração. Naquela oportunidade, eu pedi para continuarmos juntos e cá estamos nós.

Quero fazer um relato dos acontecimentos da minha trajetória, de quando iniciei com ar-condicionado, em Pirituba. Eu estava sozinho e contratei o Osvaldo

Estrela de Souza, o Duda, que me acompanha até hoje. Eu falava que ficaria bem de vida. Ele dizia: "As coisas não acontecem de uma hora para outra".

O tempo foi passando e conquistei espaços na minha vida. A Poloar nasceu em 13 de agosto de 1979 e foi um dia especial. Tinha uma vida pela frente e existia um caminho a percorrer. Essa estrada era longa e tinha desvios. Nessa trajetória, eu passei por muitos deles. Mas acredito que tive habilidade para me manter na estrada correta.

Começamos como instaladora. Havia um horizonte a alcançar. O ser humano, para ser bem-sucedido, precisa de sorte, peito e jeito. Vivenciei muitos e muitos trabalhos e decisões. Sempre subi um degrau de cada vez. O final da pira está muito longe. Com muita dedicação fui adquirindo espaço e conhecimento para trilhar o caminho certo.

Em determinado momento, passaram a fazer parte da minha trajetória os meus filhos; hoje, eles assumem decisões que eu sozinho não poderia tomar. A empresa se destaca no mercado. Tenho orgulho de estar na direção de uma empresa como a Poloar e o Grupo Uniar, que detém também a STR.

Vocês são aqueles que estão sempre do nosso lado. Tenho saudades de muitos que passaram pela empresa; acredito que sempre existiu compreensão da minha parte. Jamais um bom administrador consegue algo sozinho. Preciso de pessoas com a dedicação de vocês.

Quando acordam, vocês vêm para a empresa com prazer, porque aqui há uma família. Agradeço aos fornecedores, que oferecem condições diferenciadas em nossas vidas. Esses fornecedores recebem um grande voto de agradecimento da minha parte. Uma das coisas mais importantes do dirigente é ter gratidão e humildade.

Eu sou muito feliz. Eu queria mais um ano para estar com vocês e agora peço-lhes mais um ano. Convido a todos para agradecer a Deus, nosso Pai Todo-Poderoso. E estendendo essa proteção a todas as residências de vocês. Vamos fazer uma oração:

*Pai nosso que estais nos Céus,
Santificado seja o vosso Nome,
Venha a nós o vosso Reino,
Seja feita a vossa vontade
Assim na terra como no Céu.*

O pão nosso de cada dia nos dai hoje,
Perdoai-nos as nossas ofensas
Assim como nós perdoamos
A quem nos tem ofendido,
E não nos deixeis cair em tentação,
Mas livrai-nos do mal.

Agradeço a todos vocês que sempre estiveram juntos com a Poloar, batalhando para que a empresa, que hoje completa 41 anos, seja destaque no mercado. Eu fiz uma pesquisa de dados e previ que bateríamos um faturamento de R$ 50 milhões neste mês. E ultrapassamos a marca! Estou muito feliz, principalmente porque tenho a certeza de que todos vocês comemoram comigo esta conquista. Agora, vamos nos doar ainda mais e criar já a meta para o mês que vem, de R$ 70 milhões!

Cada colaborador assistiu à mensagem pelo computador ou celular. Sidney não acompanhou as reações, mas certamente elas foram emocionadas e compostas por sentimentos de carinho, alegria, gratidão e com muitos aplausos virtuais.

• • •

Às quintas-feiras, nas descontraídas reuniões que aconteciam após o expediente na sede do Grupo Uniar, era proibido falar de trabalho; os encontros foram suspensos durante a pandemia. O pessoal aproveitava o horário para relaxar, ter conversas divertidas, bebericar, comer algo e jogar sinuca e truco.

Entre os habituais nesses encontros estavam os executivos da LG, Demis Sanches, gerente de vendas, e Régis Victor Marinho, gerente de contas da Poloar.

Régis gosta de ouvir as histórias sobre a trajetória de Sidney, como a de quando ele deu a casa própria em garantia para poder passar a comprar aparelhos de ar-condicionado direto do fabricante.

Para Demis, uma passagem marcante aconteceu quando ele perguntou a Sidney:

– Onde o senhor investe seu dinheiro?

A resposta o surpreendeu:

– Eu invisto 100% do que ganho na minha empresa. Acredito muito no meu negócio. Em mais de quarenta anos de Poloar, passamos e enfrentamos muitos períodos duros: planos econômicos, inflação, crises... mas nunca deixei de investir na compra de aparelhos, caminhões, montar lojas...

E concluiu:

– Tenho grande autoconfiança. E devo tudo o que conquistei a Deus!

Pensamento positivo

O dia de hoje foi melhor do que o de ontem e será pior do que o de amanhã!

Esta é a frase que Sidney Tunda gosta de ouvir quando passa pela área de vendas e conversa com o gerente Jorge Otávio Batista Miranda; ou mesmo quando chega à empresa e conversa com Gissela Bernardo Soares Godas, gerente administrativa e financeira.

Na empresa, certamente Gissela é a profissional que melhor conhece Sidney Tunda. Basta um olhar e ela já percebe o clima, ou quando ele quer passar suas mensagens. Em 80% dos casos, os recados são feitos diretamente, sem florear, mas, às vezes, Sidney conta uma história que sempre se encerra com a solução que foi dada por algum "amigo" dele.

Um grande empreendedor se pauta pela razão, mas Sidney sabe bem dosar a emoção em suas decisões. Principalmente quando envolve ajuda aos colaboradores, o coração comanda a decisão.

Gissela sabe que Sidney Tunda não gosta de nada errado, feito pela metade ou fora do lugar. "Fazer bem feito não tem meio-termo", afirma o empresário.

O objetivo é o de se manter como líder do segmento, crescer e continuar a gerar empregos e oportunidades. As metas se renovam, como finalizar o CD da Anhanguera, que já foi bastante ampliado desde a aquisição do imóvel, e acomodar a nova sede no local.

As incertezas e dificuldades que vieram com a pandemia foram bravamente enfrentadas e vencidas. Sidney, durante o período mais crítico, afirmou que iria trabalhar com ainda mais afinco. Mas ele se comoveu com as notícias tristes que acompanhava, em especial com as mortes provocadas pelo coronavírus.

Na área financeira, as compras são feitas em seu maior volume à vista, enquanto o prazo médio de recebimento é de seis meses. Em algumas oportunidades, mediante avaliação feita pela área de Gissela junto aos bancos, é contratada a antecipação de recebíveis, o que pouco abala a rentabilidade, em função das melhores condições adquiridas com as compras à vista.

Como já explicado, a inadimplência do Grupo Uniar é baixíssima. Há segurança de recebimento nas vendas efetuadas, justamente pelo grande rigor na análise de crédito. O grupo tem ainda uma retaguarda de cobrança muito ativa.

A solidez financeira sempre fez com que a Poloar, e depois o Grupo Uniar, priorizasse investir com recursos próprios. A condição da empresa é analisada todos os dias. Sidney compra e paga baseado em informações sólidas. O grupo e suas redes são conhecidos como os mais sólidos e estruturados do setor de especialistas em ar-condicionado.

Em sua trajetória, Sidney procurou investir primeiro na empresa, antes de fazer as aquisições de bens pessoais, como registra Gissela:

– Quando eram realizadas reuniões com empresários do setor de ar-condicionado ainda na Bela Vista, se observava os empresários chegarem com seus carros imponentes, importados, e o senhor Sidney mantinha seu Omega antigo. Ele nunca foi de ostentar.

A trajetória comprovou que Sidney estava certo. Pois o tempo o fortaleceu no mercado e o tornou líder, enquanto muitos desses empresários fecharam ou encolheram suas empresas. Tudo que sobra de capital é investido na própria companhia. Os diretores fazem suas retiradas para viver com conforto, mas mantêm a vida pessoal simples e o luxo para a empresa, que vem sempre em primeiro lugar.

• • •

Dentro da rotina de logística, diariamente as carretas de aparelhos chegam do CD de Extrema e são descarregadas no CD da Anhanguera. Ali as mercadorias são colocadas nas docas, separadas por fabricantes e organizadas para as entregas no dia seguinte em suas diferentes regiões: ABCD, capital, Grande São Paulo, litoral, interior...

Quando o cliente prefere retirar a mercadoria, esta é destinada para a matriz, na Vila Anastácio.

No CD da Anhanguera, o movimento para entregas se inicia cedo. Às 6h os funcionários começam a fazer os carregamentos. Em média, são realizadas vinte entregas por carro, que percorrem por áreas regionalizadas, para maximizar o trabalho.

Às 8h, já é feita a entrega no primeiro cliente. Às 17h, os carros começam a retornar para o CD da Anhanguera.

Quando vai a um dos CDs e vê o pátio cheio, Sidney Tunda gosta de falar com orgulho:

– Aqui não tem crise! Aqui temos aquilo que nós vendemos. Aqui tem ar-condicionado!

Saber perdoar

Claro que a ingratidão o machuca e magoa, mas o senhor Sidney não abandona ninguém. Ele não deixa de acreditar nas pessoas porque alguém não foi ético e correto com ele.

O advogado Anderson Alexandrino Campos, que trabalha para Sidney há anos, presenciou algumas dessas situações. Uma pessoa bem próxima a Sidney agiu de forma inadequada. Anderson sugeriu levar o caso para a justiça, mas Sidney não quis seguir por esse caminho: "Ele cortou relações e ficou por isso mesmo. O senhor Sidney até quis pagar pelo fim do acordo, mas a pessoa reconheceu o erro e não aceitou receber", conta.

O advogado tem outros exemplos do envolvimento de Sidney apostando no próximo:

– Na minha equipe, tenho jovens que trabalham fixos na sede da Poloar, tal o volume de negócios de que cuidamos. Pois o senhor Sidney os apoia financeiramente, para que paguem suas universidades, e ainda os orienta sobre a vida e carreira. Um deles, que queria ser delegado, foi demovido da ideia pelo senhor Sidney, que sugeriu: "Em vez disso, pense em ser juiz de direito!".

Em várias situações, Anderson constatou a liderança e a firmeza da gestão de Sidney Tunda:

– Ele tem posturas brilhantes e que são diferenciais nos aspectos tanto empresarial quanto comercial do Grupo Uniar no mercado. O senhor Sidney coloca sentimento familiar na empresa e isso também se torna um fator positivo. Já o ouvi dizer aos fornecedores: "Nossa empresa é diferente daquelas com as quais vocês estão acostumados a se relacionar".

Para quem trabalha com a justiça, a verdade é também a melhor forma de se relacionar bem com Sidney Tunda:

– Todas as vezes que trato de algum assunto com ele, procuro estar muito bem preparado, ter argumentos convincentes e falar a verdade. Se você errar em algo, mas falar a verdade, o senhor Sidney o adverte, mas releva. Ele preza pela fidelidade, sinceridade e ética nos atos.

Merecida homenagem na terra natal

Pindorama! Dia 21 de março de 2021! Em nome da ORDEM DO MÉRITO PINDORAMENSE, Sidney Tunda recebeu o título de "Cavaleiro da Ordem", justificado "POR SEUS FEITOS EM FAVOR DO POVO DA TERRA DAS PALMEIRAS", conforme texto do certificado que lhe foi entregue.

A homenagem foi prestada e entregue pelo prefeito, Geraldo Felippe Júnior, e pelo vice, Carlos Camargo Lourenço Neto, a Tico Tunda, filho de Pindorama, que ouviu de ambos a importância de ele jamais ter abandonado suas raízes.

Em sua trajetória empresarial, Sidney Tunda e suas empresas foram amplamente homenageados, mas ter o reconhecimento dos seus atos em prol do município e do povo local deixou o ilustre pindoramense emocionado, conforme registrado em seu discurso:

– Nada nesse mundo se consegue se não for por merecimento. Tudo tem uma razão de ser. Eu saí de Pindorama há mais de cinquenta anos com o propósito de ir para São Paulo em busca de um sonho. E graças a Deus esse sonho se tornou realidade! Estou muito feliz com esta homenagem. Pindorama faz parte da minha história!

Mais uma filha aniversariando: STR

Da mesma forma que 2019 foi um ano marcante para a história do Grupo Uniar e, em especial, para a Poloar, que completou quarenta anos de fundação, a temporada de 2021 também contemplou uma aniversariante: a STR, com seus trinta anos de fundação.

Criada em 21 de junho de 1991, como um braço de serviços da Poloar, a empresa desmamou, desgarrou e, pelas mãos de Giovani Bernardo Soares, tendo ao lado a esposa Ana Carolina Trida Tunda Soares, firmou-se por anos ao lado da mãe, Poloar, como líder de mercado.

Mas a velha história de que o bom filho à casa torna se fez valer novamente e, em 2017, Poloar e STR passaram a compor o Grupo Uniar, presidido por Sidney Tunda.

Assim como acontecera nos quarenta anos da Poloar, muitas comemorações e campanhas de marketing foram programadas para a STR não só pelo Grupo Uniar, mas também em conjunto com os *players* de mercado que há tantos anos fortalecem uma estreita e vencedora parceria com as duas marcas.

Sucessão: sua hora vai chegar!

O organograma do Grupo Uniar se mantém tradicional e composto desta forma: o presidente Sidney Tunda e os diretores Ana Carolina Trida Tunda Soares, Sidney Tunda Junior, Luiz Tunda e Giovani Bernardo Soares, filhos e genro de Sidney. Pode-se dizer que o modelo de gestão do Grupo Uniar é por colegiado, embora a palavra de Sidney Tunda tenha peso decisivo!

Ainda não foi feita a opção pela criação da presidência executiva e do Conselho de Administração, ou mesmo de uma *holding*, sociedade gestora de participações e que detém a maior parte das ações ordinárias de outras empresas.

Sidney explica a decisão:

– Entendo que estamos indo tão bem que não cabe criar uma nova situação ou mesmo mudar o ritmo e a direção dos negócios. Os resultados alcançados nos motivam a manter o formato com que a empresa chegou até aqui e completou mais de quarenta anos com excelente desempenho.

Como acontece em qualquer segmento em que o domínio do mercado pertence a uma empresa familiar, é natural que surja a seguinte pergunta: quem será o sucessor do fundador da empresa?

Aos que esperam uma definição, Sidney apresenta o tema "sucessão" sob o próprio olhar:

– Confesso que não tenho a intenção de transferir a direção da empresa para um sucessor específico. Meus filhos são extremamente competentes naquilo que fazem. Mas, automaticamente, quando eu pendurar as chuteiras, alguém da linha de frente terá que assumir esta missão. E fico muito tranquilo em relação a isso, pois cada um deles já sabe bem como eu penso e comando o grupo. Até lá, entendo que o ideal é que eu continue a assumir a responsabilidade maior sobre a empresa, deixando cada um deles atuar em suas áreas.

E Sidney reforça:

– Amo meus filhos e quero que os três estejam presentes em todos os momentos da minha vida pessoal e profissional. Cabe agora a eles fazer a transição para que a entrada e a continuidade da terceira geração na empresa seja bastante saudável. Afinal, como eu sempre disse para a Toninha: "A empresa precisa estar fortalecida, ela é a mãezona de tudo e de todos".

Mas o presidente conta também a receita para que os possíveis futuros sucessores deem continuidade ao que foi feito e conquistado até aqui:

– Quero que eles atuem sempre com a mesma garra, vontade e determinação. E que tenham sorte, peito e jeito na condução da empresa e da vida pessoal!

A terceira geração chegando com tudo...

Ao todo, a terceira geração da família constituída por Sidney Tunda tem sete netos em idades diversas.

Cada qual vive seu momento diferente com o avô. Além das viagens no tradicional Vovô Tour, geralmente cruzeiros de navio que Sidney faz com os netos, há outras programadas, os jantares semanais e os encontros e reuniões aos finais de semana; claro, a pandemia alterou essa rotina. Sidney gosta de ser surpreendido com uma ligação ou uma mensagem: "Vô, vou dormir na sua casa...".

Todos os netos passaram pelas mesmas fases na infância: a avó Toninha preocupada em cuidar de tudo – alimentação, arrumação do quarto, com as viagens – e o avô Sidney fazendo o que ele mais gosta, bagunça com os netos – contar histórias, fazer mágicas, ir a restaurantes e tomar um delicioso sorvete. Cada qual expressava sua forma de amar. Toninha às vezes se confundia com os nomes dos netos, que então divertidamente descobriram a manha da avó, que os chamava de "minha querida" ou "meu querido".

E tinha também as piadas contadas por Sidney: "O que é choco e não é ovo, late e não é cachorro?". E os netos se apressavam em responder: "Chocolate!".

Alicia, Sofia e José Pedro Tunda Soares

Os três irmãos, netos de Sidney Tunda e filhos de Ana Carolina e Giovani Soares, vivem fases distintas: Alicia, a primeira entre as netas, nasceu em 2 de janeiro de 1998; Sofia é de 11 de junho de 1999; e José Pedro nasceu em 12 de dezembro de 2006, o que provoca uma comemoração tripla, pois é a mesma data de aniversário do avô Sidney e do pai Giovani.

Dentro das suas diferenças de personalidades, Alicia e Sofia viveram fases semelhantes com os avós.

Alicia, graduada em Arquitetura, gosta de debater as ideias com Sidney; tem estilo mais contestador e o avô aprecia conversar com ela para discutir sobre pontos de vista. Às vezes eles concordam, às vezes discordam, mas as conversas sempre marcam justamente por permitirem que cada um deles se posicione dentro daquilo que acredita. Claro, a experiência e a vivência de Sidney pesam muito, mas é bom ouvir e conhecer como é, pensa e age a nova geração.

Depois da partida de Toninha, além da comoção que tomou conta da família, Sidney tem se empenhado em tentar, ao menos de alguma forma, cumprir certos papéis que a esposa desempenhava junto aos netos. Como aconteceu no Dia dos Pais de 2019, quando Sidney, os filhos e os netos passaram o final de semana juntos num resort no interior de São Paulo. No encontro familiar, ele e Alicia deram boas risadas quando se lembraram de que, quando os netos eram pequenos, Sidney os erguia com as duas mãos, como se estivessem "voando", e juntos ficavam imaginando como era o mundo com base no que o avô contava...

Certa vez, Alicia saiu sozinha para jantar com ele e ali começou um novo momento na relação entre os dois, quando ela expôs a necessidade que tinha de poder falar sobre temas variados e que não ficassem restritos à faculdade e ao trabalho. Eles então trocaram ideias e posicionamentos sobre política, filmes, religião, amigos, vida pessoal...

Naquele jantar, caiu uma barreira que trouxe a liberdade para que temas diversos fossem debatidos e as opiniões respeitadas. Tanto que, quando Sidney começa a falar da Poloar, da STR, do Grupo Uniar, que as portas da empresa estão abertas e do quão importante seria tê-la trabalhando junto da família, a jovem faz o alerta: "Vô...", e a conversa muda de rumo.

Ao menos por enquanto, Alicia não demonstra tanta empolgação em trabalhar no Grupo Uniar, o que faz com que naturalmente a conversa sobre o tema não avance como Sidney gostaria.

Quanto a Sofia, graduou-se em Administração de Empresas pela PUC-SP. Com ela também as conversas são diversas, e Sidney apreciou quando a neta passou a trabalhar na área financeira da STR. Mesmo valorizando muito aquilo que foi criado pelo avô e bem administrado também pelos pais e tios, Sofia ainda não definiu que seguir carreira no Grupo Uniar é aquilo que ela realmente planeja, embora aprecie a ideia.

Um bom tema nos diálogos entre eles envolve tecnologia. Sidney é ávido em saber das novidades, lançamentos e aplicações das ferramentas que surgem no mercado. Sofia admira muito o avô, principalmente porque, ao trabalhar na STR, pôde observar mais de perto a grande responsabilidade que o envolve, mesmo tendo os filhos e o pai dela, Giovani, ao lado na gestão.

Sidney construiu uma empresa e um grupo de grande sucesso, o que lhe causa alegria e orgulho pelo papel econômico e social que representa no contexto empresarial.

Por isso Sidney não se cansa de contar aos netos as passagens, dificuldades e seriedade com que tudo foi constituído; ele repete continuamente a sua história e a da empresa, seja nos encontros familiares, seja nas viagens, em que adora estar rodeado pelos netos.

Mas nem só de acertos se faz e se escreve uma história. Por isso, tanto o avô Sidney quanto o pai Giovani, que ao lado da esposa Ana Carolina transformou a STR numa importante empresa, registram habitualmente para Sofia alguns caminhos equivocados que foram trilhados e a importância de assumir o ônus causado. Registram também a necessidade de se valorizar cada conquista, de ser humilde, de saber compartilhar e gerar riqueza, aproveitar as oportunidades e de ser forte para enfrentar adversidades... de saber definir aonde se quer chegar e da convicção que se precisa ter para alcançar seus objetivos.

Por falar em história, uma passagem marcou significativamente Sofia. Quando ocorreu a imponente festa dos quarenta anos da Poloar, Sofia esteve presente e levou duas amigas. Na hora do forte e emocionado discurso de Sidney, as três prestaram muita atenção. E qual não foi a surpresa de Sofia quando, assim que o avô terminou e passou a ser efusivamente aplaudido, ela olhou para o lado e viu as duas amigas aos prantos, bastante sensibilizadas.

Nos tempos de pandemia, Sofia deu algumas broncas no avô, aflita com a integridade física dele: "Vô, o senhor está mais preocupado com a saúde da empresa do que com a sua...", alertava.

Já o caçula José Pedro, cursando o ensino médio, entrega: "Meu pai às vezes me leva para ficar com ele na empresa, para já ir observando como tudo funciona, e meu avô dá o maior apoio. Não há nenhuma pressão deles, do tipo 'você precisa trabalhar na empresa', mas querem apenas que eu observe e entenda a representatividade do negócio. As histórias do meu avô e do meu pai poderiam virar filmes".

Quando estão em Pindorama, José Pedro gosta de percorrer com Sidney o sítio São Pedro. As raízes que vieram da avó Toninha, do avô Sidney e do pai Giovani, todos pindoramenses, foram repassadas aos netos. José Pedro e as irmãs, assim como os primos, vão sempre para lá: "Quando estamos na cidade, sentimos liberdade e a ligação forte com as raízes da minha família", conta o garoto.

Entre as características encontradas no avô estão: ser divertido e bem-humorado, sábio, amoroso, caridoso e generoso, conservador, focado, pontual, às vezes enigmático e, conforme confidencia José Pedro, teimoso. Com um sorriso no rosto, ele explica o motivo:

– Sempre que vamos pedir pizza, o vô Tico pega o telefone e liga. Eu tento explicar para ele que se pedirmos pelo aplicativo do celular é mais fácil, mas ele não aceita.

• • •

Na opinião dos três netos, pelo lado profissional se destacam o foco, a persistência, a organização, a firmeza nas posições e o trabalho com programação, características que se assemelham às de Ana Carolina:

– Minha mãe também é assim. Com ela não tem meio-termo, detesta bagunça e imprevistos – concordam Alicia, Sofia e José Pedro.

Quanto às frases costumeiramente ditas pelo avô, cada qual tem a sua preferida.

A de Alicia é: "Vocês são as flores do meu jardim".

Para Sofia, a mais especial é: "O melhor presente de aniversário é receber os votos de 'parabéns'".

Quanto a José Pedro, ele se define por: "A vida não é feita de escolhas, e sim de oportunidades".

Bárbara Quintal Tunda

Filha de Paula Quintal Tunda e Sidney Tunda Junior, a menina Bárbara nasceu em 11 de fevereiro de 2000. Bárbara aprecia arte e música, e cursou Fotografia e Cinema, uma paixão que cultiva desde a infância, estimulada pelo pai, grande incentivador e companheiro para assistir a filmes exibidos nos cinemas, canais por assinatura ou DVDs.

Uma das primeiras lembranças marcantes com o avô se deu quando ela tinha 6 anos. Naquela oportunidade, ela e os primos estavam em Pindorama e acabou a energia elétrica. Criativo que é, Sidney pegou uma lanterna, sentou-se ao lado dos netos na sala e começou a contar suas histórias, fictícias ou da vida dele e sobre a cidade natal.

Outra boa recordação é a das viagens de navio, nas quais Sidney adora estar rodeado pelos netos, para contar sobre sua biografia caprichando nos detalhes.

E ainda tem a memória dos jantares semanais de Sidney com os netos, quando ele os levava a restaurantes para terem algumas horas de diversão e convívio.

O carinho de Sidney pela avó Toninha e a bisavó Sebastiana ficou registrado nas lembranças de Bárbara. Ela tinha forte ligação com ambas, tanto que Sebastiana, mesmo com dificuldade de lembrança, reconhecia Bárbara nas fotos.

Toninha e Sebastiana eram também personagens presentes nas passagens que Sidney contava:

– O vô Tico adora repetir as frases que elas diziam e a humildade de ambas nos momentos difíceis. Também registra o amor e o carinho que a vó Toninha e a "bisa" Sebastiana dedicaram à família. O vô Tico é muito amoroso, carinhoso e ama estar em família.

Júlia Mascaro Tunda Cardozo, Gabriel e Felipe Palomares Tunda Cardozo

Quanto aos netos por parte do filho Luiz Tunda, são três: Júlia, Felipe e Gabriel. Júlia, nascida em 12 de março de 2010, é fruto do casamento com Mariana Mascaro Cardozo; e do primeiro casamento de Luiz, com Géssica Erica Palomares, que conta com a admiração de Sidney Tunda por ser uma mãe presente e zelosa, nasceram Felipe, em 14 de janeiro de 2003, e Gabriel, no dia 5 de outubro de 2004, mesma data de aniversário do tio Sidney Tunda Junior.

Mais nova entre os sete netos, Júlia também curte ir com Sidney ao sítio São Pedro para alimentar os animais que por lá circulam. E sempre vem uma piada infantil, uma história:

– O vô Tico conta que um homem esqueceu um cachorrinho no porta-malas do carro. Ele procurou, procurou e nada. Um dia depois, quando foi até o carro e abriu o porta-malas, encontrou o bichinho lá, mas aí percebeu que o cachorrinho era de pelúcia!

Aos finais de semana, Júlia adora almoçar com o avô. Aos sábados e domingos, ela vai com o pai à casa de Sidney. Sempre que estão lá, além das fotos, Sidney e o filho relembram de Toninha, e Júlia dá sua contribuição:

– Quando eu estava com a vó Toninha, queria tirar foto com o celular. Ela aceitava, mas dizia: "Júlia, não saí bonita na foto".

E relembra os pratos preferidos:

– Eu amava o bife com macarrão e a mousse de chocolate que a vó fazia.

Inesquecível ainda a homenagem em palavras que Sidney fez para Toninha no Natal de 2018, em Na Bera da Tuia, meses depois do falecimento dela. Sidney reuniu e emocionou toda a família.

Às vezes, Júlia, assim como fazia com Toninha, vai com Sidney ao shopping. A sorveteria é destino certo. Mas, quando eles resolvem comprar um brinquedo, nada de sair escolhendo qualquer um e levar ao caixa. A definição do presente passa, estrategicamente, por uma avaliação de preço: "Mesmo que tenhamos condições, não podemos gastar sem critério. Devemos conciliar um bom brinquedo com preço razoável", ensina o avô.

Uma passagem que emocionou Júlia e Sidney aconteceu quando a menina quis homenagear o avô num trabalho de escola. Ela então o entrevistou, para preparar o material e apresentá-lo aos professores e colegas de classe.

E a menina planeja:

– O vô Tico é muito parecido com a mãe dele, a bisavó Sebastiana. Ele sempre diz para mim, meus irmãos e primos que tudo tem que ser feito com responsabilidade e seriedade. No futuro, quero ser atriz e trabalhar na Poloar.

O filho do meio, Gabriel, se recorda de quando ele e Felipe iam almoçar na casa dos avós às segundas e quartas, pois, no período da tarde, cursavam inglês. Gabriel se lembra do delicioso bife da vó Toninha:

– Ela adorava estar com a gente. Eu gostava também do bolo de iogurte da nossa bisavó Olga.

A biografia do avô é apreciada por Gabriel:

– Incrível como ele começou do zero. O vô Tico aprendeu a instalar ar-condicionado, abriu a empresa, batalhou muito e venceu na vida. Quero muito trabalhar com ele, meu pai, tios e primos na Poloar. Afinal, é uma empresa familiar e o vô preza muito pela nossa união. Ele nos dá conselhos importantes.

Gabriel também curte estar em Pindorama, onde tem amigos e geralmente está com os primos. E conta que a cidade é aconchegante e todos se conhecem:

– Vou fazer compras no comércio local e as pessoas perguntam: "Você é o neto do Tico?" ou "Você é o filho do Luiz?". Isso traz aconchego.

Durante os finais de semana e feriados que lá estão, quase todas as noites Gabriel e a turma dele vão ao Na Bera da Tuia, onde o avô recebe os amigos. Nessas ocasiões, Gabriel aprecia admirar o avô feliz com as pessoas que ele conhece há tempos e se lembra das brincadeiras, idas ao sítio e das viagens e cruzeiros que fizeram juntos. Quando estão no navio, Sidney gosta de se divertir no cassino; Gabriel e o irmão Felipe ficam do lado de fora, torcendo para que o avô ganhe nos jogos, mesmo que Sidney esteja ali apenas por diversão.

A passagem que comove Gabriel aconteceu quando ele chegou com a mãe ao quarto do hospital em que Toninha estava internada, em 2018, e todos ali – o avô, o pai, os tios e alguns parentes – estavam chorando. Eles tinham acabado de receber a notícia do falecimento de Toninha.

Quanto ao neto Felipe, se lembra das estadas no sítio, onde alimentava os animais; das idas à casa dos bisavós, Sebastiana e Jorge, onde se divertiam no galinheiro, dando milho para as aves e mascando cana-de-açúcar, que a criançada adora.

As passagens divertidas do avô com os filhos também são narradas por Sidney a Felipe: "Eu estava ensinando o Luiz a dirigir. Ele treinava no nosso sítio. Certa vez, ele foi estacionar o carro e eu estava sentado na mureta. Pois escapou o pé dele da embreagem, o carro avançou e seu pai quase me pega", diz ele com cara assustada.

A avó Toninha deixou muitas saudades. O garoto relembra:

– Quando ela faleceu, vi pela primeira vez na vida meu avô chorar. Ela era incrível, preparava a comida que a gente gosta e pedia para entregar lá em casa... O arroz com feijão, o macarrão gravatinha na manteiga e o bife dela eram imbatíveis. Aos domingos, a vó Toninha e o vô Tico recebiam dezenas de pessoas na casa deles.

Sempre que podem, Sidney, Junior, Giovani, Luiz e os filhos, que apreciam futebol, assistem aos jogos do Corinthians. Ainda havia, antes da pandemia, o jantar semanal de Sidney com todos os netos, geralmente em um restaurante japonês. E as viagens no Vovô Tour, que Toninha e Sidney programavam anualmente com os netos e, às vezes, também com os filhos.

Em 2013, os netos estiveram com os avós na Disney. O momento mais divertido, dentre tantos, ficou por conta da fila em que Sidney e os netos entraram:

– Quando percebemos, era para ir numa daquelas montanhas-russas radicais – se diverte Felipe. Tarde demais para Sidney recuar. Dessa forma, todos encararam e se divertiram depois que saíram do brinquedo.

Nas viagens para Pindorama, geralmente Felipe e o irmão Gabriel acompanham o avô no carro:

– Nesses momentos em que estamos juntos, o que eu mais gosto é ouvir do vô Tico: "Eu amo vocês" – conta, emocionado, Felipe.

Quando chegam à cidade natal de Sidney, eles curtem bastante com o avô, andando, conversando e comendo amora e jabuticaba no bosque da Tuia, andando a cavalo e de bicicleta, jogando bola... Os garotos adoram passar as férias, feriados e finais de semana em Pindorama. Quando voltam, Sidney traz queijo, frutas, verduras e legumes para ele e para distribuir aos filhos e amigos.

Mas, para Felipe, a viagem mais difícil que fizeram de carro aconteceu depois do enterro de Toninha:

– Voltamos para São Paulo juntos. Ele ficou quieto o tempo todo. Quando chegamos na casa deles, chorei muito; me partiu o coração vê-lo arrumando as coisas da vó Toninha...

Como Felipe gosta de carros e motos, em Pindorama ele tem distração certa:

– Meu avô deixou a gente fazer uma pista de motocross no sítio. Eu gosto de carros e ele tem uma oficina de veículos antigos em Pindorama. Tem Brasília, Fusca, uma caminhonete que ele deu para o bisavô Jorge, que o vô Tico conta que era bem bravo... Ele sempre deixa os carros em ordem.

Os netos conhecem cada passagem da vida de Sidney. Felipe conta o orgulho que tem da trajetória vitoriosa do avô:

– Estou cursando a faculdade de Administração de Empresas para poder trabalhar ao lado dele. O vô Tico até me sugeriu fazer Engenharia de Produção, mas pesquisei e não curti muito. Sinto que temos a responsabilidade de dar continuidade ao negócio com o mesmo brilhantismo com que ele criou e desenvolveu a empresa.

E finaliza:

– Meu avô ama o que faz! Ele é seguro e equilibrado com o dinheiro, e meu pai puxou isso dele. Também me impressiona a facilidade do meu avô em lidar com as palavras. Os discursos dele tocam, emocionam!

• • •

Um momento muito especial para Júlia, Gabriel e Felipe ocorreu quando Luiz contou para os filhos que havia sido adotado por Toninha e Sidney ainda criança.

Assim que recebeu a notícia, a menina Júlia parou por um instante, refletiu e disse, demonstrando muita maturidade:

– Pai, achei lindo. Nunca tinha pensado no tema da adoção. Quando eu crescer e me casar, também vou querer adotar uma criança.

Quanto a Gabriel e Felipe, já tinham suas suspeitas, mas não externaram isso para o pai, apenas o abraçaram e o beijaram. Esse gesto de carinho disse mais do que palavras.

Em relação a Luiz, se sentiu muito mais leve, tirou das costas um peso que carregava consigo havia anos, o de compartilhar com os filhos uma passagem linda, como disse Júlia, e emocionante, como demonstraram Gabriel e Felipe.

Viver é mais fácil do que se imagina...

"Sorte, peito e jeito...".

A frase resume uma sequência de qualidades acumuladas na forma de ser, pensar e agir de Sidney Tunda. Qualidades estas que foram surgindo à medida que o jovem do interior decidiu desbravar a capital.

Do lado profissional, tudo aconteceu fruto de muito trabalho e comprometimento, com coragem para dar grandes passos, nunca maiores do que as próprias pernas; com ética e credibilidade; com gestão e investimentos assertivos; tudo resultando na conquista da admiração, do respeito e da liderança do mercado.

Do lado pessoal, pesou "amar a Deus acima de todas as coisas e ao próximo como a si mesmo", o respeito aos pais e aos irmãos, a escolha da companheira certa, Toninha, e o amor aos filhos que Deus, Toninha e a vida lhe deram. Pesou também levar essa união familiar para a vida profissional, trabalhando com os filhos, o genro e, futuramente, com os netos na empresa, rodeado de pessoas, parentes e amigos que o apreciam e respeitam.

Pode-se dizer que, na vida de Sidney, tudo aconteceu naturalmente. Ele nunca saiu desesperado em busca do sucesso. Em vez disso, foi o sucesso que sempre correu atrás dele até encontrá-lo.

Em mais de quarenta anos de história, a empresa, tanto como Poloar ou Grupo Uniar, nunca deixou de ampliar seus negócios e de se estruturar e desenvolver; tanto que, só em faturamento, a companhia cresceu 120% entre 2016 e 2020. Houve ano em que o crescimento superou os 40%.

Sidney comemora os resultados e conta o "segredo":

– Em mais de quarenta anos de empresa, nunca fechamos um mês em que não houvesse lucro. Sabe por que minha empresa deu resultado? Porque a receita sempre foi maior do que a despesa. Não tem outro jeito de vencer nos negócios.

Cada um dos objetivos, das conquistas e metas alcançados é comemorado com quem ajudou de alguma forma no triunfo: os colaboradores. E o time vitorioso é convocado a agradecer ao Pai Maior, de mãos dadas e por meio de uma oração.

Um homem de hábitos simples, mas gosto sofisticado; duro nas cobranças e dócil no convívio; um doador nato, de recursos e da própria vivência, a quem precisa; um otimista inveterado, inabalável.

Um olhar preciso e precioso, capaz de ver o que poucos enxergam.

Um homem admirável, um empreendedor incansável.

Um ser humano que deixa o coração resolver em muitas situações em que a razão imperaria.

Um empresário que utiliza a palavra "sorte" apenas para despistar aqueles que querem descobrir de que forma ele utiliza o peito e o jeito no modo de fazer tudo acontecer em sua vida com tanto sucesso.

Este é o Sidney Tunda do mundo dos negócios, o fundador da Poloar e presidente do Grupo Uniar, maior grupo revendedor especializado em ar-condicionado do Brasil e um dos principais da América Latina.

Ou, como ele também adora ser lembrado e chamado, o Tico ou o Ticão, de Pindorama.

MENSAGEM FINAL

Chegamos às linhas finais do livro. Agora você já me conhece bem melhor, pelas formas como penso, ajo e acredito.

Começo aqui falando sobre os erros. Certamente, fazem parte das nossas vidas. Mas, quando o erro acontece, o importante é aprender com ele, não o repetir pelo mesmo motivo. Ou seja: cometa novos erros e até encontre alguma oportunidade que o erro lhe apresenta.

Erros nos fazem perceber que somos falíveis, que não podemos jamais relaxar, e nos tornam mais humildes. Particularmente, acredito que não exista sinônimo para a palavra humildade: sua definição é única.

Mas não se esqueça: acertos também nos ensinam e deixam grandes lições. Mostram que estamos no caminho certo, que toda entrega, comprometimento e esforço valem a pena.

Vou lhe contar algo que a vida me ensinou: você sabe qual é o verdadeiro segredo da felicidade? É a felicidade em segredo. Se você é feliz, não se enalteça. Guarde este sentimento para você e, no máximo, compartilhe com quem você realmente ama.

Você é fruto dos seus atos e pensamentos e passa a ser beneficiado ou prejudicado pelas suas atitudes. Ninguém tem o direito de fazer o mal para o próximo. Só crescemos na vida quando passamos a aceitar as pessoas como elas realmente são, em suas essências e com suas qualidades e defeitos, erros e acertos.

Isso representa a evolução nos relacionamentos e no convívio. Nós não temos o direito de julgar ninguém, de ficar analisando os defeitos dos outros. Defeitos todos nós temos. Quando, em vez de olhar os defeitos, você analisa as qualidades de alguém, passa a admirar mais as pessoas.

Aprendi isso com minha mãe, Sebastiana, e meu pai, Jorge. Dona Sebastiana dizia algumas frases sábias, como: "Temos que cuidar dos ruins, porque os bons já se servem" ou "No aniversário, o melhor presente é receber os votos de parabéns".

Acredito que da minha mãe herdei o respeito pelo próximo e o lado da rigidez na gestão. Guardadas as devidas proporções, na administração do lar ela era firme e organizada: a comida era suficiente, ninguém se empanturrava, mas também não faltava; ela então fazia o prato de todos, colocando porções suficientes, sem desperdício.

Além disso, minha mãe juntava sempre dinheiro numa latinha, para as economias. Era o caixa da casa. Tudo que precisávamos, recorríamos à latinha.

Pois eu também tenho a minha latinha; guardando recursos para as horas de maior dificuldade ou mesmo de fazer investimentos para aquisições e expansões. Precisamos aprender a economizar dinheiro para os momentos de necessidade. Sempre tenha uma reserva. Nunca se sabe como será o dia de amanhã.

Gastar dinheiro é muito rápido e fácil, mas juntar é difícil.

Do meu pai, acredito que trouxe a seriedade para os negócios, saber definir entre o que é certo e errado. Herdei também a garra e o amor pelo trabalho, características iguais às da minha mãe.

Num determinado momento da vida, temos que fazer uma importante escolha: a da profissão que iremos seguir. Cada carreira e negócio tem suas características e dinâmica. No comércio, engana-se quem pensa que o lucro está na venda, pois começa na compra do produto. Quem compra bem, vende bem; quem compra muito bem, vende muito bem!

O ar-condicionado é um benefício, um conforto. Deixou de ser um luxo para se tornar uma necessidade no dia a dia das pessoas em suas empresas e casas. É um eletrodoméstico; o produto se vende por si só.

Temos a preocupação de não querer apenas vender, tirar pedido. Fazemos todas as orientações, desde a reforma estrutural necessária até os cuidados com os aparelhos. Nossa equipe do Grupo Uniar se sente e atua como representante dos clientes.

Abro também espaço para falar da religiosidade que me acompanha desde a infância. Meus pais eram muito religiosos, e a minha esposa, Toninha, também. Eu sou muito devoto a Santa Rita de Cássia e a

Nossa Senhora Aparecida. Gosto de estar nos Santuários de Fátima, em Portugal, e no de Aparecida, no Vale do Paraíba, interior paulista.

Confesso que nunca busquei fortunas e ser dono da maior empresa do segmento. Eu procurei, sim, trabalhar e empregar pessoas, respeitar os clientes, ter a melhor empresa do Brasil; com esses propósitos, nos tornamos uma das principais revendedoras exclusivas de ar-condicionado da América Latina. Quem trabalha sério, com ética e comprometimento, realmente faz grandes conquistas.

Fico ainda mais feliz porque nossa empresa gera riqueza para tanta gente e tenho muitos amigos que trabalham no grupo. Nos nossos eventos e encontros, nos relacionamos igualmente: comemos, bebemos, nos divertimos...

Você passa a entender que, na vida, não há conquista que se faça sozinho e que há a necessidade de ter habilidade para conduzir e liderar os negócios e as pessoas. Na minha forma de avaliar, todos que nos ajudam a alcançar conquistas e estão ao nosso lado merecem participar dos ganhos e ser felizes.

A empresa em que se trabalha é onde se vai passar boa parte da vida. Por isso, tem que ser um lugar prazeroso, com relacionamentos sadios. A minha maior felicidade é ter o pessoal ao meu lado, com metas a cumprir e vibrando por cada conquista alcançada.

Por algumas vezes me perguntam: "Quando você veio para São Paulo, imaginava que chegaria a ser um empresário do seu porte?". Minha resposta é: "Jamais!".

Nunca na minha vida eu achei que teria uma empresa tão grande e representativa quanto o Grupo Uniar. Hoje eu falo de cabeça erguida: depois de alcançar este resultado maravilhoso, não há nada que me impeça de seguir em frente, de querer ampliar os negócios, de movimentar mais a economia, de gerar mais empregos...

Sou aguerrido, lutador, persistente e gosto de agir dentro daquilo em que acredito e não simplesmente baseado em tendências mercadológicas. É muito importante saber em qual direção elas apontam, mas isso não quer dizer que tenhamos que segui-las. Eu sempre as desafiei e não me arrependi disso em nenhum momento da minha trajetória.

Minha companhia se posiciona entre as principais do país no setor de ar-condicionado. Durante os mais de quarenta anos de empresa, eu nunca tive dinheiro em espécie. Meu patrimônio sempre foi empregado em aparelhos de ar-condicionado, centenas de milhares deles, e em muitos imóveis para dar estrutura à empresa.

No mais, o que ganho invisto em tecnologia, inovação e em estruturar mais e melhor a organização. Na minha trajetória, nunca corri atrás do dinheiro, do sucesso. Tudo aconteceu naturalmente, da forma que tinha que ser.

Claro que muitas foram as dificuldades enfrentadas. Algumas delas, inclusive, inesperadas. Uma prova disso é a pandemia da covid-19. Qual de nós gostaria de ter vivido isso? Certamente, ninguém imaginava passar por um período tão complicado, que nos roubou tantas vidas e sonhos. Mas precisamos enfrentar, vencer e reinventar nossas trajetórias e negócios.

Nesses tempos duros, agimos assim no Grupo Uniar e conseguimos minimizar os impactos negativos na economia. Assim, rapidamente recuperamos o volume de negócios que temos conseguido superar ano a ano.

Entenda que quem aprende a dividir multiplica seus ganhos. Gerar oportunidades e riqueza me faz bem. A Toninha, companheira que nunca exigiu nada de mim e que sempre esteve presente e comprometida comigo, os meus filhos e o meu genro Giovani compactuam do mesmo raciocínio. Espero que os meus netos sigam a mesma linha de pensamento e atuação.

Se a Poloar cresceu, se uniu à STR e criamos o Grupo Uniar, o resultado é fruto de acreditar nas pessoas. Ter dezenas de filiais exige que eu, de alguma forma, tenha sócios, o que comprova a tese de que saber dividir multiplica o resultado.

Segui à risca o conselho da minha mãe: "Seja bom". Com isso, ela queria dizer que, quando agimos em benefício do próximo, recebemos reconhecimento de Deus, das pessoas, da vida. Se uma pessoa tem algo de ruim em sua essência, não cabe a nós avaliarmos. Prenda-se às qualidades que ela tem a oferecer. É dessa forma que eu penso.

Orgulho-me dos tantos empregos e oportunidades que geramos, das viagens nacionais e internacionais que proporcionamos, das faculdades e cursos que oferecemos e propiciamos, dos imóveis adquiridos por meio dos empregos que originamos... Fiz isso buscando o bem do próximo, sem exigir nada em troca.

Sinto-me num momento muito especial da minha vida. Preparado para exercer a principal missão de um empresário: saber resolver problemas. Filhos e netos encaminhados, empresa sólida.

Às vezes, chego nela e sou consultado por algum caso que exige uma solução. Com meus comentários e sugestões, consigo dar uma luz para um novo caminho ou mesmo reforçar a ideia que estava sendo trabalhada.

Atuando assim, sinto-me em forma, útil para meus filhos e para a empresa. Isso é fruto da experiência que a vida me proporcionou.

Outra pergunta que me fazem: "Você é um empresário bem-sucedido e um homem realizado, que constituiu uma linda família, teve uma esposa fantástica... O que lhe falta realizar?".

Não tenho nada mais a pedir a Deus, a não ser saúde e a proteção Dele para minha família e as pessoas que eu prezo. Por mais que não tenha sido a minha intenção, certamente devo ter desagradado algumas pessoas, ou talvez não tenha conseguido atingir suas expectativas.

Mas ninguém consegue agradar a todos, em especial porque as exigências muitas vezes são maiores do que a situação permite ou mesmo estão fora do contexto.

Nem sempre a solução que melhor beneficia é a que mais agrada. A maturidade e a vivência nos fazem perceber isso. Como exemplo: eu gostaria de poder comprar ar-condicionado ainda mais barato da fábrica, mas, se fizer isso, eu enfraqueço o parceiro; eu o levo a fechar as portas e isso prejudica não só o fornecedor, mas também a mim e ao mercado em geral.

A dificuldade maior não está naquilo que é normal, mas no que é diferente, fora do cotidiano e que provoca mudanças, a saída da zona de conforto. É difícil para muitos hoje mensurar o que de fato é uma dificuldade, como a que vivíamos com a minha família na infância.

Um chocolate Sonho de Valsa é diferente para você? Pois, para mim, na infância, era objeto de desejo!

Hoje você tem bombons e caixas de Sonho de Valsa espalhados em todos os cantos, servem até de troco. Mas, quando eu era criança, aguardávamos o Natal, pois só nessa data meu pai podia comprar um Sonho de Valsa e ainda partilhar em quatro, dando um pequeno pedaço a cada um dos filhos.

Pois este livro tem também este objetivo: o de mostrar a você que é possível vencer as dificuldades, virar o jogo. Outro objetivo é o de apresentar aos meus filhos, netos e colaboradores uma dura realidade que parece distante da deles, mas que eu vivi. E, graças a ela, chegamos até aqui.

Tem um ditado que diz: "Querer é poder". Na minha leitura, o "querer" representa a parte que te dá condições de imaginar uma conquista pessoal e profissional, e o "poder" é a força que você precisa empenhar para ir em busca dos objetivos.

Muitas vezes, somos colocados em teste, pois as coisas não acontecem na velocidade e da forma que gostaríamos. Mas elas agem como uma força contrária ou percalços que nos avaliam, para medir nosso poder de perseverança e determinação.

A maioria desiste. Faça parte da minoria que persiste e alcança aquilo que almeja.

Passei a vida plantando sementes e cultivando árvores. Agora, dou-me ao direito de colher frutos e de usufruir um pouco do resultado de tantos anos de trabalho e entrega profissional e pessoal.

Respeite também o próximo. Jamais deixe alguém sem resposta. Diga "sim", diga "não", mas se posicione. E, mesmo que a resposta seja negativa, diga-a mostrando que o "não" tem um significado, um valor a ser avaliado e representa muito mais do que uma negativa, podendo remeter a um outro e melhor caminho.

Não se esquive de fazer suas críticas, mesmo que sejam duras. Mas faça-as de forma construtiva, buscando ajudar as pessoas.

Eu mesmo sou tido como direto, sincero e às vezes duro demais. Mas orgulho-me da minha memória e do meu discernimento.

Talvez nem todos avaliem da mesma forma, mas ajo assim com o intuito de ajudar as pessoas, muitas vezes demostrando a elas o que não estão conseguindo enxergar ou mesmo que estão se enganando ao não quererem ser realistas.

Adoro quando me pedem orientação. Sinto como se estivesse dividindo o conhecimento que adquiri em prol de ajudar alguém.

Como você acompanhou, fizemos a fusão entre a STR e a Poloar, que eram concorrentes. Com a união, passamos a ser mais fortes. Eu tenho um relacionamento muito próximo com meu genro Giovani. Almoçamos e trabalhamos juntos. O Junior também montou sua empresa, a BPJ Serviços, que segue muito bem. Quanto ao Luiz, vivemos em sintonia total. E a Ana Carolina tem muito do meu jeito de ser e pensar.

Sempre digo aos meus filhos, genro e profissionais de liderança da nossa empresa que precisamos estar próximos dos acontecimentos. Não dá para atuar apenas por telefone ou recursos eletrônicos, como e-mails, WhatsApp, plataformas de reuniões ou mídias sociais.

Tem uma música do Milton Nascimento, "Nos Bailes da Vida", que diz: "Todo artista tem de ir aonde o povo está". Essa frase serve para expressar o que quero dizer: os que têm cargo de liderança precisam estar próximos dos liderados. Isso mostra segurança tanto para quem comanda quanto para quem é comandado.

Estar presente garante conhecer um possível problema de perto, conversar com as pessoas e assim encontrar a melhor solução. Também permite humanizar as relações. Uma forma importante de se fazer isso é destinar tempo e atenção para as pessoas e jamais deixar de se posicionar como líder para uma dúvida ou solução de um problema.

Agora começo também a incutir esse conceito nos meus netos, na terceira geração da família, que está chegando para atuar na empresa e ganhar conhecimento e experiência. Isso será de grande valia, pois essa terceira geração poderá acompanhar de perto o trabalho que eu, Ana Carolina, Junior, Luiz e Giovani desempenhamos.

Espero que eles valorizem tudo que construí da mesma forma que meus filhos e genro têm feito até aqui.

A base de tudo na nossa vida é a família. Tenho sete netos: Alicia, Bárbara, Júlia, Sofia, Gabriel, José Pedro e Felipe. Além deles, os meus filhos são a razão da minha vida. A Toninha também. Ela nos deixou, mas é uma mulher inesquecível.

Criei até uma frase que diz: "Saudade é um sentimento que, quando não cabe no coração, escorre pelos olhos". Essa é para você, Toninha!

Bem... vou me despedindo por aqui. Eu disse que não tenho o direito de pedir mais nada a Deus, mas vou abusar e deixar aqui uma justa solicitação: peço a Ele que continue a nos permitir ter uma vida saudável e feliz, com força e inteligência para enfrentar e vencer as dificuldades, que encha nossos corações de amor e bondade...

Faço este pedido em seu nome, no meu e no das nossas famílias. Afinal, viver é um presente de Deus, mas que vem acompanhado da missão de ser um agente transformador do próximo.

Torço por você e pelo seu sucesso! Obrigado por se interessar em conhecer a minha trajetória e espero que ela possa ajudá-lo em sua vida pessoal e profissional.

Sidney Tunda

ASSIM NASCEU A IDEIA DA BIOGRAFIA DE SIDNEY TUNDA

Pindorama é significativa na minha vida...
No ano de 2015, desta forma se iniciava o livro escrito à mão, numa letra firme e bonita. Em conversas com Sidney, Toninha teve a ideia de registrar a história de vida do marido em um livro biográfico.

Ela então começou a escrever as situações, a rabiscar quando a memória traía, a fazer os cálculos para não errar nas datas, e a escrever com detalhes as passagens vividas por Sidney... Tudo narrado em primeira pessoa.

O texto apresenta acontecimentos da infância, da adolescência e da fase adulta, como a decisão de trocar Pindorama por São Paulo e os primeiros passos que foram dados na capital paulista.

Claro, um ano específico está registrado com alerta:

Obs.: Em 1973, voltei para me casar e consegui comprar a primeira casa.

Os nascimentos e o presente divino significativos na vida de Sidney estão também relacionados:

Em 1974, nasceu Ana Carolina com muita alegria, em 1977, o Junior e, em 1981, fomos presenteados com a chegada do Luiz...

Graças a Deus fui tão bem-sucedido que, no dia 13 de agosto de 1979, nasceu a minha tão querida Poloar...

Infelizmente, Toninha partiu e levou consigo suas memórias e a receita que utilizaria na escrita do livro.

Mas deixou por aqui saudades, grandes lembranças, sentimentos de amor e gratidão pelo bem que ela fez para a família, para os amigos e para inúmeras pessoas, seguindo os mandamentos de Deus: "Ame o próximo como a si mesmo".

Toninha está imortalizada pelos seus atos benfeitores. E plantou na terra uma semente que se transformou numa árvore repleta de frutos, traduzidos pela família constituída, pelos admiradores e por este livro, que nasceu da ideia dela e que se encerra a seguir com os seus rascunhos.

A biografia iniciada por ela traz como as últimas palavras dos manuscritos:

Hoje a Poloar é a maior empresa de ar-condicionado do país reconhecida em países como

Estados Unidos – Carrier

Fujitsu – Japão

Coreia – LG e Samsung

China – Midea

... e Pindorama pela minha origem.

Fica então um coro coletivo, engrossado por cada um daqueles que conheceram ou mesmo que souberam como era a essência de Antonia Aparecida Trida Tunda:

Obrigado, Toninha! Saudades...

_/_/_

Pindorama = é significativa na minha vida, onde nasci, me criei convivendo com minha família muito humilde junto de meus pais e irmãos, meus primeiros ensinamentos que recebi dos meus pais foi de respeito ao próximo.

Foi aqui que cursei os primeiros anos escolares, lembro-me bem de D. Arminda minha 1ª professora depois de D. Nilda 2ª professora Iracema Salo depois Idalina Fissel tenho saudade daquele tempo onde ainda inocente recebi meus primeiros conhecimentos de escola e contribui junto com meus pais a minha formação.

Trabalhei com 10 anos na sapataria do Sr. José Antignani, com Pedras Netinho de Hora. Depois fui trabalhar no bar do Zé Mineiro na esquina de Stª Cruz com 15 de novembro.

Trabalhei com o Zequinho Tunda meu primo de queiro percorria as colonias dos sitios comprando ovos e frangos e trocava por tomate e um gel brilhantine fabricado em Pindorama no Pinheiro Machedo que eram os donos o Chiquinho e o mando Salvador.

Aí criou-se o ginásio de Pindorama e depois do curso da admissão cursei 2 anos e não consegui êxito e abandonei os estudos.

Depois por necessidade ingressei na indústria Salvador onde exerci a função inicial de ferreiro junto com Raul Adinaldo Branquinho e passei a exercer a função de soldador. Na indústria fabricava chanetas e carroças.

Fiquei por 7 ou 8 anos nessa fábrica e voltei a estudar a noite no ginásio Catanduva onde cursei o 1º e o 2º ano ginasial.

Por motivos que desconheço a fábrica me dispensou e o Roberto temeu item. Sem outras oportunidades em Pindorama fui trabalhar com Vislagio de pintor e pintamos a casa do Sr. Atílio Busnardo, depois trabalhei com o Renato de Abreu vulgo Duque onde pintamos a casa do Sr. Laério Aguiar, seu Manoel do Conceição e da D. Mariana magueta e depois colonia do Cota Ribeiro.

O maior sonho da minha vida era conquistar minha independência e muito triste precisei sair de Pindorama para uma nova conquista, lembro-me bem deste dia, pois foi dia 30 de novembro de 1.967, o dia da inaugura-

Jogo Rápido

1- Poloar em S.Paulo

2- Na minha casa de Pindorama com toda família

3- Continuidade do meu trabalho pelo meus filhos

4- Estar com minha família

5- Não tive decepção

6- Perder entes queridos

7- O resultado de minhas conquistas

8- todas pessoas que ama

É conviver com você amo

Acordar e e a vida junto das pessoas que amo

Os filhos que me deu,

Os filhos e netos maravilhosos

da iluminação de praça da igreja matriz.

Comprei a passagem de trem p/ S Paulo e comuniquei à minha mãe que iria embora p/ S. Paulo p/a nova vida. Ela ficou muito triste mas me deu força e me desejou boa sorte.

Reuni meus melhores amigos na praça, mas não nomes porque eram muitos e foi muito triste deixar os meus amigos.

Assim que o trem saiu na 1ª curva que a cidade foi ficando pra tras aí chorei por me sentir muito sozinho, mas fortalecido para enfrentar novos desafios.

Deixei um gde amor com promessa de voltar a buscá-la.

Cheguei em S. Paulo no dia 1º de dezembro de 1.967 e fui morar com meus tios. Para minha maior surpresa pois já estava desanimado sem trabalhar e ficando sem dinheiro consegui trabalho numa fabrica de tecido no dia 12 de dezembro e era meu aniversario foi o maior presente de minha vida.

Fiz muitos amigos na fábrica principalmente o Zeca (meu chefe) e trabalhei por 1 ano e três meses. Fui dispensado por ter marcado (uma viagem p/s Pindorama onde o gerente havia solicitado trabalho extra e foi descumprido

Na volta pra S.Paulo trabalhei como ~~mecanico~~ tecnico de lavadoras ~~de~~ roupa e eletricista ajudando meu Tio Tonho.
Surgiu depois uma oportunidade de fazer um curso no Senai em parceria com a G.E de refrigeraçõe e ar condicionado e após o curso montei minha primeira oficina em Pirituba. Era uma garagem onde durante eu trabalhava, montava a bancada e depois à noite juntava tudo porque o proprietario guardou o carro. Aí conheci meu grande amigo Tunda e veio me ajudar nas instalações de ar Condicionado. As instalações eram conseguidas através de loja Eletrorádiobraz onde trabalhava um amigo, posteriormente consegui com o Sr S. Aronson uma exclusividade como instalador dele. Posso dizer que ele foi pra mim mais que um pai durante muitos e muitos anos. Graças à Deus ~~fui~~ tão bem sucedido que no dia 13 de agosto de 19~~7~~9 nasceu a minha tão querida poloar, no bairro do Bixiga na major Diogo 527 ~~A~~ Instaladora teve muito sucesso como ~~ele~~ aí decidi entrar no mercado de vendas também.
Nessa época ~~tinhamos~~ uma casa bem melhor no Sumarezinho.

obs: Em 1973 voltei para me casar e consegui comprar minha 1ª casa em Pirituba

Para iniciar as vendas precisei consultar um vendedor da Springer que p/ poder liberar crédito p/ compra ...... que hipotecar minha casa (único bem que tinha) não pensei duas vezes consultei a Toninha e ela acreditou ~~na minha competência autorizou~~ ~~a hipoteca de~~ em mim e fizemos o negócio.

No mercado de Vendas precisei alugar um espaço maior que foi na Adonniran Barbosa 151 e tbem a Rua Jaguari nº ~~ate B~~ ficamos ate 1985.

Após comprei um terreno ~~do~~ construi meu 1º prédio sede de pobre.

Em 2002 mudei p/ V. Anastacio um prédio de 9.000 m² onde estão os escritorios e meu depositos.

Em janeiro de 2011 fui ousado e arremetei um ~~a~~ prédio com 20.000 m² no V. Anhangueru proximo à marginal do Tietê.

XX Em 1974 nasceu Ana Caroline com muita alegria e em 1977 o Junior e 1981 ~~fomos~~ ~~cha~~ fomos presenteados com a chegada do Luis

Temos diversas oportunidades na vida.
A melhor oport. depende de nós mesmos.
que é trabalho, honestidade
e acreditar sempre que Deus
está sempre presente em nossa
vida.

Ato aos impostos temos que dividir a regra
do jogo. Estamos
aguardando uma reforma tributária
nosso país está em desenvolvimento
e mudado a imagem dele em outros
conquistando diversos países

no Brasil mudar a distri
buição de rendas no país para
que todos tivessem a mesma oportunidade
de ser feliz.

Hoje a poloar em S Paulo emprega
+ ou - 200 pessoas e com as
filiais fora de S. Paulo chega a
empregar 1000 pessoas

Estou presente na vida de Pindorama tanto como a de S.Paulo, pois tenho investido bastante para a melhoria da cidade. Tenho construções nobre e populares e acredito no plantio de eucalipto que é a madeira do futuro.

Pindorama de hoje tem uma grande diferença de quando sai de lá, pois acredito no trabalho que Marie Inês vem desenvolvendo em toda comunidade. Acredito um governante precisa ser reeleito para terminar o seu projeto de trabalho.

A minha vida foi uma jornada de muito trabalho, dedicação e conquistas. Não mudaria nada pois consegui realizar meus sonhos tanto familiar como profissional.

Não tenho pressa p/ me apresentar a S. Pedro, pois minha missão não terminou, tenho muito que fazer, Jesus me deu uma grande oportunidade e abracei com fé e tive uma conquista significativa, ainda tenho tempo de oferecer muito que aprendi, pois ele vai ter que ter paciência — Acredito na força da oração pois o pai nosso é tão poderoso que em todas reuniões gerenciais nos nunca deixei de orar de mãos dadas com muita fé com todos funcionários

Hoje a polar é a maior empresa de ar condicionado no país reconhecida em países como Estados Unidos, Carrier, Fujitsu, LG, Coreia, LG e Samsung, midéia China e Pindorama pela minha origem

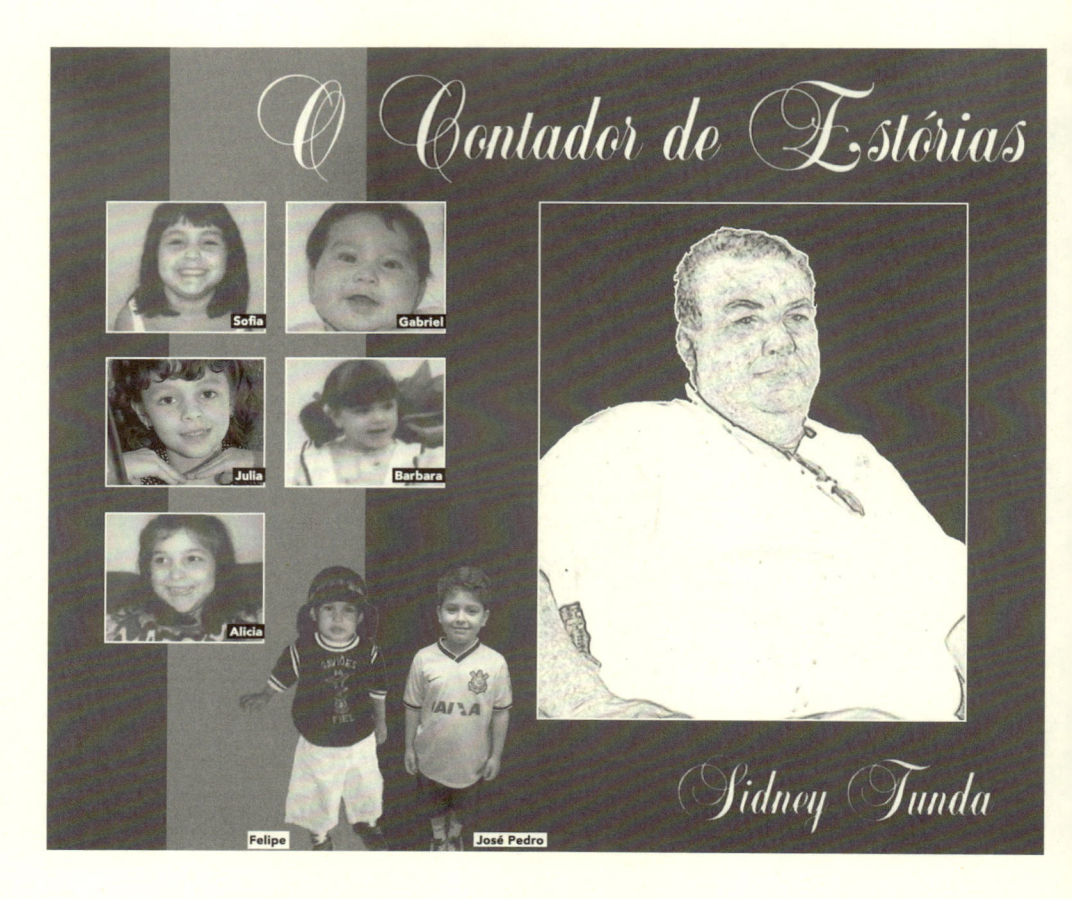

O livro O Contador de Estórias *foi publicado em 2005, por iniciativa da esposa Toninha e dos filhos Ana Carolina, Junior e Luiz, em comemoração aos 60 anos do empresário Sidney Tunda.*

Prefácio

Quero deixar neste simples livro minha homenagem, carinho e admiração pelo grande companheiro, pai, avô e amigo que é para todas as horas.

Quanta saudade tenho quando nossos filhos dormiam no nosso quarto e se aconchegavam a você para ouvir as muitas estórias que você contava com tanta maestria.

Só você mesmo com esse seu jeito!

Joãozinho e Mariquinha foi escolhida por mim e pelos seus filhos para ser publicada, porque é a versão única sua e contada para você pela vó Sebastiana.

Com muito orgulho eu concordei com eles, e fiquei feliz porque de alguma forma você conseguiu transmitir muitas coisas lindas através desta estória; seja carinho, coragem, fé e sempre acreditar que algo divino existe.

Agradeço a Deus pela linda família que temos, pela união solidificada, semeando somente coisas boas. Hoje temos uma grande família e não sei o que eu seria sem Ana Carolina, Junior, Luiz, Giovani, Paula, Alicia, Sofia, Bárbara, Felipe, Gabriel*, Júlia,* José Pedro,* Mariana e mais importante ainda, você.

com carinho e admiração **Toninha**

*O livro foi publicado em 2005, antes do nascimento dos netos Júlia e José Pedro, cujas fotos estão na capa, e do casamento de Luiz com Mariana.

Sumário

Joãozinho & Mariquinha 7

Homenagens 19

Dedicatória 25

A madrasta vivia reclamando dos filhos do lenhador.

Um dia, de tanto a madrasta reclamar, o lenhador chamou Joãozinho e Mariquinha para darem um passeio na floresta. Eles disseram que tinham medo de se perderem. O pai os tranquilizou e disse que jogaria migalhas de pão pelo caminho para que não se perdessem e assim voltassem para a casa.

Os dois foram para o passeio, mas estavam com muito medo.

Quando chegaram no meio da floresta, o lenhador disse às crianças:

_ Fiquem brincando aqui. Tenho que voltar para trabalhar.

Os dois não gostaram nada da ideia de ficarem sozinhos e Joãozinho disse:

_ Nós temos medo de ficar aqui sozinhos!

_ Não tem problema, aqui estarão seguros e além disso, quando a poronga[1] cantar, já estarei de volta para buscá-los !! (disse o lenhador)

As crianças continuavam com medo, mas aceitaram os termos do pai e ficaram. Pouco tempo depois que o lenhador se foi, eles começaram a se acostumar com o lugar e em

---

1. Poronga - Erva rasteira ou trepadeira. Quando o vento do entardecer passa pelo fruto, produz-se um som característico. Com seu fruto seco os índios fabricam recipientes, pratos ou tigelas.

Joãozinho & Mariquinha

Era uma vez um lenhador muito pobre e que vivia em uma casinha pequenina com seus dois filhos, Joãozinho e Mariquinha, junto com eles vivia a mulher do lenhador que era uma madrasta muito ruim para as crianças.

O contador de estórias - Sidney Tunda

Casinha que Joãozinho avistou no alto de uma clareira

pouco tempo já estavam brincando.
    Eles se distraíram e o dia passou. O sol já estava caindo quando a poronga cantou.
    UUUUUUUUUUUU!
    As crianças esperaram, esperaram e nada do lenhador aparecer.
    Já era noite quando Joãozinho avistou uma luz no alto de uma clareira, pediu para Mariquinha esperar enquanto ele via o que era.

Joãozinho se aproximou da casa com cuidado e viu uma velhinha fritando bolinhos e colocando na janela para esfriar. Mais do que depressa ele pegou alguns bolinhos para ele e Mariquinha.

A velhinha ao perceber a falta dos bolinhos disse:

_ Ô MARIA BOLACHATA, TÁ ROUBANDO TODOS OS MEUS BOLINHOS!

Joãozinho quase caiu na gargalhada, mas ele segurou o riso e voltou para levar os bolinhos para a irmã.

Quando ele contou que a velhinha era muito engraçada, Mariquinha não aguentou de curiosidade e quis ver com seus próprios olhos.

O irmão concordou em levá-la, mas a fez prometer que não riria.

Chegando na casinha ele foi até a janela e pegou alguns bolinhos. Novamente a velhinha percebeu a falta dos bolinhos e disse:

_ Ô MARIA BOLACHATA, TÁ ROUBANDO TODOS OS MEUS BOLINHOS!

Mariquinha não conseguiu conter o riso e a velhinha viu os dois.

Eles ficaram apavorados, mas a velhinha não parecia brava, até os convidou para entrar. Entraram na casa e a velha senhora os convidou para jantar e eles comeram tantos bolinhos quanto quiseram.

Durante o jantar eles contaram que tinham ficado na floresta sozinhos e todo o acontecido.

Depois de comerem todos os bolinhos que quiseram, a velhinha os colocou num quartinho para que dormissem.

Quando acordaram, perceberam que eles estavam trancados naquele pequeno quartinho.

A partir desse dia ela passou a oferecer-lhes muita comida e examinar todos os dias seus dedinhos pelo buraco da fechadura da porta.

Como Joãozinho era muito esperto, logo percebeu que a velha era uma bruxa e que queria engordá-los para comê-los como porquinhos. Então ele passou a mostrar um rabinho de lagartixa ao invés de seus dedos.

Assim o tempo foi passando até que a atrapalhada da Mariquinha perdeu o rabinho de lagartixa dela, e na hora que a bruxa veio examinar os dedos das crianças percebeu que eles estavam bem gordinhos.

Então, ela os tirou do quartinho e mandou que buscassem

O contador de estórias - Sidney Tunda

A Bruxa preparando o caldeirão para cozinhar Joãozinho e Mariquinha

11

O contador de estórias - Sidney Tunda

Anjo que avisou do perigo que Joãozinho e Mariquinha estavam correndo

13

lenha na floresta para acender o caldeirão, pois eles iriam fazer uma grande festa.

Quando estavam cortando lenha na floreta apareceu um anjo da guarda e disse:

_ Não dancem na beira do caldeirão porque a bruxa quer empurrar vocês para dentro dele !!

_ Aproveitem um momento de descuido dela e empurrem-na para dentro do caldeirão.

E assim eles fizeram. Empurraram a bruxa que ao cair bateu a cabeça na borda do caldeirão. De dentro da cabeça da bruxa saíram três cachorros que eles nomearam assim:

Rompe-Ferro, Rompe-Fogo e Rompe-Vento.

Depois de toda essa aventura eles resolveram achar o caminho de casa com a ajuda dos três cachorros.

Neste mesmo dia, enquanto andavam com seus cachorros, leram um aviso que dizia que aquele que matasse o dragão de sete cabeças e levasse as pontas de suas sete línguas para o rei, casaria com a princesa do reino e herdaria a fortuna do rei.

Vendo aquele aviso Joãozinho saiu em busca do dragão de sete cabeças e em uma batalha duríssima, Joãozinho junto

Dragão de sete cabeças que Joãozinho derrotou junto com seus cachorros

com Rompe-Ferro, Rompe-Fogo e Rompe-Vento venceram o dragão. Cortaram as sete pontas de língua e se encaminharam às terras do rei.

    No entanto, um homem muito malvado que vivia pelas redondezas do reino, viu a batalha e depois que Joãozinho,

Mariquinha e os cachorros foram embora, ele cortou um pedaço que sobrou de cada língua e correu para mostrar ao rei e casar com a princesa antes dos verdadeiros heróis chegarem.

    No reino, a princesa chorava lamentando por seu futuro infeliz com um homem malvado.

    Quando estava tudo pronto para o casamento, Joãozinho adentrou a igreja, mostrou as pontas de língua ao rei e desmascarou o impostor.

    Como punição o rei mandou amarrar o impostor a um cavalo e tocar o cavalo para o meio do mato.

    Joãozinho casou-se com a princesa e junto com Mariquinha e os cachorros, passou a receber todas as honras de herói.

    E todos viveram felizes para sempre.

FIM

Homenagens

com carinho

por Carolina

Pai, avô, sogro, amigo, parabéns por conseguir reunir tantas qualidades numa única pessoa, capaz de fazer feliz tantos momentos das nossas vidas.

Que estes sessenta anos sejam um exemplo de vitórias e sucessos para nós, seus filhos, e que você continue sendo este paizão que você é.

Beijos, **Carolina**

por Giovani

Amigo e sogro, obrigado por ter permitido a minha entrada em sua família, ter confiado a mim sua maior riqueza, sua filha Ana Carolina. Saiba que é com muita honra que tenho andado todos estes anos ao seu lado, tem sido uma experiência contínua de vida e um aprendizado que poucos têm o privilégio de ter.

Todas as suas passagens, algumas boas e outras com muitas dificuldades, não te tiraram a vontade de vencer e ter dignidade, tens o meu total respeito e admiração, não só pelo

Homenagens

Corinthians no Pacaembú (6 a 0 contra o Sergipe); as estórias da poronga e do macaco que eu fazia questão de ouvir repetidas vezes antes de dormir... Enfim, hoje me sinto no papel de ser o mesmo pai que eu tive, pois desta forma tenho certeza que serei um ótimo pai. Pai, Chefe, Amigo, Avô, Sogro, em qualquer situação, pode contar conosco. Te amamos!

Pai, a Paula está escrevendo comigo e ela não poderia deixar de te homenagear dizendo que você é um paizão para ela ,que te admira muito , e que sua alegria , dinamismo, otimismo em tudo é de se admirar , contagiante! Parabéns pelos sessenta anos e que Deus ilumine sua vida !

Beijos da **Bárbara** pro vovô Tico e beijos e abraços com muito carinho de **Paula** e **Junior**

por Luiz

Como é gostoso e gratificante falar:
"Aquele ali é o meu pai"
Uma pessoa família . Um professor, um amigo de verdade.
A nossa infância que delícia que foi, o primeiro jogo de

Homenagens

homem que representa hoje, mas também por sua trajetória de vida.

O maior valor de um homem não está só nele e sim em como as pessoas o veem.

Meus sinceros parabéns pelos sessenta anos de existência, muita saúde e longevidade.

Beijos da Alícia, Sofia, Ana Carolina, José Pedro e Giovani

por Junior

"Fico satisfeito e honrado de poder homenagear meu pai, que foi e continua sendo um grande exemplo para mim. Tento passar tudo que aprendi nesses meus 28 anos de vida, para minha filha, uso como exemplo toda a educação que eu tive para que ela tenha um pai como o meu. Um pai presente em todos os momentos que eu precisei, seja nas dificuldades ou alegrias, seja nas diversões ou na disciplina... Como esquecer as vezes em que fomos andar de pedalinho e ganhar a bola atirando água na boca do palhaço; os passeios no zoológico e no Playcenter; as escaladas nas caixas de ar condicionado no estoque da firma; o primeiro jogo do

Homenagens

futebol, quem vai esquecer! O friozinho na barriga... lembra na Av. Pompéia!!

São momentos que hoje a gente faz questão de passar para os filhos.

Pai, parabéns, felicidades e continue assim, esta pessoa maravilhosa e repleta de alegria.

Júlia, Felipe, Gabriel, Mariana e Luiz

com carinho

Dedicatória

Homem maduro

Há uma indisfarçável e sedutora beleza na personalidade de muitos homens que hoje estão na idade madura.
É claro que toda regra tem suas exceções e cada idade tem o seu próprio valor.
Porém, com toda a consideração às demais idades, tem uma classe de homens que são companhias agradabilíssimas: são os quarentões, cinqüentões e sessentões.
Percebe-se, com uma certa facilidade, a sensibilidade de seus corações, a devoção que eles têm pelo que há de mais belo: o sentimento.
Eles são mais inteligentes, vividos, charmosos, eloqüentes.
Sabem o que falam, e sabem falar na hora certa.
São cativantes, sabem se fazer presentes, sem incomodar.
Nos relacionamentos, muitas vezes, trocam a quantidade pela qualidade...
Sabem tratar bem uma mulher...
São homens especiais, românticos, interessantes e atraen-

Dedicatória

Quanta alegria!
Foram e ainda são os homens que mais souberam namorar: a moda era amar ou sofrer de amor.
Muitos viveram de amor... outros morreram de amor...
Estes homens maduros de hoje, nunca foram homens de "ficar".
Se eles "ficassem", ficariam para sempre...
O tempo se encarregou de distinguí-los dos demais, deixando os seus cabelos cor-de-prata, os movimentos mais suaves, a voz pausada, porém mais sonora.
Muitos deles "dominam" com habilidade as máquinas virtuais, comprovando que o avanço da tecnologia não foi um "banho frio".
O mais importante não é a idade denunciada nos detalhes de suas fisionomias e sim os raros valores da alma...

Autoria de Lisiê Silva
Dedicado com carinho, por **Toninha**

Dedicatória

tes pelo que possuem na sua forma de ser, de pensar, e de viver.

Na forma de encarar a vida, são mais poéticos, mais sentimentais, mais emocionais e mais emocionantes.

Homens mais amadurecidos sabem reconhecer as qualidades das mulheres, são mais espirituosos, discretos, compreensivos, envolventes e educados.

Por que muitos homens maduros possuem estas qualidades?

Ah, por causa das suas raízes, da sabedoria...

Mas também por causa dos filmes que viram, das músicas que ouviram...dos livros que leram...

Eles vêm lá dos anos 60 e 70, quando o romantismo foi vivido e cantado em verso e prosa.

Uma época em que o melhor da festa era dançar coladinho e namorar ao ritmo suave das baladas românticas.

O luar era inspirador, os domingos de sol eram só alegria.

Ouviam Beatles, Roberto Carlos, The Fevers, Golden Boys, Bossa Nova, Jovem Guarda e muitos outros que embalaram suas tardes de domingo...

ENTREVISTADOS

Ademilson Modesto
Adriana Rodrigues Marconato
Alicia Tunda Soares
Alessandro Lucas Farias de Almeida
Alexandre Faraco de Souza
Ana Alves de Sousa
Ana Carolina Trida Tunda Soares
Ana Claudia de Lima Souza
Ana Lucia Gouveia Roque Tremante
Anderson Alexandrino Campos
Anderson de Souza Teixeira
Anderson Silva de Menezes
Angela Rosa Trida Lopes da Silva
Antonio Sergio Fernandes (Tatau)
Aparecido Donizete Garcia (Alemão)
Aurélia Trida Lopes da Silva
Bárbara Quintal Tunda
Benedito Aparecido Trida (Benê)
Carla Branco Glória dos Santos
Carlos Eduardo da Silva
Carlos Eduardo Ferreira Murano
Célia Maria Martins Rodrigues
Célio Montes Gallego Júnior
Celso Pellegrino
Clodoaldo Folieni
Daniel Henrique Vicente
Demis Sanches
Denise Gomes Mendonça
Derek Paiva Dias
Edvaldo Barbosa Evangelista
Edward James Feder (Edy)
Fábia Trida Sanches
Felipe Palomares Tunda Cardozo
Elenice Ievenes Ventura

Fernanda Gabriel Cunha
Fernanda Trida Lopes da Silva
Fernando Mello Menezes
Francisco Liniglia Neto
Gabriel Palomares Tunda Cardozo
Gerson Barbosa Cerceau
Gilvan José Rodrigues
Giovani Soares
Gissela Bernardo Soares Godas
Guilherme Garcia Sandrini
Haide Trida Fernandes
Hélio Trida Fernandes
Hélio Trida Neto
Isadora Godas Trida
Izabela Godas Trida
Jean Carlos Cazuti Brandão
João Moura Matos
João Paulo de Souza
Jorcelana Aparecida da Silva Miranda
Jorge Otávio Batista Miranda
Joseiza Pereira da Silva
José Antonio Rodrigues de Paiva (Zé Paiva)
José Eduardo Trida (Zeca Trida)
José Luiz Rizzo (Zelão)
José Pedro Tunda Soares
José Vicente Tunda
Júlia Mascaro Tunda Cardozo
Katsuya Fujii
Leônidas Scholz Neto
Leonilde Feitosa da Silva (Léo)
Lígia Ghilardini Catelli
Luana da Silva Pinheiro
Lucírio Videsch (Alemão)

Luis Paulo Froelich Ferreira (Lipa)
Luiz Felipe Rodrigues Costa
Luiz Tunda
Marcela Trida Lopes da Silva
Marcelo Luis Airoldi (Bambam)
Marcio Douglas Meneghetti
Marco Aurelio Rocha
Marcos Manoel Torrado
Maria Antonia Tunda
Maria Auxiliadora Xavier
Maria Clara Trida Fernandes (Lalá)
Maria do Rosário Godas Trida (Ia)
Maria José Martins
Márcia Cristina da Silva
Maria de Lourdes Trida Lopes da Silva (Dudô)
Mauricio Soares Leão
Mariana Mascaro Cardozo
Marina Trida Sanches Ferreira
Mauro Gluz
Michele Aguiar da Cruz e Souza
Odenir Kazuo Conno
Osvaldo Estrela de Souza (Duda)
Paula Quintal Tunda
Paulo Vicente Ferreira
Patricia da Silva Santos
Régis Victor Marinho
Ricardo Aurélio Trida Junior
Rogério de Abreu
Rogério Quedas
Ronaldo Martins Alonge
Rosangela Minello
Rosa Maria Martins Vitral
Rosa Terezinha Trida Sanches
Rosilene Patricia de Morais Meneghetti
Sara Fernanda de Lima
Sandra Camargo Dourado
Shirley Tunda Rizzo
Sidney Tunda Junior
Silvia Terezinha Antonio de Oliveira
Sofia Tunda Soares
Toshio Murakami
Viviane Marques De Lima
Walter da Silva Ferreira
Warley Lopes da Silva

grupo
novo
século

Compartilhando propósitos e conectando pessoas
Visite nosso site e fique por dentro dos nossos lançamentos:
www.gruponovoseculo.com.br

ns

facebook/novoseculoeditora
@novoseculoeditora
@NovoSeculo
novo século editora

gruponovoseculo
.com.br

Edição: 1
Fonte: Mrs Eaves XL